湛庐文化
CheersPublishing

a sub-culture business
与 思 想 有 关

2016年

调整周期中的战略分化

中国资产管理行业发展报告

巴曙松 杨倞 等◎著

中国人民大学出版社

·北京·

中国资产管理行业发展报告
课题组简介

课题主持人

巴曙松　研究员　中国银行业协会首席经济学家，博士生导师

香港交易及结算所首席中国经济学家

课题协调人

杨　倞　兴业全球基金固定收益部

合作的金融机构

诺亚财富　李要深

兆尹科技　尹留志　吴　杰

百瑞信托　陈　进

华融资管　陈重行

课题组成员

高　扬　兴业证券固定收益部

黄文礼　龙庆资本

周冠南　华创证券

李　科　招商期货

范　硕　华融资管研究发展部

刘蕾蕾　中国人民银行西安分行营业管理部

张　悦　招商银行

孙　娴　国寿养老投资中心

何芸芸　泰康资产固定收益中心

禹　路　华泰证券上海分公司

黄泽娟　广州证券投资银行事业部

马文霄　中信证券资产管理业务

方　立　中国民生银行

郭兴邦　海通证券

陶小敏　银河达华低碳产业基金投资部

何雅婷　重庆大学

朱茜月　重庆工商大学

杨洲清　中央财经大学

邵杨楠　中南财经政法大学

任佳宁　中央财经大学

不经历调整周期，
资产管理行业何以不断走向成熟？

在资本市场的调整阶段，常常能读到让人清醒的文字，例如刚刚浏览的一篇短文，标题就已经足够吸引：离开了牛市，你什么都不是。

这就提出了一个十分现实的问题：在调整的市场中，资产管理行业该如何进行自我调整？

2005 年，我带领研究团队开始涉足资产管理行业研究领域；2006 年，我们第一次以《中国基金行业发展年度报告》的名义将团队的资产管理行业研究公开出版，至今已经整十年。我们曾将这套系列研究报告比喻为跟踪资产管理行业多变气候的晴雨表，在过去十年中，我们提出了周期波动与行业发展、大资管时代来临、行业的春秋战国时代、新常态下的行业转型等观点，这个系列报告的书名从"基金行业"改为"基金与资产管理行业"，

香港交易及结算所首席中国经济学家

中国银行业协会首席经济学家

巴曙松

最后持续确定为"资产管理行业"发展报告，的确也都见证并记录了行业的成长。

刚开始对于资产管理行业进行描摹和研究的时候，我们可以找到的样本仅仅包括数量有限的公募基金、保险资管等为数不多的机构，其中公募基金的规模在 2005 年底也仅为 4 600 多亿元，合计总规模约为 2.5 万亿，而当时全国 GDP 总量为 18.59 万亿，全国居民储蓄总额为 22 万亿，当时的资产管理行业占两者比例仅为 13% 和 11%。但如今，中国资产管理行业已经发展到了 70 万亿左右的规模，资产管理行业的组成机构已经涵盖了银行、券商、公私募基金等近乎所有类型的金融机构，当前这一规模与 GDP 的比例已经上升至 103%。当年在金融市场中只是偏于一角的资产管理行业，如今似乎已经站在了金融市场的舞台中央，扮演着对国计民生和金融市场有着重要影响的角色，曾经深埋在"深草"之中的资产管理行业，"而今渐觉出蓬蒿"。

相比过去我们的研究感受而言，资产管理行业获得了从未有过的显著影响力，但围绕行业所出现的困惑、担忧甚至质疑却更为激烈了。我们发现整个资产管理行业正在发生远比过去复杂的变化，以至于这种变化让我们自己也疑惑，究竟什么是资产管理行业？如果说十年前我们关注的共同基金仅仅是狭义的证券投资行业，那么五年前我们关注的资产管理行业，也只是定位于范围标的扩大化的投资行业，并由此从基金、证券、保险延伸到信托、私募基金、银行理财、海外投资机构等。而当前的资产管理行业发展可能进入了第三阶段，从单纯的投资机构拓展为覆盖设计、管理并销售金融产品等各个层面，而金融产品是连接投资者和基础资产之间的环节，投资者投资金融产品，金融产品再投资于基础资产，各类机构的资产管理能力就蕴含在金融产品投资基础资产的这个过程之中。也正是这一转变推动了**资产管理机构不再仅仅是资金投资运用机构，而是真正去创造资产、管理资产、运作资产，这是我们十余年来见证的行业发展的又一次巨大飞跃。**

从这个角度来看，中国资产管理行业在短短几年内开始走到金融市场舞台中央，但其运行模式、机制制度、组织架构、从业人员、监管政策等诸多方面是不是也能够匹配其市场地位？事实上，我们回顾近两年来资产管理行业的发展，每一个值得欣慰的欣欣向荣的一面，都往往可能有与其不甚匹配的另一面，这些主要体现在以下几个方面。

第一，行业运作模式和效率与其迅速增长的规模不够匹配。行业管理资产规模过去 10 年的复合增长率为 40%，过去 5 年的复合增长率为 42%，假设这一增速降到 20%，意味着到 2020 年行业资产管理规模将达到 170 万亿。但伴随着行业超常规发展，特别是近五年来，金融市场波动也在加剧，从钱荒到股灾，从非标产品到信用债违约，从互联网金融到 P2P 风潮，尽管有外在经济环境的因素，但与资产管理行业自身的运行模式必定有密切关系。金融市场最为核心的功能之一是定价，近几年"资产荒"背后的本质是行业过于追求与经济周期不匹配的高收益率，却没有能够为市场风险、信用风险正确定价，最终多次反映出来的就是流动性风险。这种定价机制的扭曲，推动了金融市场各类资产价格的大幅波动。这种还略显得粗放简单的管理模式，长远来看对于投融资双方和管理机构都面临转变。

第二，行业支持经济转型、产业升级的功能与其在国计民生、金融市场的重要地位不够匹配。当资产管理行业规模达到 170 万亿时，预计届时将是 GDP 的 2 倍，是银行体系储蓄余额的 75%。日本在人均 GDP 达到 3 万 ~4 万美元时，其资产管理规模是 GDP 的 3 倍，美国在人均 GDP 达到 5 万美元时，其资产管理规模是 GDP 的 2 倍，英国在 2008 年时资产管理规模也是 GDP 的 2 倍。因此不论从亚洲还是欧美的历史发展来看，未来中国资产管理行业将成为影响国计民生、金融市场发展的中坚力量。但另一方面，近几年来在中国经济结构调整、转型升级过程中，资产管理行业有效支持的作用还需要提高。

第三，行业同质化发展倾向与产品、模式的日益丰富多样不够匹配。随着参与市场的机构增加、经济环境所要求的投资模式多样化以及居民企业投资渠道的需求标准提升，资产管理行业近几年出现金融产品、管理模式的日益丰富多样，以银行理财为重要基础的大资管行业衍生出了各种不同层次的产品，从不同投资范围的银行理财、各种类型的集合管理计划到 5 000 多只共同基金、上万家私募基金以及大量的股权投资产品，当前可选择的资产管理产品已经十分丰富。但我们再去看其背后的管理运作，实际上同质化的现象还十分明显，这种同质化从静态看体现在产品投资范围约束、投资策略设计、基础资产重合等方面趋同，也体现在从动态看产品创新的节奏十分趋同，一有新的投资产品类型出现就会迅速被模仿。之前我们在研究中所关注的全面综合型和垂直细分型的市场结构一直没有清晰出现，机构之间相互模仿、交叉、渗透的趋势在近年还很明显。究其背后原因，可能还在于行业超常规发展、蛋糕迅速做大的过程中，机构差异化经营压力小，在风口可能不需要太辛苦就能飞起来，随着行业增长的放缓，机构势必要追求差异化的竞争优势。

第四，行业的监管协调与行业自身积极创新不够匹配。站在十年前，我们并没有规划、可能也想象不到，银行理财规模能够发展到 25 万亿，基金公司能够在共同基金外发展出多种产品类型，保险公司能够在资本市场形成巨大影响力，私募基金管理人在协会备案有接近 25 000 家，信托、基金、证券子公司会成为连接基础资产与投资资金之间的重要通道等等。可以说资产管理行业发展的这十年也就是金融市场不断扩大、创新、突破的十年。而在同时，政策监管与市场创新之间的协调还不够完善。在市场自身蓬勃发展的过程中，监管层对于整体情况的把握、市场结构和规模的跟踪监测是有滞后的，从而在发生阶段性、局部性波动时，监管层短期内无法及时、有效地干预市场。如何通过前瞻性的引导，既给予市场较大的创新、整合空间，又不能带来大起大落的波动，这就是政府的手与市场之间的微妙距离。

正是在这样的观察和感受下，我们在 2016 年对资产管理行业的研究剖析，除了一如既往地关注其迅速扩张的势头外，更多地把眼光放在了其自身还有待"提升内力、重建能力"的方面。在 2016 年的报告中，我们延续了 2015 年行业格局篇、机构篇和海外市场篇的全书结构。第一部分行业格局篇之中，我们从行业的宏观格局出发。鉴于整个资产管理行业已经在中国金融体系中占据重要地位、并对中国金融结构变化产生了重要影响，我们分别从功能视角、行业监管和金融创新等较为宏观的角度对行业进行了相应的阐述和研究，试图在更为广阔的经济系统的图景之中更为清晰地勾勒出资产管理行业的边界、定位和运行机理。同时，在相对中观或者微观的层面上，围绕着资产管理行业产业链中的关键环节，我们对投资者、互联网金融和资产管理系统等话题也进行了相应的探讨。

第二部分机构专题篇里，我们立足于正在发生重大变化的行业格局，重点对于2016年资产管理行业下各个子板块进行勾勒和刻画。快速地创新和重新定位，带动了资产管理行业各个子板块的迅猛发展和跨界扩张。在这个过程中，整个资产管理系统的内在机制和联系变得更为错综复杂，各类资产管理机构均在重新思考自身在行业中的角色和定位。"破壁"是2016年机构视角下的关键词，未来我们应可以看到行业中各类资产管理机构更为多元化的战略布局，"大而美"与"小而精"并存的格局下，"百花齐放"的资产管理行业机构格局将值得我们期待。

第三部分海外市场篇里，我们对于过去一年的海外资产管理市场进行了回顾，梳理了眼下全球市场主流的几种资产管理业务模式，并对于美国和新兴市场的资产管理行业进行了整理和介绍。

本年度报告是由我和杨倞负责整体协调组织以及全书的通稿、修订、讨论、出版等事宜，最后由我和陈华良、王超对全书进行全面的修订统稿。各章起草人员包括：巴曙松、杨倞、何雅婷起草第一章；巴曙松、范硕、陈重行起草第二章；马文霄、禹路、方立起草第三章；范硕起草第四章；刘蕾蕾，张悦起草第五章；高扬起草第六章；杨倞起草第七章；朱茜月起草第八章；孙娴，何芸芸起草第九章；黄泽娟起草第十章；陈进起草第十一章；何雅婷起草第十二章；李要深起草第十三章；李科、郭兴邦起草第十四章；周冠南、邵杨楠、任佳宁起草全球资产管理行业专题；黄文礼起草第十五章；朱茜月起草第十六章。除了章节作者之外，杨洲清、陶小敏对于本书修订、校对亦做出了非常大的贡献。

　　同时，我们也十分感谢湛庐文化的编辑团队为本书的出版所付出的持续的专业努力，以及感谢诺亚财富、兆尹科技、百瑞信托、华融资管、挖财等机构，和万文义、林华、胡剑、方兆本、张信军、华中炜、符星华、沈长征、马祥海、尹留志、吴杰、杨竞霜、季勇（排名不分先后）等金融界的朋友的帮助和支持。文中引用他们的观点，仅仅是代表他们个人的看法，并不代表任何机构，另外，文中采用的一些文字记录，未经他们本人审定，因此难免会有一些错漏，也请读者见谅。

　　在本书成文之际，我们也看到行业面临的市场、政策环境等出现了持续的变化。资产管理行业对于经济、金融市场的影响日益受到重视，对于资产管理行业运营模式的探讨甚至质疑越来越多，而监管政策也在积极转向合理引导行业健康发展的方向。这些都意味着不论从主观意愿还是客观条件而言，行业从过去享受制度红利、规模迅速扩张真正转向修炼内功、注重质量效率提升的阶段已经开始。我们衷心希望在 5 年、10 年之后我们继续做这个研究来回顾的时候，能够看到当前又是资产管理行业蜕变成长的新时点。

　　是为序。

扫码关注"庐客汇"，
回复"2016 年中国资产管理行业发展报告"，
听巴曙松教授亲自讲述资产报告的故事！

2016

你不是一个人在读书！
扫码进入湛庐"金融投资群"，
与小伙伴"同读共进"！

2016

Part 1
行业格局篇

◎从功能视角来看，资产管理行业之中所有的机构均是在围绕宏观意义上的"储蓄"和"投资"两端运行，在整个产业链的不同环节上扮演着各自的角色。跨界竞合是趋势，依据自身禀赋寻找自身产业链定位是资产管理机构必经之路。经济下行期，供给侧改革的提出为创新金融模式提供了新的契机。

◎互联网金融行业正在面临大洗牌，随着行业发展趋于理性，此次全面整顿过后，互联网金融仍然具备较大创新空间与颠覆力量，在细分市场领域给予传统金融体系更好的补充和升级。

◎从目前个人投资者的现状看，新崛起的财富新贵、逐渐成长的 80 后 90 后的投资理财需求、创一代的财富传承需求将对资产管理行业未来发展产生较大影响。

01

功能视角下的资产管理行业

2016 | 本章导读

◎ 广义上的资产管理行业是一个社会投融资体系呈现出来的形态的一种，随着中国投融资体系的市场化程度的逐渐升高，在中国投融资体系"资产管理化"特征越发浓厚的同时，中国资产管理行业的"系统重要性"程度也越高，除了从产品、标的和收益等方面来看待资产管理行业的角度之外，从功能视角看待资产管理行业也显得越来越重要。

◎ 中国改革开放之后的金融结构变化，主要就是银行所从事的存贷款业务占整个投融资体系份额逐步降低、非银行类金融机构所主导的投融资业务占整个投融资体系份额逐步上升的过程。中国资产管理业务经过多年的发展，对于已有银行体系的存贷款业务替代已经非常深入。从 2015 年末到 2016 年第一季度，中国一般性存款总和规模大概在103.4 万亿，中国资产管理行业规模大约为 74 万亿元，规模在存款规模的七成左右。

◎ 一方面，中国资产管理行业在近十年的时间里快速发展，带动了中国金融效率的快速提升；另一方面由于市场的成熟度方面还有所欠缺，还不能够充分地发挥其所承担的社会经济功能。

◎ 从功能视角来看，资产管理行业之中所有的机构均是在围绕着宏观意义上的"储蓄"和"投资"两端运行的，在整个产业链的不同环节上扮演着各自的角色。当过去的牌照管理、分业经营的语境体系渐渐淡去之后，寻找自身比较优势和在产业链上的功能定位将成为各类资产管理机构的新话题。跨界竞合是趋势，依据自身禀赋寻找自身产业链定位是资产管理机构的必经之路。

如 2015 年的报告中所提到的，中国的资产管理行业从一开始就是一个在探索中前行的行业，在当时也没有一个清晰的定义和边界。在起步阶段，对资产管理的阐述多是站在投资方的角度，指的是对以资金为形态的资产进行管理的业务。但是从宏观经济的角度看，储蓄与投资是一个硬币的两个方面，完整的资产管理流程也包括了满足融资需求的过程。因此，广义上的资产管理行业应当是一个社会的投融资体系所呈现出来的形态的一种，一个社会经济体系运行的市场化程度越高，其投融资体系就越发会表现为我们所说的"资产管理行业体系"。而随着中国投融资体系的市场化程度的逐渐升高，在中国投融资体系"资产管理化"特征越发浓厚的同时，中国资产管理行业的"系统重要性"程度也越高。因此，除了从产品、标的和收益等方面来看待资产管理行业的角度之外，从功能视角看待资产管理行业也显得越来越重要。

资产管理行业发展带动中国金融结构变化

从金融结构的角度来看，中国改革开放之后的金融结构变化主要是银行所从事的存贷款业务占整个投融资体系份额逐步降低、非银行类金融机构（或银行的非存贷款类业务部门）所主导的投融资业务占整个投融资体系份额逐步上升的过程。从广义的视角来看，中国非银行类金融机构（或银行的非信贷类业务部门）所主导的投融资业务与我们所说的资产管理类业务范围大致相当。

从资金端的数据上看，中国资产管理业务经过多年的发展，对于银行体系的存贷款业务替代已经非常深入。从 2015 年末到 2016 年一季度的这段时间，中国金融体系资金分布格局大致如下：金融机构企业存款余额 42.1 万亿元，财政存款 3.7 万亿元，储蓄存款余额 57.5 万亿元；银行理财 23.5 万亿元，信托规模 16.3 万亿元，保险投资 9.09 万亿元[①]，券商资管 11.89 万亿元，公募基金（不包含专户和子公司）7.7 万亿元，私募股权基金 2.88 万亿元，阳光私募 1.89 万亿元[②]。如果用企业存款余额、财政存款余额和储蓄存款余额之和代表一般性存款总和，那么中国一般性存款总和规模大概在 103.4 万亿；我们用银行理财、信托、保险、券商、公募基金、私募股权基金和阳光私募基金的规模之和代表"资产管理"行业数据，可以发现，在 2016 年初，中国资产管理行业规模大约为 74 万亿元，占存款规模的七成左右。但是在目前的数据口径下，资产管理行业规模数据相加存在高估[③]。两种规模比较的示意图如图 1-1 所示。

中国资产管理行业从规模上约占存款规模的七成，意味着伴随中国资产管理行业的不断发展，中国的金融结构已经发生了重大变化：从金融工具的角度来看，在储蓄端，中国除了一般性存款之外又发展出了银行理财、信托产品、基金产品等多元化的金融产品；在投资端，融资方在贷款之外也具有多种标准化或非标准化的股权、债权融资方案选择。中国投融资体系不再高度依赖于以存贷款为核心的间接融资体系，在银行类机构存贷款业务的"企业—银行—储户"模式之外，资产管理行业的"基础资产—金融产品 / 资产管理机构—销售

---

① 截至 2016 年 2 月保险行业资产规模为 12.98 万亿元，其中保险投资为 9.07 万元，其余基本为保险的银行存款，这一部分被纳入为一般性存款，故不计算在保险资产管理规模之内。

② 数据分别来自于 Wind 资讯、基金业协会、保险业协会、信托业协会；其中银行理财、信托规模、券商资管为 2015 年 12 月份数据，企业存款规模、财政存款规模、储蓄存款规模、保险规模、公募基金数据为 2016 年 2 月份数据，阳光私募、私募股权数据为 2016 年 3 月份数据。另外期货资产管理规模 2012 年 12 月为 1 064 亿元，创投在 2016 年 3 月备案规模为 2 816 亿元，规模太小则不纳入以上计算。

③ 基金子公司和基金专户有大量银行理财委外或者通道业务，为防止重复计算则不纳入统计。银行、保险和券商的资产管理之中涉及基金投资，券商资管规模之中涉及通道业务和委外业务，信托之中涉及通道业务，因无法确定规模，因此以上的资产管理行业总数据实际上涉及重复计算而高估。

渠道—投资者"链条也正在整个社会经济体系之中发挥着越来越重要的作用。两种模式的比较如图 1-2 所示。

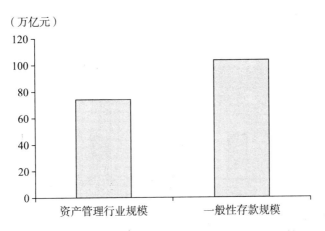

图 1-1　资产管理行业规模与银行一般性存款规模比较

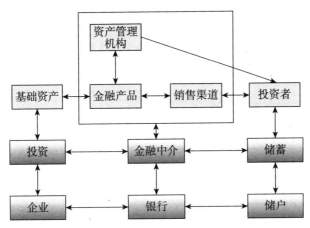

图 1-2　资产管理行业产业链与间接融资链条模式比较

从金融机构的视角来看,尽管整个社会经济体系之中实现了金融机构的多元化,但是在中国,银行还是占据着最为核心的地位。银行的一般性存款规模加上理财规模,远远超过信托、保险、券商、基金等其他金融机构。从资产管理行业细分出来的子行业来看,银行理财规模相较于其他领域领先优势明显;券商资管、保险、信托依旧是资产管理行业之中规模最大的几个子行业;基金行业虽然已经具备了一定的规模，但总体而言规模排名靠后。各子行业规模比较见图 1-3。

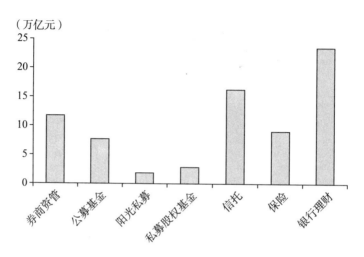

图 1-3　资产管理行业子行业规模比较

功能视角下的中国资产管理行业发展

资产管理行业功能定义

　　罗伯特·莫顿认为，金融体系的核心功能是资源配置，其主要分为 6 个方面：清算和支付功能、提供融资机制、跨时间和地域的经济资源转移、管理不确定性和风险、协调不同领域分散决策的价格信息、处理不对称信息。作为金融体系的组成部分之一，资产管理行业除了不具备底层基础设施性质的清算和支付功能之外，在提供投融资手段、资源配置、风险管理、处理不对称信息等方面均发挥着重要的作用。对于金融市场上的各类融资方，也就是资产管理行业之中各项基础融资需求的供给方而言（宏观含义上的投资端），资产管理行业是融资的渠道；对于投资方，也就是资产管理产品的购买方或者说是金融市场上资金的提供方而言（宏观含义上的储蓄端），资产管理行业是资产保值、增值的途径；对于一个社会经济体或国家而言，资产管理行业体现的是对金融要素的资源配置功能，借助市场化力量不断提升资产管理行业效率及核心竞争力已成为重塑国家资产负债表最有效的方式（见图1-4）。

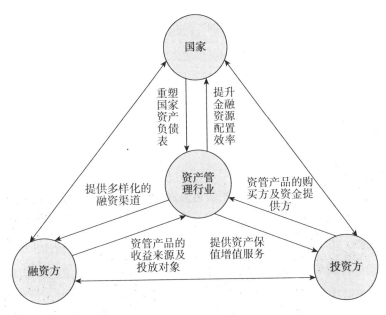

图 1-4 从"三位一体"角度理解中国资产管理行业功能

因此，一套成熟、高效的资产管理行业体系在理论上应当起到的作用包括：给投资方提供丰富的金融产品，给融资方提供多样的融资方式，金融机构给市场提供充分的流动性并最大化消除信息不对称的同时，有效地管理风险，促进社会资源有效配置，推动经济健康发展。尽管不同国家或者地区的金融体系 / 资产管理体系因为其发展程度、金融结构甚至是社会文化存在差异、在社会经济发展之中发挥作用的程度、特点和形式各不相同，但金融体系 / 资产管理行业体系链接融资方和投资方的本质不会因为表现形式的不同而发生任何改变。

中国资产管理行业功能检验

从中国资产管理体系的功能角度来看，一方面，中国资产管理行业在近十年的时间里快速发展，带动了中国金融效率的快速提升；另一方面由于市场的成熟度方面还有所欠缺，还不能够充分地发挥其所承担的社会经济功能。

资产管理行业持续发展带动中国金融效率持续提升。受历史因素的影响，中国的间接融资体系曾是中国"计划"时代的一个代表。商业银行作为并不纯粹的商业机构在金融资源的分配和定价之上曾直接接受严格的指导，至今还受到一定的非市场化约束。与之相较而言，资产管理行业本身就是金融体系之中更为"市场化"的组成部分。整个产业从资金募集到资产投降均面临着市场化的竞争，风险识别能力和风险定价能力是一家资产管理机构在市场化的竞争过程中胜出的必不可少的核心能力。

资产管理行业遵循市场化原则快速发展，本身就是效率不断提升的表现：之于投资者而言有更多的投资产品可以选择；之于融资方而言有更多的融资方式可以选择，市场的信号通过金融要素的价格变动可以很快地传递出来并引导市场自动进行调节，而不需要再被搜集并往上传达、做出决策而后逐级下发。一套更为有效率的金融体系，可以实现金融资源在社会经济体系中更为快速和有效的配置，从而推动整个社会经济效率的提升和更为健康的发展（见表1-1）。

表 1-1　　　　投资者和融资方资产管理行业发展后选择增加

投资方视角		融资方视角	
资管行业发展前	资管行业发展后	资管行业发展前	资管行业发展后
一般性存款	一般性存款	贷款	贷款
	银行理财		发行股票
	信托产品		私募股权融资
	基金产品		发行债券
	券商资管产品		发行可转换债券
	保险资产管理产品		非标融资
	期货产品		融资租赁
	……		……

中国资产管理行业系统不健全制约功能充分发挥。近十年来，中国资产管理行业成长迅速。随着在整个投融资体系之中占比日益提升，其所应当承担起的功能发挥的责任和义务也随之增加。但是，从近年中国资产管理行业系统的运行状况来看，其健全程度还有所欠缺，导致功能发挥尚存在着比较明显的缺陷（见图1-5）。

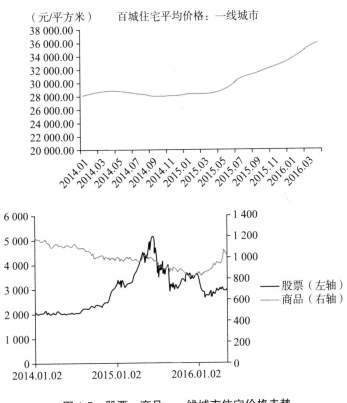

图1-5　股票、商品、一线城市住宅价格走势

资料来源：Wind咨询，股票指标为上证指数，商品指标为南华商品指数。

从理论上讲，一个运行良好的资产管理系统应当将整个社会体系中投资方的资金和融资方的需求尽量"恰当"地匹配起来，这个匹配的过程需要弥合投资方和融资方之间对于期限、回报等方面需求的差异，匹配的方式则决定了作为金融中介的资产管理系统所承担的风险水平。此处"恰当"的含义，不仅意味着整个体系需要维持一定的稳定性，同时也意味着整个社会经济体系中的风险被尽量降低。然而，自 2015 年起，随着中国利率水平的进一步下行和资金面环境保持宽松，"资产荒"日益成为资产管理行业内越发受到关注的问题；大量资金将债券收益压到较低水平之后，在大类资产之中快速地切换，推动股市、楼市和期市价格波动放大，呈现出与基本面存在一定背离的价格涨跌，整个社会经济体系运行呈现出了稳定性偏差、风险偏高的状态。

究其原因，首先有客观因素的影响，但是在 2015—2016 年间出现的投机资金推动资产价格异常波动和"资金空转"、"资产荒"等现象也正是资产管理系统功能发挥不畅的表现。整个资产管理行业系统在弥合投资方与融资方需求的过程中，存在着不成熟、不健全以及较为严重的结构性问题。其中一个较为突出的问题是，中国资产管理版图中占据最大规模比例的银行理财资金负债端存在"刚兑"和"高息"两大特征，实质上披着安全外衣的高息负债在刚性兑付的压力下逐渐被迫提升自身风险偏好，并存在给正在上涨的资产以优先级等形式加起杠杆的冲动。这种冲动是导致一些资产过度上涨的很重要的原因。在这样的资产管理系统的结构里，过多风险集中在了金融中介的系统之中，对于资产定价的资金配置需求高过了对于基本面的分析判断，系统中释放不准确的价格信号也进一步影响了资产管理行业体系在整个经济金融体系中所应当发挥的作用的效果。

除了眼下以银行理财为主导的资产管理体系所存在的结构性问题之外，还有其他制度性因素也在制约中国资产管理系统功能发挥：例如，债券市场上存在着非常大量难以真正缕清与政府关系的企业（央企、政府融资平台等）。"风险定价"能力是资产管理行业的核心，是资产管理系统引导整个社会经济体系正常、良好运转的基础，缺乏良好定价能力的资产管理系统不仅无法良好发挥其功能属性，甚至会因错误的信号系统而带来更多的不稳定性或导致更大的风险。

功能视角下中国资产管理行业道路选择

对银行理财负债端的改造是中国资产管理行业改革最为重要和紧迫的课题之一。 中国资产管理体系存在许多尚需理顺的机制和问题，但对于银行理财负债端的改造应是眼下最为重要和紧迫的课题之一。首先，银行理财负债端问题的重要性不仅在于其在中国资产管理行业之中规模最大，占比较资产管理行业中其他部门远为领先，同时作为资产管理行业其他部门的资产委托人，是大量信托资产管理、券商资产管理、基金资产管理规模的实际来源。信托、券商和基金的这部分资产管理规模不仅接受银行理财部门的业绩考核，在风险偏好甚至是实际运作过程中也接受银行理财部门的指导。眼下中国的资产管理系统之中，银行理财部门占据了非常核心的地位，不仅对于其他类型资产管理机构行为有所影响，同时在中国各类资产的实际定价过程之中占据了非常大的话语权。

其次，银行负债端问题的紧迫性在于，在经济增速换挡下行的宏观背景下，安全资产的"资产荒"已经对银行理财具备"刚兑"和"高息"特征的负债端造成了非常巨大的压力，整个银行理财部门的风险偏好实际上处于抬升的状态。通过优先级的配置、甚至是一些资产证券化的方式，部分银行理财资金实际上的配置范围已经涵盖了几乎所有的资产类别。负债端的刚兑形式叠加资产端的配置内容，银行部门的风险实际正在积聚，考虑到中国银行体系在金融体系之中的核心地位，负债端改造的问题不容忽视。

对于银行理财负债端的改造，主要集中在银行理财资金来源"负债化"还是"净值化"的道路选择上，选择前者等于是将理财资金定位回归于近似银行的表内负债；选择后者则是将理财外推至更为纯粹的资产管理。进一步，从功能视角来看，银行理财资金来源"负债化"或者是"净值化"的道路选择，考虑到银行理财现有规模，甚至可以对中国融资体系之中间接融资与直接融资之间的比例关系产生很大的影响，进而影响中国未来金融风险存在和爆发的形式，甚至是货币政策与财政政策产生效果的传导机制。

中国资产管理行业发展路径的选择，将会影响中国未来金融风险存在的形式以及应对方式。 以银行理财资金来源 "负债化" 还是 "净值化" 道路选择为例，其选择的结果会直接影响到金融中介自身所承担的风险敞口、金融风险所在的形式以及未来可能的应对方式。"负债化" 的道路选择意味着金融中介机构，也就是资产管理机构需要将资产端的风险主要背负在自己的身上，资产管理机构本身需要更为主动地进行风险的管理。在此种结构下，对于金融机构的资本金要求、风险吸收能力等存在着更高的要求，而这种资产管理的方式，本身和现有的银行表内风险管理框架也不存在太大的区别。这种机制的优点在于，政府易于针对金融机构进行集中的问题解决处理，更便于控制风险的扩散和蔓延；而风险则在于，相较于资金来源 "净值化" 的机制安排，"负债化" 的道路选择容易在风险初萌的时候将风险掩盖，风险积累到一定程度之后才会受到应有的关注。

"净值化" 的道路选择意味着资产端的风险更多地直接传导给了投资者自身，而对于资产管理机构本身的直接伤害有限。在此种结构下，金融机构并不需要很高的资本金要求和风险吸收能力，但是从社会经济体系中存在风险的角度来看，"投资者赎回—被迫抛售资产—资产边际定价影响市场总体资产价格—引发更多赎回和抛售" 的链条结构，会使得风险的传导性会变得更强，市场的波动性会变得更大。在我们国家，对于处理此类通过传导而放大的风险事件的经验相对匮乏，随着市场的快速发展和资产管理行业改革的深入，不同基础资产—二级交易市场之间已经具备了相互之间感染和影响的能力，但是中国的监管和金融市场风险控制的体制和经验还并不能完全适应和很好地控制、把握此类风险，这一点在 2015 年权益市场大波动的过程中已经得到了充分的证明。

功能视角下的资产管理机构

从功能视角来看，资产管理行业中所有的机构均是围绕着宏观意义上的"储蓄"和"投资"两端做事，在整个产业链的不同环节上扮演着各自的角色。当过去牌照管理、分业经营的色彩渐渐淡去之后，寻找自身比较优势和在产业链上的功能定位将成为各类资产管理机构的新话题。

跨界竞合是趋势

"跨界竞合"本身属于就属于过去牌照管理、分业经营时代语境体系的遗留。因为需要"跨界"，此前则必然有所"划界"。在过去几年里，整个资产管理行业一直在致力于降低牌照管理机制所带来的非市场化的、垄断式的影响。"大资管"和"跨界竞合"成为了前几年行业中如火如荼的浪潮，并为行业带来了非常显著的变化。

抛开资产管理机构的类型区别，每一个资产管理企业均因其股东、资本金、组成人员等因素的不同而具备不同的比较优势和短板；每一个机构"所有业务都能做"且"可以盈利"这本身就不符合市场经济的内在规律。因此，我们必然将看到的是在"跨界竞合"的大潮之后，大量资产管理机构战略上的收缩和再定位，届时决定自身业务形态的不再会是牌照，而是核心竞争力与比较优势。

依据自身禀赋寻找自身产业链定位是资产管理机构的必经之路

资产管理机构对于自身战略定位的确定离不开对自身禀赋的剖析，讨论资产管理机构的能力禀赋主要包含两层含义：其一是作为不同类型的资产管理机构，在多年的经营和布局之后，某一种类型的资产管理企业要在某种能力上强于其他类型的企业；其二是对于同一种类型的不同资产管理企业之间，因为股东背景、人员构成、商业模式等不同因素，在同一个领域之间也存在着能力的高低之分（见表 1-2）。

表 1-2　　　　　　　　不同类型资产管理机构禀赋对比

	销售能力	投研／产品 设计能力	企业／基础 资产资源	风险吸收能力／ 资本金
银行	√		√	√
保险	√			√
信托			√	√
基金		√		
券商	√	√		√
期货公司		√		
互联网金融	√		√	
PE ／ VC		√	√	

从不同类型的资产管理机构的角度来看，具备企业／基础资产资源的企业可以深耕资产管理产业链的上游，具备销售能力的机构可以深耕资产管理产业链的下游。投研能力和产品设计能力是资产管理机构中游实现非常重要的能力。同时，只有具备足够的风险吸收能力（资本金充裕），才有具备进行间接融资模式／资金端负债化／资金池业务的能力。从实践的角度看，眼下中国不同类型的资产管理机构在产业链上分布的形态还是大致遵循着禀赋对比的规律在进行，而不恰当的跨界也会很快引发风险。例如，基金公司是典型的风险吸收能力较弱的资产管理机构，前几年部分基金公司通过子公司的平台大规模地推进类信托业务，眼下也成了风险点之一；再比如银行具备很强的资产管理行业上下游的能力，因此在收益率处于绝对低位的时候，银行体系被迫要通过委外投资的方式与投研能力较强的证券公司和基金公司进行合作。单纯的互联网金融企业可以吸纳大量的次级基础资产资源和小额资金，但是并不具备风控能力和投研能力，因此一旦其试图脱离销售渠道的角色，最终很容易走上"脱轨"的结局。

从实践上看，我们可以看到的金融机构战略方面的发展主要有两个趋势：

其一，单个企业／部门的职能越来越纯粹，在一块领域内做深、做细，与同类机构相比具备更强的竞争能力。一旦当资产管理行业里的各个板块"牌照垄断"力量减弱之后，市场化的竞争会迫使单个企业／部门更着眼于专业化技能的提升，单一领域的技能竞争将会更为白热化和短兵相接；其二，我们同样可以看到金融控股集团日益增多，在专业分工之后，各个环节之间如何进行成本最低廉的协调则是各类资产管理机构真正的"竞合之道"。企业的边界拓展，除了另外设立部门之外，设立子公司或者收购子公司的形式眼下成为了越来越普遍的现象。通过股权关系，使得"外部成本"尽可能的"内部化"成为了很多金融机构最实际的选择，依据科斯的企业理论的角度看，当且仅当边际购买外部服务的成本与边际内部设立部门或者子公司的成本相抵的时候，企业的边界和业务模式才会被真正的确定下来。

访谈手记

关于中国资产管理的思考

中国财富管理的市场规模近年来得到了大幅增长，资金面的变化，会给中国资产管理的趋势带来什么新的变化？为了改善财富管理新的格局，稳定未来的资产管理，未来的资产管理机构应该如何发展？为此我们对平安资产管理公司董事长万放先生进行了访谈。

中国财富管理的现状

万先生从中国的养老体系切入谈这个问题。中国的养老体系覆盖率在全球排名落后。三大支柱中，第一支柱社保覆盖面不高，随着老龄化第一支柱的现收现付制面临很大的挑战；第二支柱，企业年金或其他补充养老计划，税收优惠并不明显，同时企业要缴纳第一支柱的比例很高，增量已经到了一个瓶颈，短期内看不到很大的增长，也面临比较大的挑战。第二支柱还面临一个问题，个性化选择不多，35 岁的人和 55 岁的人基本上选择是一样的。中国现在第二支柱除了一些特别优质的国有大型企业在做以外，其他绝大多数公司都没做。第三支柱，商业养老也同样面临税收优惠的问题，在税优问题没有得到解决之前，商业养老的增量也是非常有限的。所以带来一个很重要的结果就是每个人自己养老，自己为自己养老负责，那怎么负责？就是做财富的管理。

随着我们的收入和支出剪刀差的增加，这种担忧变得越来越大。支出除了养老以外，还有医疗、教育，这些都是大头的支出，而这些支出的增长，远远高于我们收入的增长。工资性收入年增长为 7.8%，财产性收入增长率为 15%，但这两个收入远远不够未来在养老、医疗、健康方面的支出，所以这个剪刀差越拉越大，人们的担心也越来越大。在工资不能增长的情况下，大家非常希望财产性收入有爆发性的增长。第二个结论就是个人在做财富管理的时候，偏向于高收益，比较明显的就是股市，中国的个人投资股市在全球是高的。

老百姓为了追求财产性的高收益，并不是很清楚 8%，10%，12% 收益背后风险的匹配是不一样的，也不能判断财富管理公司和 P2P 产品有没有问题。因为收益是比较容易量化的，但风险特别不容易量化，带来的问题就是老百姓忽略了高收益背后的高风险。

中国财富管理市场的规模现在是 90 万亿，在 2012 年是 26 万亿，2012—2015 年增长 48%，而工资性收入、财产性收入增长没有这么多，原因是很多人把银行存款挪到了财富管理市场。担心未来支出增加，认为现在的存款不能满足未来支出的需要，所以把银行存款取出来，去买理财产品，买 P2P，去做股票，做一些高收益的东西。导致市场财富管理的一个特征：中国整个财富管理中机构和个人的占比，和国外正好相反。在国外，按机构和个人来划分，个人客户占 39%，机构客户61%；中国个人占61%，机构占39%。第三个结论就是我们应该大力发展机构客户，提供长期资产管理产品，来满足当前整个财富管理市场上的需求。

市场缺乏足够合格的机构投资者来提供丰富的长期的资管产品，来帮助个人财富保值增值，来满足未来养老、医疗、教育的需求。

资产管理发展的思考

宏观环境

目前中国的宏观环境正在陷入企业流动性陷阱，无论货币继续增加多少，对实体经济的促进作用都不大，M1 高速增长说明了这一点，企业有现金不做投资，趴在账上，导致 M1 的增长。中国目前还有一个问题就是新技术革命、全球一体化的倒退、加上中国产业结构的不合理共振三大因素形成了当前中国的困局。

第一个因素，新技术的出现，去中介，提高效率，对存量经济的打击不小。最近出现的新技术，包括互联网，移动互联网，电商对实体的冲击；最近出现的 AI（人工智能）会导致出现吸收大量就业机会的 core center 的消亡；无人驾驶导致的最直接的问题就是司机会没有饭吃，同时我们上下班自己开车变得没有必要。现在的科技发达带来了用最低的消费就能够维持非常高的满意度。这就是一个对存量经济的打击，给存量经济带来了一个困局。

第二个因素，全球一体化倒退对进出口的影响，比较经典的就是 Adidas 把他的生产厂移回美国。

第三个因素，中国还有产能过剩，产能结构不合理等问题。

总体来说就是中国三大因素的叠加带来资产收益率的下行，中国基础资产收益率的下行带来了非常严重的问题。假设 5% 的资金成本，如果找不到 5%、6%的资产做匹配，只能找到 4% 资产匹配，就只能加杠杆。实体有钱，不扩大生产，去买金融产品，变相放贷。加杠杆带来的风险：一是流动性，二是要保证加杠杆里面的基础资产质量不能坏掉。杠杆变大带来的风险聚集是非常危险的，金融体系自我循环结果可想而知。最近所有的监管机构，一行三会都在做同样的事情，就是去通道、降杠杆、使用穿透原则来降低系统性风险。这是当前面临的宏观形势。

监管层面

从监管层面来看，首先缺乏完善的监管体系。现在资产管理涉及证券、信托、基金子公司、保险资管等多类机构，却没有一个统一的上位法。现在统一的挨得比较近的是《信托法》《基金法》，但银行的理财产品、保险资管计划、基金子公司特定客户的资管计划，券商资管计划，他们的上位法都是不清楚，这就为未来资产管理发展留有隐患。

从监管的角度来看，应该发展合格机构投资者，找到能力强、有很好的做市意愿的合格机构投资者，来承担市场最主要的资产管理和财富管理。监管是滞后市场的，全世界的解决方案分为两种：一是事先把资管机构进行分层监管，允许合格的值得信任的机构投资者做更多的事情；二是事后完善，严厉打击违反市场规律的机构投资者，并及时遏制系统性风险的发生。

一行三会最近在做的去通道、降杠杆、穿透原则也是按这个规则在做，现在金融杠杆不断累积，我们希望通过行政手段来降低金融的杠杆。这是目前发展的事态。我觉得应该允许能力强的资产管理公司来发展长期产品，提升整个社会财富管理的现状，来缓解老百姓的焦虑。

资产管理公司的角度

研究美国、韩国、日本、中国台湾地区的经验发现，活得还不错的机构在利率下行、资产荒、息差利差收窄、甚至未来可能出现倒挂的情况下，主要做了下面四件事：拓展海外资产；拉长资产久期；提升风险偏好；提升另类资产。这四种方案在当前的环境下是不得不做的，金融机构包括类资管机构，银行理财、券商资管、信托、保险资管、基金子公司、私募都多多少少在做这四类工作。

中国机构投资者未来基本两个大的方向：大而全、小而精。但监管逐渐趋严，未来的小而精会变得越来越难。监管趋严带来的合规成本越来越高，而小的机构很难养活那么多合规的人。

资管产品会朝着长期绝对收益方向发展，这跟目前中国财富管理的现状相关。随着收益率越来越低，大家意识到资产管理机构不能刚兑，预期收益率产品逐渐消失。老百姓会买长期绝对收益的净值型的产品来替代，所以净值型产品未来有较大机会。

随着法律环境、监管环境和自身法律的责任来看，了解你的客户就变得特别重要，所以现在资管公司发净值型的产品成为主流，而预期收益型产品随着自身风险和预期收益下行，甚至逐渐消失。

未来资管机构的评价

第一，投资的构建：资管机构的核心能力是投资能力，评价投资能力是广和专。广就是投资覆盖范围大，包括创新，别人没有的你有；专就是股票收益比别人高，债券收益比别人高。

第二，风险的构建：投资就是一个风险的事业，风控非常重要，核心在于找到风险和承受能力的平衡。创新是必须的，拉业务也是必须的，但什么能做什么不能做取决于你的风险承受能力。取决于公司对风险和自身能力的判断，然后找到一个平衡。而现在很多机构过于关注业务发展，没有关注风险承受能力，这样最后会引发社会的风险。

第三，文化的构建，这一点非常重要。说大了是梦想和使命，说小了是公司经营管理和团队文化。如果公司核心文化就是盈利，那难以走远。因为如果把盈利放在第一位，这家公司其实是低层次的文化聚集。

第四，监管的构建：机构的发展好与不好，监管的信任至关重要。市场的发展必须依赖于监管对创新的容忍。所以对机构进行分类监管，让好机构做好事情。也许动机是好的，结果可能跟预期不太一样，但应该有一定的容忍度。所以要加强与监管的互动，形成互信。

最后，呼吁针对以上四个方面不错的资产管理机构，一是放开养老资金的管理牌照，二要放开发行养老产品，如果能得到放松，有利于改善中国目前的财富管理市场格局，以及未来资产管理的稳定。

02

资产管理行业的监管与治理

本章导读

◎ 资产管理业务推动了金融创新、促进了金融一体化发展，同时金融风险也被机构间的"相互联系"和"相互依存"所掩盖。然而，"大资管"时代的突飞猛进并没有伴随着法律与监管的"与时俱进"，本文从问题导向出发，基于中国资产管理行业的特殊性，对其金融监管体制机制中存在的深层次问题进行剖析，立足于金融监管的法治化和市场化改革方向，提出从法制建设、监管逻辑、审慎监管三个维度重构资产管理行业的治理体系。

◎ 法制缺陷导致资产管理行业存在监管空白，资产管理行为的法律性质模糊。《证券法》对"证券"缺乏功能定义，导致资产管理创新受阻与监管套利并存，创新型证券融资类产品的合法性边界模糊，资产管理业务适用的法律关系不统一、不明确，难以真正实现委托人利益至上。

◎ 监管逻辑混乱导致资产管理行业监管过度与监管不足并存，监管更多的是在进行消防救火与事后补救。现行立足于机构监管和行业监管的基本逻辑，一方面将证券公司、基金公司等资产管理主体视为资金中介，按照间接融资监管逻辑导致监管过度，阻碍行业发展；另一方面更多的资产管理业务游离于直接融资监管与间接融资监管之间，不断创造监管套利机会，被动的让"刚性兑付"大行其道，促使金融风险更加复杂化和隐性化。

◎ 审慎监管缺失导致资产管理行业潜在的系统性风险不断增大，加剧金融市场的投机行为，形成资本市场挤兑，放大系统性金融风险，主要体现在资产管理业务的宏观审慎监管长期缺位，而微观审慎有效性不足。

◎ 以《证券法》修订为契机，统筹直接融资监管的法律基础，丰富"证券"的功能定义，建立投资者适当性原则，把握好金融监管与市场运行的平衡点。

◎ 立足于直接融资市场构建资产管理行业的监管逻辑，按照投资者适当性原则，对公募产品实行以信息披露为目的的注册制，对私募产品实行科学合理的合格投资者制度。

◎ 丰富完善审慎监管举措，基于风险并表视角防范系统性风险，加强"表表外"业务的并表监管力度，弥补集团附属机构的并表监管真空；基于风险穿透视角构筑审慎监管的信息基础，建立常态化的监管信息协调机制，打破分业监管的信息共享体制障碍。在构建宏观审慎与微观审慎一体化监管组织框架下，更要关注监管机构向法定机构转型、建立与"技术流"相适应的管理机制、提高决策机制的透明度问题。

　　资产管理业务与传统金融业务并无实质性区别，同样也面临各种金融风险冲击，并影响到金融系统稳定性。在金融分业监管体制下，中国金融机构资产管理业务围绕监管套利的创新活动异常活跃，特别是那些交易结构设计复杂、交易链条较长的资产管理业务，它们缺乏足够微观审慎与宏观审慎监管，存在金融风险隐患。因此，加强资产管理业务监管具有极为紧迫的现实意义。

　　资产管理行业的监管体系建设是置于整体金融监管框架改革之中的。自2015年下半年以来，中国金融市场出现巨幅波动，股市与汇市的恶性互动直接冲击金融体系的稳定性，对当前中国经济运行和转型升级构成直接威胁。2015年11月，中共中央"十三五"规划建议提出"加强金融宏观审慎监管制度建设，加强统筹协调，改革并完善适应现代金融市场发展的金融监管框架，健全符合中国国情和国际标准的监管规则，实现金融风险监管全覆盖。"对于金融监管框架的重构，目前将"一行三会"分业监管模式整合为统一"大金融监管"的呼声特别高，改革方案倾向于人民银行掌握宏观审慎监管主导权。

　　本文从问题导向出发，基于中国资产管理行业的特殊性，对资产管理监管体制机制中存在的深层次问题进行剖析。无论"一行三会"合并，还是英美模式借鉴，金融监管框架重构不能简单地理解为监管组织架构改革，更加需要从法制基础、监管逻辑、审慎监管三个维度分析资产管理监管亟待改进的地方。从大方向上说，金融监管的改革方向是从监管单体机构到防范系统性风险、从全机构覆盖到全风险覆盖、从微观审慎到微观和宏观审慎平衡，但具体落实到某一类金融业务，还要从该类业务的市场化和法治化建设出发，厘清金融行为的法律地位与法律关系，依据金融行为的风险性质划定监管类别与标准，具体分析采用何种审慎监管政策与工具，对于上述问题的论证思考适用于任何组织架构的监管框架体系建设。

资产管理行业监管的问题分析

资产管理行业促进了金融一体化发展，金融一体化增加了金融机构之间的联系，很多风险被机构间的"相互联系"和"相互依存"所掩盖，系统性风险随之增强。资产管理行业推动了金融创新，创新型业务的发展增加了风险的相关性和复杂度[①]。混业性和创新性都是中国资产管理行业当前的突出特征，这使得资产管理行业尤其需要金融监管的与时俱进。然而，由于法律缺陷、监管逻辑混乱、宏观审慎监管缺失等原因，不仅导致资产管理行业监管缺失与监管重复并存，也阻碍了资产管理的有效创新，在一定程度上诱发了金融创新的无序发展，对金融稳定形成潜在威胁。

由法律缺陷导致的监管空白与资管行为法律性质模糊

法律对于证券缺乏功能定义，导致资产管理创新受阻、监管缺失及实质性证券融资的合法性边界模糊

多数国家和地区的证券法都对证券范围依照"功能标准"作出不完全列举，即按照某种权利证书是否符合证券的基本属性和功能来判断其应否归属于证券，如美国 1933 年出台的《证券法》将所有带有融资性质的合同确认为证券。相比之下，中国 2005 年修订的《证券法》没有给出证券定义或者证券的

---

① 巴曙松、王璟怡、杜婧 . 从微观审慎到宏观审慎：危机下的银行监管启示 .《国际金融研究》，2015.5.

"功能标准"，而是按照该证书是否被冠以证券之名来进行判定[①]，但对于证券的定义不足。例如，即使是已经被《证券投资基金法》定义为证券的基金份额，也不能确认为《证券法》下的证券。《证券法》对于证券缺少功能定义，对于金融及监管而言，使得实质意义上的证券无法认定为证券，从而导致新型金融工具法律性质模糊，也容易导致金融创新的法律监管缺失；对于实体企业而言，企业难以借助股票和公司债券以外的权益证券融资，也无法科学判断企业的实质证券融资行为；对于金融市场而言，利用实质性证券融资的合法性边界模糊，会导致证券融资与非法集资相互纠结，打击非法集资及非法证券活动的范围宽泛和偏离[②]。在资产管理行业中，银行理财、信托计划、各类资产管理计划乃至 P2P 网贷等，本质上都是带有融资性质的证券发行，但使用这些资管工具进行实质性证券融资时缺少清晰的法律边界。

案例分析：中国与美国截然不同的 P2P 监管思路始于对"证券"的不同
定义

P2P 发端于美国，但美国却并没有为 P2P 额外制定专门的监管规则，而是将 P2P 界定为融资性证券行为，顺其自然的置于《证券法》监管框架下。2008年，美国证券交易委员会（SEC）将 P2P 机构运用投资人的资金向借款人放贷的行为视为证券销售，须接受《1993 证券法》的监督，从此美国的 P2P 机构与其他证券机构一样，必须通过 SEC 复杂而困难的注册申请，并在定期报告中按要求披露证券发行销售情况。正是因为美国《证券法》对于证券采取功能定义，使得新兴的金融行为能够迅速按照功能归类于现有的监管法律框架下，无需新增专门的监管办法和监管部门，这样既可以避免在新规则出台之前造成监管空白，也可以减少监管重复与监管冲突。

---

① 现行证券法规定证券指的是股票、公司债券、政府债券、证券投资基金份额和国务院依法认定的其他证券，但是国务院至今并未出台文件认定任何一项证券。此定义采用列举式，并没有从这几项中总结出一般性的定义。

② 李有星、杨俊.论中国证券法定范围引发的问题及其解决方案 [J].《时代法学》.2012（8）.

相比之下，中国于 2015 年出台的《关于互联网金融健康发展的指导意见》，从法规上正式确认了互联网金融的重要地位，将互联网金融监管格局确定为：人民银行牵头制定规范和促进互联网金融发展的有关政策，"三会"分别负责 P2P 网贷、众筹、保险各自的监管。但在确认 P2P 由银监会监管之前，P2P 一直游走于监管空白地带而野蛮发展，为当前 P2P 风险集中爆发埋下了伏笔。自 2015 年底以来，e 租宝、中晋系、MM 金融互助社区等数起规模较大的网贷平台涉嫌非法集资被调查，甚至不少省份已经对 P2P 网贷平台暂停注册，以此为监管细则调整设立"缓冲期"。从 P2P "草莽时代"到如今的"去 P2P 化"，凸显了由于法律对证券定义不足导致的新兴金融行为长期处于监管空白，难以逃脱"一放就乱、一管就死"的怪圈。

资产管理业务适用的法律关系不统一、不明确，难以真正实现委托人利益至上。

信托关系不只存在于信托产品中，而是普遍存在于多种形态的资产管理业务中，大部分资产管理是运用了信托原理开展业务，是基于信誉基础上的代理、受托责任体现。然而，目前中国资产管理业务适用的法律关系有信托、代理、有限合伙等，导致资产管理机构与客户的法律关系不统一。2001 年修订的《信托法》对于信托业务的界定标准不统一，受托人的准入、义务和责任等不明晰，理财产品的法律边界不清晰，理财资产的风险隔离缺少法理支撑，财产独立、受托责任的普适性原则尚未确立。有学者提出鉴于客户对资产管理业者有着天然的依赖性，以及两者之间存在的信息不对称等特性，资产管理业者极有可能滥用自己的受托人权力而侵害客户利益，提出应以资产管理业者信义义务，包括利益冲突防范义务、保密义务、图利禁止义务等忠实义务以及使用和提供信息义务、公平对待客户义务以及亲自执行和最佳执行事务等信义义务[①]。

---

① 董新义 . 资产管理业者的信义义务：法律定位及制度架构 [J].《求是学刊》，2014（4）.

由监管逻辑不一致导致的监管过度与监管不足并存

资产管理行业的监管逻辑立足于机构监管

机构监管的基本逻辑是"什么业务需要监管（牌照的设定）"——"什么机构或人可以从事这项业务（牌照的取得）"——"如何对这项业务进行监管（牌照的维持）"。以机构监管为出发点的监管逻辑将证券公司、基金公司视为资金中介。以证券公司为例，本质是证券发行人的代理，2005 年修订的《证券法》规定将客户交易结算资金由商业银行存管，但存管在银行的客户交易结算资金仍然列入证券公司会计报表的负债项下，并对证券公司提出了 5 000 万到 5 亿元的资本金要求[①]，很明显将证券公司视作资金中介。以基金管理公司（在此特指公募基金）为例，实质是投资者的代理，2012 年修订的《证券投资基金法》第 98 条设立了七块牌照，对公募基金提出了资本金要求[②]，但在后续监管中却没有强制基金经理以委托人利益至上，此种监管逻辑将基金管理公司也列入资金中介行列。

资产管理行业监管游离于间接融资监管与直接融资监管之间，较易形成监管套利

资管产品存在着既不受制于间接融资体系下的风险资本计提约束，也不受制于直接融资体系下的信息披露与委托人利益至上约束的监管套利空间。一方面，"刚性兑付"使得各类资管计划在实质上具备了金融机构的负债特征，但实际操作中这些资管计划都不进入金融机构的财务报表，无需计提风险资本；另一方面，"刚性兑付"代替了资管产品应有的信息披露与委托人利益至上[③]。

[①] 美国对经纪商和交易商的资本金要求是 5 000 至 100 万美元，而中国对证券公司提出的资本金要求使得全国只有 125 家证券公司，并关闭了审批大门。

[②] 美国对投资顾问始终没有设定资本金要求，而是充分强调投资顾问以委托人利益至上。

[③] 尽管监管机构从未正式承认资管计划的保本，但是实际销售的银行理财、信托计划等资管产品一直以来从不否认保本保息，监管部门主办的"中国理财信息登记系统"对于银行理财产品的信息披露也仅限于告知发行机构与收益率，主导了投资者关注焦点只限于产品的预期收益率。

近年来"大资管"行业普遍存在不同程度的监管套利，主要表现为以"预期收益率"、"保本保息"吸引大量公众资金，甚至于几十万亿的银行理财已经开始影响真实利率曲线。

案例分析：立足于直接融资体系的监管逻辑——以美国资产管理行业监管为例

直接融资就是以买卖证券为核心的资本市场，1933 年的《证券法》成为美国直接融资监管体系的法律基础。《证券法》从法律上将所有带有融资性质的合同确认为证券，公开发行证券应当在美国证券交易委员会（简称 SEC）进行注册，注册制成为美国公募市场的基石。与此相对应，豁免注册发行证券的市场被称为私募市场，是面向合格投资者的市场（见图 2-1）。

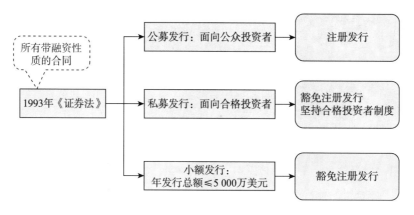

图 2-1　美国《证券法》（1933 年）的监管逻辑体系

资料来源：作者梳理。

立足于直接融资体系的监管逻辑有如下两大特点 [1]。

一是构建以信息披露为核心的发行监管体系。公开发行的证券需要到证监

---

[1]　贾与存（财新特约作者），中式监管乱局，"金融混业观察"微信公众号，2016.2.21.

会注册。在此需要正确理解"注册"的含义：注册的目的并不是"资质审批"，而是使公众投资者获取所有重要的投资信息，便于投资者做出投资决策，也便于投资者追究发行人虚假信息披露的责任。对证券进行注册，并非是通过政府进行背书或增信，政府并不能保证信息披露的真实性，而是让发行人意识到虚假信息披露的法律责任，让投资人认识到依据信息披露做出的投资决策风险自负。

二是构建以受托责任为核心的行为监管体系。直接融资体系中的金融机构包括经纪商或证券公司（代理发行人）、投资顾问或基金管理公司（代理投资者）、交易商、交易所，这些机构不是证券的买方和卖方，它们只是撮合买方和卖方交易的代理中介。只要是代理机制就会存在利益冲突，强调受托责任就是从法律上强制规定代理人必须坚持委托人利益至上，对其监管实施行为监管。对这些代理中介机构进行注册，并非是对其资质和能力的认可，而是便于接受监管机构的现场检查，便于事中检查和事后查处。

由审慎监管缺失导致的潜在系统性风险

资产管理表外业务引发的潜在系统性风险

所谓表外业务是指金融机构从事的，按照现行会计准则不计入资产负债表内，但能够影响金融机构损益的业务。狭义的表外业务是指虽未列入资产负债表，但同表内的资产或负债之间存在紧密的关系，主要包括担保类、承诺类和金融衍生工具类。广义的表外业务还包括代理、结算以及咨询等。资产管理业务由于其委托代理属性和金融衍生属性成为当前金融机构在"大资管时代"表外业务的重要类别。表外业务的运营特点导致了美国次贷危机的传导，并引起了系统性风险的积累、内生流动性扩张以及金融体系的去杠杆化。从 2008 年金融危机以来又出现了一种新的挤兑形式——资本市场挤兑①，即微观主体争

① 陆晓明. 从金融产品异化角度解析次贷危机的特征、发展和前景.《国际金融研究》，2008.11.

相抛售所持有的金融资产（资产证券化产品、信托计划、各类资管计划、私募基金等），导致资产价值暴跌及流动性枯竭，并使原本资本充足率稳健的金融机构也出现流动性问题。

表外业务与资产证券化为金融机构提供了"监管资本套利"的机会 ①，这对于提高个体金融机构的资本充足率是有益的。"资本监管套利"虽然将风险资产由表外移至表内，但这些表外资产的风险程度没有降低，金融体系的整体风险也没有降低。所以，即便单个金融机构的资本充足率有所改善，但整个金融系统的风险却没有降低，甚至更趋于复杂化。

表外业务的经营特点使其对金融稳定形成潜在威胁 ②：一是表外业务的风险具有隐蔽性、集中性、复杂性及难以计量等特点。表外业务不体现在财报中，并且以金融衍生工具为代表的表外业务集中在大型金融机构中，往往集信用风险、流动性风险和市场风险于一体，表外业务种类繁多、运作机制复杂，使得传统的风险识别方法难以进行计量。二是表外业务的发展促使信贷供给和内生流动性过度膨胀，一方面强化了资产管理机构作为信用中介的功能，加强了信贷的顺周期性，另一方面在发挥风险转移和分散功能的同时引起了资产价格泡沫和内生流动性扩张，同时在市场形势下行时，羊群效应引发资本市场挤兑。

资产管理表外业务系统性风险的审慎监管缺失

系统性风险往往以流动性危机的形式出现，同时风险之间的相关性和复杂性也推动了系统性风险的积累。一方面，表外业务促进了内生流动性的扩张，以及后续流动性断裂及枯竭，使得流动性危机迅速演变成不可逆转的系统性危机。另一方面，表外业务加强了金融机构的混业经营程度，系统性风险被机构间的"相互联系"和"相互依存"所掩饰。首先，就微观审慎监管而言，没有

---

① Jones,David. Emerging problems with the Basel capital accord regulatory capital arbitrage and related issues. *Journal of Banking and Finance*, 2000(24).

② 李佳. 商业银行表外业务监管研究. 《金融论坛》, 2013.5.

对流动性风险的计量、管理及应对等方面做出规定，对系统性风险无法进行有效披露，同时对大多数表外产品的市场规模、投资者持有情况及风险状况等也缺乏有效披露，信息的不对称导致投资者在危机爆发时出现情绪恐慌、抛售金融产品等风险放大的行为。其次，就宏观审慎监管而言，宏观审慎监管在表外业务监管中的缺位比较严重，长期以来对金融机构通过资产管理业务扩大杠杆投资的风险放大行为缺少必要的监管，对于资产管理业务诱发资本监管套利行为存在监管不足，对于资产管理表外业务的顺周期性没有予以足够关注。

案例分析：2015 年下半年股市异常波动与审慎监管缺失

杠杆交易的过度无序及监管不完善放大了资本市场的缺陷，主要表现为 2015 年以银行理财、伞型信托、券商资管计划等为代表的杠杆资金大举入市，疯狂的"加杠杆"与"去杠杆"助长了股市异常波动。监管部门规定银行理财资金不得投资于二级市场股市、未上市企业股权、上市公司非公开发行或交易的股份[1]。然而，2015 年二级市场的股票、定增股票、待发新股等被装入各类资管计划，这些资管计划采用优先和劣后形式将优先级出售给银行理财，银行理财再以高于同期定期存款利率的方式向大众募集资金，至此十几万亿的理财资金早已冲破防线进入股市。A 股融资余额占市场的比重曾高达 3%，加上场外配资高达 7.5%~9%，远超过纽交所 2000 年以来的峰值 2.65%[2]。在这种制度安排下，大规模资金致力于股票价格的提升，进一步削弱了股票长期价值的研究。监管部门由于不能对场内外融资行为实行统一监管，因而难以有效知晓这个阶段的股市状况，当处置风险时也难以拿出更加有效和准确的调控手段，接

---

[1] 《中国银监会关于进一步规范商业银行个人理财业务投资管理有关问题的通知》（银监发 [2009]65 号）第十八条规定：理财资金不得投资于境内二级市场公开交易的股票或与其相关的证券投资基金；第十九条规定：理财资金不得投资于未上市企业股权和上市公司非公开发行或交易的股份。

[2] 吴晓灵 . 修复 A 股制度缺陷，《资本市场》，2016Z1.

下来就发生了 2015 年股市的异常波动 [①]。

资产管理行业金融监管治理路径探析

提高直接融资市场法制水平，改进资产管理行业的监管逻辑

以《证券法》修订为契机，统筹直接融资监管的法律基础

资产管理行业是以直接融资为基础的市场，《证券法》修订重构可以为直接融资市场监管奠定法制基础。中国现行的《证券法》整个结构内容是以 1998 年的《证券法》为基础，2005 年进行了重大修订，2013 年和 2014 年进行了 7 个条款的细节改动。但是仅仅 7 个条款的细节性修改远远不能满足当前直接融资市场发展的实际需求。随着直接融资市场的发展，很多新兴的证券形式不断出现，《证券法》在调整这些证券形式方面仍然处于空白状态，主要存在以下问题。

一是对于"证券"的定义范围远远窄于其他领域所下的定义。 主要体现在对于资本市场已经普遍认可的证券，《证券法》却缺少法律层面的界定，导致资本市场实施有效监管的法律基础薄弱。例如，私募股权投资基金、P2P 等本质上应该属于证券发行，却不能适用于《证券法》。随着当前资本市场和资产管理行业快速发展，各种新型的金融产品层出不穷，《证券法》对这些实质上的证券并不能进行调整，直接限制了证券法在金融监管上的适用效能。

二是对投资者没有明确区分。 对于不同投资规模、不同风险认知和承受能力的投资者，没有通过法律加以区别保护。例如，合格投资者制度只在《证券投资基金法》（2015 年修正）中出现，并非成为一个横跨各类证券的基础制度，

---

① 股市从 2014 年第四季度开始快速上涨，股指大幅飙升，大量资金加杠杆入市。股市大跌后对场内和场外融资、信托、基金乃至银行体系等都产生了广泛的关联影响和冲击，充分体现了现代金融市场和金融体系都是紧密关联在一起的，存在复杂的网络特征和联动关系。

对于资管计划、私募债、定增、分级基金等产品是否执行合格投资者制度存在较大的法律适用性问题。《证券法》的修订重构有利于注册制推出，并以投资者适当性原则来决定信息披露的要求，区分不同层次的市场，构建多层次资本市场，加强对投资者的保护。

综上，《证券法》重构的核心是：把握好金融监管与市场运行的平衡点，处理好金融发展、金融创新、风险风范和金融监管四大方面的相互关系。第一，对"证券"进行功能定义，体现对广大投资者的立法保护，真正对当前各类创新型金融产品实行监管，有效协调证券法与其他相关法律的衔接与结合。第二，将证券民事法律关系完备化，未来证券法的构建应当大大削弱行政法律关系，为民事法律关系的实现释放应有的制度空间。第三，改变"行业监管"和"机构监管"机制，转变为"功能监管"和"行为监管"，对于那些非证券公司的证券行为（如商业银行发售大众理财产品、互联网平台发售 P2P 产品等），在行业监管下形成的监管错位与监管空白，应纳入证券法框架下实行证券的功能监管。第四，建立一个横跨各类证券的投资者适当性制度，只要涉及投资者的权益，就不再考虑公司类型和业务范围，而是置于投资者适用性的功能监管。

立足于直接融资市场重构资产管理行业的监管逻辑

金融监管逻辑主要划分为直接融资市场监管和间接融资市场监管：第一，属于间接融资市场的金融产品应纳入间接融资监管体系，回归金融机构报表，实施全面风险并表监管，按风险计提资本。第二，属于直接融资的证券类金融产品，对于公募产品应当实行注册制，进行充分的信息披露；对于私募产品应当实行合格投资者制度；对于代理中介业务性质的机构应当抓紧建立行为监管制度。

资产管理行业监管应立足于直接融资市场的监管逻辑，在此分类管理的思路下，可考虑将银行理财、回归银行报表、转为大额存单、降低真实利率水平，或转化为公募基金；融资类资管产品可转化为发行人的债券，金融机构信用，使得债券利率反映企业自身真实信用；网贷 P2P 产品可认定为证券发行人；通道类资管产品转向交易商，通道的投资顾问转向私募基金管理人，等等。

按照投资者适当性原则，将资产管理行业划分为公募发行与私募发行，据此实施不同的监管机制。对于公募资管计划发行，应当以注册制为监管基础；对于私募资管计划发行，应当以合格投资者制度为监管基础。

第一，对于公募资管市场需要正确理解并实施注册制[①]：注册制并非"机构准入"，不能由此增强监管机构的权力割据，注册制只是为了让投资者获知信息，是为了后续的信息披露，也为了后续的事中检查与事后查处。公募市场的监管逻辑就是通过注册制实现充分告知，如果所谓创新型金融产品未经注册，就会考虑存在非法集资的嫌疑。这样，打击非法集资的着力点就会变得清晰明了，目标就是那些金融产品公募发行却没有到监管部门注册，更没有通过注册进行产品信息披露的金融产品。

第二，对于私募资管市场需要正确理解并实施合格投资者制度。合格投资者制度并非简单的限定投资者人数和投资限额，以根据美国 1933 年《证券法》的立法精神和最高法院的判例为例，合格投资者的认定标准是具有自我保护能力，不需要注册制下提供的信息就能够做出投资决策。此外，根据美国 2012 年《创业企业促进法》D 条例，要求发行人和销售机构采用合理步骤确定认购人为合格投资者，并保留相关资料以备检查（见表 2-1）。

中国对私募产品的现行监管仍然聚焦于产品端的备案管理，如新三板挂牌、定增、私募债、资产证券化、分级基金等都在实施产品备案，这种备案在某种程度上相当于"政府增信"，备案的出发点是降低私募市场的风险，但由于私

---

① 根据美国 1933 年《证券法》的立法精神和最高法院的判例，注册的目的是为了使投资者获得投资所必需的信息，以便自行作出投资决策。

募产品附带了政府增信，最终风险仍由政府买单，反而增加了道德风险。为此，中国应对私募市场的监管从产品端转向投资者端，本着促进资本形成的原则，让监管置身事外、让市场发挥决定性作用，充分赋予私募市场"机会"与"风险"，不能把监管逻辑立足于消灭或降低风险，而立足于防止不能够承受风险的人进入市场，围绕着如何认定合格投资者、如何监管发行人和销售机构执行合格投资者制度来开展监管[①]。

表 2-1　　　　　美国证监会对个人合格投资者的最新认定标准

标准	标准释义
大幅提高财务门槛	个人年收入门槛 50 万美元，家庭年收入门槛 75 万元 资产净值门槛 250 万美元
允许个人投资者以最低投资金额成为合格投资者	投资存量在 75 万美元以上
增加除财务以外的其他认定方式	允许职业律师、会计师、金融分析师、私募投资基金的专业人员直接成为合格投资者

资料来源：根据 2010 年《多特弗兰克法案》，美国证监会需要每隔四年对合格投资者的认定进行重新评估和修订，美国证监会于 2015 年 12 月 18 日发布征求意见稿，准备调整认可投资者的标准和认定方法。

基于风险并表视角防范资产管理行业系统性风险

随着金融市场上系统重要性机构出现牌照控股化、业务交叉化趋势，资产管理行业愈发向纵深发展，金融风险的表现形式及传染路径也进一步复杂化和隐蔽化。此时，将资产管理行业全面纳入风险并表体系已是监管体系逐步改革的重要方向。并表监管强调以"风险"并表为主，而非"财务"意义上的并表，是全面、系统地将各类实质性风险纳入到统一监管或管理体系中。近年来，针对金融控股及其控股的牌照机构、银行集团、金融资产管理公司、各保险集团

①　邓寰乐、燕艳.合格投资者制度和私募监管逻辑.中国基金业协会，2016.1.18.

等资产管理行业的并表监管政策已经逐步出台:保监会于 2014 年底相继出台《保险集团并表监管指引》及一系列补充指引;银监会于 2015 年针对四大金融资产管理公司（华融、长城、东方、信达）出台《金融资产管理并表监管指引》,又于 2016 年 2 月出台《金融资产管理公司非现场监管指标体系》,强调"监管大方向,集团落实细节"的并表监管逻辑。尽管如此,目前尚未对其他大型金融控股集团出台任何并表监管办法,"综合风险并表"仍不能完全地"并"风险的"表"。

加强资产管理"表表外"业务的并表监管力度

根据最近出台的并表监管指引可以看出,目前已将绝大部分的资产管理表外业务纳入监管并表范围,对其资本、资源等实施并表口径的管理。但是部分创新业务依然"游离"在表外,尚未受到集团资本、资源的管理约束,此类业务又称"表表外"业务,主要包括:一是银行理财、代销业务、信托资金池（主动管理类）等;二是产品端的私募产品等;三是隐性担保,如集团公司对其附属公司在事前以明确契约约定的担保,如流动性支持、"安慰函"等,或对外部资金方的兜底协议,甚至其他非明示性担保协议等。此类"表表外"资管业务的实质契约关系复杂,难以识别传染路径及实际风险承担方,难以对其真实的风险暴露做出准确评估。在"表表外"业务监管缺位的情况下,此类业务杠杆程度往往较高,流动性错配问题凸显,最终导致难以确认并表范围并实施资本约束,风险一旦爆发,将可能导致较大范围的风险传染,甚至对集团公司造成流动性风险及声誉风险,长期如此会扭曲市场行为,加重系统性风险隐患。因此,并表监管需要进一步加强"表表外"业务的并表监管力度。

弥补集团附属机构的并表监管真空

随着监管不断收紧,资产管理业务成为大型金融控股集团规避管制的创新手段,比如通过各种契约关系建立类金融附属机构,或设立与金融控股集团存在各种关联关系的载体,此类机构近年来发展迅猛。比较显著的是影子银行体系,如特殊目的载体 SPV、BVI 等。从法律意义上讲,设立 SPV 开展业务已经与集团形成风险隔离，但是在业务实践中仍然存在着错综复杂的风险关联。为维护市场地位、控制声誉风险，集团可能对 SPV 实施各种方式的主动管理及隐性担保，形成实质性风险敞口关联。对于此种金融类附属机构应该逐步纳入并表监管中。此外，监管尚未对金控集团的部分附属机构实行差异化的并表监管。部分附属机构从事各种轻资产、结构化、证券化的创新型业务，这些业务与资产管理本质上相同，但是监管机构尚未对这类"类金融机构"实施直接监管，而是通过金融控股集团对其实施间接监管，在实际操作中存在风险隐患。

- 第一，此类附属机构大多无行业监管约束，通常集团的相关并表管理职能部门没有足够的行业监管要求及披露信息作为管控依据。
- 第二，是受"法人隔离"影响，由于附属机构属于独立法人性质，导致部分附属机构对集团管控的配合度不高，集团难以深入了解该类机构相关业务的风险特征而实施相应的并表措施。
- 第三，受"行业信息保密"影响，附属机构在客观、主观上对信息报送的配合度不高，集团基于目前的监管规则难以更好把握在信息报告与信息保密之间的平衡（见图 2-2）。

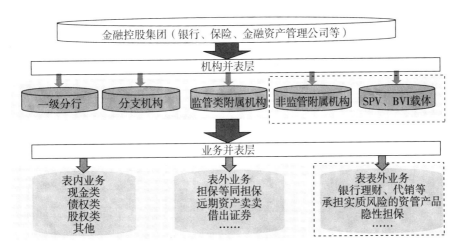

图 2-2　金融控股集团的风险并表管理体系

资料来源：作者梳理。

基于风险穿透视角构筑资产管理行业审慎监管基础

风险穿透是风险并表监管和管理的基石，风险穿透监管揭露基础资产的风险源泉，暴露资金端的风险承受能力，为识别与评估资产管理业务的风险关联及风险传染路径提供可靠依据与数据支撑。建立"风险穿透"对"风险并表"的协同机制，能够有效地为资本管理、资源分配、内控组织架构、内部交易管理等风险并表工作提高效率与精细化程度。风险穿透的核心是风险信息数据，数据信息覆盖面越广、透明度越高、信息颗粒度越低，对风险本质的揭示程度就越高，对风险综合并表工作的效率与效果的促进作用就越高。要获得高穿透度的信息，一方面要求收集的数据信息具有较高的质量，通过对这些信息的加工处理能揭露一项业务、一个机构以及相关资管业务链条的风险本质及暴露程度；另一方面要求监管、管理机构能够顺畅地通过各种被监管、管理机构及其他渠道收集必要的信息。

分业监管体制下，风险穿透监管难以扫清体制障碍

中国虽然已经建立了包括监管协调联席会议在内的多种政策协调机制，但仍未从根本上解决宏观审慎监管中职责不清、信息与政策分割的问题[1]。在资产管理行业，监管信息非标准化、信息共享不够及时和充分显得尤为突出。各类资管产品的备案体系不支持宏观审慎穿透监管的条件，而仍然以专项现场检查为主来进行风险穿透核查。由于现场检查受到地方金融监管部门的资源力量和水平限制，以信托产品为例，只能对单个产品进行逐个识别，无法实现跨区域、跨行业、跨产品的识别，使得有价值的数据都零碎的埋藏在几十页非格式化文件数据中。

受分业监管体制约束，风险穿透尚不能为风险的并表监管提供有效的信息支撑：**第一，仍需打通监管部门间的有效统筹机制，尤其在信息共享方面。**目前各监管部门通过风险穿透收集的数据通常由各部门分别掌握，即便是跨部门的监管信息协调共享，也尚未形成常态化机制，以致监管部门间信息交互的深

---

[1]　工兆星 . 中国微观与宏观审慎监管变革 .《中国金融》，2015.5.

度、频次及信息的有效性不能完全满足风险穿透监管需求。**第二，信息基础底子薄弱，在资产管理条线缺少风险数据统一的登记及治理平台。**以现有的资管产品信息登记制度为例，目前有中债登、私募基金备案等信息登记收集平台，但信托类产品的统一登记系统尚未建立起来。第三，信息平台收集风险信息的标准难以统一、信息颗粒度低，不能为并表监管提供太多有价值的信息，如资产端的风险信息等（见图 2-3）。

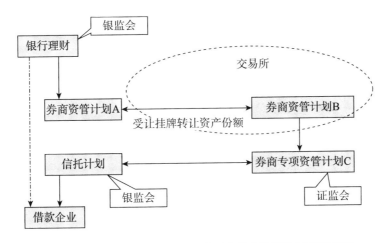

图 2-3 复杂资产管理产品风险穿透在分业监管体制下的障碍

资料来源：作者梳理。

尽快建立常态化的资产管理监管信息协调机制

从长远看，加强宏观审慎监管必须依靠充足的数据作为政策制定基础，前提是数据与信息的共享。因此，有必要着手建立宏观审慎监管的数据管理库，设立跨部门的经济金融信息共享平台，形成统一、高效的信息数据来源，同时建立信息管理的约束机制，以法律、法规形式明确各单位获取和提供宏观审慎共享信息的权利和义务，形成常态化、法制化机制。无论是同层次的监管协调还是不同层次的监管协调，都离不开监管信息的收集、交流和共享，最根本在于信息的共享。所以可以以资产管理业务监管为突破口，探索建立央行和监管机构之间的信息共享机制。在近期银监会的相关信息发布中，中国信托登记有限责任公司获批筹建，并建立信托产品统一登记制度，但要统筹多个信息收集平台、统一数据标准、为监管机构的相关权限部门建立接口权限，还有较长的路要走。在现行分业监管体制下，短期内的首要任务是使监管部门间的信息协调机制常态化：

第一种方式是"直接共享"，牵头并表监管的相关部门与其他功能监管部门建立长期的信息共享协议，在尚未具备相关基础设施情况下，不同监管机构常设"总对总"信息交互岗位，根据牵头并表部门的风险并表需要，以抄送等方式为主共享风险信息。这种方式率先建立了单位之间的协调机制，为后期平台统一打好协调基础。但此种方式的缺点是沟通成本高、见效慢。

第二种方式是"间接分享"，即牵头风险并表的部门通过其监管的金融控股集团，要求向经营资产管理业务的附属机构按照信息需求采集数据。这种方式优点是简单便捷，缺点是难以确保长期获得稳定的风险信息，会受到被监管集团的内部管理能力、信息系统基础及股权稳定性等因素影响（见图 2-4）。

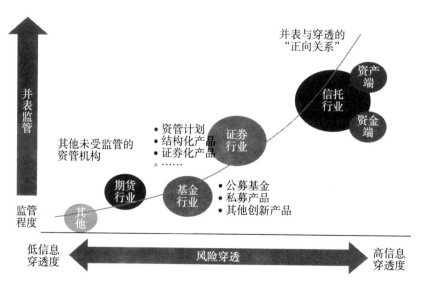

图 2-4　资产管理产品并表监管与风险穿透的水平分布

资料来源：作者梳理。

打造宏观审慎与微观审慎相结合的一体化监管格局

目前业界争论比较多的是对当前"一行三会"的监管机构设置是"做加法"还是"做减法"，做加法即在保留三会基础上增加一个委员会，形成"央行 + 委员会 + 三会"，做减法即三会合一设立行为监管局，形成"央行 + 行为监管局"。人民银行货币政策司司长李波认为，前者增加协调成本且不符合宏观审慎监管理念，后者改革的阻力和难度加大。由此提出"央行 + 审慎监管局 + 行为监管局"的折中方案，由央行负责宏观审慎政策制定、执行和对系统重要性金融机构、金融控股公司和重要金融基础设施监管，并负责金融业综合统计，"三会"合并组建新的监管机构，专门负责系统重要性金融机构以外的微观审慎监管，同时借鉴英国、欧盟和美国的金融监管模式成立独立的行为监管局。在人员安排上，将"三会"中的部分监管人员转入中央银行，充实央行的宏观审慎管理和系统重要性金融机构监管的有关职能，其他人员进入"三会"合并后的审慎监管局，专司系统重要性机构之外的其他金融机构的微观审慎监管。同时，集中目前"一行三会"中投资者保护和消费者权益保护部门的力量，组建独立的金融行为监管局，负责行为监管和金融消费者权益保护。央行可从宏观审慎角度对审慎监管局和行为监管局提出建议和要求 [①]。除了考虑监管组织架构设置以外，更应该考虑监管机构自身的改革问题，否则只是简单地合并划转不能从根本上解决宏观审慎监管、监管专业性与权威性、监管决策有效性等问题。

第一，监管机构向法定机构转型。所谓法定机构并不是法律明确监管机构的地位，而是监管机构的宗旨、职责、运作规则、负责人的任命程序和方式等必须由法律来明确和详细规定，目的是尽量缩小监管机构的自由裁量权范围，增强监管行为的可预测性，使监管人员相对独立于政府开展工作。

第二，监管机构建立有别于政府的管理机制。目前"三会"人员实行了"参

---

① 李波. 以宏观审慎为核心，推进金融监管体制改革. 中国金融四十人论坛演讲，第一财经日报刊发. 2016.2.5.

公管理"，纳入财政体系，公务员体制必然走向官僚化。正如黄益平所认为的，无论是新的框架还是旧的框架，特别重要的是要保证专业性、权威性和独立性，强调金融稳定委员会并不是简单地只要定期召开会议就行，而是需要具备很强的研究分析能力，通过这个机构来判断宏观经济和金融的走势以及是否存在系统性风险，由此指导金融政策的制定[①②]。由此可见，监管部门是否具备"技术流"是关键，而管理制度是决定性因素。

第三，监管决策机制透明度提高。中国监管机构办公会议纪要是不对社会公布的，市场较难感知监管决策的逻辑并实施合理预测。与此相比，美国证监会（SEC）决策采用委员投票的多数决定机制，各类反馈意见都会在网上公开展示，工作人员应当对反馈意见进行全部研究并给予回复，委员会五位委员的重要会议还会在网上直播。所以，监管决策机制的透明化规范了监管机构自身运作，也提高了决策的科学性和可预测性。

---

① 黄益平. 以三个委员会为核心机制重构监管框架. 中国金融四十人论坛对李波司长演讲的点评. 2016.2.5.

② 中国基金业协会近期发布的《合格投资者制度和私募监管逻辑》（2016 年 1 月 18 日）中提到，在美国证监会发布关于调整认可投资者的标准和认定方法的征求意见稿中，系统回顾了美国私募市场与合格投资者的由来，阐述了私募监管的逻辑，详细分析了调整合格投资者制度的影响，提出了调整合格投资者标准的建议。文章提到"阅读美国证监会的征求意见稿和政策发布决定，是一个愉快而受益良多的过程。征求意见稿云集各方观点，有理论推理，有数据测算，回顾了历史，阐明了调整建议的逻辑，凝结了美国证监会工作人员的心血，昭示了美国证监会公开和专业的态度"

03

经济结构转型下的创新金融发展

2016 | 本章导读

◎ 经济下行期，供给侧改革的提出为创新金融模式提供了新的契机。简政放权为市场带来新的活力与机会。监管政策的逐步放开及备案制的实施，提升了创新金融产品的发行效率。

◎ 不良资产证券化、债转股、PPP 模式的发展、产业投资基金、场外 ABS 模式等创新金融模式的发展或将为不同类型的资产管理机构带来新的机遇，然而资产管理机构在参与这些投资机会的同时，也存在诸多困难与挑战。

◎ 不良资产证券化模式成为资产证券化新的着力点，"债转股"也成为"市场化"处置不良资产的手段之一，然而债转股以及不良资产证券化在处置不良资产过程中仍存在诸多问题。

◎ PPP 模式提供公共品服务是未来重要发展方向；产业投资基金实现资本直接参与产业投资，有助于国内经济结构调整与产业结构升级。

◎ 场外 ABS 通过互联网实现非标资产转让，是对现有资产管理模式的一种拓展与补充。

近几年，非标业务增长迅速，以往资产管理机构投资非标，主要投向房地产和城投平台等，而当前中国处于经济结构转型时期，供给侧改革、简政放权等一系列破旧除新的改革衍生出一些新的金融产品的机会，比如不良资产证券化、债转股、产业基金等等。那么，资产管理机构应如何把握这些创新金融产品的机会呢？它们又会面临怎么样的挑战和困难？

经济转型新政策促进创新类投资发展

经济下行期做好供给侧改革

面对经济下行压力，中国新常态下的经济转型任务艰巨。"十三五"规划要求现阶段重点做好供给侧改革。去产能、去库存、去杆杠、降成本以及补短板是保持中国经济高中速增长的重要手段。

供给侧改革旨在调整经济结构，实现要素的最优配置，提升经济增长质量。简而言之，就是让资源从低效率领域转移高效领域，从过剩领域转移到更有需求的领域。通过有选择的不良资产证券化、"债转股"等市场化手段，降低企业债务率，改善银行资产质量，以提高金融机构支持实体经济的能力。这些举措实质上是为供给侧改革铺路，政策示范意义重大。因而，供给侧改革的提出也为各类型的创新金融模式提供了新的契机。

简政放权为市场带来新的活力与机会

在简政放权、商事制度改革等一系列改革措施带动下，"大众创新、万众创业"不仅仅带来市场主体的增加对冲经济下行带来的风险，更加有利于经济结构的调整和生产方式的转变。加大产业投资基金投入，才能促进新兴产业发展，改善传统行业实现产业升级的同时，为市场带来新的发展机会。

与政府简政放权和建设低成本政府相适应，为实现公共资源配置的社会化、市场化，在投融资领域，公私合营模式（PPP）得到大力推广，政府利用 PPP 模式，撬动资本杠杆，对冲经济下行风险，而金融机构在此过程中受益，实现一举多得。

资产证券化政策支持

2015 年随着监管政策的逐步放开及备案制的实施，资产证券化产品发行效率显著提升，融资成本明显降低，发行产品规模和数量也迅速上升。

银监会资产证券化政策空间实质上打开：备案制＋注册制

2014 年 11 月 20 日，银监会发布《关于信贷资产证券化备案登记工作流程的通知》，宣布针对信贷资产证券化业务实施备案制；2015 年 3 月 26 日，人民银行发布《关于信贷资产支持证券试行注册制的公告》，宣布已经取得监管部门相关业务资格、发行过信贷资产支持证券并且能够按照规定披露信息的受托机构和发起机构可以向央行申请注册，并在注册有效期内自主发行信贷ABS。

注册制的推行使得符合条件的发行机构可一次注册、多次发行，简化了信贷 ABS 发行的流程，提高了发行效率。2015 年，信贷 ABS 发行量共4 056.33 亿，较 2015 年同期增长 44%。2015 年还出现了公积金贷款、消费性贷款、工程机械贷款等较新的基础资产类型，产品结构丰富程度出现较大提升（见图3-1）。

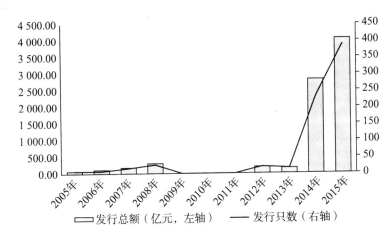

图例：▭ 发行总额（亿元，左轴）　—— 发行只数（右轴）

图 3-1　信贷 ABS 历年发行情况

证监会资产证券化政策支持明显：备案制＋负面清单管理

2014 年 12 月 26 日，证监会发布《资产支持专项计划备案管理办法》，开始针对企业资产证券化实施备案制，同时配套《资产证券化业务风险控制指引》和《资产证券化业务基础资产负面清单指引》，提出 8 类负面清单，大大拓宽了发行人及基础资产的可选范围，促进了企业资产证券化在 2015 年高速发展。

2015 年企业资产证券化出现了跨越式发展，全年共发 1 059 只证券，规模总计 1 965.47 亿，同比增长近 4 倍。结构上来看，出台负面清单制度后，企业资产证券化的基础资产种类得到极大的丰富，出现了两融债权、保理资产、物业费、学费、信托受益权、购房尾款等新型的基础资产类型。企业 ABS 历年发行情况如图 3-2 所示。

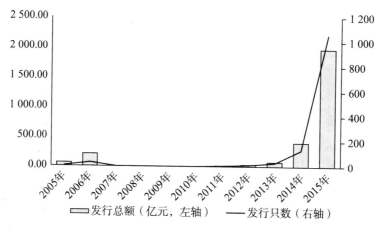

图 3-2　企业 ABS 历年发行情况

创新金融新机会

不良资产证券化成为资产证券化新着眼点

目前信贷 ABS 政策宽松，得到了监管支持，规模尽管上升却低于预期，主要是由于以下两个方面。

- 发起方的银行出于高收益优质资产的匮乏而缺乏动力；

- 基础资产受限导致收益率无法提升，真正市场化的投资者无购买兴趣。不良资产证券化因而备受关注，那么它是否有助于改变以上问题呢？

中国本土不良资产证券化开始于 2006 年，虽然发展较早，但是无论发行数量还是发行规模均很少。历史上，不良资产证券化共计 4 单。

不良资产证券化的交易结构

从图 3-3 可以看出不良资产证券化与普通信贷资产证券化在交易结构上较为相似。与一般资产证券化相比，由于后续不良资产催收等服务环节有较高的要求，因此资产服务机构在不良资产证券化过程中作用较为重要，同时在不良资产证券化中引入了资产服务顾问。不良资产较高的催收技术要求以及较高的催收成本将导致资产服务机构有动机出现不认真履行职责的现象，因此需要引入资产服务顾问来进行监督不良贷款回收工作（见表3-1）。

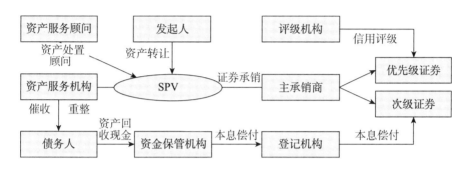

图 3-3　不良资产证券化交易结构

表 3-1	不良资产证券化的参与方
发起人	银行或资产管理公司，基础资产的原始权益人，发起不良资产管理计划。
SPV	信托公司，负责信托管理，承担向投资机构承担支付资产支持证券收益的义务。
资产服务商	一般为银行，对债务人进行催收和重组等，包括负责资产日常管理维护，制定和实施资产处置方案，提供流动性支持等工作。
资产服务顾问	代表受托机构监督资产服务机构。
证券承销商	财务顾问，进行证券设计，承担证券承销职责。
信用增级机构	通过担保、差额补偿等衍生信用方式，提高产品的信用级别。

不良资产证券化与普通信贷资产证券化的区别

1. 从基础资产的类型看，不良资产证券化区别于一般的信贷资产证券化，其基础资产主要为贷款五级分类中正常级别以下的贷款，从历史上的四单不良资产证券化看，06 东元 1、06 信元 1、08 信元 1 的基础资产均为可疑贷款，08 建元 1 的基础资产中，贷款类型包括了次级、可疑、损失，其中以可疑贷款为主（见表 3-2）。

表 3-2　　　　　　　历史上不良资产证券化基础资产内容　　　　　单位：%

证券名称		06 东元 1	06 信元 1	08 信元 1	08 建元 1
基础资产类型	次级				13.90
	可疑	100	100	100	71.98
	损失				14.12

2. 从折扣率角度看，在普通信贷资产证券化下，基础资产为正常贷款，通常发行的资产池规模与发行规模较为接近，而由于不良资产回收率明显低于正常资产，因此发起人在对 SPV 真实销售过程中以市场公平价格进行转让，需要根据不良资产的预期回收情况进行打折处理。在 06 东元 1、06 信元 1、08 信元 1、08 建元 1 中不良资产支持证券的折扣率均在 15%~30% 之间（见表 3-3）。

表 3-3　　　　　　　　　不良资产证券化资产池情况

证券名称	06 东元 1	06 信元 1	08 信元 1	08 建元 1
优先级规模（亿元）	7	30	20	21.5
次级规模（亿元）	3.5	18	28	6.15
不良资产池规模（亿元）	60.2	210	150	95.5
折扣率（%）	17.44	22.86	32.00	28.95

3. 从证券分级角度看，资产证券化大多可以被认为是特殊的固定收益类产品，而其最典型的特征之一在于分层设计，使得资产证券化兼具了高风险高收益和低风险低收益的多重特征。但是基础资产的特殊性对次级的规模提出了更高要求，在普通信贷资产证券化过程中，优先级与次级比例一般是 9∶1 左右，而在上述不良资产支持证券中，次级证券的比例可以达到 1∶1 甚至更高。

不良资产证券化对资产管理公司的机会

1. 不良资产证券化是资产管理公司处置不良资产的重要手段之一

资产管理公司在不良资产处置方面，经验丰富且手段众多，包括诉讼追偿、资产重组、债转股、出售、租赁、破产清算、资产证券化等方式。不良资产证券化是诸多不良资产处置方案之一。由于不良资产管理公司无法通过吸收存款和证券化方式处理不良资产，可以在短期内获得大量资金，在提高回收效率的同时通过增加杠杆方式获更高的资金回报。

2. 资产管理公司是次级证券的主要投资者

不良资产证券化产品的次级证券风险程度决定了次级证券的投资者必须具有较高的专业能力及风险承受能力，银行风险承受能力较弱以及不良资产出表需求决定了其在短期内其投资仍将以优先级证券为主。资产管理公司对不良资产的处置具有较为丰富的经验，对基础不良资产风险有较清晰的认识，因此资产管理公司将成为次级证券主要投资者。

3. 资产管理公司可参与不良资产证券化全流程

在以银行发起的不良资产证券化过程中，资产管理公司可以提供发行、投资、增信以及后续管理服务。资产管理公司也可以通过收购重整银行不良资产，在对不良资产进行分类筛选的基础上发起不良资产管理计划，并通过认购次级证券、提供流动性支持以及差额补偿等机制，为证券提供增信。资产管理公司可以参与不良资产证券化全流程，为不良资产证券化提供全方位服务。

资产管理机构参与不良资产证券化的难点

1. 不良资产证券化试点尚未明确重启

中国历史上共发行过4单不良资产证券化产品，发行时间均在2008年以前。

2012 年重启资产证券化业务后，不良资产证券化方面仍未实现突破。不良资产证券化试点重启虽已有监管导向，但仍未出台具体的试点政策。

资产证券化的前提是稳定可预测的现金流，因而有专家认为，对于资产证券化的不良贷款，至少是可疑贷款以上级别的，如果是损失贷款，很有可能无法收回现金流，违背了稳定现金流的要求。另外，从不良资产的结构上来看，产能过剩行业占据一半以上，此类不良资产，显然与现在国家产业政策的方向有所背离。因此，从这两个基础资产选择的维度看，现阶段，真正适合证券化的有效不良资产，尚无法达到预计的万亿体量。不良资产证券化的扩大需要监管政策、配套设施等因素的不断完善。

2. 配套法律法规等多方面不完善

当前我国不良资产证券化相应的监管环境、配套法律法规等多方面仍不完善，主要表现在以下几个方面。一是资产证券化目前还没有明确适用的会计法则，导致不同会计师在实际处理过程中往往存在分歧。目前出台的《信贷资产证券化试点会计处理规定》也只是一个临时性的规章制度，难以在市场上形成约束力，因此关于资产证券化的会计处理方式仍需加强。二是税收问题，根据现在的税收法律规定，参与资产证券化的主体几乎都有纳税义务，有些还可能面临双重税负，如差价收入、服务费收入、利息收入等。三是信息披露制度有待完善。中国银行间交易商协会陆续发布了汽车贷款、住房抵押贷款等几种类型资产支持证券信息披露指引，但尚未专门出台不良资产证券化的信息披露制度。目前各基础资产类型的信息披露指引仍在不断完善过程中。

3. 产品设计、现金流建模和信用评级技术有待提升

资产证券化不同于一般的股票、债券融资，其对于技术的要求更高，从现金流预测、产品设计到信用评级，其对于技术层面的要求很高。首先，ABS参与主体很多，发行、评级、投资中均需要建立模型来判断。其次，不良资产

证券化的基础资产是已经逾期的贷款，信用风险在于款项的回收与否，信用风险评估的考察重点也在于回收价值评估。同时，已经逾期的贷款本身信用质量较差，因此，不良资产证券化需要采用多种增信手段，这也使得交易结构更复杂。而中国在此方面经验尚不足，因此，当前中国不良资产证券化技术层面的许多问题还有待进一步解决。

债转股或重启，对接供给侧改革

2016 年，在经济结构再次面临调整和推行供给侧改革的背景下，债转股或再次重启。债转股可能由商业银行或金融资产管理公司作为投资的主体，将商业银行持有的部分不良资产转换为银行或金融资产管理公司对企业的股权，使原来银行与企业的债权债务关系转变为银行或资产管理公司与企业间的持股与被持股、控股与被控股的关系，由原来的还本付息转变为获取股息和资本增值的模式。

债转股或重启的原因

1. 债转股是债务重组的一种方式

中国过去积累了明显的企业债务问题，如今已成为抑制经济增长的主要因素之一，并带来了金融风险。据 BIS(国际清算银行) 的数据统计，中国非金融企业信贷 (来自全部金融机构) 自 2006 年以来，增长了约 4 倍（见图 3-4）。

债转股其实是一种有序的债务重组方式，是有效应对企业债务问题的重要手段之一。由于体制方面的原因，很多债务问题仅依靠市场本身难以解决。因此，早在 2015 年开始，政府就已经开始进行一些有序的调整，如 3 万亿地方政府债务置换。此次债转股预期升温则是进一步的举措。

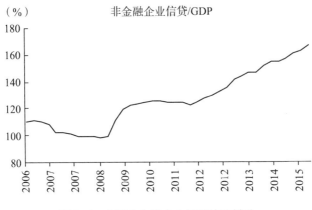

图 3-4　中国非金融企业信贷快速攀升

资料来源：BIS，中信证券。

2. 降杠杆的要求

近年来，中国银行不良贷款率与不良贷款余额都保持着持续上升的趋势（见图 3-5）。2015 年底，中国商业银行不良贷款率上升至 1.67%，不良贷款余额达到 12 744 亿元。巨额的不良贷款已然成为商业银行经营的一个巨大包袱，对银行的不良资产的处置成了当务之急。在这种情况下，实施债转股有利于加速银行风险暴露和风险处置，利于银行和整个金融体系长远健康运行。

图 3-5　中国商业银行不良贷款不断上升

资料来源：Wind。

另一方面，债务融资是中国社会融资的最重要方式，债务融资已占社会融资总量的 95% 左右。特别是国有企业资产负债率居高不下，但经济下行以及经营原因使得企业偿债能力明显不足。债转股政策能够缓解企业债务问题，降低杠杆率，减轻企业财务负担，有利于企业从困境中走出来（见图 3-6）。

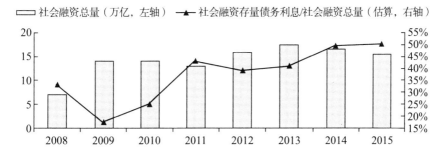

图 3-6　社会融资存量债务利息已相当于社会融资规模的一半

资料来源：Wind。

3. 新常态下经济发展的需要

面对经济下行压力，中国新常态下的经济转型任务艰巨，去杠杆、去库存成为必需要求。债转股有助于化解产能过剩行业的潜在不良问题，符合去杠杆去产能的要求和国家降低企业债务率的导向，政策示范意义重大。

债转股的难点和存在的问题

1. 容易陷入新债抵旧债的死循环

债转股政策中并未对实行债转股的企业有明确的限制和要求，在现实中，迫使银行等金融机构进行债转股的企业均是自身无法到期偿还债务，而这类企业往往在经营管理上存在较大问题，或者是过剩产能行业。在中国经济下行时期，即使进行债转股，这类企业仍然存在较大的破产可能性，而企业破产时往往是资不抵债的。因而，银行不管持有股权还是债权，都面临着收益或者收回贷款的不确定性。债券股后，银行为防止企业破产，从而导致本息悉数无法收回，可能进一步借贷，转股，再借，再转股……从而陷入死循环。

2. 不良资产收购价格确定方法机制僵化

上一轮债转股化解不良贷款实施中，"债转股"以 1∶1 的比例收购，不符合市场经济规律，不能体现市场供求状况，也使实施债转股的金融资产管理公司承担了过多的风险。而本次债转股，也没有提出合理的价格确定方法。另外，债转股不是一蹴而就的事情，需要平稳进行。借鉴西方发达国家"债转股"的发展经验，"债转股"也是银行增强资产流动性的手段之一，应该平稳地把流动性差的资产"债转股"。相比之下，我国却一次性将万亿规模的不良资产实施"债转股"，而对于体制上存在缺欠、也不具备"债转股"经验的金融资产管理公司而言，很容易造成"消化不良"，不但没有起到预期的作用，甚至可能对其他经济方面造成不良影响。

"债转股"的实施需要多方面配套措施。从本质上说，目前我国仍处于企业体制改革中，国有商业银行体制改革更是缓慢，"债转股"的实施仍存在很大障碍，特别是市场化定价方面。

3. 债转股政策的收益与成本矛盾

本次债转股的区别之一在于由商业银行直接持股，而不是由资产管理公司。也就是说，将债转股的或有成本加诸于商业银行身上，但商业银行获取收益的不确定性非常大。债转股的企业经营方面往往比较困难，实施债转股后，企业股份也不一定能实现增值，或增值部分不一定能补偿商业银行持有股份期间资本占用的机会成本，因而商业银行很可能承担资产损失。所以对于银行而言，债转股存在着收益与成本的矛盾。

从整个经济发展来看，债转股将一些经营不善的企业从债务危机中解救出来，也可能造成反面影响，那就是延缓了市场出清，不利于经济结构调整，反而得不偿失。

4. 实际处理难点

正如上文所述，供给侧改革要求去杠杆、去产能，部分企业将在改革中被逐步淘汰，本来可以被淘汰的企业却可能因"债转股"的实施死灰复燃，导致结构调整减速。在现实中，如何确定哪些企业适合实施债转股，哪些企业应该被淘汰出局？何以保证实施债转股的决策者比市场机制更高明，能够筛选出符合条件的"债转股"企业？

从微观角度看，在债转股方案中，没有具体规定银行对企业"债转股"到底如何操作；如何来计算公允价值，又如何来保证投资收益。

可见，债转股在实际操作中还存在重重困难，并且都是比较棘手的问题，但是现在还没有完善的解决方案出台。

债转股的可行模式

1. 借鉴上一轮债转股经验，探索债转优先股模式

上一轮不良资产处置是政府主导模式，债转股也由政府主导。如今市场化改革已经取得了很大的成就，以政府为核心的模式已无法满足现实需求，需要通过企业和金融机构自主协商的市场化方式来推进。

鉴于本轮债转股将由顶层推动、银行主导的特点，对于商业银行而言，可完全借鉴上一轮中资产管理公司仅参与企业的重大决策，不参与企业的正常生产经营活动，充当"临时股东"角色，而这与优先股的本质有极大的相似之处，优先股成本低于普通股，比普通股具有更加稳定的股息收入，同时可以限制持有者对企业的经营决策权，防止持有者因过度参与企业经营决策而造成经营扭

曲。在市场化改革趋势下，将商业银行持有对企业的债权转换为优先股，以此来为企业"去杠杆"，不失为一种处置不良资产的创新方法。

2. 债转股具体可行模式——银行主导型模式

本次巨量级规模的债转股将由政府进行顶层设计，通过市场化选择，财政将不再兜底，同时本次债转股将由商业银行直接持股而不是由资产管理公司持股，债转股企业在银行账面上多反映为关注类贷款甚至正常类贷款，而非不良贷款。在上一轮债转股中四大资产管理公司采用股权回购、股权转让或 IPO 退出的机制退出持股企业，本轮试点很大程度上借鉴以往经验，先以银行持有股权，再向其他资本转让股权或企业股权回购。

当然，从具有债转股承接能力的市场主体看，除了资产管理公司，商业银行、政策性银行、其他金融机构等，理论上都可以成为债转股的实施主体。也可以成立多元化的股权投资基金，引入社会资本。

债转股给资产管理机构带来的机会

本轮"债转股"在 1998 年政策基础上进行创新，更加强调"市场化"；运作的主体也由传统的四大资产管理公司变为商业银行主导，设立股权投资基金引进社会资本。因此这也给各类型的资产管理机构带来了新的机遇。

商业银行作为本次债转股的主导机构，显然可以从中获取很多机会。首先，相比其他机构，商业银行对企业最为了解，同时拥有充足的资金资源，有能力进行债转股。受制于"商业银行不得向企业投资"的规定，商业银行可通过子公司或者股权投资基金对接银行理财进行债转股。债转股完成后，银行子公司成为企业的股东。待企业经营好转后，银行可通过盈利分红、股权回购、股权转让、企业重组上市等方式退出。这种方式一方面减少银行资本流失，另一方面，利于促进银行投贷联动，提高银行综合盈利能力。但从本质上讲，风险并未转移，仍然停留在银行资产负债表内。

而对于保险公司、证券公司、基金公司等其他非银行金融机构，可以积极和银行合作，抓住此次债转股的机会。此类非银机构具有较强的行业分析能力、产品创新能力和丰富的投资经验，可以充分发挥自身优势，通过自有资金或成立资产管理计划等募集资金，承接银行的不良资产进行债转股。尤其是证券公司机制灵活，在股权投资领域经验丰富，可以在债转股中发挥独特的作用。

PPP 模式着眼公共服务行业发展

PPP 模式化解经济增速放缓与基础设施投资需求矛盾

在中国经济新常态背景下，国内经济面临一系列问题，政府需要增加对基础设施以及公共事业的投资以对冲经济下行压力。2012—2015 年，中国基础设施投资占 GDP 比率从不到 15% 增加至近 20%（见图 3-7）。

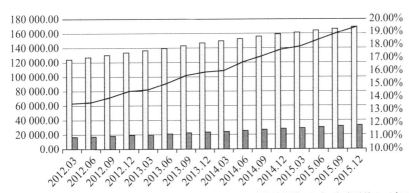

图 3-7　中国经济发展与基础设施建设情况

资料来源：Wind。

虽然近年来全国财政收入仍持续上升，但是无论中央还是地方财政收入增长速度均出现明显下降，其中地方政府财政收入下降趋势更加明显。而近年来随着地方政府债务问题逐渐暴露，政府债务负担加重。收入下降与投资需求增加造成对公共事业以及基础设施投资资金存在较大的缺口。

2015 年 1 月 1 日，新预算法正式施行，政府的资产负债表更不能无限制扩张，探索政府与社会资本合作成为深化改革和拉动经济增长的主要选择之一。而 PPP 模式作为由政府和社会共同提供公共品的合作模式，其发展顺应了宏观环境变化，加快了政府职能的转变，能有效满足市场需求。中国各地财政情况见图 3-8。

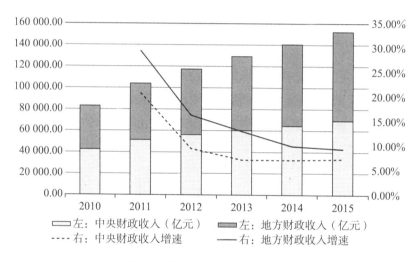

图 3-8　中国中央及地方财政情况

资料来源：Wind。

PPP 发展得到政府大力支持

在十八届三中全会提出"允许社会资本通过特许经营等方式参与城市基础设施投资和运营"之后，中央各部委出台了一系列文件鼓励推广政府和社会资本合作模式。自财政部发布《关于推广运用政府和社会资本合作模式有关问题的通知》后，近 2 年诸多政策落地，为 PPP 提供各种投融资便利，以推动 PPP 模式落地，由此可见国家对于 PPP 模式推动的决心（见表 3-4）。

表 3-4 PPP 支持性文件

日期	发文单位	文件名称	主要内容
2013.11	中共中央	《中共中央关于全面深化改革若干重大问题的决定》（十八届三中全会）	允许社会资本通过特许经营等方式参与城市基础设施投资和运营
2014.9	财政部	《关于推广运用政府和社会资本合作模式有关问题的通知》（财金（2014）76 号）	财政部 PPP 指导文件
2014.11	国务院	《国务院关于创新重点领域投融资机制鼓励社会投资的指导意见》（国发 [2014]60 号）	在公共服务、资源环境、生态建设、基础设施等重点领域充分发挥社会资本特别是民间资本的积极作用
2014.11	财政部	《关于印发政府和社会资本合作模式操作指南（试行）的通知》（财金 [2014]113 号）	对项目识别、项目准备、项目采购、项目执行、项目移交五个方面做具体规定
2014.11	财政部	《关于政府和社会资本合作示范项目实施有关问题的通知》（财金 [2014]112 号）	发布首批 30 个 PPP 示范项目
2014.12	发改委	《关于开展政府和社会资本合作的指导意见》（发改投资 [2014]2724 号）	发改委 PPP 指导文件
2015.1	财政部	《关于规范政府和社会资本合作合同管理工作的通知》	规范 PPP 合同管理、发布 PPP 项目合同指南
2015.3	发改委、国开行	《关于推进开发性金融支持政府和社会资本合作有关工作的通知》（发改投资 [2015]445 号）	推进开发性金融支持 PPP 项目
2015.2	财政部、住建部	《关于市政公用领域开展政府和社会资本合作项目推介工作的通知》（财建 [2015]29 号）	市政公用 PPP 投资项目指导性文件

续前表

日期	发文单位	文件名称	主要内容
2015.4	财政部、环保部	《关于推进水污染防治领域政府和社会资本合作的实施意见》（财建[2015]90号）	污水防治 PPP 投资项目指导性文件
2015.4	财政部	《关于政府和社会资本合作项目财政承受能力论证指引的通知》（财金[2015]21号）	明确和规范了 PPP 项目财政承受能力论证工作流程
2015.4	财政部、交通部	《关于在收费公路领域推广运用政府和社会资本合作模式的实施意见》（财建[2015]111号）	收费公路 PPP 投资项目指导性文件
2015.5	发改委	《关于进一步做好政府和社会资本合作项目推介工作的通知》（发改投资[2015]805号）	发布 PPP 项目库，共计 1 043 个 PPP 项目，总投资 1.97 万亿元
2015.5	国务院	《国务院办公厅转发财政部发展改革委人民银行关于在公共服务领域推广政府和社会资本合作模式指导意见的通知》（国办发[2015]42号）	国务院支持 PPP 发展指导文件
2015.9	财政部	《关于公布第二批政府和社会资本合作示范项目的通知》（财金[2015]109号）	发布第二批 206 个 PPP 项目，共计 6 589 亿元
2015.12	财政部	《关于实施政府和社会资本合作项目以奖代补政策的通知》（财金[2015]158号）	在项目完成采购确定社会资本合作方后，按照项目投资规模给予一定奖励
2015.12	财政部	《关于规范政府和社会资本合作（PPP）综合信息平台运行的通知》（财金[2015]166号）	政府和社会资本合作（PPP）综合信息平台运行规程
2015.12	发改委	《国家发展改革委关于做好社会资本投资铁路项目示范工作的通知》	铁路 PPP 投资项目指导性文件

在国家政策支持下，各省也相继出台支持 PPP 模式发展的相关政策，并陆续建立项目库。截止到 2015 年 12 月，各期在库 PPP 推介项目共计 3 114 个，58 888.10 亿元，并且仍有许多社会资本与地方政府签订的非在库 PPP 项目，在政府支持下，中国 PPP 项目立项规模迅速扩大（见图 3-9）。

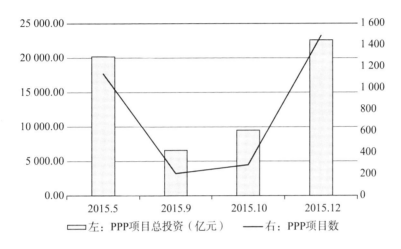

图 3-9　2015 年各期中国 PPP 项目推介情况

资料来源：Wind，作者整理。

PPP 是实现政府与社会共赢的模式

仅从目前在库的 PPP 项目情况看，PPP 项目主要投资领域覆盖水利、交通、市政设施、公共服务、生态环境等，覆盖领域较为广泛，其中大多为能产生稳定现金流的准公共性项目，因此，只要项目的内部收益率能够大于社会资本的必要报酬率，社会资本就有利可图，在当前资产荒的背景之下，PPP 模式的发展为社会资本的投资提供了一条行之有效的路径。对于政府而言，通过 PPP 模式，首先，降低可以利用社会资本提升社会公共服务，降低财政负担，提升社会资本的利用率；其次，在 PPP 模式下，社会资本实际控制项目，对项目的建设、运营、管理直接负责，有利于政府简政放权，进一步推进市场化改革（见图 3-10a，图 3-10b）。

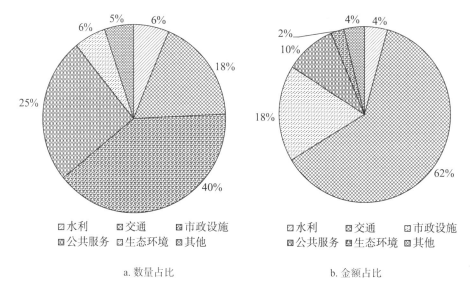

a. 数量占比   b. 金额占比

图 3-10   2015 年中国 PPP 立项

资料来源: Wind。

PPP 为资产管理机构带来的新机会

从政府角度看, PPP 是一种新的管理模式, 而对于资产管理机构而言, PPP 模式为资产管理机构带来了新的业务机会。

商业银行除了为 PPP 提供贷款等传统业务外, 还可以从资金托管、现金管理、供应链金融、夹层融资、银行理财、投贷联动、投资银行业务等方式为 PPP 项目提供服务。

对保险公司而言, 由于 PPP 项目大多为大型公共事业, 其建设、运营周期较长, PPP 项目的信用风险、管理风险、市场风险、项目风险环境较为复杂, 保险公司可以针对 PPP 提供丰富的保险产品。同时, PPP 项目周期较长, 这与保险资金长久期的特征相互吻合, 保险资金可以通过设立保险资管计划, 以债务或权益形式投资于 PPP 项目。

对于证券公司而言，在 PPP 项目中，证券公司在一级市场提供投资银行、证券承销、并购重组等业务以及在二级市场认购政府债券、信用债券外，也可以通过资产证券化、券商直投等参与 PPP 项目的投资。

对于信托、基金子公司，除了通过传统通道、过桥、名股实债额模式参与进 PPP 项目外，信托、基金子公司还可以直接投资 PPP 项目，参与 PPP 项目的建设、投资和运营。

对于产业投资基金，金融机构通过联合地方政府发起设立产业投资基金，由金融机构投资于 PPP 产业投资基金的 LP 优先级，地方政府作为 LP 劣后级，由其他社会资本作为 PPP 的权益投资人，债权、股权、夹层融资相结合的，共同投资于 PPP 项目，形成低风险、中等收益、长期限的类固定收益产品。

产业投资基金优化产业结构促进创新创业

在经济转型期，中国产业发展的深层次矛盾与周期性问题日渐凸显，新兴产业的发展以及传统行业的产业结构升级成为供给侧改革的重要目标之一，产业投资基金作为一类新型投融资工具，在得到快速发展的同时，也被寄予了促进产业结构调整的期望。根据国家发改委曾起草的《产业投资基金管理暂行办法》，产业投资基金是指一种对未上市企业进行股权投资和提供经营管理服务的利益共享、风险共担的集合投资制度，即通过向多数投资者发行基金份额设立基金公司，由基金公司自任基金管理人或另行委托基金管理人管理基金资产，委托基金托管人托管基金资产，从事创业投资、企业重组投资和基础设施投资等实业投资。

产业基金与产业结构调整相辅相成

2015 年全年，中国国内生产总值达到 676 708 亿元，比上年增长 6.9%，中国经济增长率首次低于 7%，在中国经济进入中高速增长时期的同时，中

国产业结构也发生了许多变化，中国第三产业持续增长，2015 年第三产业占
GDP 比重第一次超过 50%，达到 50.14%（见图 3-11）。究其原因，一方面是
正在逐渐减少过剩产能，淘汰落后企业；另一方面是由于金融以及医疗、信息
技术等新兴服务业的迅速崛起，带动第三产业的发展。这与产业投资基金深化
投融资体制改革，促进产业升级和经济结构调整的目的相一致。仅从 VC 投资
领域看，VC 投资领域主要包括信息技术、可选消费、金融、医疗保健等（见
表 3-5），而以 2013 年清科研究中心的数据显示，产业投资基金的投资领域主
要包括清洁能源、文化产业、生物技术 / 医疗健康、矿产能源、TMT 等新兴
产业为主，这一方面顺应了产业结构向新兴服务业转型的方向，另一方面，产
业基金的投资也促进了产业结构升级调整（见图 3-12）。

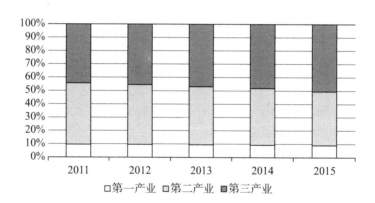

图 3-11　中国产业结构情况

资料来源：Wind。

表 3-5　　　　　　　　　　　　VC 投资领域分布　　　　　　　　单位：%

年份	交通运输、仓储及邮电通信业	批发和零售业	住宿和餐饮业	金融业	房地产业	其他
2010 年	10.50	20.08	4.31	14.36	13.18	37.57
2011 年	10.29	20.60	4.04	14.45	13.27	37.35
2012 年	9.88	20.73	3.97	14.64	13.00	37.79

续前表 单位：%

年份	交通运输、仓储及邮电通信业	批发和零售业	住宿和餐饮业	金融业	房地产业	其他
2013 年	9.54	20.62	3.75	15.09	13.18	37.82
2014 年	9.41	20.61	3.68	15.41	12.55	38.34
2015 年	8.97	19.57	3.59	16.99	12.21	38.67

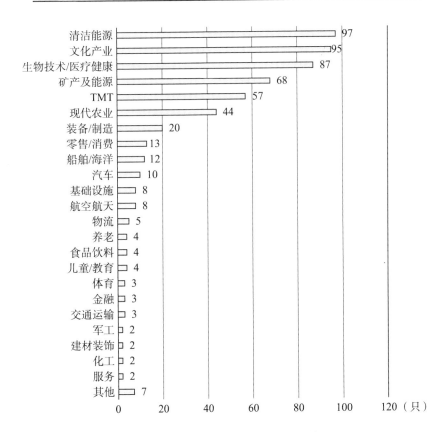

图 3-12 2013 年产业投资基金投资情况

资料来源：《2013 年中国产业投资基金专题研究报告》。

发展产业投资基金，政府引导基金的意义

1. 促进国家产业结构升级：在新常态的背景下，培育新兴产业成为国家产业升级的重要方向，增加产业基金、政府引导基金的投资将加速产业整合，促进产业链形成，从而推动结构升级。

2. 推动区域经济快速发展，地方政府利用引导基金与产业投资基金结合，通过专业化资本运作，深入挖掘地方经济增长点，有助于改变当地经济的增长方式，促进地方经济发展。

3. 为私募机构带来新的投资机会，提升私募机构的专业化水平。私募类机构在经历创业投资的爆发式增长后，也将逐渐转变原先粗放式增长方式，产业投资基金专注于某一特定方面，而地方政府的引导资金则专注于某一特定区域，私募机构精细化运作，深入挖掘投资机会，提升私募机构的专业化的同时，也为私募机构带来新的投资机会。

产业投资基金给资产管理机构发展带来新机遇

产业投资基金的发展为私募机构带来新的投资机会，提升私募机构的专业化水平。私募类机构在经历创业投资的爆发式增长后，也将逐渐转变原先粗放式增长方式，产业投资基金专注于某一特定方面，私募机构作为管理人，对基金精细化运作，深入挖掘投资机会，在提升私募机构专业化的同时，也为私募机构带来新的投资机会。

虽然产业投资基金与 PPP 模式在管理模式及交易结构上存在差异，但是PPP 与产业基金投资人的类型具有一定相似性，金融机构可以通过 LP 入股、现金管理、财务顾问、资金托管、投资银行、资产证券化等诸多形式参与进产业投资基金中，其中以 LP 入股的方式是金融机构参与产业投资基金最直接的以及最主要的投资方式。实际上，金融机构参与产业投资基金历史较早，早在

2006 年中国第一批试点的渤海产业基金中、中国人寿、中银集团等金融机构就出资参与了产业投资基金。对于金融机构而言,金融机构参与产业投资基金,其业务模式从存贷、自营、承销等金融市场类业务扩展至实体经济、促进了金融机构混业经营发展。

资产管理机构参与产业投资基金存在的问题

产业投资基金风险相对集中。产业投资基金往往专注于某一特定领域或某一特定区域,在当前经济下行的状况下,一旦产业投资基金投资行业或地区经济条件恶化,容易造成风险集中暴露,进而对基金价值乃至基金的顺利运转造成严重的不利影响,对资产管理机构造成巨大损失。

产业投资基金退出方式主要包括 IPO、清算和股权转让或回购,然而发起人回购往往成为产业投资基金最主要的推出方式,LP 在投资过程中,回购条款的设置与否很大程度上决定了其投资的意愿,尤其是发起人是政府的情况下。因此发起人信用情况对产业基金募集至关重要,项目本身资质的重要性反而比较低,这与金融机构提供的普通信用类金融工具仍存在较大的相似性。

不同投资人之间存在利益及目标冲突。首先,是发起人与 LP 投资人之间的冲突。从设立基金的目的而言,发起人投资目的往往偏重战略性,其目的在于实现产业结构升级调整,而地方性产业投资基金的目的更局限于地方经济结构调整带动地方经济发展,而 LP 投资人的投资目的在于基金价值增值。两者目的不同往往导致在实际运作过程中出现利益冲突。由于政府往往处于强势地位,对于产业投资基金运作进行干预,导致产业投资基金无法进行市场化运作,损害 LP 投资人的利益。其次,私募机构作为管理人/GP,原则上应当承担无限责任,而现实中,由于发起人承担回购义务,管理人往往通过收取管理费,使得收益与风险承担不匹配。

政策引导过度导致产能过剩。产业投资有较强的政策引导性,容易导致短期内大量资金涌入同一行业，引起行业产能过剩，制约产业发展。近年来，光伏产业基金大量发展导致光伏产业产能过剩，资产管理机构投资收益也受到影响。

场外的 ABS——互联网 +ABS

这里的场外 ABS 是指 ABS 脱离传统的银行间市场以及交易所市场，发行与交易均在地方金融资产交易所进行的场外模式。地方金融资产交易所是为促进金融资产有效流转、形成合理的市场定价应时而生的，是指经国家相关部门批准设立。目前，国内地方金融资产交易所数量众多，一般都由地方国资委出资，由地方金融办监管。场外 ABS 主要包括资产方、地方金融资产交易所以及互联网平台。其业务模式可以概括为地方金融交易所将包装后的金融资产与互联网平台对接实现销售。

互联网金融与盘活资产存量要求成为推动场外 ABS 发展的重要推动力

1. 互联网金融发展

互联网金融的发展使得场外 ABS 实现线上销售。互联网金融在很大程度上提高了项目资金的募集能力，由于地方金融资产交易自身线下渠道往往集中于本地区，因此渠道有明显的局限性，与互联网平台的对接扩展融资渠道，提高了募集资金能力。

2. 盘活存量资产

由于金融机构受到资本充足率的限制，对于存量资产，尤其是高风险的非标资产有强烈的出表需求，但是通过场内 ABS 需要评级、法律、审计等众多参与方，发行过程相对复杂，发行成本较高，对于单笔资产较少的融资人而言，其门槛相对较高，场外 ABS 成为其盘活存量资产的重要方式。同时，在经济下行周期，银行不良资产率压力增加，在场内不良资产证券化尚未完全开放情况下，场外模式为不良资产处置提供了一个窗口。另一方面，由于基础资产体量要求较小，所以小额贷款、融资租赁、信托等均可以通过场外 ABS 实现，目前某些股份制银行也开始在不同层面接触该模式，主要包括银行资管、房地产业务等。

场外 ABS 业务模式多样

1. 投资收益权——对应银行信贷资产证券化

投资收益权是指具备合法的挂牌和转让主体资格的机构，以其持有的已经相关监管部门批准或依法无须批准的金融资产的收益权的预期收益，在地方金融资产交易所挂牌并向特定投资主体发行的，约定在一定期限内兑付投资本金和收益的产品，投资收益权业务应当为私募性质。金融机构通过投资收益权业务模式，可以将表内存量资产实现出表，盘活存量资产（见图 3-13）。

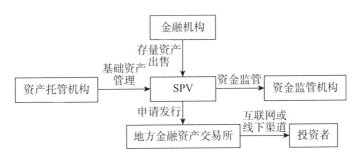

图 3-13　投资收益权交易结构

具体交易过程如下所示。

（1）金融机构存量资产通过 SPV 机构形成信托计划或资管计划未来现金流收益权，SPV 机构由金融机构指定，可以是银行合作的资产管理公司、投资公司、信托公司、保险公司等其他单一投资人。

（2）SPV 机构以其持有的信托计划 / 资产管理计划未来现金流收益权在浙金

中心发行投资收益权。

（3）销售方面可以利用金融机构自身或地方金融交易平台自身以及合作互联网平台实现场外销售。

2. 委托债权投资计划——对应企业资产证券化

对融资客户进行调查及风险审查，对经过风险评估的项目，以定向融资计划的形式申请登记挂牌，向符合条件的意向投资者发行产品，金融机构承担项目推荐角色。此过程如图 3-14 所示。

图 3-14 委托债权投资计划交易结构

具体交易过程如下所示。

（1）金融机构对融资客户进行尽职调查及风险审查；

（2）将融资项目推荐至地方金融交易所，融资客户注册成为地方金融交易所会员后，按定向融资计划的业务要求提供相关材料，并申请挂牌；地方金融交易所将对发行人及项目进行相关审查，完成登记挂牌；

（3）最终通过金融机构或地方金融交易平台自身以及合作互联网平台实现场外销售。

场外 ABS 模式与场内 ABS 存在较大差异

请见表 3-6。

表 3-6　　　　　　　　场内 ABS 与场外 ABS 对比

项目种类	场内 ABS	场外 ABS
融资规模	较大	较小
项目期限	根据资产现金流产生情况	期限较短，1 年左右
预期收益率	较低	较高
评级需求	有	无
特殊目的机构	有	有或无
发行及交易市场	银行间及交易所	互联网平台及线下
最低投资额	100 万元	最低可至 1 元
投资者类型	合格投资者	一般为个人投资者
投资人数限制	200 人以内	200 人以内
风险控制	强	弱

从表 3-6 的对比我们可以发现，场内 ABS 与场外 ABS 存在很大差异。

1. 运营模式为私募

场外 ABS 通过私募方式实现场外的债权资产转让，然而通过互联网渠道，单人的募集资金较小（均值在千元到万元之间），而私募的人数限制导致场外 ABS 的单笔体量一般都在百万级。

2. 本质是非标投资

从本质上来说，场外的 ABS 依然是非标资产，只是通过证券化手段进行包装，进而通过互联网手段实现流通，解决非标资产的流动性问题，因此，非标资产流通可以说是地方金融资产交易所的重要职能。

3. 没有 SPV

SPV 承担着破产隔离的作用，而在委托债权投资计划模式中并不存在，这在一定程度上放大了投融资计划的风险，因此往往需要通过购买保险或担保的方式，以及推介人或交易所兜底的方式，为场外 ABS 实现增信。

4. 场外 ABS 的是对现有资产管理模式的一种拓展与补充

地方金融资产交易所在场外 ABS 模式中。一方面，地方金融资产交易所通过发行"证券化"产品实现顺利融资，其承担了承销商的职能；另一方面，地方金融资产交易所通过发行金融产品，投资于特定的项目，这也是一种资产管理的模式。区别于一般的资产管理模式，地方金融资产交易所结合资管与投资，定位于一般传统资产管理机构不愿意投资的小微市场，是对现有资产管理模式的一种补充。

场外 ABS 存在的问题

监管风险是场外 ABS 中最主要的风险。目前地方金融交易所由地方金融办监管，由地方政府各自出台相关监管法规及业务指引。地方金融资产交易所通过与互联网平台对接，使得其业务范围具有一定的全国性，然而目前对地方金融资产交易所尚未形成统一的监管，由地方政府监管一项全国性的金融业务一方面存在监管能力问题，另一方面，不同地方政府监管细则之间存在的差异也将导致监管环境紊乱。再有，互联网金融的监管规定都相对较少，互联网金融监管存在较多漏洞，2016年以来，诸多互联网金融恶性事件爆发与当前监管不完善仍有许多问题。在互联网金融与地方金融资产交易所二者监管都不完善的条件下，在二者合作过程中，会出现业务边界界定仍不清晰，运作流程不规范，容易形成一系列操作风险。

交易所与互联网平台的合作风险。由于地方金融交易所的运作模式为私募，对投资人数有严格的至多 200 人限制要求，而通过互联网平台销售可能变相突破 200 人限制，不符合穿透性监管原则。另一方面，大部分场外 ABS 投资者多为个人投资者，而甚低的起点金额对投资者无筛选能力，若资产端风险差异较大，一旦资产端发生风险，可能影响投资者的利益。

对于场外 ABS 存在的问题，首先，监管机构应当制定合适的监管规则，统一监管口径，明确监管职责；其次，地方金融资产交易所首先需要加强内控机制，降低操作风险，同时需要提高对于项目的筛选能力，选择合适的项目作为金融产品的底层资产；另外，需要提高的投资者的筛选能力，投资者必须具备应有的风险承受能力，同时加强投资者教育，使投资者具备应有的专业知识。

$ 访谈手记

/访谈手记一/

产融结合、市值管理与资产证券化

在经济新常态的背景下，整个经济面临着转型升级的压力，在这个时点探究企业如何利用资产证券化实现产融结合和市值管理有着特殊的现实意义。为此，本书课题组专访了中国资产证券化研究院林华先生。

产融结合 + 资产证券化

为什么科技企业如此热衷做金融？如顺丰金融、阿里、京东、中科金财、百度、用友软件、金蝶软件等等。林华先生认为原因可能在于产融结合可以为客户提供更好的体验和增加公司市值（金融业和科技产业、互联网行业不同的估值体系）。

电商系消费债权资产证券化：电商＋数据＋金融模式

林华先生认为，电商借贷平台属于信用中介机构，以线上数据进行在线授信，针对商户提供供应链金融服务，针对个人端提供消费金融服务。

电商下设的准金融机构可利用的杠杆不高，在为客户债务融资的同时，也需要消耗较多的资本，可以通过资产证券化提高资产的周转率，降低资本的消耗。

针对商户提供供应链金融服务是电商平台发展到一定阶段的延伸商业模式：如顺丰的物联网金融模式。

电商系的产融结合模式

在母公司下设立小贷，或者消费金融公司，为母公司的客户提供信贷服务，然后再通过证券化出售债权。

首先，产融结合为母公司客户提供更好的服务和体验；其次，金融产业和科技产业的 PE 倍数的差异，科技公司下面做金融，所获得的利差合并到母公司，若想提高母公司的利润，可以按照更高的 PE 倍数估值；第三，高的估值可以反向收购金融牌照。资产证券化在里面的主要作用是，如果科技公司下设金融子公司，资本消耗很大，需要通过证券化盘活存量债权，资产出表，利差合并，进一步合并到母公司。

电商系的产融结合模式各有不同，林华先生选取了极具代表性的电商——京东向我们进行介绍。京东为自营平台供货商提供供应链金融服务，如应收账款抵押融资、应收账款保理等，由于京东自身作为核心企业对供货商的资质、供货商与自身的交易数据有很强的掌控力，且供应商的应收账款债务人为京东电商，供应商的存货也存放于京东自建仓库，信息流、资金流、物流全部掌握，该业务风险较低，风控模型相对简单。

同时京东也通过京东小贷为第三方平台商户提供信用贷款，数据维度包括店铺在京东平台上的销售额，销售稳定性，资金结算流水，与平台其他商户的交易行为，消费者评价数据，京东物流监控数据等纯平台数据，结合商户入驻平台时的资质审核资料，对不同变量赋予相应权重，得到企业的信用评分，对应得到企业的授信额度。

针对个人消费者：京东白条

京东白条资产证券化于 2015 年 10 月于深交所挂牌，基础资产为"京东白条应收账款"债权,融资总额为 8 亿元,分为优先 1 级(75%,AAA 评级)、优先 2 级(13%,AA- 评级)、次级(12%)资产支持证券。其中,优先 1 级 6 亿元和优先 2 级 1.04 亿元资产支持证券由投资机构完成认购,次级 0.96 亿元由京东自己持有、风险自留。另外,该产品期限为 24 个月,采取"12 + 12"的模式,前 12 个月为循环购买期,以入池标准挑选合格基础资产进行循环购买;循环期内每季度兑付优先级投资人收益;后 12 个月为本息摊还期,摊还期内按月兑付优先级的利息和本金;待优先级本金全部偿付,将剩余收益支付于次级投资人。这次资产证券化的亮点之一在于并没有提供差额补足承诺,优先级债券的评级纯粹依赖白条资产的内部增信。

母公司需要重视库存周转率,产融结合的子公司需要关注债权周转率,如果债权周转率比较慢,资本金消耗大,通过证券化将债权出表。

林华先生认为,下设的产融公司有两种模式:一种是附属于产业集团内部,如阿里小贷、顺丰、三一重工、中联重科等;另一种是独立于产业集团,如基于大数据和算法的消费金融公司。第一种模式可以拿到高信用、低利率的客户,而后一种模式拿到的是低信用、高利率的客户。

原先大家认为境外的 PE 倍数比较低,境内的创业板比较高,所以通过境外退市到境内做 IPO 这种模式实现价值,但现在一、二级市场境内外 PE 的这种不同,特别是金融产业、科技公司以及高端设备制造企业两种产业 PE 估值体系的不同,导致很多科技公司非常热衷做金融。传统的金融业如银行的 PE 倍数大约在 7 以下,而创业板的科技公司可以达到 100 倍的 PE 倍数,如果一个科技公司下设金融子公司,会对整个产业的估值起很大促进作用,未来债权的形成可能会有两种模式,一种是传统的银行,另一种是以科技公司或高端设备制造企业下设的金融子公司,这样可以达到产融结合,提高利润,从而以高的估值反向收购金融牌照,如券商、银行、保险等。

会计出表的重要性

产融结合的模式需要结合证券化将债权出表,不同资产证券化会计处理下对公司的 ROE 和 ROA 影响不同。

为了阐明会计出表的重要性，林华先生给我们分享了一个虚拟案例。表 3-7 是一个虚构银行的简化一个季度的资产负债表和利润表。该银行总资产为 400 亿美元，股东权益 50 亿美元，未进行贷款证券化情况下预计的季度净利润为 1.44 亿美元。该银行的资产中有贷款 250 亿美元，其中有 100 亿贷款拟在该季度末进行资产证券化。

表 3-7　　　　　　　　　某银行一个季度的资产负债和利润

资产负债表 （亿美元）	季度初	正常季度末	利润表 （亿美元）	正常季度 收益
现金	30.00	31.44	利息收入	3.20
证券投资	70.00	70.00		
贷款 - 持有	150.00	150.00		
贷款 - 拟证券化	100.00	100.00	贷款销售收入	—
其他资产	50.00	50.00		
总资产	400.00	401.44		
客户存款	250.00	250.00	减：支出和费用	（1.76）
证券化借款				
短期负债	40.00	40.00		
长期贷款	60.00	60.00	净利润	1.44
总负债	350.00	350.00		
股本	40.00	40.00		
未分配利润	10.00	11.44	股权收益率（%）	11.20
股东权益合计	50.00	51.44		
负债和股东权益	400.00	401.44	股权收益率（%）	1.43
股权收益率（%）	12.50	12.81		

该银行在季度末进行了 100 亿美元的贷款资产证券化：共发行了与资产等面值的资产支持证券 100 亿美元，其中 90 亿美元有评级的证券由第三方投资者购买，

而银行保留了 10 亿美元级别较低的证券。该银行保留了超额利差的权利和对所转让的贷款的服务权。表 3-8 是该资产证券化交易的经济收益计算。

表 3-8　　　　　　　　某银行资产证券化交易的经济收益计算

交易构成	面值（亿美元）	市值占比（%）	市值（亿美元）
证券 - 出售 *	90.00	99.95	89.96
证券 - 持有	10.00	100.00	10.00
超额利差		1.50	1.50
服务权		0.50	0.50
总的交易价值			101.96
减：贷款账面成本			100.00
交易获利			1.96

注：出售市价中已扣除交易和承销费用。

情景一：交易的特殊目的实体无需合并，资产的转让形成销售（终止确认）

在该会计情景下，证券化中转让的贷款不再出现在证券化后的资产负债表上，取而代之的是证券发行的现金所得（89.6 亿美元），保留的资产支持证券（10 亿美元）以及超额利差和贷款服务权的价值（2 亿美元），该交易对银行的负债没有任何影响（见表 3-9）。

表 3-9　　　　　　　　某银行资产负债情况一　　　　　　　　单位：亿美元

资产负债表	季度初	正常季度末	资产证券化	证券化后季度末
现金	30.00	31.44	89.96	121.40
证券投资	70.00	70.00	10.00	80.00
贷款 - 持有	150.00	150.00		150.00
贷款 - 拟证券化	100.00	100.00	（100.00）	-
其他资产	50.00	50.00	2.00	52.00
总资产	400.00	401.44	1.96	403.40

续前表 单位：亿美元

资产负债表	季度初	正常季度末	资产证券化	证券化后季度末
客户存款	250.00	250.00		250.00
证券化借款				-
短期负债	40.00	40.00		40.00
长期贷款	60.00	60.00		60.00
总负债	350.00	350.00	-	350.00
股本	40.00	40.00		40.00
未分配利润	10.00	11.44	1.96	13.40
股东权益合计	50.00	51.44	1.96	53.40
负债和股东权益	400.00	401.44	1.96	403.40
股东权益比例（%）	12.50	12.81		13.24

交易的经济获利（1.96 亿美元）将会作为资产的销售收入计入当期利润表（不考虑税收的影响）（见表 3-10）。

表 3-10 某银行当期利润情况一 单位：亿美元

利润表	正常情况季度收益	资产证券化	证券化后季度收益
净利息收入	3.20	-	3.20
贷款销售收入	-	1.96	1.96
减：支出和费用	（1.76）	-	（1.76）
净利润	1.44	1.96	3.40
股权收益率（%）	11.20		25.43
资产收益率（%）	1.43		3.37

证券化后，资产负债表更加健康，现金和证券取代了原来的贷款，总体资产的风险度降低，相应的资本要求也会降低。同时，由于资产销售收入的实现，未分配利润增加了股东权益，股东权益比例提高，从 12.81% 升至 13.24%。利润表中，

资产销售收入的确认使季度净利润从原来预计的 1.44 亿美元升至 3.4 亿美元；资产收益率从 1.43% 增加到 3.37%；股权收益率从 11.20% 增加到 25.43%。资产证券化对银行财务指标的"刺激"作用立竿见影。

情景二：交易的特殊目的实体需要合并或资产的转让不能形成销售（作为借款抵押）

虽然在法律形式上已经实现"真实销售",但在会计上必须保留在资产负债表上；出售证券增加现金,同时也成为负债（借款）；银行保留的资产支持证券,超额利差和贷款服务权不在表内作确认（也被称作"消失在表内"）。该银行的总资产和总负债规模在证券化后都增加,而股东权益没有变化。该银行的资产负债表趋于弱化,虽然总体资产的风险因为现金的注入而得以降低,但是负债的增加提高了杠杆,股东权益比例从 12.81% 降至 10.47%（见表 3-11）。

表 3-11 某银行资产负债变化情况二 单位：亿美元

资产负债表	季度初	正常季度末	资产证券化	证券化后季度末
现金	30.00	31.44	89.96	121.40
证券投资	70.00	70.00		70.00
贷款 - 持有	150.00	150.00		150.00
贷款 - 拟证券化	100.00	100.00		100.00
其他资产	50.00	50.00		50.00
总资产	400.00	401.44	89.96	491.40
客户存款	250.00	250.00		250.00
证券化借款			89.96	89.96
短期负债	40.00	40.00		40.00
长期贷款	60.00	60.00		60.00
总负债	350.00	350.00	89.96	439.96
股本	40.00	40.00		40.00
未分配利润	10.00	11.44	-	11.44

续前表   单位：亿美元

资产负债表	季度初	正常季度末	资产证券化	证券化后季度末
股东权益合计	50.00	51.44	-	51.44
负债和股东权益	400.00	401.44	89.96	491.40
股东权益比例（%）	12.50	12.81		10.47

由于资产的转让没有实现销售，该交易对利润表没有任何影响。同时，由于资产的增加，当期资产收益率从 1.43% 降到了 1.17%（虽然只是暂时的）（见表3-12）。

表 3-12　　　　　　　　某银行当期利润情况二　　　　　　单位：亿美元

利润表	正常情况季度收益	资产证券化	证券化后季度收益
净利息收入	3.20	-	3.20
贷款销售收入	-	1.96	1.96
减：支出和费用	（1.76）	-	（1.76）
净利润	1.44	1.96	3.40
股权收益率（%）	11.20		25.43
资产收益率（%）	1.43		3.37

在产融结合的模式下，子公司的债权比较多，需要提高债权周转率，一个很好的办法是通过债权资产的出售，真正出表式的资产出售，将子公司的债权剥离到表外，把利润合并回来，进一步合并到母公司。整个链条中子公司债权的出表是一个很重要的工作，如果没有出表，可能导致的结果是子公司的报表很大，母公司所有的利润都不够补子公司的资本金，这样一个科技公司就变相成为了一个小贷公司。而债权资产出表可以提高子公司和母公司的 ROE 和 ROA。

产融结合、资产证券化与市值管理

资产证券化与市值管理

1. 市值 = PE 倍数 ×EPS（每股盈利），在资本金消耗最小的情形下增加利润，提高 ROE，把资本金用在最需要的地方；

2. 把资本金用在可以提高 PE 倍数的地方，即核心技术表内化，核心技术占用核心资本，但是可以最大程度提高 PE 倍数（一般是上游的核心技术）；

3. 在可控的情形下，把利差业务表外，降低表内资本消耗，提高 ROE；

4. 资本市场通过高 PE 倍数对利差进行估值。

高科技企业不宜在表内进行利差业务

1. 高科技企业的杠杆比例低，在表内进行产融结合金融服务，消耗资本多、需要过量资本投入，降低 ROE，而且利差的 PE 倍数低；

2. 如果在表外进行利差业务，可以大大提高杠杆倍数，缩减主体报表规模，提高 ROE。

产融结合、资产证券化与市值管理这三者的逻辑，林华先生认为一定是核心技术表内化消耗核心资本。利差业务一定要做到表外去从而降低资本的消耗。未来债权业务会有两类公司在做，一种是银行，另一种是以科技公司或高端设备制造企业下设的子公司，通过产融结合做些交易型银行或通道型银行的模式。

此外，从原来的一级市场和二级市场的 PE 倍数差异、境内境外的 PE 倍数差异，到金融产业和科技企业的 PE 倍数差异转变；科技公司通过产融结合，设立子公司为客户提供金融服务，获得利差收入，合并到母公司以提高 PE 估值，反向并购金融企业将来会成为潮流。

/访谈手记二/

美国 Vegas2016 资产证券化年会介绍

美国 Vegas 资产证券化年会是比较全面的、由市场参与者参与的资产证券化峰会，一般一年有两次：一次在西部，原来的名字是 ABS West，现在改名为 ABS Vegas，都在拉斯维加斯举行；另一次在东部，名为 ABS East，在佛罗里达州的迈阿密举行。这两个会议都涵盖了各种的资产证券化产品。那么，2016 年的年会有哪些内容？资产证券化市场的热点何在？为此，我们专访了美国评级公司结构融资部董事总经理胡剑博士。

ABS Vegas 资产证券化峰会的历史背景

Vegas 资产证券化峰会主要是以 ABS（Asset-backed Security）和 RMBS（Residential Mortgage-backed Security）为主，CLO（Collateralized Loan Obligation）即公司贷款证券化在近几年的会议上都呈现出逐步主导的趋势。资产证券化市场主要分成四大块，除了上面提到的 ABS、RMBS 和 CLO 以外还有 CMBS（Commercial Mortgage-backed Security），即商业地产抵押产品。

每年的 ABS Vegas 都会邀请非常权威的人士来做主旨演讲，参加会议的人很多，一般有各个银行、发行人、评级机构和一些政府人士，总之所有参与资产证券化市场的人士都会参加这个会议。

2016 年的会议有 6 000~7 000 人参加，是有史以来规模最大的一次。这说明了两点，一是美国的资本市场比较发达，大家都希望通过这种会议来共同地、有效率地探讨问题；二是美国的资产证券化在金融危机之后，尤其是在过去 3、4年间，复苏得非常快。

2016 ABS Vegas 资产证券化峰会的主旨演讲

会议的主旨演讲分别由两个人主讲，一个是穆罕默德·埃利安（Mohamed A. El-Erian），是 PIMCO 的 CEO。他提出的主要观点是：第一个主要观点是无论美国经济还是世界经济，现在走的道路即将结束，马上就要面临一个丁字路口。第二个是马上要靠近的丁字路口有两条路，第一条路是维持现状，即经济在央行比较宽松的政策扶持下缓慢增长；第二条路是通过结构改革推动新一轮经济增长。他认为要走到或走好第二条路，需要几个条件，包括央行之间的政策协调等，另外他还提了一些关于结构改革的条件。第三个是他比较着重提了央行之间的协调，他认为世界经济继续在现状上走将会越走越黑。

另一个主旨演讲人是迈克尔·皮沃瓦（Michael S. Piwowar），他是美国证监会的五理事之一。其讲话内容可总结为两点：一是资产证券化市场存在的好处和风险；二是总结了美国证监会在资产证券化还有对信用评级结构监管方面的工作进展。谈到资产证券化市场存在的好处和风险时，他提到的第一个好处在国内对资产证券化的讨论中就已经很清楚了，即对有限资本的有效分配以支持经济增长，推动企业发展创造就业，这是经常谈到的好处；第二个好处是资产证券化有助于融资方面基本面的分散化和多元化，以增强整个经济的韧劲，可以抵御不同经济风波的能力；第三个好处是对企业和个人提供信贷，尤其是中小企业在银行不能获取很好的、优惠的贷款，这样通过资产证券化可以提供这方面的贷款，例如汽车贷款、信用卡等等。

新兴资产证券化的情况

2016 年会议中讨论得比较火热的一个主题是新兴资产证券化的情况。资产证券化的四大块包括：RMBS、ABS、CLO 和 CMBS。在 ABS 领域，现在讲得最多、最火的是 Market Place Landing，简称为 MPL，称为集市借贷，也就是 P2P。第二个谈得比较多的资产类型是太阳能。太阳能在过去也存在，只是最近两三年比较热。它们也面临监管不确定的问题。另外，在太阳能资产证券化的风险中，因顾客重新对合同协商造成的风险是一个很棘手的问题。第三个谈得比较多的是移动电话分期付费证券化。这个在美国还没有真正做出一笔来，但是现在讨论得比较多。最后一个谈的比较多的是 PACE，全称叫：住宅改善清洁能源贷款的证券化，这也叫绿色债券，主要是对个人住宅以及很少一部分的商业住宅的清洁能源的贷款。

传统资产类型的演变

现在讲的 RMBS 和十年前的 RMBS 已经不一样了。现在美国的 RMBS 是指把不良贷款（Non-performing Loan）、良好贷款（Re-performing Loan）等这些在过去的危机之中留下来的贷款买下来的重新打包而成的证券化产品。现在新的 RMBS 有两种，一种是 CRT，一种是 SFR。CRT 是指信用风险转移（Credit Risk Transfer），主要是我原来的雇主房利美现在做的。SFR 是指 Single-family Rental，即单户租金。

公司贷款资产证券化

CLO，就是公司贷款（尤其是评级比较低的）的资产证券化。就单个资产来讲，CLO 是美国市场上最大的资产证券化产品，超过了其他的 RMBS、汽车贷款等同类产品。对 CLO 来讲，现在关心的问题主要有三个：第一个问题是仓库线的清除压力；第二个问题是资产的管理人；第三个问题是风险自留。

04

互联网金融，拨开云雾见青天

2016 | 本章导读

◎ 互联网金融作为一种新兴金融业态，是给传统金融带来"颠覆性"冲击，还是更多成为传统金融辅助性、补充性和完善性的延伸？其本质究竟是"新金融"或"第三种金融业态"，还是仅仅局限于传统金融服务在资金获取与服务供给上的渠道创新？在当前互联网金融走进行业景气的转折点时，有必要回顾行业近年来的发展历程，从运行机制本身重新审视互联网金融的本质，厘清行业乱象的根源，寻找行业重生的市场空间。

◎ 通过理财类、支付类、信用类、大数据类互联网金融运行机制分析可见，互联网金融对支付清算、资金流动、产品渠道、市场格局均造成了一定程度的影响，但对传统金融格局的"颠覆性"冲击与实质性影响依然是有限的。无论是初级阶段的"金融互联网化"还是高级阶段的"互联网金融化"，互联网金融兼具直接融资与间接融资的双重特征，既没有改变金融契约的属性，也没有创造新的金融功能。值得注意的是，进入高级阶段的"互联网金融化"已经开始渗透到金融行业资源配置与风险控制的核心领域，大大降低信息不对称程度，提供资源配置的效率，但整体影响力仍在逐步培育中。

◎ 互联网金融行业乱象集中体现在庞氏骗局、产品设计混乱与产品属性不清、信息披露不规范等方面。互联网金融乱象的根源在于立法与监管缺失、征信体系不完善、风险控制能力不足、伪互联网金融的异化等原因。

◎ 互联网金融行业正在面临大洗牌，在现有金融服务体系覆盖不足的条件下，互联网金融通过提高金融效率，能够填补金融供给不足，市场对互联网金融仍有旺盛需求。随着行业发展趋于理性，此次全面整顿过后，互联网金融仍然具备较大创新空间与颠覆力量，在细分市场领域给予传统金融体系更好的补充和升级。主要体现在一是为顺应供给侧结构性改革需要，提供精准化、个性化、订制化金融服务，比如在细分垂直领域构建消费场景，融入消费金融服务；二是由互联网巨头攻下传统金融领域的最后一个"堡垒"——大数据征信，由于对数据采集与数据管理的成本和技术要求较高，未来互联网金融巨头将与传统大型金融机构直接展开直面竞争。

2013 年被称为"互联网金融发展元年"，依托社交网络、移动支付、大数据、通信技术等现代技术手段，互联网金融掀起一次又一次创新实践高潮。2014 年、2015 年连续两年国务院政府工作报告对互联网金融正面定调，并提出"互联网+"行动计划，为推动互联网金融深化发展释放了强有力的政策信号。然而，随着实践的发展，互联网金融行业集聚的风险已经开始暴露，市场中呈现的部分业态也开始偏离互联网金融的本源。2016 年对于互联网金融行业是具有转折意义的一年，在经历了数年的野蛮生长之后，互联网金融监管风暴席卷整个行业，这一年也被称为"互联网金融整治元年"。在互联网金融走进行业景气的转折点时，有必要回顾行业近年来的发展历程，从运行机制本身重新审视互联网金融的本质，厘清行业乱象的根源，寻找行业重生的市场空间，共同期待互联网金融的下一个春天。

从运行机制看互联网金融的本质

互联网金融作为一种新兴金融业态，是借助互联网技术、移动通信技术实现资金融通、支付和信息中介的金融业务模式。互联网金融在一定程度上加速了金融体系的创新步伐，提升传统金融行业转型速度，有效推进金融要素价格市场化，加速金融行业内外的融合，并可能对货币政策框架造成一定的

潜在影响 [①]。那么，互联网金融将给传统金融带来"颠覆性"冲击，还是更多成为传统金融辅助性、补充性和完善性的延伸，其本质究竟是"新金融"或"第三种金融业态"，还是仅仅局限于传统金融服务在资金获取与服务供给上的渠道创新，这些问题的回答需要从互联网金融的运行机制看互联网金融的本质。结合国内互联网金融发展现状，本文将互联网金融运行机制大致分为四大类 [②]。

理财类互联网金融的运行机制

理财类互联网金融本质上是传统金融互联网化，就是传统意义上的银行理财、证券、保险、资产管理、财富管理等金融产品借助互联网平台实现新的销售模式，适应金融服务的便利性和高效性需求，从而使金融服务覆盖面更广、便利性更高、效率和安全得到更好保障。典型业务就是以"余额宝"为代表的互联网货币基金产品。在这一过程中，金融机构实现了信息化和集约化，互联网成为金融业务完善的基础设施，互联网技术更多是支持、升级、融合、弥补，而非替代。

互联网技术进一步夯实传统金融的发展基础，有利于传统金融的可持续发展和竞争力保持，是传统金融的补充和完善。部分创新业务还是会给传统金融带来一定冲击，比如余额宝不仅促进了货币基金的发展，也影响了银行业活期存款和协议存款，对银行存款业务存在一定程度的冲击（见图 4-1）。

---

① 郑联盛.中国互联网金融：模式、影响、本质与风险.《国际经济评论》，2014.5.
② 本文对互联网金融运行机制进行四类划分，其中所列举的金融产品并无严格归类界限，仅用于更好说明互联网金融运行机制。比如 P2P 网贷既属于信用类业务，对于投资者而言又属于理财类业务；"微粒贷"从产品来讲属于个人贷款的信用类产品，但从风险控制机制上又与大数据风控有关；"阿里小贷"在产品属性上是信用类产品，但风控机制也运用了大数据及云计算，证券化后又属于理财类产品。

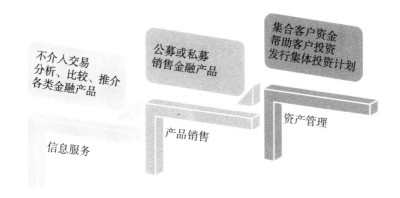

图 4-1　理财类互联网金融的主要形式

资料来源：作者梳理。

支付类互联网金融的运行机制

支付类互联网金融是以第三方支付、移动支付为基础的新型支付体系在移动终端智能化的支持下迅猛发展起来，成为金融体系基础设施的重要组成部分。以"支付宝"、"理财通"为代表的综合第三方支付模式，不仅实现了支付功能，而且将银行体系部分资金抽取出来置于第三方支付的备付金账户之后，可以多元化使用备付金账户中的资金。互联网支付只是替代客户与以商业银行为核心的支付清算体系建立关联性，并通过在不同银行开设中间账户来实现资金轧差，从原来的"客户—银行—央行"三层支付清算体系转变为"客户—第三方支付—商业银行—央行"四层支付清算体系，但本质上并未脱离传统支付清算体系[①]。由于第三方支付机构实现了集约化处置资金流和支付清算业务，大大提高了支付清算体系的高效性和便利性，对传统支付体系是一种机制的完善。也应该看到，第三方支付的备付金账户资金大多来自银行体系存款，同时又对银行相关中间业务不断侵蚀。

信用类互联网金融的运行机制

信用类互联网是利用自身网络和数据优势直接介入信贷市场的，使资金的

---

① 谢平、刘海二. 互联网金融的核心：移动支付与第三方支付.《博鳌观察》，2014.4.

供求双方基于网络信任机制在互联网平台上直接完成资金融通，是金融脱媒的重要推手。典型业务是债券融资领域的网络借贷 P2P、网络小贷和股权融资领域的股权众筹。以阿里小贷为例，将前端（电商平台）供应商及客户的商品流、资金流转化为中端（支付宝、阿里云）的信息流，再通过终端（阿里金融）将信息流转化为资金流，进入前端供应商，从而实现了商品流、信息流和资金流的融合与循环，完成贷款业务，实现金融脱媒，整个过程与商业银行无实质关系。与国外纯信息中介的 P2P 平台有所不同，国内的 P2P 平台较少采用纯平台模式，而是与传统金融机构更为紧密地联系在一起，比如陆金所是由平安担保履行担保责任的"信贷资产证券化平台"。即使是脱媒程度较高的阿里小贷，也以资本金"1∶1.5"杠杆率向银行借贷，与商业银行相互联系；后期由于受资金来源限制，通过资产转让的方式与证券公司合作、在深交所挂牌交易，与券商和交易所相互联系。

信用类互联网金融将成为"脱媒"的重要推手，是对传统信贷体系的有益补充，部分网络贷款甚至可能取代商业银行体系的传统借贷，但目前仍旧与传统金融机构存在或多或少的联系。与此同时，信用类互联网金融也在一定程度上发生了异化，部分互联网金融平台披着"信用中介"的外衣，衍化为非法吸收公众存款或互联网高利贷，这也是 2015 年下半年以来互联网金融风险事件频发的主要原因。

大数据类互联网金融的运行机制

大数据类互联网金融由 BAT（百度、阿里、腾讯）等互联网巨头主导，不仅仅满足于资金融通渠道的升级，而是从金融基础功能渗透到资源配置、风险控制的金融核心功能。当前，比较典型的大数据类互联网金融产品主要包括大数据征信、大数据风控以及大数据量化投资指数等。2015 年初，阿里推出了面向社会的信用服务体系"芝麻信用"，芝麻信用通过分析大量的网络交易及行为数据，对用户进行信用评估，借此帮助互联网金融企业对用户的还款意愿及还款能力做出判断。2015 年 5 月，腾讯旗下"微众银行"推出"微粒贷"产品，其风险控制核心是通过社交大数据与央行征信等传统银行信用数据相结合，运用社交圈、行为特征、交易、基本社会特征、人民银行征信五个维度对客户进行综合评级，运用大量的指标构建多重模型，进而快速识别客户的信用风险。继 2014 年百度推出"百发 100 指数"后，"蚂蚁金服"于 2015 年 4 月推出基于电商大数据的指数"淘金 100"，该指数是博时基金依托蚂蚁金服内部电商大数据平台产生的行业景气指数，结合财务数据与市场行情，在股市选取 100 只股票形成投资组合，而后计算出指数，这是大数据云计算在量化投资中的应用，目的是尽可能提高收益的稳定性和风控的精细化。

尽管大数据在资源配置与风险控制的金融核心领域里取得了引人注目的进展，但仍需冷静看待这一充满前景的新技术，其有效性还需进一步提升：一是数据的质量问题，主要是社交数据和交易数据的真实性问题；二是大数据风控的理论有效性问题，主要是金融信用与社会信用的相关性不确定，以及大数据对于"黑天鹅"事件的滞后性；三是大数据搜集和使用的制度问题，数据的搜集和使用在很多时候都没有征得数据生产主体的同意，导致了数据的滥用和隐私的泄露[①]。

从上述国内互联网金融运行机制分析可见，互联网金融对支付清算、资金流动、产品渠道、市场格局均发生了一定程度的影响，但对传统金融格局的"颠覆性"冲击与实质性影响依然是有限的。

一是互联网金融与传统直接融资和间接融资模式并不相互排斥，恰恰是二者的交互融合。互联网金融并非创造了完全异于直接融资与间接融资的所谓"第三种模式"，无论是互联网理财、第三方支付、P2P、网络小贷还是股权众筹，与直接融资相比，仍然存在"中介"环节；与间接融资相比，又存在渠道或平

---

① 巴曙松，侯畅，唐时达 . 大数据风控的现状、问题及优化路径 . 《金融理论与实践》，2016.2.

台的"脱媒化",即互联网金融兼具直接融资与间接融资的双重特征[①]。

二是从互联网金融运行机制的分类来看,理财类、支付类、信用类(以担保型 P2P 为代表)的互联网金融很大程度上仅仅在资金供求的渠道方面实现了互联网化,互联网成为资金融通的工具和媒介,可以理解为是一种"**金融的互联网化**"。信用类(以阿里小贷为代表)、大数据类互联网金融突破了互联网技术在资金融通渠道的应用范畴,进一步渗透到金融行业资源配置与风险控制的核心领域,大大降低信息不对称程度,提高资源配置的有效性,可以理解为是一种"**互联网的金融化**"。在"金融的互联网化"中,互联网技术的功能是支持、融合、补充、完善,而非替代;在"互联网的金融化"中,互联网技术对现有信用体系带来一定程度的冲击,但整体影响力尚在逐步培育中(见图 4-2)。

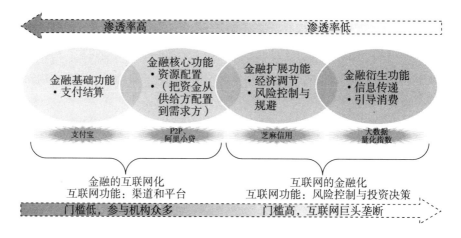

图 4-2　互联网金融对传统金融的功能渗透

资料来源:作者梳理。

三是从互联网金融的交易属性来看,无论是"金融的互联网化"还是"互联网的金融化",最终目的是实现资金融通,核心是通过新技术加强金融的

---

① 王海军,张海亮,王念.互联网金融理论建构:本质、缘起与逻辑.《经济与管理评论》,2015.6.

风险控制，因此互联网金融的中心词始终是"金融"。互联网金融过热所带来的亢奋并没有改变金融的本质，互联网金融的交易还是金融契约，产品的设计、发行、交易和交割无论是发生在线上还是线下，金融契约的属性并没有改变[①]。金融产品的属性不因承载形势的改变而发生本质变化，互联网金融创新的本质在于通过技术手段改变金融交易的范围、参与人数、金额、时间和环境，或者提高资源配置的有效性和准确性。

四是从互联网金融发挥的金融功能来看，互联网金融并没有创造新的金融功能。互联网金融的功能特性包括增大客户服务口径、降低交易成本、推动利率市场化与提高金融资产配置效率以及带来强大的数据搜集和分析能力[②]。尽管如此，按照默顿（Merton）的金融功能观理论"金融机构的功能比组织方式更为重要"，互联网金融并没有改变或增设新的金融功能，包括金融支付结算的基本功能、资源配置的核心功能、经济调节与风险规避的扩展功能、传递信息与引导消费的衍生功能，只是在各个功能区间中进行不同程度的渗透。

互联网金融风险集中爆发的根源

客观地说，中国庞大的人口数量和巨额的低端金融服务需求为具有"草根性"的互联网金融带来了巨大的市场空间。互联网金融被赋予了加速传统金融体系创新与促进国民经济发展的历史使命。在鼓励、扶持互联网金融深化发展的背景下，接踵而来的是互联网金融的野蛮生长与乱象重生。自2015年下半年开始，中国互联网金融市场风波迭起，互联网金融风险集中爆发，从融资租赁领域的e租宝到私募股权基金领域的中晋系，都为互联网金融的虚假项目、非法集资等庞氏骗局敲响了警钟。互联网金融乱象并非互联网金融自身的运行机制出了问题，更多是一些平台企业借用互联网金融与金融创新的名义进行着

---

① 陈志武.互联网金融到底有多新.《新金融》，2014.4.
② 徐庆炜，张晓锋.从本质特征看互联网金融的风险与监管.《金融理论与实践》.2014.7.

"伪互联网金融"，不断冲破监管红线、扰乱金融秩序，给投资者带来不应有的损失。以理财类或资产管理类互联网金融为例，行业乱象的表现形式存在一定的复杂性。

一是庞氏骗局，涉嫌非法吸收公众存款和集资诈骗。典型代表是披着 P2P 平台外衣的"伪 P2P 平台"，通过伪造、虚构一些不真实项目去套取投资人的资金。以 e 租宝为例，其网站所挂出的很大一部分项目是通过购买公司的企业机构代码、营业执照、税务登记证等信息，或收买承租方、注册空壳公司等方式虚构项目来源，将吸收来的资金以"借道"第三方支付平台的形式进入自设资金池，通过控股 3 家担保公司和 1 家保理公司为项目提供担保，由此制造了"假项目、假三方、假担保"的骗局[①]。

二是理财产品名称设计混乱，误导投资者对金融产品属性的认知。以股权众筹为例，"众筹"源自英文"crowdfunding"，根据现行规定[②]，"私募股权众筹"应改为"非公开股权融资"，即互联网平台上的股权投融资服务仅可面向特定对象，如果面向非特定公众实施股权众筹，或可能触及"非法集资"红线。但在互联网金融平台上，股权众筹、私募众筹、非公开股权融资等产品名称混淆使用。再比如，有互联网平台将债权产品包装成"股权"进行营销，不少股权投资平台发售"明股实债"的误导性产品。更有甚者，呈现营销形式传销化，各类打着"虚拟货币、数字加密货币、互助理财、网络理财、挖矿机、众筹、股权"等名号的资金传销大行其道，短期内圈钱后便关网跑路。这些混淆视听的互联网金融产品，进一步模糊了金融产品的法律属性，对投资者正确认知金融风险造成障碍。

---

① "e 租宝"从一开始就是一场"空手套白狼"的骗局．新华社，2016.1.31.
② 2015 年 8 月 10 日，中国证券业协会发布"关于调整《场外证券业务备案管理办法》个别条款"的通知指出，根据中国证监会《关于对通过互联网开展股权融资活动的机构进行专项检查的通知》精神，将《场外证券业务备案管理办法》第二条第十项的"私募股权众筹"修改为"互联网非公开股权融资"。

三是理财产品信息披露缺乏统一规范，金融风险隐匿与转嫁行为广泛存在。理财产品的销售者有责任明确金融工具的属性与法律关系。现行大量理财产品本质上是集合投资计划，法律关系为信托，金融产品属性是投资集权，是"证券"①，然而较少互联网理财产品能明确说明金融工具的本质属性与法律关系。由于对互联网理财产品的销售缺乏统一的信息披露规则，导致互联网理财产品延续了资产管理行业"刚性兑付"的桎梏，丧失了互联网开放、自由与责任共担的精神实质。以互联网非公开股权融资为例，各类股权融资的信息披露不足，通过互联网平台参与非公开股权投资的散户，只能通过融资企业在融前披露的融资计划书来判断投资意向，以及通过融后披露的年报及其他信息来跟踪企业进展。此外，在"领投＋跟投"模式下，如果领投机构所占比例过低，难免有机构借散户放大杠杆，将风险转嫁给广大投资者②。

综上，互联网金融通过开放包容和简便高效，缓解了资本利用率低下导致的"金融抑制"现象，再加上游离于金融监管之外，其迅猛发展可以看作是金融抑制与监管套利的产物。草莽时代伴随而来的必然是"鱼目混珠"与"泥沙俱下"，其根源在于立法与监管缺失、征信体系不完备、风险控制能力不足、伪互联网金融异化等原因。

立法与监管的双重缺失

互联网金融的本质仍属于金融，新技术并没有改变金融风险的"隐蔽性、传染性、广泛性和突发性"特点，互联网金融与传统金融一样面临信用、市场、流动性、操作性、声誉等常规金融风险，这意味着互联网金融必须受到金融监管。除此之外，由于互联网本身附有的虚拟性、技术性及创新性特点，会给互联网金融增加系统性的隐形风险，使风险形势更趋复杂化。在 2015 年下半年之前，互联网金融尚未建立起有效的外部监管，具体表现为立法与监管的双重缺失，

---

① 吴晓灵 . 互联网金融的乱象与应对方式 . 2016.1.9.
② 互联网金融的五大乱象 . 搜狐公众平台，2016.5.5.

互联网金融甚至演变成了"监管套利"的工具。2015 年 7 月，中国人民银行等十个部门发布了《关于促进互联网金融健康发展的指导意见》(以下简称"指导意见")，正式确立了互联网金融行业监管的基本法律框架，由"一行三会"对互联网金融实施分类监管。然而，针对互联网这样一个复杂的网络生态系统，不能完全套用传统金融监管的理念和规则，尤其在立足于机构监管的分业监管模式下，一方面监管部门往往陷入无法把握"度"的困境，存在着明显的行政壁垒和监管边界①；另一方面互联网企业在产品创新时也无法确定合法边界。

以互联网资产管理为例，资产管理行业"混业化"带来复杂的产品嵌套，现阶段的互联网资产管理也是一项全牌照的混业业务，涉及银行、证券、保险、基金、信托、期货六大类型机构旗下的理财或资管产品，在不同机构和业务之间归属不同监管部门的情况下，缺乏统一的监管标准，也并未被"指导意见"所定义或涉及。在 P2P 监管规则公开征求意见前后，多家互联网金融平台走上了"互联网资产管理"路线，剥离理财业务和传统的 P2P 业务，取而代之打造"互联网综合财富管理平台"。部分平台利用互联网公司擅自公开发行理财产品，或同一些具有私募性质的资管产品进行"拆分式"对接，规避合格投资者及人数相关限制。

征信体系不完备

互联网金融中的各种业态都需要使用征信，没有完善的互联网征信体系，就没有真正的互联网金融。互联网征信是一种高效、多维度、实时性大数据风控模式，获取的主要是用户在线行为数据，能更多反映用户性格、心理等更加本质的信息，因而较之于传统征信数据，互联网征信的信用评价更趋于对人本性的判断，生活化、日常化应用度更高。对互联网征信和传统征信加以整合所构建的以互联网为基础的征信体系可以在包括传统借贷在内的更广阔金融行业中使用，进而促进整个社会交易成本的下降，促使社会成员崇尚诚信的经济运

---

① 孙国茂 . 互联网金融：本质、现状与趋势 .《理论学刊》，2015.3.

行环境，提高社会经济效益。与有着近 170 年征信历史的美国等成熟征信体系国家相比，中国征信体系建设任重道远，无论在传统征信领域，还是在互联网征信领域，中国都处于初级阶段，覆盖全社会的征信体系尚未形成，在一定程度上存在着信息环境不透明、公信力有限、专业化程度低、服务行为不规范、立法滞后、监管缺位、守信激励不足、失信成本偏低，信用信息主体权益保护机制缺失，商业欺诈、制假售假、学术不端现象屡禁不止，履约践诺、诚实守信的社会氛围尚未形成 ①。

互联网征信体系不完善将给互联网带来负面影响：一是由于部分互联网金融机构无法加入传统金融行业的征信体系，不能使用征信系统的信息，缺少合法的融资渠道和规范的融资模式，也无法形成有效的惩戒机制。二是部分互联网金融机构有意放松或放弃成本太高的征信过程，进而使投资者承担了额外的风险；三是一些 P2P 网贷平台极易演变成"自融平台"②，触碰非法集资的底线。

风险控制能力不足

与传统金融机构相比，互联网金融机构普遍存在着缺乏风险防范机制的问题，风险控制成为互联网金融企业能否发展壮大的魔咒。而金融内生的脆弱性和不稳定性要求金融行业的所有个体必须建立对非系统性风险的防范机制，并以此作为防范系统性风险的前提。目前在不依赖央行征信系统的情况下，市场自发形成了各具特色的风险控制生态系统 ③：一是以阿里为代表的互联网巨头通过大数据挖掘，自建信用评级系统，通过自身系统大量的电商交易以及支付信息数据建立了封闭的信用评级和风控模型；二是小型企业通过贡献数据给第三方征信机构，再借助第三方获得信用评级咨询服务。尽管如此，互联网金融在注重用户体验和追求极致效率的过程中，容易忽视金融安全与风险控制，偏

---

① 创新监管方式，加速构建中国互联网征信体系.《证券日报》，2016.4.30.
② 孙国茂.互联网金融：本质、现状与趋势.《理论学刊》，2015.3.
③ 大数据挖掘助力互联网风险控制.赛迪网，2013.10.16.

离金融的本源。例如,当 P2P 变异为 "P2P+ 信贷"、"P2P+ 信托" 或 "P2P+ 担保" 时,从信息服务平台变成信贷平台,如果对信贷过程中隐含的金融风险认知不足、且缺乏对资金链的控制能力,就会导致 P2P 在资金错配机制和收益分配机制方面暴露风险。

伪互联网金融的异化

真正的互联网金融不应该涉及 "资金池"、"自融" 等监管红线,与非法集资等犯罪行为有着本质区别。然而,那些披着互联网外衣的 "伪互联网金融" 带有自我毁灭的破坏性,严重阻碍了互联网金融的发展,具体表现形式包括虚拟理财、非法集资网络化等。以 "MM 互助金融" 为代表的虚拟理财多以 "互助" "慈善" "复利" 为噱头,无实体项目支撑、无明确投资标的、无实体机构,以高收益、低门槛、快回报为诱饵,靠不断发展新的投资者实现虚高利润,宣传推广、资金运转等活动完全依托网络进行[1]。涉嫌非法集资的 P2P 平台通过先归集资金、再寻找借款对象等方式,使放贷人资金进入平台的中间账户,由平台实际控制和支配;甚至发假标自融,采用借新贷还旧贷的庞氏骗局模式。随着 2016 年上半年监管层加大整治力度,伪互联网金融将被彻底清理退出。

互联网金融退潮后的新机遇

互联网金融行业正在面临着一次大洗牌。尽管如此,但这并不意味着互联网金融丧失发展空间,在退潮之后,"裸泳者" 只能退出,努力转型成功的企业将会进入新的纪元,互联网巨头们仍然会在金融核心领域与传统金融机构开展正面竞争。

在现有金融服务体系覆盖不足的条件下,互联网金融通过提高金融效率,能够填补金融供给不足,市场对互联网金融仍有旺盛需求。2016 年 3 月 M2

---

① 伪互联网金融 "末日" 将临 .《中国证券报》, 2016.4.29.

余额同比增长 13.4%，新增信贷 1.37 万亿，信贷持续维持高位。相比之下，截至 2016 年 2 月末，银行业金融机构不良贷款余额 2 万亿元，比年初增加近 1 500 亿元，同比增长近 35%，不良贷款率 2.08%。不良贷款的增加表明银行业的信贷扩张承受较大压力，甚至难以为继。与 M2 高速增长形成鲜明对比的是，金融供给仍旧短缺，大量的中小企业与个人消费金融服务仍旧无法得到满足，尤其在经济放缓过程中显得尤为突出。随着行业发展趋于理性，此次全面整顿过后，互联网金融将会进入一个全新的格局，仍然具备较大创新空间和颠覆力量，在细分市场领域给予传统金融体系更好的补充。

提供精准化、个性化、订制化金融服务

互联网金融为供给侧改革增加新供给提供金融支持。供给侧结构性改革是要改变过去大规模的工业化污染、高耗材、高耗能的状态，把机器化的大生产变成精准化、个性化、订制化的生产，满足日益增长的高品质要求[①]。从大规模生产转向订制化和个性化，需要有一个精准的数据服务，互联网金融能够在此领域提供新的金融服务，或者在新的供给服务或生产活动中提供新的金融支持。互联网交易数据的沉淀和挖掘，能够为生产服务商提供精准营销决策依据，通过数据实时动态调整，让各类服务匹配到精准需求上，同时在此过程中提供金融服务，帮助生产者进行有效供给。

未来在细分垂直领域构建消费场景，融入消费金融服务，将是互联网金融市场的新蓝海。据公开数据显示，在 2015 年"双 11"开启 35 分钟后，京东"白条"便实现交易额破亿，一举超越了 2015 年"双 11"全天京东白条的交易额。与此同时，蚂蚁金服消费金融业务"花呗"首次接入"双 11"，共支付 6 048 万笔，在"双 11"开场仅 30 分钟时间里，蚂蚁花呗的支付交易额就达到了 45 亿元。由于消费金融频次高、黏性大、规模化效应强、非标准化程度高、产业链条长，互联网消费金融在消费场景、支付手段、风控数据、获客渠道方面展现出传统

①　黄震，互联网金融应助力供给侧结构性改革，《中国经济时报》，2016.4.7.

消费金融所不具备的强大优势。

寡头垄断大数据征信市场

征信市场被认为是传统金融领域最后一个"堡垒",互联网金融领域的下一个最大"金矿"。在国内征信体系中,人民银行征信中心数据库是实力最强大的,但其覆盖面较窄,数据来源较单一。人行征信系统共收录近 9 亿人信息,其中仅不到 4 亿人有信贷数据,约 5 亿人只有经济信息记录,无任何有效征信信息。2015 年初,人民银行开放个人征信市场,8 家机构获得准入资格,其中包括阿里、腾讯、平安、拉卡拉等互联网企业,形成巨头布局态势。征信业最重要的是数据,国外征信机构之间的数据是共享的,征信机构间的竞争体现在对数据的管理、加工、保护和风险判断这几个方面。然而,目前中国 8 家个人征信机构的数据是非共享的,征信数据一般是从内部获取、内部流通,这也将成为制约整个征信系统发挥作用的主要障碍。大数据征信由于其数据采集与数据管理的成本和技术要求较高,更容易形成寡头垄断格局,成为互联网金融未来发展的巨大"金矿"。

第一,中国大数据征信的数据采集成本高昂。首先,中国个人征信报告中只是各商业银行历史信用数据的汇集,大量原始数据都分散在金融机构、司法、工商、税务、公用事业单位等部门,在征信法律体系环境尚不健全的情况下,对数据采集、隐私信息界定不明确,想要获得这些数据并不容易,这导致大数据征信缺乏数据支持和依托。其次,大数据征信的原始数据积累可能需要几十年的时间耐心去积累数据,时间成本高昂。再有,当前中国征信业市场主体的商业模式尚不清晰,基本服务尚未收费,还处于市场前期的培育阶段,尚未出现像美国那样单纯依靠征信业务实现较大规模盈利的征信企业。

第二,大数据征信的技术门槛甚高。大数据征信是利用互联网平台沉淀的数据,通过数据建模,最终输出个人或企业的诚信模型,以此为标准系统自动判断借款对象与借款金额。大数据征信需要在海量数据中挖掘数据之间的内在联系以及预测数据变化趋势，改进和完善现有模型、探索和建立新的模型，特别是对客户属性、交易记录、评价信息以及商品信息进行合理预测。即使是在征信市场较为完善的美国和德国，通过多个模型交叉验证数据的真假也是必不可少的环节。综上，尽管大数据征信是一个巨大的"金矿"，但征信业的发展是一个系统性的进步，未来还有很长的路要走，随着征信市场的日渐成熟，或将迎来爆发式的规模化发展。

$访谈手记

/访谈手记一/

漫谈云投资

互联网、大数据、移动互联、云计算这样的概念现在很是火热，那么什么是云投资，什么是投资云，又该如何注意网络信息方面的安全呢？为此，我们对中国科学技术大学管理学院院长方兆本教授进行了访谈。

云投资

投资云包括投资云计算、投资大数据、投资软件硬件，包括投资存储等等，它是计算机 IT 和金融结合的一部分。另外，投资云还指现在所说的互联网思维，就是通过一种云移动的、社交的各种手段来解决我们的金融问题。今天聚焦在云和金融的结合部。从 2013 年到 2017 年，云投资每年增长 23%～24%，现在全球云投资美国的份额占比最大，2013 年占比为 57%，但到了 2017 年以后美国只能占到全球的 44%。在云方面的投资和投资云遇到的最大的挑战是安全和整合。目前云投资和投资云会涉及这几个部分：行业现状，趋势，兼并重组等。整个云投资方面的现状，有几个大的转移：老百姓的储蓄往理财转移，这叫理财用云。线上线下的结合属于投资入云。另外一个就是本地与全球结合，所以跨境要用云，而且跨境是双向的。现在趋势有三个热点，一个是 cloud，一个是 mobile，还有一个是 robot，我们现在已经看到机器人和金融的结合。云金融的概念有十个来源：互联网、云计算、大数据、移动互联、电子商务、外包、社交媒体、平板、智能手机，包括体能感知、瞳孔识别、脸的图像的验证支付等传感器带来的与金融的应用融合是第十个来源。

云投资与投资云

通过云的办法来解决跨国的资金流动问题，Nadex 是一个很好的例子。Nadex 最受欢迎的是 20 分钟合约，用户通过它按五下就可以做期权交易。第一次问你购买的产品种类（是石油还是黄金）？第二次问你什么时间买入，第三次问你的买入价或者卖出价，然后就是一键成交。最快的 20 分钟内卖了 200 万的合约，这就叫 binary option。关于监控技术的趋势，兼并重组里的多样性以及知识产权的管理、网络安全等问题，离不开法律法规，这些重要的维度都是在云投资必须考虑的方面以及在实践中要解决的问题。apps 是否也像钢铁一样存在产能过剩的问题呢？库克在苹果的发布会上说 2015 年应该是 apple pay 之年。如果银联跟苹果建立合作关系，那老百姓的支付就会很方便，当然苹果手表也更好卖了。所以如果你想做 apps，你一定要跟主要平台进行整合，否则的以后你的 apps 是没人用的。Sellan apps 是一个平台，供有钱的人、想做 apps 的人等在这个平台一块交流。这都属于云的模式。2011 年我就有一个想法，跟基金公司合作发行与云计算、大数据有关的 ETF。

云安全及结论

政府应重新思考自己在安全方面、网络信息方面的作用，沟通好关于网络安全的激励机制。大家可以关注一个叫 RSA 的组织，RSA 关于安全方面的准备有六点建议：要提前做准备，要有优先考虑，还要适应好 IT 架构的变化。当 IT 架构变化时，整个安全问题就变了，这是很可怕的。安全方面要克服人性的弱点，在网络上最重要的是要相信，但是相信是需要证明的，如何让别人相信。

另一个问题是要处理好国家安全和百姓隐私的关系。数据的透明度代表了国家企业、地方政府的竞争力，我们需要在国家和个人之间取得一个平衡。近期在奥巴马和国会的会议上提到 2014 年九月份中美的战略谈判等都离不开信息安全的问题。库克也曾说过，我从来都没有利用我客户的信息，信息是加密的，而且苹果没有开加密锁的钥匙。华为的 CEO 说得很好：靠封闭永远不会给中国带来安全。改革开放，竞争创新，我们才有可能在他们的协议上签上我们的意见。

电子货币、虚拟货币是一个值得研究的问题，欧洲央行做了几百页的研究，很多国外研究所也对虚拟货币有非常深入的研究。目前潘建伟等几位中国科学技术大学的教授正在工行总行，通过量子通信保密来解决金融信息的安全问题。但是，量子信息要实际应用到金融上还是比较难。云投资现在是一片蓝海，现在投资云恰逢其时。当然投资不忘风险，安全是一个值得研究的问题。我们对于云计算、云金融、互联网金融、云投资，应该说了解的还很浅。所以一定要把全局掌握清楚以后，再考察各个政府、银行的产业基金往哪儿投，领投的都有哪些公司，另外各家公司各有什么特点，能提供什么、不能提供什么。对于云金融这一块可以关注微信，方教授认为从潜力看，微信的支付以后不会亚于其他支付方式。

/访谈手记二/

数字化财富管理创新发展

近年来，数字化财富管理已经成为一个热门话题，它标志着财富管理行业正从高端服务向普惠金融服务发展。国内的数字化财富管理刚起步，随着客户使用数据的累积和交易环节的打通，以及大数据分析和投资策略交易算法的不断更新，数字化财富管理的应用范围及投资能力将进一步提升。为了了解数字化财富管理的创新发展情况，我们对挖财的负责人进行了访谈。

数字化财富管理（digital wealth management），又称为智能投顾[1]，是一种创新的在线财富管理服务。根据每个投资者的风险承受能力、理财目标以及风险偏好等，运用一系列智能算法及投资组合优化等理论模型，为用户提供最终的投资参考，并根据市场的动态对资产配置再平衡提供建议。

数字化财富管理发展的原因

1. 费用低、门槛低

相比于传统理财顾问按照投资资产的 1% 来收费，智能理财网站只收取管理资产的 0.15%~0.35% 的管理费用，费用减少幅度还是非常明显的。且大多数在线数字化财富管理平台对顾客资金设定的准入门槛较低，如美国智能行业巨头Betterment 其资产管理额度就没有最低要求，即不管客户计划投资、管理资产，都可以得到智能理财顾问的服务。

2. 量化投资和大数据的发展

数字化财富管理是运用系列智能算法和投资组合优化的理论模型为客户提供资产管理组合，技术的发展使得智能头投顾的大数据存储、批量处理以及高速运算等功能得以实现，未来成熟的数字化财富管理必然是能够精准理解客户的投资需求，又能在投资策略上拥有丰富的储备，实现主动及量化投资的华丽结合。

---

[1] 国内相关业务更多的被称为"智能投顾"，但从国际经验看，称为"数字化财富管理"更为贴切。

3. ETF 市场的成熟和完备

数量众多、产品多样的 ETF 市场为数字化财富管理提供了一个良好的投资基础。据数据显示，截至 2015 年 12 月底，美国市场发行了 270 只 ETF，管理资产规模累计 2.15 万亿美元，相比较于 2014 年底的 2.006 万亿美元增长了 7%，各类基金产品数量和规模的快速发展使得数字化财富管理不断崭露头角并发展。

国外数字化财富管理主要模式

美国是智能理财的摇篮，经过近 10 年的发展，尤其是近 5 年来以 WealthFront、Personal Capital 等为代表的互联网金融企业大力发展智能理财顾问服务，其服务的人群与管理资产规模迅速扩大，业务模式也变得更加丰富。其中差异化定制投资计划是通过了解用户的投资目标、风险承受力和风险偏好，提供给用户个性化的最优投资组合，投资标的主要是 ETF 基金，并且提供后续的组合跟踪、资产再平衡、节税等服务。在实现这个功能的过程中，构建投资组合的模型是产品的核心竞争力和区别所在。此外，国外主流机器人投顾产品在投资门槛、收费模式上也有所区别，并且增加了许多创新性的服务吸引投资者（见表 4-1）。

表 4-1　　　　　　　　国外两种主流数字化财富管理模式

	自动化资产配置模式	工具化投资顾问模式
商业模式	直接服务投资者，收取资产管理费	销售漏斗：提供免费服务，建立客户关系，对交易用户收取资管费。
代表公司	Wealtfront, Betterment	Personal Capital, Sigfig
服务客户	投资者	投资者、金融机构
产品＆服务	差异化定制投资计划	组合分析、账户管理、多元化收入组合。

国内数字化财富管理发展现状

国内投资者渴望低门槛的普惠金融服务,特别是理财投资服务,而智能理财能够满足普通投资者日益增长的财富管理需求。目前国内的智能理财主要有三大类:一是基于传统金融投资顾问机构的智能化升级产品;二是基于第三方财富管理公司的智能理财平台;三是互联网公司量身打造的财富管理手机 APP(见表 4-2)。

表 4-2　　　　　　　　　国内主要平台数字化财富管理发展现状

平台名称	产品进度	业务模式	金融产品种类
宜信	推出产品	混合推荐型	P2P 网贷产品、全球 ETF 投资组合
京东金融	推出产品	混合推荐型	固收理财、债券基金、股票基金、定期理财、票据理财、京东小金库
聚爱财 PLUS	推出产品	混合推荐型	P2P 网贷产品、货币基金、A 股、债券、期权等
百度股市通	推出产品	独立建议型	A 股
微量网	推出产品	独立建议型	A 股
蓝海财富	推出产品	独立建议型	多支国内 ETF 和 QDII、多支海外 ETF
弥财	推出产品	独立建议型	多支海外 ETF
钱大人	推出产品	一键理财型	P2P 网贷平台"网银"旗下的理财产品

注:统计时间截止到 2016.6。

国内数字化财富管理发展的制约因素及展望

1. 国内大类资产配置的客观条件还不具备。Wealthfront 能提供资产配置组合的原因是美国的金融市场中有对标全球各市场各种资产大类的 ETF 产品,而中国目前只有 100 多只 ETF,且大多为股票指数 ETF。金融产品和对冲工具匮乏,无法分散投资组合的风险。此外,个人客户的资金比较分散,通常持有多个账户,现阶段还无法实现多账户的归集管理。

2. 量化投资的监管框架有待完善。数字化财富管理的一大优势是信息透明，美国的数字化财富管理遵守《1940 年投资顾问法》的规定，接受 SEC 的监管。主流的数字化财富管理网站上公布投资白皮书，阐述其使用的投资方法，决策过程都做了详细的说明，信息披露比较完善。如何确保投资策略的合理性，保护投资者利益是国内数字化财富管理有待解决的问题。

3. 数字化财富管理的风控体系有待加强。无论是大类资产配置或是投资策略都必须设定严格的止损条件。数字化财富管理有自动化操作的特性，当市场发生突发情况的时候，系统可能无法正常地运行，建立起合理的应急预案和人工处理流程至关重要。

4. 数字化财富管理与金融专业人士具有竞合关系，短期内数字化财富管理无法完全替代人工。无论是理财师、投资顾问、基金经理或是研究员，都可以把数字化财富管理当成一种工具，提高工作效率和投资能力。数字化财富管理不仅可以直接服务个人客户，也能提高金融机构和金融从业者的客户服务能力。

就全球来看，现有的资产管理市场都是数字化财富管理的潜在市场，普华永道最新研究报告预期，2020 年全球资产管理规模将达到 102 万亿美元，而亚太地区将增至 16.2 万亿美元。随着全球资产管理规模最大的几家资产管理公司相继进入数字化财富管理领域，凭借大量的客户储备，数字化财富管理服务的客户人数和资产规模增速将进入快车道。国内的数字化财富管理刚起步，随着客户使用数据的累积和交易环节的打通，以及大数据分析和投资策略交易算法的不断更新，数字化财富管理的应用范围及投资能力将进一步提升。

05

聚焦日益成长的个人投资者

2016 | 本章导读

◎ 国家经济跨越式的发展，带来中国居民收入水平的快速提高。居民财富的日益积累，资产配置的需求多元化，推动了资产管理行业的发展，资产管理行业的创新也培育了居民新的投资理财需求。资产管理行业和个人投资者在互动影响中共同成长。

◎ 中国个人投资者成长与资产管理行业发展互动体现在三个方面：一是个人投资者财富积累推动资产管理行业发展；二是资产管理行业创新发展促进投资者理财意识形成；三是个人投资者理财意识尚不成熟给资产管理业发展带来挑战。

◎ 中国个人投资者目前亟需投资者教育，投资理财意识还不成熟，主要表现为：具有较强从众心理，资产配置单纯追求高收益，而风险识别与承受能力有待提高。这一方面使得个人投资者因高风险投资而遭受损失或陷入骗局。另一方面机构为满足投资者自担风险，也不利于机构自身的可持续发展和资产管理行业的良性竞争和发展。

◎ 目前资产管理行业个人投资者具有以下特点：一是结构方面，创一代仍为投资主力军，但财富新贵也在不断涌现，80 后 90 后将是未来投资的中坚力量；二是投资渠道方面，移动互联网投资渠道日益丰富，但高净值客户仍然偏好线下投资渠道；三是投资产品方面，投资者在大类资产配置方面占比提高，同时对于互联网金融产品的认知度提高。

◎ 从目前个人投资者的现状看，新崛起的财富新贵、逐渐成长的 80 后 90 后的投资理财需求、创一代的财富传承需求将对资产管理行业未来发展产生较大影响。而目前资产管理行业所提供的产品尚不能较好地满足财富新贵及 80 后 90 后投资的需求。主要表现在：产品同质化严重、投资门槛较高便捷性差、配套的咨询服务覆盖率低等等。

◎ 结合投资者需求和目前的现状，借鉴国际经验，探索未来资产管理行业朝着"高端定制"和"标准化产品服务"两个方向共同发展。在产品配套服务上更加精耕细作，在"高端定制"方面，探索发达国家较为成熟的家庭办公室服务模式和特殊投资产品专家服务模式；"标准化服务"方面，充分利用互联网和大数据技术，探索"线下"服务"线上化"，"人工"服务"机器化"，如提供智能理财平台、智能投资顾问服务等。

宏观视角：资产管理行业发展与个人投资者成长

与成熟资产管理市场以机构投资者为主不同，中国资产管理行业个人投资者占比较大，因此，个人投资者的行为与选择对于资产管理行业发展具有重要影响。反过来，资产管理行业在满足个人投资者日益丰富的投资需求的同时，也通过产品和服务向投资者传递新的投资理念，推进个人投资者理财意识的形成和不断成熟。中国个人投资者成长与资产管理行业发展互动体现在如下三个方面。

个人投资者财富积累推动资产管理行业发展

1978 年城镇居民人均可支配收入仅为 343 元，2000 年中国城镇居民的人均可支配收入为 1978 年的 18 倍，2015 年中国城镇居民人均可支配收入为 1978 年的 31.9 倍。随着财富的逐渐累积，居民越来越多地考虑如何实现财富的保值增值，巨大的市场空间对资产管理行业发展起到了巨大的推动作用，尤其是 2000 年以后资产管理各子行业规模飞速增长（见图 5-1）。

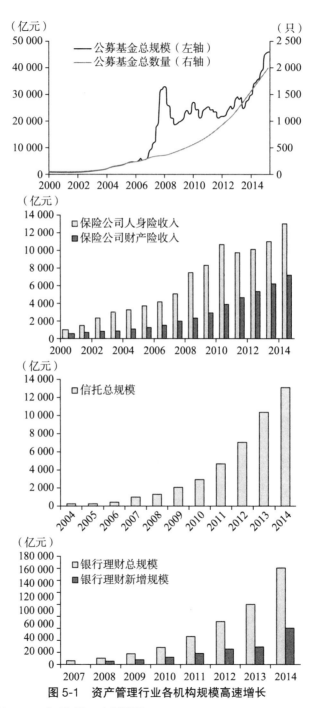

图 5-1 资产管理行业各机构规模高速增长

资料来源：Wind，海通证券，本书课题组。

资产管理行业创新发展促进投资者理财意识形成

随着进入机构增多，资产管理行业产品日趋丰富，服务日趋优化，在丰富了投资者产品组合的同时，资产管理行业也在通过产品和服务向投资者传递着投资理财的观念，尤其是银行理财产品的出现。由于居民在长期的储蓄存款过程中建立起了一种与银行天然的信任，使得银行在销售理财产品过程中可以较为容易的传递投资理财思想，在潜移默化的过程中培养居民的投资理财意识，居民持有的金融资产日趋多元化。居民部门资产负债表（中国社科院版）显示，通货和存款合计占居民持有的全部金融资产的比重缓慢下降，至 2014 年这一比例降为 60%，而居民持有的金融资产日趋多元化，持有的股票、保险准备金、金融机构理财产品的比重都超过了 10%（见图 5-2）。

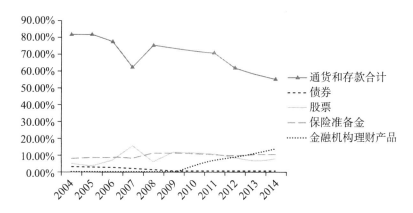

图 5-2　2004—2014 年居民持有各类金融资产占全部金融资产比重

资料来源：Wind，本书课题组。

个人投资者理财意识尚不成熟给资管理业发展带来挑战

总结过去中国资产管理行业个人投资者资产配置特点和投资行为，可以看出个人投资者的投资理财意识虽已形成，但尚不成熟，主要体现在以下几个方面。

  一是"羊群效应"频现。中国资产管理行业个人投资者从众心理较强，很容易掀起"全民热潮"。2010 年"全民 PE"，当年共有 82 支可投资于中国大陆市场的私募股权投资基金募集 276.21 亿美元，基金数量与募集规模分别为 2009 年的 2.73 倍与 2.13 倍。2006 年、2014—2015 年"全民炒股"，至 2015 年 4 月末，中国股票市场 A 股账户数为 1.98 亿户，仅 2015 年 4 月 13 日至 17 日一周新增 A 股开户数为 325.71 万户，为历史最高。20 世纪 90 年代居民新增财富现金存款和金融资产占比情况见图 5-3。

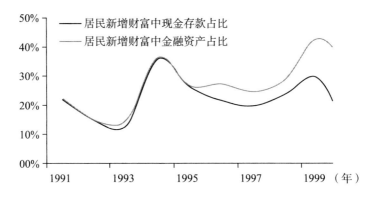

图 5-3 20 世纪 90 年代居民新增财富中现金存款和金融资产占比

资料来源：Wind，海通证券研究所，本书课题组。

  二是大多数个人投资者将高收益作为资产选择的唯一标准。20 世纪末，个人投资者现金存款配置减少，储蓄存款利率降低是其中不可忽略的因素（见图 5-4）。2008 年后，个人投资者证券投资者基金配置减少，包括信托在内的其他资产配置增加，基金收益率下滑，信托收益率高起是重要的原因之一。又如余额宝刚刚推出时，年化收益率高达 4%~5%，远高于活期存款甚至货币基金和银行理财的收益，引致个人投资者追逐，在其推出满 1 年时的 2014 年 5 月，规模达到 5 741.60 亿元。而 2015 年后其收益下行，2016 年收益进入 2.5% 时代（同期互联网理财平台陆金所零活宝收益在 4% 左右），规模增长速度明显放缓，从 2014 年至今的两年时间规模增长约 1 900 亿元，远低于刚推出时的增速。而与余额宝增速放缓相对的是，提供更高收益的互联网理财受到个人投资者追捧，规模高速增长，如陆金所在 2015 年 6 月用户规模突破 1 000 万，而仅仅 8 个月后，陆金所用户规模又突破 2 000 万大关。

住房部门金融交易资金流量中的各项目占比情况见图 5-5。

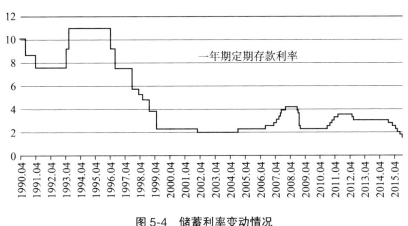

图 5-4　储蓄利率变动情况

资料来源：Wind，本书课题组。

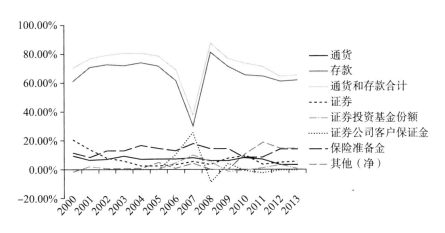

图 5-5　住户部门金融交易资金流量中各项目占比

资料来源：Wind，本书课题组。

三是个人投资者风险意识不强。金融资产高收益，必然伴随着高风险，可是中国大多数个人投资者在追求高收益时，缺乏相应的风险识别和承受能力。一方面使得个人投资者自身因高风险投资遭受损失，甚至容易陷入一些投资骗局。另一方面也给资产管理行业带来压力，正常情况下，资产管理各机构产品无法满足个人投资者"高收益低风险"的需求，但部分新进入机构为了争夺市场份额，不惜自己承担风险满足个人投资者需求。这不但不利于机构的自身可持续发展更不利于资产管理行业的良性竞争和发展。

总之，个人投资者尚未成熟的理财意识给资产管理行业的发展带来一定的挑战和阻碍。未来，资产管理行业应更应注重与个人投资者的互动，关注投资者教育。实现资产管理行业发展与个人投资者同步成长。

微观视角：从个人投资者现状
看未来资管行业发展方向

投资者结构现状

创一代仍为投资主力军

自 2008 年至今，全国个人持有的可投资资产总体规模从 39 万亿增长至 120 多亿，年复合增长率达到约 18%。个人可投资产超过 1 000 万人民币的人数从 2008 年的 30 万增长至如今的 120 多万，年均复合增长率逾 20%。而在高净值客户中，从改革开放中成长起来的第一批企业家仍占据了主要的部分，达 45%。而这批财富积累者作为投资的主力军，主要做实业投资、金融投资等方面，目前也已进入了财富的传承阶段。同时，这批投资者创造财富的能力仍然很强，许多高净值人群甚至有自己的金融公司或是专业团队来做资产管理，以打理自己的资产。富一代财富来源见图 5-6。

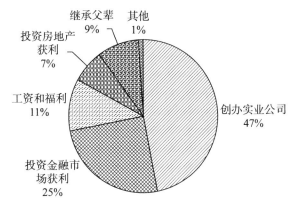

图 5-6　富一代财富来源

资料来源：兴业银行，中金公司研究部，本书课题组。

财富新贵不断涌现

受益于政府的行业创新鼓励政策和基于近几年互联网技术及平台的不断发展，一些互联网基因的公司、高科技公司或其他创新行业的公司的创业者也不断跻身高净值客户行列。互联网公司方面，一方面各类新型的互联网相关行业创业公司发展迅速，创业者财富得以快速积累；另一方面一些知名互联网企业的发展及上市，使企业原始股东及员工因持有公司的股票也实现了个人财富的爆发式增长。除互联网行业之外，一些高科技及创新行业的公司如人工智能、生物制药、高科技企业等快速发展，一批具备高素质的新富人群不断涌现。

这批新富人群由于受益于所从事行业的快速发展而致富，迈入高净值人士行列的时间不长，仍处于追求财富的阶段。除行业不同之外，相比于其他高净值人士，这部分新富人群在职业、年龄、收入来源和资产规模上也呈现出明显的特征：近 80% 的新富人群年龄在 30~50 岁之间，职业大多数为一代企业家或职业经理人，主要收入来自企业经营所得或公司股票，75% 的新富人群的可投资资产处于 1 000 万到 5 000 万的高净值人士入门级别。新富者投资者特征见图 5-7。

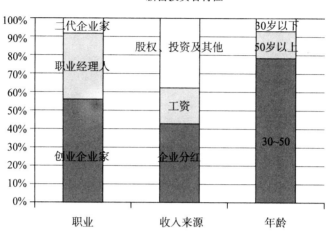

图 5-7　新富投资者特征

资料来源：招商银行 - 贝恩咨询财富报告公开资料，本书课题组。

新富人群大部分处于中青年阶段，年富力强，精力充沛，所属行业处于技术进步和科技发展的前沿，眼界开阔，思路超前，这些特质也在其投资心态和行为上有所体现。从已有的数据和资料看，相较于其他高净值人群，新富人群在需求、产品、风险等方面都与其有所区别。首先，创富需求仍高于守富，新富人群处于人生的上升阶段，对财富的渴望高于创一代。在强烈的创富需求的引导下，其在大类资产的投资偏好也偏向于权益类投资（包括股票、公募基金等）和另类投资（包括其他境内投资、投资性房地产等），风险偏好更高，对于复杂的金融产品的接受程度也更高。同时，由于许多新富者都接受过良好的教育，一部分接受过专业的金融高等教育，有过直接的金融从业经验，另一部分虽然没有专业的从业经验，但也有着丰富的个人投资经验，因此新富人群更偏好更丰富的金融产品形态，不排斥高风险高收益的产品，可接受多种投资渠道包括私募、创投、风险投资等，对较为复杂的金融衍生品投资也有较强的接收能力和认可度（见图 5-8）。

此外，作为创新型行业的从业者和受益者，新富人群对互联网金融的接受程度也要明显高于其他高净值人群。

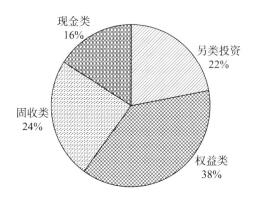

图 5-8　新富人员资产配置状况

资料来源：本书课题组。

未来的投资中坚力量 80 后 90 后

80 后 90 后是伴随着信息互联网时代成长起来的一批年轻人，而这批人中最年轻的也即将成人，他们在社交网络中成长，对于互联网的接受度和认可度超越以往任何人群。互联网金融的突飞猛进，更与这批成长起来的投资者的特征有着密切的关系。而 80 后中的一批人，目前迈入中年，很多也已成为中产阶级甚至晋升为财富新贵。了解和分析 80 后 90 后投资者的心态和行为，对于未来资产管理行业的发展有着重要的意义。

特征一：对互联网接受程度高，认可移动互联网金融服务。

CNNIC 数据显示，中国网民规模在 2015 年底达到 6.88 亿人，普及率达50.3%；手机上网使用率为 90.1%，移动互联网普及率较为可观（见图 5-9）。

从年龄结构看，网民中年轻群体占据数量上的绝对优势，其中 20～29 岁占据 30%，30～39 岁占据 24%。微信白皮书也显示，微信用户中年轻人群占比达到 60%。分布情况如图 5-10 所示。

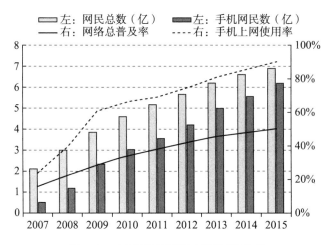

图 5-9　中国网民规模和互联网普及率

资料来源：CNNIC，华宝证券，本书课题组。

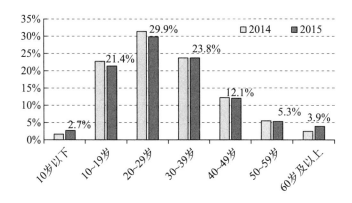

图 5-10　中国网民年龄结构

资料来源：CNNIC，华宝证券，本书课题组。

而互联网的去中介化大幅降低了参与投资理财的物理成本与学习成本，从技术层面也助推了终端用户理财意识的觉醒，目前的最新数据显示，互联网理财用户规模逾 1 亿人，占网民比率约 14%（见图 5-11）。

根据腾讯理财通公布的 2015 年数据可以看出，其投资用户呈现了明显的年轻化特点，29 岁以下的用户占比达到 48%。从侧面反映了年轻人群的理财意识及对互联网理财的认可（见图 5-12）。

图 5-11 中国互联网理财用户规模

资料来源：CNNIC，华宝证券，本书课题组。

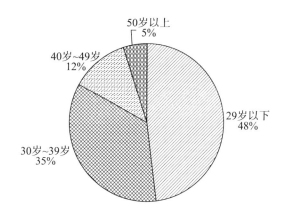

图 5-12 理财通用户年龄分布

资料来源：腾讯理财通，本书课题组。

由此可见，在快速发展的互联网用户中，无论是绝对数量还是参与互联网金融投资的用户中，年轻人群均是绝对的中坚力量。

特征二：受教育程度高，对金融投资了解和认可度呈抬升趋势

80 后 90 后成长的特点不仅伴随着互联网信息时代的崛起，也伴随着中国金融和资本市场的发展。这批年轻人大部分接受了良好的教育（受益于高等教育的普及），而且越来越多的年轻人在学科选择时选择了经管专业（尤其是2000 年中国加入世贸组织后）。因此，这批年轻人无论是在就业还是在知识积累上，本身对于金融投资就有一定的接受和认可度，其相应的风险认知程度也优于其他群体。以深圳市证券交易所披露的开户年龄结构和学历程度看，从2014 年初至 2015 年 12 月 31 日，深圳市个人新开户中 30 岁以下的股民占比达 37.7%，本科及以上学历者占 37%（见图 5-13 和图 5-14）。

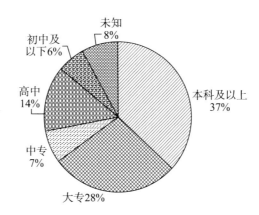

图 5-13　个人投资者学历分布

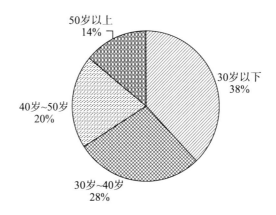

图 5-14　个人投资者年龄分布

资料来源：深交所金融创新实验室、华宝证券、本书课题组。

特征三：风险偏好提高，且关注投资的自由度

公开资料显示，约 60% 的 80 后风险承受能力提升，已能承受中等以上风险；约 70% 的 90 后对于投资的风险只有比较浅显的了解，30% 的 90 后可以承受较低的风险。

从各群体的投资行为偏好看，不同于 70 后偏稳定长期的投资偏好，和对理财操作便捷性的看重，80 后更为看重投资的收益带来的财富增长，而 90 后则因为资产量较低，更为关注资金进出的自由度。

投资者投资渠道现状

近年来，随着互联网的发展，互联网线上服务渠道日益丰富，但线下渠道仍然备受青睐。投资渠道也因年龄段区分而呈现分化趋势。

移动互联网投资渠道日益丰富

数据显示，2015 年传统的投资渠道诸如银行端仍是投资者的第一选择，占比 54.3%；但同时，互联网理财使用率超过 40%，开始与银行储蓄理财方式相抗衡。其中，第三方理财产品在公众心中的地位日益突显，优势明显。

而目前互联网投资渠道主要有 P2P 理财、银行理财互联网端以及各种宝宝类等。P2P 理财由于具有门槛低、收益高、易打理等优势，在互联网金融产品中最受欢迎。近年我国发展迅速的 P2P 理财平台也说明了这一现象。此外，P2P 理财操作的简单便捷性也迎合了投资者的需求。但是 P2P 理财风险较高，平台的选择是投资者比较谨慎的地方。自从网络支付发展以来，银行的各项理财产品也都能通过互联网来进行购买，目前很多银行的移动端 APP 已经做得相对完善，很多产品都可以直接在移动端购买。第三类渠道也就是各种宝宝类产品，随时可以将零钱存入类似余额宝这样的理财产品中，并且宝宝类产品还可以在对应的平台上直接购物，灵活性在网上投资理财产品中最具优势。虽然

收益率一直在下降，但是仍然很受年轻投资者尤其是 80 后 90 后的喜爱。

高净值客户仍然偏好线下投资渠道

随着移动智能终端的快速升级和各类应用服务的涌现，移动互联网已经渗透到人们日常生活中的方方面面。移动互联网端服务的快速发展也为高净值客户的投资服务提供了一次新的发展机遇和挑战。根据招商银行和贝恩咨询的调研发现，多数高净值人士更偏好线下服务渠道，以面对面、个性化服务为标志的传统服务仍为主流。同时，大部分高净值人群也表示愿意接受并欢迎移动互联网服务，认为线上服务渠道将成为线下渠道的有效补充，希望获得高质量的资讯及方便快捷的业务操作等服务。对于高净值客户来讲，他们更偏好于通过移动端获取咨询和产品信息的反馈或是支付结算。对于大额的产品投资，处于资金安全等各方面考虑，仍然偏向于线下面对面的投资渠道（见图 5-15）。

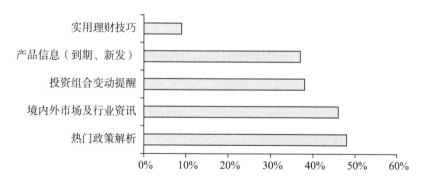

图 5-15　高净值人群从移动端需要的投资服务

资料来源：招商银行，本书课题组。

投资者投资产品现状

投资者在大类资产中的投资占比

根据波士顿咨询的数据统计，目前国内居民投资者个人金融资产配置除储蓄外，在银行理财、权益类、保险、私募股权、信托等均有配置，且在银行理财和权益类（包括股票、基金）等的配置比例逐年加大，这从侧面反映了国内投资者投资意识的崛起（见图 5-16）。

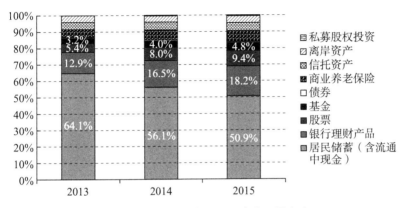

图 5-16　国内居民个人金融资产配置占比

资料来源：BCG，华宝证券，本书课题组。

财富新贵相较于传统投资者，各类资产的投资占比会有所不同。新富者都有直接的金融从业经验或丰富的个人投资经历，更偏好通过高风险高收益的产品为自己带来收入，同时也乐于接受近几年涌现的私募投资甚至风险投资等高风险的投资形式，或尝试较为复杂的金融衍生品投资（见图 5-17）。

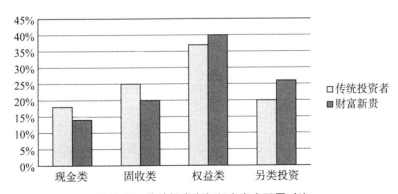

图 5-17　传统投资者与新贵资产配置对比

资料来源：招商银行，本书课题组。

80 后 90 后由于目前整体资产量不大，尤其是 90 后还有超过一半未开始进行个人投资，因此目前资产主要配置在活期和小额低息理财及个人炒股方面。而在理财方面，根据百度的数据统计，25~29 岁群体成为关注互联网理财的主力军，也就是以 1985—1995 年出生的年轻人为核心的理财关注群体。在股票、基金、宝宝类、P2P 等投资行为总数中占 40% 左右。在互联网理财中，男女比例分布为 79% 与 21%，显示出男性对理财的需求明显更为迫切。

互联网金融产品

根据网上公开调查显示，第三方理财产品在投资者心中的地位日益突显，优势明显。从认知度上看，网上基金、网上炒股及第三方理财产品的认知度较高，均接近 20%，其次为网上借贷、P2P 理财。除此之外，投资者对网销保险和众筹等其他互联网产品也有一定的认知度。由此可见，第三方理财产品作为新兴理财手段，迎合了全新的理财理念，并得到投资者的青睐（见图 5-18）。

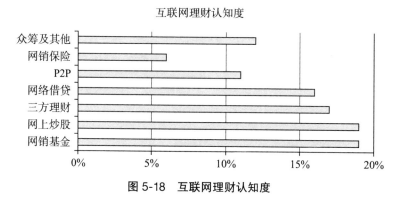

图 5-18　互联网理财认知度

资料来源：本书课题组根据公开资料整理。

互联网金融产品总体呈现出三个主要特征：1. 门槛低，几乎面向所有投资者；2. 收益较高，以互联网形式存在的各类金融产品收益往往略高于其他同类投资标的的产品；3. 流动性高，产品多为短期产品，申购赎回方便，投资自由度高。纵观各类平台产品，基本至少具备其中两项优势，就能得到投资者的青睐。相较而言,传统金融机构虽然具备深度经营客户的能力,但是面对普通小额投资者,没有办法做到深度挖掘,在效率和成本方面都无法充分应对。而无差别地对待用户,则是互联网的强项。以投资者对互联网金融产品认知度最高的网销基金为例,自2012年至今,网上交易规模(区别于净值规模)在2015年达到77 673.3亿元,基金行业整体电商水平超过50%。互联网基金销售规模见图5-19。

图 5-19　互联网基金销售规模

资料来源:艾瑞咨询、华宝证券、本书课题组。

综合基金业协会历年发布的《基金投资者情况调查分析报告》,在个人投资者有效基金账户的年龄分布中,30岁以下人群逐渐取代40~50岁的投资者,在绝对账户数量上成为主力,而从持有市值占比来看,30岁以下人群仅占11.48%,40~50岁人群仍占28.91%,占比最高。这些现象符合互联网金融投资者年轻化以及小额零散的特征,基金公司和销售渠道更需要重视这些特征的变化对于产品设计和营销策略制定的启示意义。

关注财富新贵和80后90后,寻找资管行业发展蓝海

综上所述,新崛起的财富新贵及逐渐成长的80后90后,他们将是未来资产管理行业个人投资者中的主力。两个群体的受教育程度、风险偏好、对金融产品本身的接受度、对互联网等新兴事物的认知程度等,都远高于以往的传统

投资者。这两个群体将对资产管理行业各机构的竞争发展产生重要的影响。但财富新贵和 80 后 90 后两大投资者人群，对投资产品的需求和资管行业目前可提供的产品和服务之间仍存在着比较大的差异，如何设计多层次的产品和提供精准服务以更好地满足和培养这两类投资者，将成为未来资管行业需要探索的重要方向，也是资产管理行业的蓝海所在。

财富新贵投资需求情况

财富新贵人群迈入高净值人士行列的时间尚短，通常因从事互联网等信息产业、生物医药、高端制造等创新型行业在近几年快速致富，但目前仍处在财富的快速积累阶段。因为年纪处于青壮年，本身的拼搏意识让他们对于财富的追求仍有强烈的渴望。同时，对于新富人员而言，他们来源于创新行业，眼界和心态更为开阔，本身也有直接的金融从业经验或者个人投资经历，因此对于资产管理的投资需求侧重会与传统投资者有所不同。具体表现为：1）**创富需求占主导地位，财富保障及传承等需求较低。2）对产品的收益要求较高，风险偏好较高。3）要求丰富的投资形式，可接受复杂的金融产品，偏向另类及股权等产品。4）投资渠道不再单一，可接受多种金融机构提供的产品。**新富人群投资需求划分情况如图 5-20 所示。

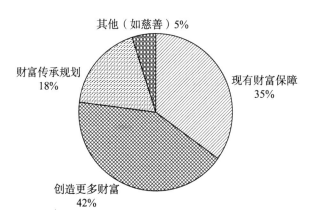

图 5-20　新富人群投资需求划分

资料来源：本书课题组。

80后90后投资需求情况

80后90后大部分已进入职场，甚至很多80后已经成为职场主力军。但就整体而言，80后90后的个人财富及家庭财富仍然处在积累阶段，因此对于资产管理的投资需求，不同于传统的高净值投资者及新富人群，更偏好小额灵活的投资方式。而80后与90后本身由于所处人生阶段不同和财富积累不同，在投资需求方面也有不同。结合现有的公开数据调查资料，将80后90后划分为稳健型90后、低收入80后及中产阶级80后等几类人群作为分析的主要人群，鉴于高收入80后部分已可以纳入财富新贵的人群，这里不再加以分析。

1. 稳健型90后需要低起点低风险的灵活性互联网金融产品

90后上网时间长且碎片化，本身的资金较少，有数据显示90后有25%的投资资金来源于其父母。因此需要起点低，较为灵活的产品。并且90后喜欢场景化的产品，金融机构将产品嵌入一些社交及消费类网站，可以通过余额生息、小额定投等方式为其提供互联网金融产品。而90后由于本身闲钱较少，将近70%的90后人群的投资偏好较为保守，以保本和收益高于银行活期理财为主要目标，货币基金、P2P因为符合其需求成为他们目前最为偏好的产品。

2. 低收入80后需要低起点中短期的投资产品，风险偏好高于90后

对于低收入的80后而言，本身的生活和家庭压力使得他们用于投资的闲散资金较少，但投资的需求依然强烈，因此在产品需求上同样需要低起点低风险并且较为灵活的产品。对于80后而言，线上和线下的投资方式均可以接受。与90后不同的是，80后可以接受一定程度的本金亏损，因此风险偏好有所提升，但收益目标也由高于银行同期理财，提升到0%~5%左右。

3. 中产阶级 80 后需要多元化投资产品，以较低起点参与多层次市场的投资

中产阶级 80 后已经有一定的财富，投资的需求也逐渐多元化，单一的产品如股票基金、货币基金、银行理财已不再满足他们的需求。很多中产阶级 80 后本身经受过良好的教育，对金融投资有一定了解，也渴望参与到多层次的市场投资中，但针对于传统高净值投资者和财富新贵的高起点产品，他们还没有能力投资。因此，针对中产阶级 80 后，以灵活的产品起点设计方式，让他们得以以能力范围内的投资为起点，参与到股权投资、一级半市场投资或是其他房地产市场产品及另类产品的投资中，可以更好地满足他们的需求（见表 5-1）。

表 5-1　　　　　　　　　　　80 后 90 后投资需求情况

投资人群	产品偏好	投资周期	收益目标	收益底线	投资渠道	资金来源
稳健型 90 后	货币基金、P2P	3 个月以下	高于银行同期利息	本金不得亏损	线上	工资及父母支持
低收入 80 后	货币基金、股票基金	3~6 个月	0%~5%	本金亏损不得超过 10%	线上及线下	工资
中产阶级 80 后	多元化	可接受 1 年以上	5%~10%，甚至更高	本金亏损不得超过 20%	专业机构推荐	工资、投资所得

资料来源：本书课题组根据公开资料整理。

两类群体需求满足情况

经过十几年的发展，中国资产管理行业各机构能够提供的产品种类日益丰富，服务日益多样化，但却无法完全满足日益崛起的财富新贵和 80 后 90 后的投资需求（见图 5-21），主要体现在以下几个方面。

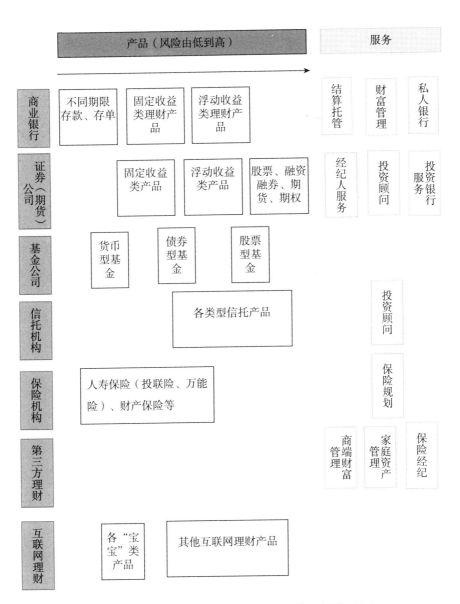

图 5-21　中国资产管理行业各机构提供产品和服务概况

1.产品同质化较为严重，无法满足两类群体投资多元化需求

目前，商业银行、证券公司、基金公司、互联网理财机构等都可以为投资

者提供理财产品，但各个机构的理财产品从投资期限、风险收益以及理财产品对应的投资标的方面，都较为相似，复杂金融产品创新不足，无法满足两类群体投资多元化的需求，尤其是无法满足财富新贵对于另类投资和海外资产配置的需求。

2. 部分产品投资门槛过高、投资便捷性较差，无法满足 80 后 90 后灵活的投资需求

各"宝宝"类互联网产品深受 80 后 90 后喜爱，正是因为其较低的投资门槛和便捷的投资渠道。而与之相比，传统资产管理机构的投资产品投资门槛仍旧相对较高，投资要求相对较多，在投资渠道方面虽然也在不断地探索互联网化，但很少能够实现从投资品到支付、转账、消费等"一键式"便捷体验，在很大程度上无法满足 80 后 90 后灵活的投资需求。与此同时，部分产品较高的投资门槛，也使得这类群体资产的多元化配置成为奢望。

3. 产品配套服务不到位，无法满足两类群体成长需求和创富需求

一直以来，中国资产管理行业各机构"重产品、轻服务"，虽然近年来随着私人银行和第三方理财机构的发展，高净值客户所获得的投资理财服务日益得到改善，但与财富新贵强烈的创富需求和"求知欲望"相比，这种服务还是中低层次的。而中低收入的 80 后 90 后更是很难得到诸如财富配置规划、投资顾问咨询等方面的服务，其所偏好的互联网理财机构在提供相应服务方面还较为空白。

从两类群体看资产管理行业未来发展方向

从目前两个群体的投资行为和投资需求看，资产管理行业需要朝着"高端定制"和"标准化产品服务"两个方向共同发展。

1. 在产品设计方面，要不断丰富产品体系，一方面注重高端定制化的产品，以满足财富新贵的投资需求；另一方面注重新颖的标准化产品，如美国 Wealthfront 以及 Betterment 公司（见图 5-22）充分利用大数据技术、智能系统降低投资门槛和投资费用，以满足 80 后 90 后的投资需求；全球配置的产品、创新的金融衍生品、另类投资为标准的产品、低门槛灵活的标准化产品等都是资产管理行业产品体系丰富的方向。

2. 在渠道设计方面，在注重互联网提供更加便捷投资渠道的同时，注重投资者投资安全性和私密性的保障。

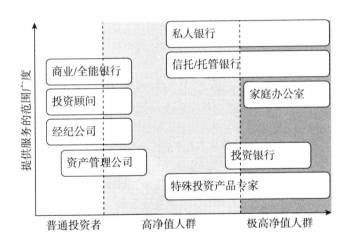

图 5-22　美国资产管理公司为不同人群提供服务情况

资料来源：BCG，莫尼塔公司。

3. 在产品配套服务方面资产管理机构更应该精耕细作。在"高端定制"方面，在目前已有私人银行服务的基础上进一步提升，探索提供发达国家较为成熟的家庭办公室服务模式和特殊投资产品专家服务模式，这两个领域目前在中国资产管理行业还较为空白。在"标准化服务"方面，充分利用互联网和大数据技术，探索"线下"服务"线上化"，"人工"服务"机器化"，如表 5-2 所列美国部分互联网理财公司，提供智能理财平台、客户资产配置智能分析平台、智能投资顾问服务，或如 Kensho 公司提供使得投资大数据平民化的平台。

表 5-2　　　　　　　美国部分（互联网）财富管理公司概况

公司名称	竞争优势	商业模式
Wealthfront	以更低的费用为客户带来更高的回报，并且把投资的门槛降低到了 5 000 美元。	财富前沿的投资团队包括：耶鲁大学基金投资委员会前主席、宾夕法尼亚大学基金投资委员会的副主席、耶鲁商学院的前院长、以及哈佛、斯坦福的教授等多位资深经济学家和投资家。而收费仅仅是所管理资产的 0.25%，相对于传统的财富管理费用而言约 1/4。财富前沿的智能系统一是依赖于获得诺贝尔奖的现代投资组合理论；二是低成本的 ETF。
Betterment	没有最低投资额。同时如果资产超过 10 万美元，管理费只收 0.15%。	Betterment 的投资组合也是以现代投资组合理论为基础的，但在具体资产类别的选择上面与财富前沿有明显区别。例如，美国股票选择里面，除了美国整个股票组合的 ETF 之外，还有偏重价值的股票以及中小盘股。债券中不包括美国的地方政府债券，而是包含美国高品质债券、美国企业债券、高品质国际债券以及新兴市场的债券。
WiseBanyan	**免费**提供与 wealthfront 同类的服务。	一方面通过增值服务收费，比如通过税务的优化提高回报的技术操作；另一方面，通过给用户提供其他的服务收费，比如保险和贷款等。
Charles SCHWAB	**免费**的智能理财平台。	投资的 ETF 为其自己管理的，嘉信取得 ETF 管理费收入。另外，嘉信给客户提供的投资组合也包含有相当数量的现金，这些现金成为嘉信自己商业银行的无息资金来源。

续前表

公司名称	竞争优势	商业模式
SigFig	**免费**为用户提供资产分析平台。	用户可以在 SigFig 上跟踪分析自己的多个账户平台。与此同时，Sigfig 也会根据用户的投资内容，提出一些建议，比如如何减少波动性、如何增加地区的分散性等，用户在考虑甚至在采纳这些建议的同时，也就成为 SigFig 的用户。
Motif	帮助投资者投资概念的平台	Motif 平台上有上千个概念，比如食物价格上涨，咖啡消费增加，智能汽车配件，中国网络概念等。每一个概念由不超过三十只股票构成。目的是为投资者选取能体现股票概念的同时，减少个股的风险。客户买一个概念，只付 9.95 美元手续费。同时，用户也可以自己创造概念。如果有其他的用户购买其所创造的概念，那么概念创造人可以收到 9.95 中的 1 美元。
Kensho	通过对**大数据的分析**，旨在用生活语言回答财经动态的问题。	大数据分析能力一直以来掌握在像桥水这样的大型基金和类似于高盛这样的大型投行手里。Kensho 想要将这类大数据投资平民化，比如用户可以问 Kensho："如果佛罗里达有三级台风，什么水泥公司股票会上涨"，Kensho 回答："得州工业"。

资产管理系统访谈

/访谈手记一/

据了解，兆尹科技金融资管平台市场占有率达 70%，开创了大资管时代背景下金融 IT 服务平台的新蓝海。如何评价金融资管系统的发展现状，金融资管系统面临哪些挑战，未来发展空间如何？金融 IT 服务商的核心竞争力是什么？如何为客户提供更多更优的服务？为此，我们对兆尹科技的董事长尹留志先生和资产管理部总经理吴杰先生进行了专访。

金融资产管理发展现状

供给需求两旺，资管系统规模快速扩张

资产管理行业进入了快速发展的新阶段，供给需求端的快速发展带来了资产管理行业的快速发展，金融资产管理机构要在"大资管背景"下迅速崛起、脱颖而出，除了厘清优势确定核心竞争力外，还离不开背后"鼎力支持"的资产管理系统，如何利用资产管理系统实现更方便、更有效的资产管理也是金融机构需要考虑的因素。

受益于资产管理行业的爆发式发展，资产管理系统的供给需求均陆续觉醒并呈快速增加的趋势。2008 年，金融资产管理系统开始萌芽，至今发展近 8 年时间，从产品生命周期看，金融资产管理系统仍处于成长阶段，而且是一个较高增速的成长阶段。"春江水暖鸭先知"，公司产品的快速扩张程度反映了行业供给端的快速发展，逐渐扩大的服务范围反映了行业需求端的逐渐增加，供

需两旺的现状反映了整个行业的较快速发展。具体而言，银行理财从尝试引入使用资产管理系统，经过不断摸索，对资产管理系统有了初步认识，随着理财业务的逐步深入，对系统的需求、升级要求越来越高，需求已经从系统一期转向系统二期。从公司角度看，随着对市场的理解逐渐深入，金融资产管理系统服务商会在产品中融入对市场的理解，系统供给也呈快速发展趋势。另外，从监管层面看，成熟发展的行业常伴随完善全面的监管政策，而目前的监管机构对系统行业的监管尚处于摸索阶段，政策尚未落地。所以，从金融资产管理行业的供需方、第三方监管角度看，该行业还处于快速成长阶段，而且是一个快速发展的阶段。

以行业主要服务的银行理财系统而言，未来将会服务300~400家银行机构，行业的增速将保持30%~50%之间，增速维持的时间决定于各参与者的速度、他们的市场定位和策略，市场新进入者或许会带动部分新的子领域发展。目前资管系统主要覆盖了国有银行、股份制银行、政策银行，尚未覆盖城市商业银行、农村商业银行等中小银行，因为其理财业务正在成长期，或者处于引入期，规模较小，对资产管理系统的认识和需求较低，同时，各银行的专注功能逐渐分化，供需两弱导致对城商行、农商行的资产管理系统覆盖度较低。若以货币衡量，单个资产管理系统的成本约千万以上，根据约300~400家银行的客户数，银行系资产管理系统的市场约有百亿规模待发展。

侧重银行理财系统，关注非银资管和银行托管系统

从资产管理规模看，银行业约10万亿规模，非银系金融机构约20.8万亿规模，资产管理系统也相应主要可以分为银行系和非银系资产管理系统。但以兆尹科技为代表的金融资产管理系统服务商在银行系资产管理系统领域开发更完善，而非银系从数量、规模上都相对较小。因为非银系金融机构包括信托、基金子公司、证券、保险等行业，结构多样，资产轻盈，业务灵活；而银行资产规模大，业务更加稳定，标准化程度高，具有高持续性并逐步深入，资产管理系统的适用性更强。所以，从服务客户的数量看，资产管理系统多集中在银行系资产管理系统，占比达到80%左右。资产管理系统的层次结构如图5-23所示。

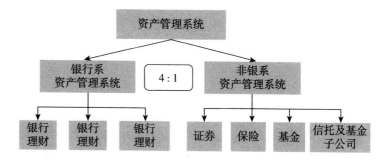

图5-23　资产管理系统的层次结构

商业银行托管主要承担安全保管、清算、监督、核对及报告五项基本职责。资产托管系统是银行托管业务平台中的核心系统，通过接收过户、清算、行情等数据以及手工录入业务数据，做清算处理，以达到增值估值、风险控制、绩效评估等目的。该系统的运转需要有周边系统支持，如与证交所、登记公司、债券交易中心、管理人等公司的数据交换、行情接收等。与银行理财系统相比，理财系统侧重主动管理，为消费者提供资产匹配等功能；而托管系统更多侧重安全性要求。

非银系资产管理系统随着业务灵活变化而变化，提供专业化服务，虽然非银系资产管理系统比重较低，但随着牌照价值消失，基金子公司投资限制等机制解除，非银资产管理系统的需求将快速增加，保持对非银系资产管理发展的触角观察，有利于资管系统行业保持创新。

银行系专注投资管理、资产匹配功能，非银系更需重视产品设计

有效的银行理财系统能将理财产品的负债管理和组合交易的资产管理整体衔接，实现自产品端、资产端管理、资产负债组合管理、风险管理到后台账务处理的权限共享、数据互通、流程标准规范且功能可配置的一体化系统平台，并能够通过平台建设、拓展经营模式、提升运营效率，从而提高银行在市场的核心竞争力。

如账户管理、交易、清算结算等基础运营功能可以为银行提供便利，是金融资管系统不可缺少的功能模块，但从功能复杂性、完整性、价值性角度看，投资管理、资产匹配更为核心。银行理财的关键是找到准确的客户在合适的时间提供合适的产品，对资产配置要求较高，资产配置行为将贯穿整个产品生命周期，受宏观经济影响，与内部风险管理警戒线有关，也与资产客户的风险偏好、资金头寸有关，较多的影响因素增加了资产匹配的难度。资产端管理也非常重要，结合宏观经济环境、投资策略变化等因素，增加优质资产供给，才能够配合资产匹配功能。

对于非银系资产管理系统而言，投资管理、资产配置同样重要，同时应该重点关注产品设计，非银机构结构多样，资产轻盈，业务灵活。具有需求变化频繁等特点，应时刻跟进客户的产品细节才能保证非银机构的业务顺利进行。

面向对象开发，完备的整体业务管理模式是主流

面对客户的不同需求、IT 技术的更新迭代，软件服务商采用的开发方法也会随着变化。2008—2012 年，行业主要采用资管 1.0 版本，面向部门级应用，面向功能开发，资产管理系统为银行提供辅助功能，服务单体部门需求，功能单一，受到较多约束。举例说明，民生银行资产管理系统包括理财项目、客户管理、交易管理、统计分析四个模块 ①，齐鲁银行理财产品管理系统包括账户体系管理、资金管理、参数管理三个模块 ②，这两种系统均是面向功能的 1.0 版本，前者对中后台的支持程度不明确，后者还需要与其他资管系统配合使用，目前 1.0 版本基本被更新或淘汰。

随着银行资管事业部制兴起，2014 年行业开始推行资管 2.0 版本，面向对象开发，侧重公司级应用，可以结合客户的业务需求、偏好、资产规模等信息进行具体设计，拥有较完备的业务整体管理模式，同时，软件服务商将对行业的思考、运营管理等思路、方法、工具融入到产品中，作为服务商的产品特色。2.0 版本是目前资产管理系统行业的主要模式。

2015 年开始研发资管 3.0 版本，试图打通资管上下游，打造互联网资管平台，但尚未投入使用，3.0 版本有待发展完善，未来将实现平台化应用。

---

① 郝青青．民生银行理财管理系统的设计与实现 [D]．大连：大连理工大学，2014.

② 刘天义．齐鲁银行理财产品管理系统设计与实现 [D]．山东：山东大学，2012.

基础版加客制化是关键，灵活衔接多端口助力抢占市场份额

资产管理行业呈现出快速发展、创新活跃、个性化显著的特点，金融机构类型不同，投资市场各有所长，投资技术水平参差不齐，运营管理模式互有异同，信息化程度和建设理念差异较为显著，故对于不同类型的金融机构需要提供差异化的产品解决方案。但各金融机构的产品结构有趋同的趋势，对中后台等非核心功能模块的要求基本相似，为实现对业务的快速响应，精确支持和优化交互，在实施过程中主要采用基础版本加客制化的服务模式。

采取底层模型标准化、业务模式组件化、应用展现客制化的销售策略是快速获得市场份额的关键。在基础、通用功能模块部分设计标准化系统，多个业务模块以积木式独立存在，以接口方式衔接，方便组装结合使用，面对客户的特定化需求进行调整，能够高效稳健地提供客户需要的定制化系统，快速获得客户认可和市场份额。

金融机构资产管理系统均需要实现多个端口（品端、资产端、投资组合管理、全面风险管理、后台账务处理）的有效链接。面向对象开发的软件设计可以最大程度地满足业务需求，实现整个系统规模可伸缩，系统易于扩展和维护，尤其是在多类别的机构客户对资管的需求越来越多样化、宏观经济尚不明朗的背景下，资管系统的可扩展要求较高，整合多重服务体系，多元化资产管理架构，将通道业务、资产管理投资业务与金融服务业务提升为对资产管理的一体化服务非常重要。目前的 2.0 版本仍是面向公司级应用，为客户提供私有服务，不存在信息泄漏等问题，只要

专题

在应用层面保证安全即可，这个基本能保证。

金融资管系统面临的挑战

市场竞争者不足，活力有待激发

兆尹科技是较早参与到金融资产管理系统设计的公司之一，持续为各大银行服务，凭借稳定的团队、和谐上进的文化氛围、全员持股计划激励政策，以及对资管平台的高度专注，截至 2015 年底，兆尹科技在金融资产管理系统领域的市场份额达到约 70%。70% 的市场占有率一方面表示市场对兆尹科技的认可，一方面也说明整个资产管理系统市场的竞争者有待增加，市场活力还没有完全释放。

从公司经营者角度看，市场占有率越高，将拥有更高的定价权和利润，但从市场参与者、行业发展贡献者的角度看，单一领域不能由单一机构垄断，需要激活市场其他力量，增加竞争者，促进行业创新。新行业的服务商在追求规模、占有率等数字增长外，更加注重提升服务质量，能够突破服务主体、IT 技术、投资技术、大数据等领域，提供更多更优的服务的市场参与者将能激活市场更多活力，使得市场发展更加健康有活力。

系统和业务难以匹配同步发展，磨合将延续

资管系统 1.0 版本面对的是银行单一功能的需求，业务先行，资产管理系统提供辅助功能，将业务功能以软件系统实现，系统逐渐模式化、标准化。参照互联网金融业发展路径看，最初是银行互联网化，即将银行的业务放在互联网上，互联网是辅助工具，

随后,转为互联网银行,互联网不再只是工具,服务模式转变。同理,资管系统升级到 2.0 版本时,资产管理系统不再只是辅助工具,而是重要的业务支持模块,系统与业务的关系更加紧密,产品设计思路、理念等均需要与业务同步,业务和系统同步,在与客户的需求探讨中完成系统建设。随着资产管理系统 3.0 版本上线,平台化的资产管理系统要求系统先行,业务随后,在部分业务不成熟的情况下,如何从资产管理系统行业角度深刻理解金融行业的发展方向并做预判是极具挑战的。系统虽然先行,但不能先行速度过快,业务变化速度较快,客户需求变化无常,如何把握系统先行的速度是关键。

监管政策何时落地,行业如何积极应对

成熟的行业常伴随较完善全面的监管政策,而资管行业的监管政策尚未落地,行业如何响应监管的要求也是重要的挑战之一。但随着监管思路愈清晰,延续性愈强,监管政策落地将会督促资产管理系统行业更好地发展。

金融资产管理系统发展趋势展望

服务主体多样化

随着金融服务业务逐渐分化,各金融机构的核心功能逐渐显现,各机构将分别专注渠道服务、资产服务、投资管理等,而资管业务具有完整的链条,对资产管理系统有特定的规划性需求,资产管理系统的服务主体多样化、专业化。举例说明,银行体系下的资管子公司,还面临较多的政策限制,突破这些机制限制后,

将会释放更多市场活力，此时，银行系资产管理和非银系资产管理的界限将更加模糊，资产管理系统功能的适用性更广，行业发展前景更好。

投资功能完善化

从金融投资技术看，新的投资管理方法引进资产匹配技术和新评价体系等，将会增加资产管理系统的投资需求。随着业务结构升级、产品种类增加，系统需要支持更多的业务类型。虽然80%以上的金融资产管理系统是银行系资产管理系统，但不能关闭在非银系资产管理系统的触角，要时刻关注不断调整、灵活变动的非银金融机构的业务变化，及其对资产管理系统的需求，将这些需求作为公司业务的创新。

平台业务安全化

考虑到业务和系统的关系逐渐变强，系统先行的趋势逐渐显现，未来将会提供类似于云服务的资产管理系统平台为各资产管理机构提供更多服务。目前的资产管理系统对单一客户提供私有服务，只需要在应用级层面提供安全策略即可，但形成资产管理系统平台后，平台将承载更多的开放性，对开放信息的安全性要求更高。在 IT 技术层面获得更快捷、更安全的进步将有利于资产管理系统行业的更稳健发展。

市场更具活力化

目前金融资产管理系统行业的集中度较高，而高速成长期的行业会吸引更多的参与者，未来整个市场的参与者将快速增加，市场竞争程度加剧，期待部分子领域的突破者更大程度地激活市场活力，推动行业健康发展。

投资银行风控和信息技术

随着金融在社会经济中的成分越来越重，金融机构的风险管理越来越重要，为此，本书课题组就此通过巴曙松研究员搭建的"全球市场与中国市场"平台专访了瑞信集团投行信息技术部董事总经理杨竞霜先生。

风控技术管理难点

2008 年在雷曼兄弟倒闭前夕，两家著名的美国投行高盛和摩根士丹利接受了 CEO 的要求，要计算雷曼兄弟的倒闭对于利润的敞口。高盛从系统里将所有与雷曼兄弟有关的交易提取出来，计算这些交易在雷曼倒闭的情况下会对公司造成的亏损。星期一早上这个报告就呈现在了 CEO 面前。当雷曼兄弟倒闭时，他们上报的数字被证实基本正确，误差在 5%～10%。另外一家大投行是摩根士丹利，他们工作了 21 天才交出报告，却有 40% 误差。这说明了投行的技术管理存在三个难点：一是数据的完整性和一致性；二是系统的交互和整合；三是信息管理部门对业务的控制。杨竞霜先生拟从这个故事出发，谈谈这几点在风控上起所起的作用。

数据完整性和一致性问题

对于合法组织，所有投行都会有一个参考数据，里面有交易对手的所有交易信息。问题在于，前台交易系统并不见得是完全使用规范的参考数据。不规范的数据在正常情况下通过各自风控平台，汇总到最后风控报告的时候会有一个规范化过程。但是，面对之前提到的周末加班分析雷曼倒闭风险这种特殊情况，由于风控系统本身并没有这样的灵活性和扩展性，不能应对这种新问题，这种时候员工需要手动弥补这些数据的不规范情况，更糟糕的是很多风控系统用的是采购的数据库，在这样的情况下就算是临时修改都很困难。

系统的交互和整合问题

摩根士丹利在 2008 年时有 40 个交易系统。交易使用的程序不一样，可能数据库也不一样。这存在一些历史原因，比如有很多系统是在订购时吸纳进来的，有的是交易部门扩张过程中为快速上市而仓促建设的。而交易部门又是以赚钱为首要目标，就导致系统整合的过程很困难。

杨竞霜先生提到，他刚到瑞信的时候，整个公司有 46 个风险管理系统，众多的系统也都在不同程度上存在数据一致性的问题。有如此多的交易系统和风控系统，是为了保障计算的灵活性。比如在做资本交易时，要求系统有足够的反应速度，能够应对庞大的交易量。而风控系统更要注重计算的复杂性和灵活性。一旦有这么多系统，就会发现系统之间互相打交道很困难。系统多了还会导致第二个问题：重叠和遗漏。

高盛风控平台的成功经验

高盛能够在一个周末把对于雷曼兄弟倒闭的损失计算出来是因为其系统有几个比较好的特点：

一体化的系统

从定价到交易到风险控制到自变量分析，甚至到后台都是同一个平台。其好处是，一个数据无论是市场价格还是交易的数据都在一个系统里，应用完全同样定义，可以得到一个非常统一的数据。不过这对系统提出了很高的运算要求。

横向的系统平台

无论是股票、固定收益债券、大宗商品还是外汇交易，所有的交易和风险控制都包含在系统中。为了达到这个目的，高盛也采用一些计算机科学领域的先进理念。举个例子说明，比如收益率曲线取决于市场数据，这些市场数据包括的范围可能从一个短期的商业票据到长期的 30 年债券数据。这些市场数据和收益率曲线之间存在一种从属关系，在实现这个从属关系的计算时，高盛把这种从属关系用图表的方式管理起来，这样，整个公司的数据都有了一套完整的架构，而且每个数据在这个平台上有且仅有一套架构。

风险导向的组织架构

高盛的系统还有第三个特点，其实不是系统的特点而是公司组织架构的特点，那就是风控定价交易一体化的系统对业务部门有很强的控制能力。一个新的产品在交易之前必须在这个平台上有充分的定价和风险控制模型，而且交易业务的流程也通过这个系统来进行严格的控制。在组织结构上，做信息管理系统的部门对交易业务部门也有很大的影响控制能力。

风险管理系统在各大投行的发展

从 2008 年以来，几个大投行都在进行类似的风险管理系统的建设。

摩根大通

2006 年，摩根大通开始做一套系统，其设计和推广途径基本上是完全模仿高盛的路径，也是先从货币交易开始发展到大宗商品交易，现在正在往固定收益产品交易推广。摩根大通的这种做法也比较成功。

摩根士丹利

2007 年后半年，摩根士丹利开始做一个名为"先行者"的项目，特点是用高级电脑构建系统。这个系统采用当年下国际象棋的超级计算机，这种计算机有上百万个 CPU，CPU 之间结点联络可以达到内存速度。摩根士丹利用一些这样的超级硬件构建一个数据中心。但是这种从上往下的变化过快，导致进展不是特别顺利，2011 年左右由于高层出现的一些变化，使得现在这个项目基本被搁置了。

瑞信

杨竞霜先生所在的瑞信的风险控制团队是从 2012 年开始建

设的，思路跟其他几家投行的思路稍微有一些不同，是以风控为主线。2015 年该团队做了一个项目，将从金融部门挑出的 stand out number 与风险融合在一起。因为从理论上讲风险是一个产品价值的偏导数，将这个风险乘以市场变化，就可以判断产品的价值。通过这个项目监管机构认为可以有效控制或者是了解风险控制情况。这个项目非常不错，还得到了最佳信息技术奖励。瑞信风控团队通过三年的努力，建设了一个相当不错平台，并开始做一些风险管理项目。接下来两三年的时间，在做好风险管理后，就准备进入定价和交易部门。

专题

2016

Part 2

机构专题篇

◎ 整体来看，虽然在资产荒的背景下，资产端收益率迅速下降，但是由于银行之间的竞争和扩张规模的压力，资产价格下降由银行间市场传导到理财市场的路径存在严重的滞后性，理财收益率下行速度远落后于资产端的下行幅度。

◎ 二级市场证券投资基金行业是中国资产管理行业之中市场化改革程度最深的板块，行业格局较此前发生重大变化。但是，行业格局的衍变并非朝夕之功，未来还将会呈现出更为丰富的样貌。行业规模和管理人数量将继续呈爆发式增长，机构投资者或成为主要资产委托人，指数化基金仍有极大的发展空间。

◎ 近年来，老牌 VC/PE 机构的一批合伙人离职创业，诞生了一批新基金，私募股权基金逐渐由之前的"快狠准"向"稳狠准"转变，另一方面，股权投资机构在由小作坊到大资管的发展过程中，从单纯追求发展速度到更加注重质量优化和效率提升，可以说中国私募股权投资已然迈入所谓的"PE 2.0 时代"。

06

净值化、专业化、国际化，银行理财逐步回归资产管理本源

2016 | 本章导读

◎ 截至 2015 年底,全国银行业金融机构发行理财产品数目为 60 879 只,理财产品账面余额为 23.5 万亿元,较 2014 年底增加 8.48 万亿元,增幅为 56.46%。在过去的一年中,非保本理财、净值型理财、同业理财的规模增速均远高于其他类型理财。

◎ 以招行、兴业、浦发为代表的股份行理财的规模突飞猛进,理财规模在 2015 年 3 月首度超越了大行,全部跨过万亿大关,其中招行的增速最高,为 80.79%。另一方面,四大行的理财规模相对而言停滞不前,除工行外,其他三家大行的理财规模不增反减。

◎ 2015 年各家银行理财在实现规模大发展的情况下,理财业务的营收却出现了明显分化。以每亿元非保本理财产生的收入为例,2015 年上半年最高的是民生银行,每亿元非保本理财能够产生 82 万元的收入,相当于 82bp,而最低的是工商银行,仅为 12.2 万元,相当于 12bp。

◎ 2015 年的银行理财市场创新精彩纷呈,各家理财纷纷大力开展净值型理财,上半年股市火爆,打新收益率高企、银行理财纷纷推出打新产品;下半年人民币贬值预期骤起,银行理财纷纷推出美元理财产品,产品创新不断。

◎ 在过去几年理财规模持续高速增长的动力来源:一是理财作为银行进行表外化扩张的途径起到了规避监管的作用;二是预期收益型的理财产品有银行的隐性担保,相当于高息存款,受到投资者的追捧。目前逻辑发生了变化,未来理财规模增速或放缓:一是受制于 4% 和 35% 的监管红线,表外信贷锐减,理财原有的规避监管功能被弱化;二是随着资产荒带来的资产收益率下降,理财收益率也步入下降通道,对投资者的吸引力有所降低;三是净值型产品弱化了刚性兑付预期。

◎ 整体来看,虽然在资产荒的背景下,资产端收益率迅速下降,但是由于银行之间的竞争和扩张规模的压力,资产价格下降由银行间市场传导到理财市场的路径存在严重的滞后性,理财收益率下行速度远落后于资产端的下行幅度。

◎ 目前的理财市场存在三大趋势:一是理财资产配置从单一的非标 + 协存 + 债券转向更多样化、全球化的投资标准;二是投资模式从早期对接非标,到后来演绎出很多优先类的分级,再到不可避免要走净值型、投资管理类的策略;三是委外投资因其更为专业化的分工、更强的风险识别和杠杆操作能力被银行理财普遍接受,发展迅速。

银行理财大发展、大变化、大创新

理财总体规模持续高歌猛进

根据中央国债登记结算公司发布的数据，截至 2015 年底，全国银行业金融机构发行理财产品数目为 60 879 只，理财产品账面余额为 23.5 万亿元，较 2014 年底增加 8.48 万亿元，增幅为 56.46%。2015 年，理财资金日均余额为 19.54 万亿元，较 2015 年增长 5.79 万亿元。

预期收益率型及封闭式理财依然占据大头，净值型及开放型理财增长迅速

银行理财按照运作模式可以分为以下四种：封闭式净值型、封闭式预期收益率型、开放式净值型及开放式预期收益率型。

开放式理财产品增长迅速，截至 2015 年底，开放式理财产品存续 4 882 只，资金余额为 10.32 万亿元，资金余额占全市场比例为 43.91%，占比提高了 9 个百分点，较 2014 年底增长 5.08 万亿元，增幅为 96.95%。与此同时，随着客户接受程度的提高，净值型理财也有较大的发展，截至 2015 年底，净值型理财产品资金余额为 1.37 万亿元，较 2014 年底增长 0.81 万亿元，增长幅度为 144.64%（见图 6-1）。

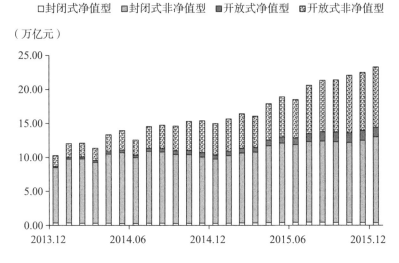

图 6-1　各类理财规模增长情况

资料来源：Wind 资讯，本书课题组整理。

非保本理财占比上升，保本理财规模停滞不前

非保本理财相对于保本理财有表外运作，不占用资本等诸多优势，因此非保本理财的发展大大超过了保本理财。

截至 2015 年底，非保本浮动收益类产品的余额约为 17.43 万亿元，占整个理财市场的比例为 74.17%，较 2014 年底上升 7 个百分点。与此同时，保本浮动收益类产品的余额约为 3.64 万亿元，占整个理财市场的比例为 15.49%，较 2014 年底下降 6.2 个百分点（见图 6-2）。

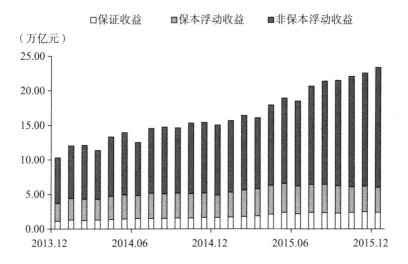

图 6-2　非保本理财占比上升，保本理财规模停滞不前

资料来源：Wind 资讯，本书课题组整理。

中长期限封闭式理财占比上升

截至 2015 年年底，在封闭式理财中，3 个月以内的短期理财存续余额为 3.63 万亿，占封闭式理财总规模的 27.54%，3 个月以上的中长期理财产品余额为 9.55 万亿，占比 72.46%，比上一年度上升 8.33%。3 个月以内短期理财占比的下降主要和各家银行大力发展活期化理财有关，对短期理财形成了一定的替代效应。具体增长情况见图 6-3。

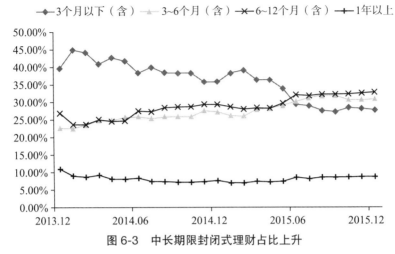

图 6-3　中长期限封闭式理财占比上升

资料来源：Wind 资讯，本书课题组整理。

股份制银行理财大发展，首度赶超大行

截至 2015 年年底，股份制银行理财余额为 9.91 万亿，同比增长 74.78%，市场份额占比 42.17%，较上一年上升 4.43 个百分点；国有大行理财余额为 8.67 万亿，同比增长 34%，明显慢于股份制银行理财余额的增长速度，市场占比从 2014 年的 43.05% 下降至 2015 年的 36.89%，降幅高达 6.17% 个百分点。由图 6-4 可见，股份制银行理财的规模在 2015 年 3 月首度超越了大行。

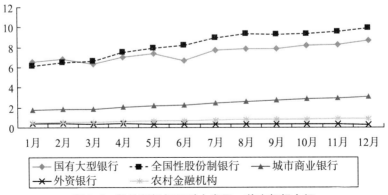

图 6-4　股份制银行理财大发展，首度赶超大行

资料来源：Wind 资讯，本书课题组整理。

我们从银行的 2015 年半年报中也能窥见各家银行理财发展的状况。从规模来看，以招行、兴业、浦发为代表的股份行突飞猛进，2015 年上半年理财增长率均在 50% 以上，全部跨过万亿大关，其中招行的增速最高，为 80.79%。另一方面，四大行的理财规模相对而言停滞不前，除工行外，其他三家大行的理财规模不增反减，其中农业银行理财规模同比减少 9.8%，为 1.04 万亿。从理财规模占总资产的比例来看，股份行明显高于四大行，其中光大银行理财占总资产比例为 33.46%，招行为 31.44%，可见三分之一的股份行在表外此言不虚。相对而言，四大行的理财占总资产的比例均不到 10%，其中工行最高，为 9.54%，中国银行最低，为 4.69%（见表 6-1）。

表 6-1 　　　　　　　　　各行理财规模增长率及占总资产比例

	2015 年 6 月理财规模（亿元）	2014 年 12 月理财规模（亿元）	理财规模增长率（%）	理财 / 总资产（%）
招商银行	16 417.41	9 080.93	80.79	31.44
兴业银行	14 030.44	8 351.45	68.00	27.37
浦发银行	13 000	8 666.67	50.00	28.24
平安银行	4 578	3 231	41.69	17.81
民生银行	6 638.51	4 771.81	39.12	15.43
南京银行	1 857.26	1 352	37.37	25.40
北京银行	2 802.52	2 067	35.58	17.25
华夏银行	3 820.01	2 946.19	29.66	19.92
交通银行	13 183.71	9551.6	27.55	18.51
光大银行	10 040.14	8 546.32	17.48	33.46
宁波银行	1 307.8	1 119.33	16.84	19.90
中信银行	5 873.14	5 158.81	13.85	12.88
工商银行	21 392.57	19 702.56	7.90	9.54
建设银行	10 983.84	11 427.54	−4.21	6.03
中国银行	7 640.54	8 469.47	−9.79	4.69
农业银行	10 439.51	11 462.58	−9.80	5.98

资料来源：Wind 资讯，本书课题组整理。

投资者类型：理财同业化趋势明显

从不同的投资者类型来看，总体个人理财规模占比下降，机构理财平稳发展，同业理财发展迅速。截至 2015 年年底，个人理财余额为 11.64 万亿，较上一年下降 10.05 个百分点，机构理财余额为 7.2 万亿，占比为 30.64%，较上一年上升 1.07 个百分点，私人银行理财余额为 1.66 万亿，占比 7.06，较上一年基本持平，同业理财存续余额为 3 万亿，占比 12.77%，较上一年大幅上升 9.52 个百分点（见表 6-2）。

表 6-2	不同投资者类型的理财规模		（％）
月份	一般个人类	机构专属类	私人银行类	银行同业类
1 月	57.88	31.14	7.40	3.57
2 月	58.47	30.76	7.31	3.47
3 月	57.51	31.40	6.98	4.11
4 月	54.61	32.38	6.92	6.09
5 月	51.77	33.86	6.66	7.71
6 月	49.68	34.02	6.26	10.04
7 月	50.29	33.49	6.44	9.78
8 月	50.68	32.57	6.55	10.20
9 月	51.26	31.84	6.89	10.01
10 月	51.61	30.77	7.25	10.38
11 月	50.60	30.76	7.28	11.36
12 月	49.53	30.64	7.06	12.77

资料来源：Wind 资讯，本书课题组整理。

理财盈利能力分化明显

2015 年各家行理财在实现规模大发展的情况下，理财业务的营收却出现了明显分化。以每亿元非保本理财产生的收入为例，2015 年上半年最高的是民生银行，每亿元非保本理财能够产生 82 万元的收入，相当于 82bp，而最低的是工商银行，仅为 12.2 万元，相当于 12bp。而从增幅来看，光大银行在基期低基数的情况下取得了 219% 的增长，建行和华夏银行在基数较高的情况下也取得了 50% 以上的高增长，民生银行在基数较高的情况下依然增长了 24%，达到 82 万元。相反的，有五家银行出现负增长，招行、兴业在理财规模大增的情况下单位理财盈利有所下滑，而同样规模大增的光大银行理财单位盈利大幅提升（见表 6-3）。

表 6-3	各行理财盈利能力		
每亿元非保本理财产生的银行收入	2015 年 1~6 月（万）	2014 年 1~6 月（万）	增幅（%）
光大银行	36.4	11.4	219
宁波银行	29.1	17.2	69
华夏银行	52	33.8	54
建设银行	62.6	41	53
浦发银行	32.9	23.4	41
平安银行	34.6	25.4	36
中信银行	43.7	33.3	31
民生银行	82	66.2	24
中国银行	65.6	60	9
交通银行	38.1	37.9	1
农业银行	58.8	65	−10
兴业银行	32.3	40.6	−21
北京银行	16.7	22.4	−26
招商银行	29.7	40.3	−26
工商银行	12.2	31.2	−61

资料来源：Wind 资讯，本书课题组整理。

从理财收入占所有非利息收入的比重来看，大部分银行取得了正增长，股份行中华夏、兴业、浦发占比较高，其中华夏银行占比最高，为 37.23%；大行中交行建行占比较高，其中交行为 25.94%。从理财收入占所有非利息收入的增幅来看，股份行普遍取得了较高的增幅，其中增幅较大的是光大银行，增幅高达 16%，理财收入逐渐成为非利息收入中的重要组成部分。整体来看，光大、浦发、华夏、民生综合表现较好，在单位理财盈利能力和占非利息收入的比重两方面均取得了较大的提升（见表 6-4）。

表 6-4	理财收入占非利息收入的比重		单位：%
理财收入占所有非利息收入的比重	2015 年 1~6 月	2014 年 1~6 月	增幅
光大银行	26.93	11.28	16
华夏银行	37.23	23.81	13
浦发银行	29.11	19.51	10
宁波银行	21.80	15.57	6
兴业银行	30.33	26.21	4
招商银行	15.66	12.36	3
民生银行	14.32	11.19	3
建设银行	10.81	7.79	3
交通银行	25.94	23.06	3
中信银行	14.69	13.43	1
工商银行	2.71	4.81	-2
北京银行	11.74	14.89	-3

资料来源：Wind 资讯，本书课题组整理。

银行理财创新不断

2015 年的银行理财市场创新精彩纷呈，各家理财纷纷大力开展净值型理财，上半年股市火爆，打新收益率高企、银行理财纷纷推出打新产品；下半年人民币贬值预期骤起，银行理财纷纷推出美元理财产品，产品创新不断。

净值型产品崛起

截至 2015 年底，净值型理财产品资金余额为 1.37 万亿元，较 2014 年底增长 0.81 万亿元，增长幅度为 144.64%。净值型产品的发展依然是股份行的执牛耳，例如，招行净值型产品规模已达 4 539.20 亿元，较年初增长 87.07%。净值型产品占理财产品运作资金余额的比重为 27.65%，较年初提升 0.93 个百分点。净值型产品崛起的原因有以下几个：第一是监管鼓励，银监会于 2014 年底下发布《商业银行理财业务监督管理办法（征求意见稿）》，推动理财产品向净值型产品转型，力求从根本上解决理财业务中银行的"隐性担保"和"刚性兑付"问题，推动理财业务向资产管理业务转型。具体措施包括：要求预期收益率型产品按管理费收入的 50% 计提风险准备金（其他产品为 10%）；要求预期收益率型产品中的非标资产全部进行并表处理，计算存贷比、计提资本和拨备，但对净值型产品中的不超过 30% 的非标资产豁免并表；允许银行对净值型产品提供业绩基准，对于超出基准部分的超额收益，银行可分享不超过 20%。第二是银行降低自身刚性兑付压力，随着经济不断下行，信用风险不断暴露，原本在资金池资产池运作模式下无法做到资产负债匹配，自然也就无法打破刚兑。另一方面，随着资产收益率下行幅度大于理财负债端，负债端相对刚性，导致银行理财资产配置的风险偏好不断提升，面临的刚性兑付压力越来越大，银行自身也有需求发展净值型产品，降低自身风险。

打新产品一度火爆

2015 年上半年，新股的高收益率吸引各路资金进入打新市场，其中社保公募类机构的资金增长速度最快，公募作为 A 类机构中签率大幅高于其他类型机构。另一方面，决定预期打新收益的另一个因素是新股上市后涨幅。新股的平均涨幅（从上市到第一次开板）从 2014 年的 193% 上升到 2016 年的 246%，并且呈现逐月上升的态势，2015 年第四批新股的平均涨幅高达 456%。打新基金收益率基本包含三部分，即中小盘股打新收益，超级大盘股打新收益和现金管理类收益。依据我们的测算，中国核电可为超级大盘股贡献收益率 1.14%，其他中小盘股可贡献打新收益率 6.64%，再加上第三部分现金管理类收益 2%，打新基金综合收益率为 9.78%，扣除管理费 1.5%、赎回费 0.3% 后净收益率为 7.98%。在不加杠杆的情况下，打新基金预测收益率和同期债券短期收益率相比具有较为明显的收益率优势。结合债券投资一倍杠杆操作的特点，以 1 年期 AA 短融为例，当前杠杆后的收益率为 4.06%×2 − 1.98%=6.14%，打新基金的预测收益率较杠杆后收益率高出 1.84%，仍有一定的优势。因此，2015 年银行理财通过打新优先级配资和直接投资打新基金等方式大规模投资了打新，大行股份行参与打新的规模都在千亿以上。尽管随着公募基金打新中签率下降，配资收益也在下滑，但跟 2014 年年底到 2015 年早些时候的 6%~7% 的收益相比，新股暂停发行之前下滑到只有 5%~6%。相比配资来说，直接申购公募基金可以获得更高的收益，2015 年上半年银行理财直接申购公募的收益率约为 8%~10%（见图 6-5）。

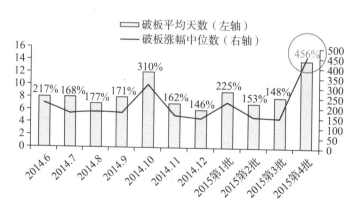

图 6-5　新股破板天数及涨幅中位数

资料来源：Wind 资讯，本书课题组整理。

美元理财产品大发展

2015 年 8 月 11 日，中国人民银行宣布完善人民币中间价报价机制。"811 汇改"后，人民币出现小幅贬值。在 8 月份后的 14 个交易日里，从中间价看人民币对美元贬值 4.4%，从交易价看贬值不到 3%，最高时贬值也未超过 4%。美国经济不断向好，美联储即将到来的加息周期使得非美货币承压，尤其是人民币，之前对美元波幅娇小，导致自 2014 年下半年以来对一篮子货币累计了不小的升值幅度，市场对人民币的贬值预期骤起。例如，一年期 NDF（无本金交割远期）由 8 月 11 日的 6.214 8 贬值到最高 2016 年 1 月 8 日的 6.956 5，和在岸人民币的价差从 2015 年 8 月 11 日的 618 个点扩大到 2016 年 1 月 8 日最高峰 3 677 个点（见图 6-6）。

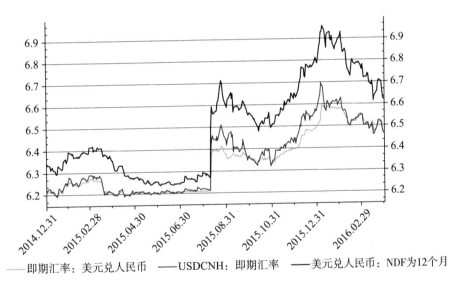

—— 即期汇率：美元兑人民币　　—— USDCNH：即期汇率　　—— 美元兑人民币：NDF为12个月

图 6-6　人民币出现贬值趋势

资料来源：Wind 资讯。

在这样的背景下，企业部门和个人部门纷纷出于各种原因推迟结汇，并把手中的人民币换成美元，原先有美元债务的企业部门也开始偿还美元负债，多重因素导致央行的外汇储备开始逐月下降（见图 6-7）。

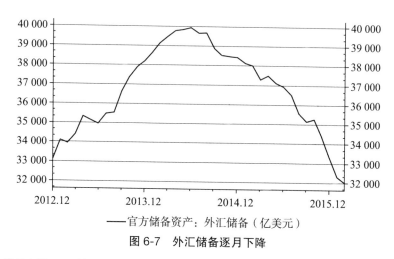

——官方储备资产：外汇储备（亿美元）

图 6-7　外汇储备逐月下降

资料来源：Wind 资讯。

在这样的背景下，各行纷纷推出美元理财产品，例如，2015 年 8 月份每周只发行不到 30 款美元理财产品，而 2015 年 12 月每周发行的美元材料产品上升到 60 款以上，与此同时，美元理财产品的占比从 1% 左右上升到 3% 左右，上升幅度较大（见图 6-8）。

国内银行的非结构性美元理财产品，投资类型主要是混合类、债券和货币市场类，其收益水平受到美元利率水平的影响较大，例如，2015 年年底美元非结构化理财预期年化收益率在 1.6% 左右，同期人民币理财预期收益率在 4.0% 左右，利差在 2.4% 左右，较 2015 年上半年 3.2% 的水平有较大下降。随着中美利差的收窄，预期美元理财和人民币理财的利差将收窄，叠加人民币的贬值预期，美元理财的吸引力预计将增强。具体情况见图 6-9 所示。

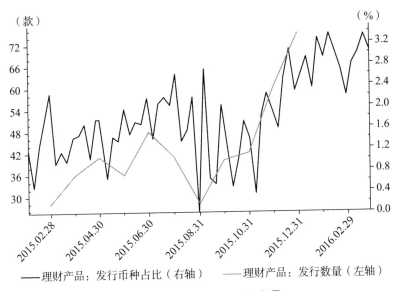

图 6-8　美元理财产品发行数量

资料来源：Wind 资讯。

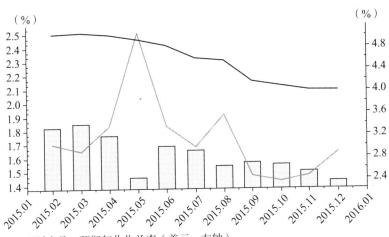

图 6-9　美元理财产品年化收益率

资料来源：Wind 资讯。

除了净值型产品、美元理财和打新产品等传统的创新以外，各行还开发了权益类、养老金类、挂钩型、自贸区类、实物类理财等新型理财产品。权益类产品方面，股债混合专户（股票仓位 10% 以内）、对冲套利类专户、可转债和可交换债专户随着净值型产品的发展和私人银行理财的发展得到了较快的发展。此外，MOM 模式的客户接受度也大幅提高，招行、交行等银行推出精选组合基金产品。养老金产品方面，浦发开创每月分红的新模式；兴业继续提升在养老金融市场的优势，丰富产品内涵；在企业年金方面，工行、中行、光大、民生、招行等均有企业年金产品，其中工行受托管理养老金比上年末增长了 18.4%，招行管理养老金资产超过了 1 200 亿元。挂钩型产品方面，建行创新发行挂钩黄金期权理财产品；建行、中信等发行沪深 300 指数挂钩型理财产品；平安指数系列理财产品，挂钩平安自己推出的指数。此外，浦发银行还推出了实物收益型理财，理财产品的收益是 iPhone 6s（见表 6-5）。

表 6-5　　　　　　　　　　　　　　其他理财创新情况

新产品	类型	目前情况
权益类产品	股债混合型	招行、平安、交行等推出的股债混合型，投向为定向增发资产、对冲基金、优先股、新股等。
	MOM 模式	招行、交行等推出精选组合基金产品。
养老金产品	个人理财	浦发开创每月分红的新模式；兴业继续提升在养老金融市场的优势，丰富产品内涵。
	企业年金	工行、中行、光大、民生、招行等均有企业年金产品，其中工行受托管理养老金比上年末增长了 18.4%，招行管理养老金资产超过了 1 200 亿元。
挂钩型产品	挂钩黄金	建行创新发行挂钩黄金期权理财产品。
	挂钩市场指数	建行、中信等发行沪深 300 指数挂钩型理财产品。
	挂钩自创指数	平安指数系列理财产品，挂钩平安自己推出的指数。

续前表

新产品	类型	目前情况
自贸区及境外产品		工行完成国内首单自贸区理财业务；浦发首发 FTN（非居民自贸账户）账户理财。
其他	理财产品流动平台	浦发推出了柜面渠道的银行理财产品转让功能。
	实物支付型理财产品	浦发和中移动推出了"先机理财"，收益为 iPhone 6s。

资料来源：Wind 资讯、本书课题组整理。

规模增长大概率放缓、理财价格依然刚性

规模继续增长，增速大概率放缓

目前各家银行仍有跑马圈地占领市场的动力：2016 年是各家银行资产管理部成立的第二年，在居民理财意识不断增强、理财品种不断丰富的大背景下，各银行为了申请资产管理子公司资格，通过扩张理财规模仍是资管运作第一要务。

在过去几年理财市场规模持续高速增长，其动力来源：一是理财作为银行进行表外化扩张的途径，起到了规避监管的作用；二是预期收益型的理财产品有银行的隐性担保，相当于高息存款，受到投资者的追捧。

2008 年金融危机后"四万亿"刺激计划带来的资金面宽松，在 2010 年开始收紧，央行开始控制信贷规模。原来以外汇占款为表现形式的基础货币投放从 2010 年以后开始慢慢减弱，加之利率市场化带来了个人存款加速向理财等转化，使得商业银行的存款来源不足。于是，商业银行更多有冲动通过同业、理财做表外放贷，非标迅速崛起，一度甚至最高达到投向的 50% 以上。资金池资产池模式下的银行理财更多被用来在表外放贷，而预期收益率型和信息披露的不完全导致了刚性兑付。而融资的大户正是监管限制融资的地方融资平台、房地产

以及信贷限制类行业，相当于绕过了银监会的监管，为其融资（见图 6-10）。

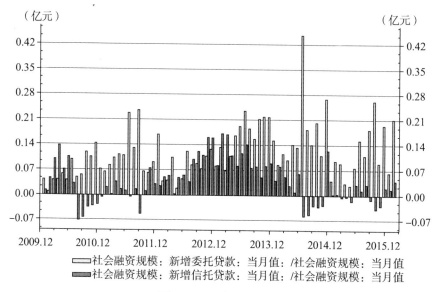

图 6-10　社会融资规模

资料来源：Wind 资讯。

最初的银信合作产品都是资金投向单一项目，并且对投资者会详细披露。但是，随着理财规模越来越大，产品 - 项目——对应的操作模式需要占用大量精力，需要向专业化、集约化管理转变。同时，每款理财投资一个"非标"产品，存在集中度风险，而资产管理的核心是动态管理、组合投资。不管从降低操作难度，还是降低集中度风险，银行开始慢慢从事集合管理，即资金池管理模式。资金池模式下资产和负债并不一一匹配，并存在显著的期限错配，在信息披露非常有限，大量资产没有公允估值的情况下，收益和风险无法过渡给投资者，加上预期收益率型理财占理财的绝大部分，银行出于对自身声誉风险的考量倾向于刚性兑付。2016 年以来，原有的基本逻辑发生了变化，使未来理财规模增速放缓：一是受制于 4% 和 35% 的监管红线，非标大量入池已成为过去式，增量的表外化"信贷"锐减，理财原有的规避监管功能被弱化；二是随着资产荒带来的资产收益率下降，理财收益率也步入下降通道，对投资者的吸引力有所降低；三是净值型产品打破了刚性兑付的保障。预计理财规模增速降至30%左右。

理财价格下降，但下行幅度远低于资产端

2015年全年理财产品价格整体处于下降通道中，其中上半年下行幅度比较平稳，下半年下行幅度较大。具体来看，非保本理财预期年华收益率从年初的5.2~5.3下行至年底的4.1左右，下行幅度在110bp左右；保本理财的收益率从2015年年初的4.5左右下行至年底的3.3附近，下行幅度在120bp左右。与此同时，3年AA+的银行间中短期票据估值从年初的5.3一线一路下行至年底的3.2附近，下行幅度高达200bp左右，7年AA+的企业债到期收益率估值从年初的5.7一线下行至年末的4.1附近，下行幅度高达160bp。整体来看，虽然在资产荒的背景下，资产端收益率迅速下降，但是由于银行之间的竞争和扩张规模的压力，资产价格下降由银行间市场传导到理财市场的路径存在严重的滞后性，理财收益率下行速度远落后于资产端的下行幅度（见图6-11至图6-13）。

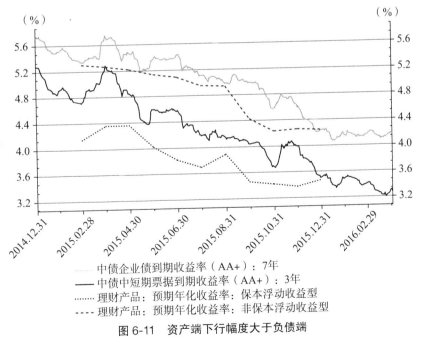

图6-11　资产端下行幅度大于负债端

资料来源：Wind资讯，中国债券信息网。

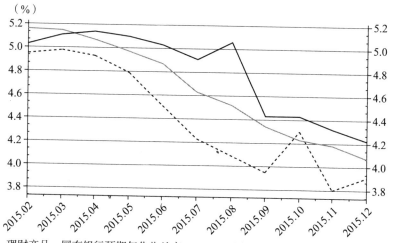

图 6-12　不同性质银行理财年化收益率

资料来源：Wind 资讯。

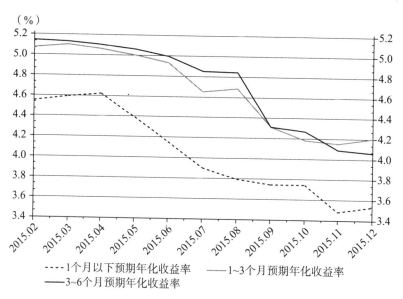

图 6-13　不同期限理财产品年化收益率

资料来源：Wind 资讯。

不断壮大的银行理财面临三大变局

资产配置多样化、全球化

截至 2015 年年底，全部理财产品余额为 23.67 万亿，所配置的资产类别非常广泛，占比排名前四的资产类别是债券及货币市场工具、现金及银行存款、非标准化债权类资产以及权益类资产，占比分别为 50.99%、22.38%、15.73%、7.84%，合计占理财产品投资余额 96.94%（见图 6-14）。

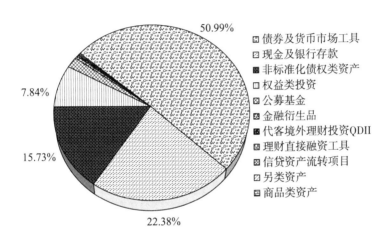

图 6-14　银行理财配置情况

资料来源：Wind 资讯，本书课题组整理。

债券作为一种银行比较熟悉的标准化资产，一直以来都是银行理财配置的重点。截至 2015 年年底，利率债占银行理财总投资金额的比例为 4.07%，信用债占比 25.42%，货币市场工具为 21.5%。其中，银行理财配置的信用债以高评级为主，截至 2015 年年底，AAA 信用债占比为 53.49%，AA+ 占比为 26.43%。

非标方面，截至 2015 年年底，投资于非标准化债权类资产的资金占投资总额的 15.73%，其中，收益权占比最高，占全部非标资产 29.35%，信托贷款位居第二，占比为 16.63%，委托贷款位列第三，占比为 9%（见表 6-6）。

表 6-6　　　　　　　　　理财持有的各类非标占比

序号	非标资产类型	余额（亿元）	占比（%）
1	收 / 受益权	10 923	29
2	信托贷款	6 191	17
3	委托贷款	3 350	9
4	交易所委托债权	2 872	8
5	带回购条款的股权性融资	2 348	6
6	信贷资产转让	1 066	3
7	应收账款	340	1
8	私募债权	229	1
9	票据类	66	0
10	其他非标准化债权类投资	9 837	26

资料来源：Wind 资讯，本书课题组整理。

除了债券、货币市场工具和信托之外，理财还投资于两融、股票质押收益权、券商收益凭证、配资等场外固定收益产品、境外发行美元债和点心债、MOM、权益及商品市场。理财的投资范围不断扩展，多元化、全球化趋势明显。银行理财参与投资新型资产也不断涌现。例如，2015 年初新公司债发行交易管理办法出台后，非公开发行公司债逐步放量，供给旺盛，流动性溢价比 PPN 更高，比公开发行高 100bp~150bp，AA+ 主体目前在 4.5%~5.5%，银行理财以及承接理财的委外机构因成本刚性，迅速成为中高评级非公开发行公司债的投资主力。项目收益债作为创新品种在初期有一定的溢价，目前供给正在逐步放量，期限较长，一般为 10~15 年，但同时收益率水平可观，AAA 评级收益率可达 5.5%（见表 6-7）。

表 6-7	新型非标	
类别	市场情况	期限和收益率
产业基金	传统非标的收缩代表地方平台融资直接化的趋势，未来调结构逻辑下投资热点为第三产业、新兴产业等转型方向。	期限较长一般 6~10 年，收益率水平 6%~9%。
PPP 项目	近日财政部联合 10 家机构，共同设立总规模 1800 亿的 PPP 融资支持基金，16 年 PPP 项目供给有望继续上升，PPP 项目无回购，但实际上纳入政府财政预算，可依据政府财政实力进行评定。	期限较长，一般 5~10 年，收益率水平可观，一般 6%~8%。
混改项目投资	中石化混改项目后，受内部阻力和资本市场调整影响，混改推广有所放缓，预计 2016 年会逐步恢复。	期限 3~5 年，预计收益率可以达到 8%~10%。
私募公司债	作为新债券品种，且供给旺盛，流动性溢价相比 PPN 更高，一般高于公开发行产品 100bp~150bp。	期限 3~5 年，AA+ 收益率 4.8%~5.5%。
项目收益债	创新品种初期收益率有一定溢价，16 年供给有望提升。	期限较长，一般 10~15 年，但同时收益率水平可观，AAA 评级收益率可达 5.5%。
非银金融机构 ABS	券商两融资产证券化以及金融租赁公司资产证券化 2017 年市场容量有望扩大，且同评级收益率水平相对于银行信贷品种有一定溢价。	期限 0.5~3 年，AAA 债项评级收益率 4.5%~5.5%。

资料来源：Wind 资讯，本书课题组整理。

理财的大类资产配置逻辑

银行理财目前普遍在拓宽投资品种的同时，通过大类资产配置来把握大类资产轮动的机会。2015 年大类资产轮动经历了由上半年股市到下半年债市的深度轮动，虽然债券牛市仍未结束，但绝对收益率水平已经偏低，未来看，国内经济处于换挡期，积极的财政政策和宽松的货币政策仍可延续，权益类资产投资机会重现；美联储加息在即，境外资产配置价值逐渐提升；商品方面，大宗商品价格与全球经济周期吻合度较高，目前全球经济正走向周期波谷，大宗商品价格在较长一段时间内仍将低位运行。

未来数年大类资产将经历"固定收益类资产——权益类资产"以及"人民币资产——美元资产"的轮动，正是布局多元化资产配置转型的时机，由于负债端的限制，2016 年的资产配置仍以固定收益类为主，适当增加权益类资产、外币资产等不同的大类资产配置，商品类资产在 2017 年仍不存在显著机会，应进行适当布局。

在标准化的场内固定收益产品方面，中国经济潜在增速不断下行，债市传统基于投资的牛熊切换失效，牛市周期被显著拉长，2016 年尤其是上半年经济下行压力不小，利率上行压力不大，但绝对水平已经不高，预计波动将加大，但整体还是处于一个牛市通道里。目前银行理财在标准化债券投资方面呈现日趋精细化，一方面通过主动加杠杆操作来增厚收益，另一方面更多的关注了非公开公司债、PPN、ABS 等私募品种和项目收益债、项目收益票据等投资机会。

在场外类固收产品方面，券商两融、收益凭证、股票质押回购、各类配资等二级市场相关资产依然是各家行争夺的重点。传统的非标预计将继续萎缩，逐渐到期，净增量为负。目前各家行理财都在拓展新型类固收项目的投资，如 PPP、产业基金以及混改项目等。

在境外固定收益资产方面，目前各家行都在拓展美元债的投资，包括外国发行的美元计价国债以及境外大型金融机构发行的美元债券。中资企业发行美元债方面，目前扣除各类成本后溢价已经收窄到 50bp 以内，价值洼地逐步被发掘，且随着企业在人民币贬值预期下逐步偿还美元净负债，供给萎缩，需求增加，预计价差将进一步收窄。各家理财在这方面都着力发掘一些流动性溢价较高的私募品种、主体不在国内的红筹品种等。

MOM 投资方面，资产荒叠加流动性宽裕，预计债券第三方主动管理将持续火爆，一方面银行理财钱多难管，另一方面还可以转移业绩压力。目前各家行都在加强 MOM 投资，早投放，早收益。

权益和商品市场方面，目前各家银行理财权益类投资都以风险较低的 CPPI 策略为主，以债券为底仓，权益资产不超过 10%，增厚收益，控制最大回撤。招行、兴业都开始试水以上股债混合类产品，此外，FOF、量化激进等也颇受欢迎。

从对接非标协存到各类分级到净值化投资管理

银行理财的投资模式，从早期对接非标，到后来演绎出很多优先类的分级，再到不可避免要走净值型、投资管理类的策略，对资产管理市场和的影响还是很深刻的，尤其是银行理财作为体量最大的资产管理机构，和其他金融机构的合作演绎出太多的创新模式，非常值得我们回过头来做一个梳理。

银行理财对接非标

非标资产的全名为"非标准化债权资产"，是指未在银行间市场及证券交易所市场交易的债权性资产。标准化的融资渠道，如银行贷款、债券融资等，均是在一种相对明确、规范与公平的机制保护下进行的投融资过程，非标产品则是绕过银行或债券审批管理部门，通过某个非标准化的载体 (如信托计划等)，从而将投融资双方衔接起来。银监会出台的"8 号文"中将当前非标的定义如下"包括但不限于信贷资产、信托贷款、委托债权、承兑汇票、信用证、应收账款、各类受 (收) 益权、带回购条款的股权性融资等"。

对银行而言，用理财资金对接非标有以下几个好处。一是理财对接非标可以突破银监会对银行的存贷比和贷款客户的行业限制，大部分非标来自地方融资平台、房地产、矿产企业等银监会限制放贷的领域。二是非标的收益率普遍要高于普通的贷款，给银行创造的收益更高。三是非保本理财属于表外业务，不需要像表内业务一样接受严格的资本充足率、杠杆率等监管。

由于表外业务不占资本、不计拨备，能绕开对投向和存贷比的监管，银行理财对接非标迎来大发展，可惜的是，非标最红火的 2011—2013 年银行理财并未披露其明细投向，我们仍然可以从银行表内同业项下的买入返售科目看出当年非标的红火。我们以当年的同业之王兴业银行为例，其买入返售资产规模从 2009 年的 1958 亿迅速增长到 2013 年的 9 211 亿，年复合增长率高达136%，买入返售资产规模最高峰时期占贷款规模的 70.7%。

由于理财池大规模对接非标存在着大量的期限错配和流动性错配，杠杆较大，2013 年年中在央行流动性阶段性收紧的情况下，出现了钱荒。在这之前，2013 年 3 月银监会已经出台了"8 号文"，规范银行利用理财资金投资非标资产，控制表外融资规模。一是要求理财产品均须与其所投资产一一对应，对于之前达不到一一对应要求的非标资产，商业银行应比照自营贷款于年底前完成风险加权资产计量和资本计提。二是对商业银行利用理财资金投资非标资产的规模进行了限制，文中指出"商业银行应当合理控制理财资金投资非标准化债权资产的总额，理财资金投资非标准化债权资产的余额在任何时点均以理财产品余额的 35% 与商业银行上一年度审计报告披露总资产的 4% 之间孰低者为上限"。

此后用银行理财对接非标模式监管套利的空间越来越小，数据显示，截至2012 年末，银行理财产品余额为 7.1 万亿，其中非标债权类产品达 2.99 万亿，占比约 42.1%；而在"8 号文"出台后，截至 2013 年上半年，银行理财产品余额为 9.08 万亿，其中非标债权类产品达 2.78 万亿，占比 30.6%，占比下降了超过 10%。

场外类固收产品

在理财对接非标受限后，迅速增长的理财资产迫切需要寻找新的投向。银行理财迅速加大了各类场外类固收产品的投资。上述类固收产品大部分是股票和债券二级市场衍生出的分级产品，如单账户配资、伞形配资、定增配资、员工持股计划配资、股票质押收益权、两融收益权、结构化债券优先级等（见表6-8）。

表 6-8   场外类固收产品

类别	市场情况	收益率
单账户配资	单一结构化配资业务主要借道信托、资管、基金子公司和私募来进行，现在杠杆率大概在 1∶1.5 到 1∶2.5 之间，控制在 1∶2.5 以内。同时，银行资金对劣后资金方的要求比较严格，通常是数千万的资金门槛。	配资收益率大概在 8%。
伞形配资	伞形信托的投资结构是在一个信托通道下设立很多小的交易子单元，通常一个母账户可以拆分为 20 个左右的虚拟账户。虽然共用一个信托账号，但每个子信托完全独立，单独投资操作和清算。伞形信托针对的劣后级投资者主要是自然人大户、机构客户，以及一些集团旗下的财务公司。信托产品参与年限一般不超过 3 年，投资门槛通常为 300 万元。	收益率水平可观，一般 6%~8%。
定增配资	定向增发配资是指为拟进行定向增发的上市公司推荐投资者，银行理财为愿意参与上市公司定向增发的投资者提供优先级资金。	期限 1~3 年，预计收益率可以达到 6%~8%。
员工持股计划配资	上市公司为了激励高管、业务骨干和员工，员工出资认购劣后端，银行理财出资认购优先级。	期限 1~3 年，收益率 6%~8%。

续前表

类别	市场情况	收益率
股票质押收益权	上市公司股东以其持有的股票（流通股为主，限售股有时也可）质押给金融机构获取融资的业务，一般主板 5~6 折，中小板 4 折，创业板 3 折，具体折扣看单票。	期限不定，3 个月到 1 年都有，收益率可达 6.5%~7.5%。
两融收益权	券商将其给给散户放的股票融资应收款转让给银行理财，是标准化的场内股票配资业务。杠杠一般为 1∶1。	收益率 7%~8%。
量化对冲产品优先级	银行理财认购量化对冲产品的优先级，管理人或者第三方认购劣后，采用量化对冲策略获取收益，资金投向为商品、大宗、债券或者股指。	收益率看具体策略
结构化债券优先级	银行理财认购分级债券产品的优先级，获取约定收益，管理人以自有资金或者募集资金认购劣后。	优先级收益在 4.5%~5% 左右。

资料来源：Wind 资讯，本书课题组整理。

净值化管理趋势明显

银行理财净值化管理的趋势较为明显，未来将沿着预期收益型—假净值型—真净值型产品演变。首先，监管层面出于防范系统性风险的考虑，希望银行理财能够实现净值化管理，真正把风险和收益过渡给投资者。其次，随着资产荒的到来，新增资产的收益率低于新增负债收益率，倒挂导致预期收益率产品的投资压力越来越大。再次，经济下行期信用风险的爆发导致传统理财表外信贷、刚性兑付的模式压力越来越大，本身也有转型的需求。上市银行均加大了净值型理财产品发行，推进产品净值化管理。从整体数据来看，截至 2015 年底，净值型理财产品资金余额为 1.37 万亿元，较 2014 年底增长 0.81 万亿元，增长幅度为 144.64%。其中招行净值型产品规模截至 2015 年中报已达 4 539.20 亿元，较年初增长 87.07%。净值型产品占理财产品运作资金余额的比重为 27.65%，较年初提升 0.93 个百分点。

我们判断目前银行理财逐步推进净值化管理的条件已经基本成熟。首先，从银行理财所配的资产来看，目前货币市场工具和标准化债券的占比大幅提高，而非标类资产大幅减少，前者比后者具有更好的流动性、更广的市场深度并且有专业的第三方估值，解决了理财产品估值的技术问题。其次，监管层在 2013 年就禁止了银行理财和自营以及不同理财产品之间的互相交易，打破了之前银行理财资金池——资产池的运作模式，使得资产和负债一一对应。最后，客户对净值型产品的接受度也有所提高，能够接受在市场环境不佳的条件下自身所购买的产品出现一定的回撤。

目前的净值型产品中，分为假净值产品和真净值产品两种，由于购买银行理财的客户对绝对收益的回撤还是比较敏感，其中假净值产品仍然占主流。假净值模式即为理财产品对应的所有资产都按照成本法估值，每日计提利息及约定收益，并将买入价格和发行价格之间的折溢价在持有期间平均摊销，如此一来，产品的波动性被显著平滑了。相反，真净值产品即将票息和约定收益以及资本利得／损失均计入产品的估值，波动性显著增大，在市场环境不佳的情况下会出现绝对收益的回撤，因此目前在私人银行理财中应用较多，面向个人和企业的理财中较少出现。

委外投资管理被普遍接受，发展迅速

所谓委外投资，即银行理财、自营以及保险公司等资金方将资金委托给券商和基金等机构进行投资管理，双方约定业绩基准以及超额分成比例的合作模式。在资产荒和流动性充裕的背景下，银行自营和理财的委托管理业务经过 2012 年起步，2013 年遭遇挫折，2014、2015 年迎来了大发展，目前委外的模式被大行、股份行、城商行农商行普别接受，业务大批量复制。

按照是否单独成立产品，委外可以分为专户模式和投顾模式。大行、股份行多通过信托计划、基金通道的形式进行产品合作，约定（独立账户）固定收益率，券商基金对收益率水平进行衡量来决定是否承接，这种模式需要委托人认购一个基金、券商资管后者信托专户，称之为专户模式。对于一些由于监管评级没有达到 AA 的农商行而言，无法购买券商和基金的资管计划，因而采用投顾模式，交易发生在银行自己的系统内，券商发出投资建议指导银行自己操作。

按照单个产品是否对应多个委托人，委外可以分为一对一和一对多。在一对一模式中，券商基金单独为委托人定制一个专户，委托人可以随时追加，也可以随时赎回，双方约定好每笔资金的业绩基准和超额分成的比例。一对多往往采取集合的形式，一个产品对应多个委托人，每个委托人单独约定业绩基准和超额分成比例。

按照产品是否分级，可以分为平层委外和结构化委外。平层委外顾名思义，产品不分级，全部为委托人的资金。在结构化委外模式中，委托人出资认购优先级，管理人 / 投顾出资认购劣后级，或者劣后面向第三方募集，优先级委托人享受固定收益，超额收益均归劣后级委托人所有。

委外的供给方为券商、基金和保险，其中以券商为主，大部分券商的资产管理部和固定收益部都承接上述业务。如果是券商资产管理或者基金，则资金方直接认购管理人发起的资管计划；如果承接方是券商固收部，则需要在外部找一个基金子公司或者信托通道，券商固收部做投顾。

需求端，无论从银行的理财还是自营，资产配置压力都非常大，数十万亿的资产配置需求派生出的委外需求远超目前的市场容量，理论上而言，目前 23 万亿的理财都是委外资金的潜在需求方。在供给端，一方面各类金融机构有动力做大资产管理规模，另一方面政府鼓励金融脱媒，债券等直接融资方式，市场容量扩容趋势持续，总体而言供给也有扩张趋势。

07

公私募基金视角下的中国二级市场投资基金行业图谱

2016 | 本章导读

◎ 二级市场证券投资基金业务模式一般包括资金募集、投资管理和收益分成三大核心环节，核心竞争力在于专业的投资研究能力。中国二级市场证券投资基金主要分为公募基金和阳光私募两种类型，两者在业务的本质上并不存在着差别，但是受监管及各项制度的约束和影响，在具体的业务经营之中还是存在着较大的差异。

◎ 2013 年之后中国基金行业呈现井喷式发展，阳光私募从管理人数量到管理规模，增长速度远远超过公募基金，在总体规模上公募基金仍是主流。追求相对排名的公募基金，操作手法策略趋同；追求绝对收益的私募基金，策略多元化以博取收益。公募私募在不同的市场环境下可以给客户提供满足不同配置策略需求的产品，行业逐渐走向成熟。

◎ 公募基金和阳光私募之间不少的差异在近年逐步弥合，并非所有的差异都因为公募基金的制度性红利，综合考虑规范化、投资者权益保护等多重因素，公募基金产品和阳光私募产品之间的制度性差别或无法被完全抹除，非完全同质化竞争或将是最终归宿。

◎ 二级市场证券投资基金行业是中国资产管理行业之中市场化改革程度最深的板块，行业格局较此前发生重大变化。但是，行业格局的衍变并非朝夕之功，未来还将会呈现出更为丰富的样貌。行业规模和管理人数量将继续爆发式增长，机构投资者或成为主要资产委托人，指数化基金仍有极大的发展空间。

二级市场证券投资基金是中国二级证券投资市场上最为活跃的一类群体，其业务模式一般包括资金募集、投资管理和收益分成三大核心环节。从本质上说，证券投资基金在整个资产管理业务链条之中所扮演的角色就是"专业的资产管理者"，其核心竞争力在于专业的投资研究能力，并据此代替客户进行二级市场投资操作。

中国二级市场证券投资基金主要分为公募基金和阳光私募两种类型，两种类型的二级市场证券投资基金在业务的本质上并不存在差别，但是受监管及各项制度的约束和影响，在具体的业务经营之中还是存在着较大的差异。曾几何时，公募基金在政策的呵护之下一度贵为市场的"正规军"，而阳光私募相较之下多数则被作为"游击队"来看待。但是，随着市场结构的变迁和监管思路的转变，二者均作为中国二级市场投资基金的无差别的本质更多地显现了出来。尽管迄今为止差异并没有完全的弥合，但是二者均作为中国二级市场投资基金行业图谱中的重要组成部分，只有放在一起进行比较分析，才能够更清晰地展示出中国二级市场投资基金行业的全貌。

二级市场证券投资基金图谱概览

私募蓬勃发展，公募仍为主流

尽管此前公募基金行业曾也有过一段准入严格、"牌照红利"显著的时期。

但相较于资产管理行业的其他子板块,基金行业是推行市场化原则最早的领域。尤其在 2013 年之后,公募基金牌照审批的加速、阳光私募的规范化管理叠加阳光私募的成立最终实现备案制,二级市场投资基金行业的群体愈发显得"拥挤"。基金业协会数据显示,截至 2016 年 2 月底,中国境内共有公募基金管理公司 101 家,取得基金牌照的证券公司和保险公司有 11 家,合计 112 家,累计管理公募基金资产规模为 7.7 万亿元。而私募基金方面,截至 2016 年 1 月底,基金业协会已登记的私募证券投资基金管理人达到 11 291 家,累计管理资产规模达 1.84 万亿元。而这个数据与 2013 年底对比则会显得更具冲击力:截至 2013 年的 12 月 31 日,中国具有公募基金牌照的公募基金公司为 89 家,所管理的公募资产管理规模为 3 万亿元;而阳光私募管理人为 1 017 家,管理证券基金规模仅为 2 700 亿元人民币[①]。

从以上数据中可以看出,在市场化原则推进的过程中,2013 年之后中国基金行业呈现出井喷式发展的迹象。尤其是阳光私募的发展,无论从管理人数量上还是管理规模上,增长速度远远超过公募基金。但是从总体规模上的对比而言,公募基金眼下仍是二级市场证券投资基金的主流(见图 7-1)。

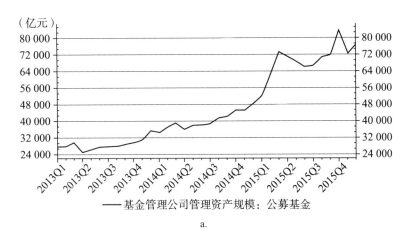

a.

图 7-1 公募及阳光私募基金增长迅速

---

① 数据引自《2014 年中国资产管理行业发展报告》,原始数据来自私募排排网数据中心。

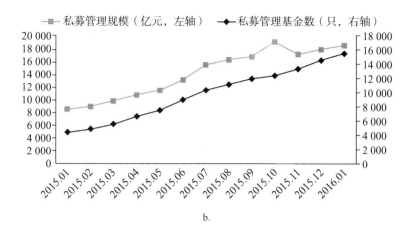

b.

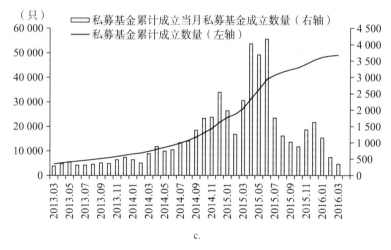

c.

图 7-1 公募及阳光私募基金增长迅速（续）

资料来源：Wind 资讯，好买私募基金研究。

不只是股票：多元化的二级市场证券投资基金类型

从上文中我们可以发现，尽管 2015 年上半年的股票"资金牛市"是二级市场投资基金规模快速增长的推手之一，但是在"股灾"之后，二级市场投资基金的规模和数量并没有随着权益市场的回落而迅速回落，反而呈现出持续增长的趋势。这意味着，同 2007 年前后的一轮二级市场权益牛市相比，二级市场证券投资基金的发展同股票市场表现的关联性有所减弱。究其原因，存在着阳光私募行业备案制松绑时间不长，积累和压抑很久的市场活力会有一个逐渐释放过程的因素。但更重要的是，中国二级市场证券投资基金类型已经变得更为多元化。

从公募基金的视角来看，公募基金早已经实现了产品线多元化分布，除了股票型基金和偏股混合型基金之外，货币市场基金、债券型基金和偏债混合型基金均具备了一定的规模。从阳光私募的视角来看，尽管眼下中国阳光私募群体还是以股票型为主，但是随着投资渠道和衍生品的逐渐丰富，阳光私募也已经脱离单边做多股票的束缚，策略上和手段上的丰富致使阳光私募基金的发展不再单纯受权益市场走势的影响。

从图 7-2 到图 7-5 之中也可以看出，除了权益市场走牛的月份，无论是公募还是私募行业规模的增长并不主要靠单纯做多的股票基金规模在支撑。在不同的市场环境下可以给客户提供满足不同配置策略需求的产品，这不仅是一个行业逐渐走向成熟的标志，也是一个行业摆脱"靠天吃饭"形象的基石。

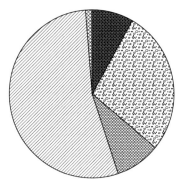

■股票基金资产净值　▤混合基金资产净值　▨债券基金资产净值
▨货币基金资产净值　▥另类资产基金净值　▨QDII基金资产净值

图 7-2　2016 年 3 月公募基金类型分布

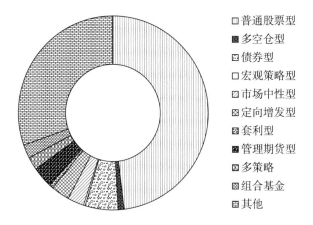

图 7-3　2016 年 3 月阳光私募基金类型分布

图例：
普通股票型
多空仓型
债券型
宏观策略型
市场中性型
定向增发型
套利型
管理期货型
多策略
组合基金
其他

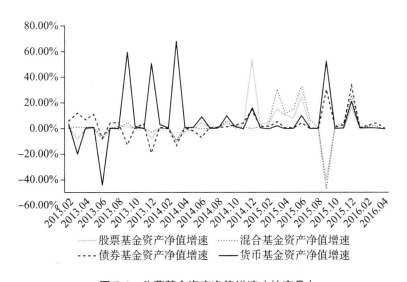

股票基金资产净值增速　　混合基金资产净值增速
债券基金资产净值增速　　货币基金资产净值增速

图 7-4　公募基金资产净值增速（按产品）

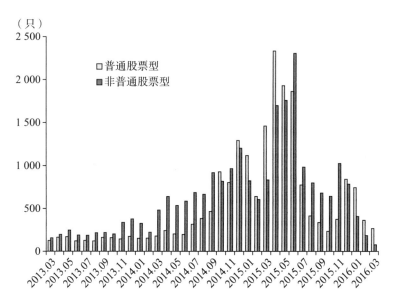

图 7-5　不同类型阳光私募基金月度成立数量比较

资料来源：Wind 资讯，好买私募基金研究。

业绩视角——更为多元化的阳光私募群体

从业绩的视角看，公募基金和阳光私募之间存在着追求相对收益和追求绝对收益的差别。对于不同业绩目标的追求，会影响到基金产品的投资风格、甚至是不同市场下的投资回报表现。另外，一些制度或资源方面的因素也会在投资业绩表现方面构成公募基金和阳光私募基金之间的优劣势：例如，股票型公募基金产品方面，公募基金具有最低仓位的限制，在市场下跌过程中理论上可能会比没有仓位限制的阳光私募产品受到的伤害更大；在债券型公募基金产品方面，140% 的杠杆比例上限对于债券型基金约束较强，机构占比较高导致竞争性集中赎回的问题对于债券型公募基金的流动性管理和业绩会形成很大的压力，而私募基金产品多数面对单一机构或者数量有限的委托人则更容易解决因为流动性压力而带来的"被迫卖券"的问题。但是，公募基金具有较为强大的内部投资研究体系、拥有外部卖方平台和更为广泛的场外市场交易对手群体作为支持，这种资源性的优势又是绝大多数的阳光私募基金所缺乏的。因此，要回答类似究竟公募基金产品的业绩更为出色或者阳光私募基金产品的业绩更为出色的问题，往往是见仁见智，不具备一个标准答案。但是二者所各自具备的特点和优劣势，对于群体业绩分布所呈现出来的特征而言，也存在相应的影响（见图 7-6 和图 7-7）。

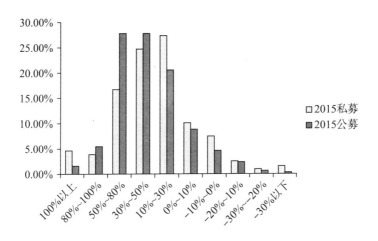

图 7-6　2015 年股票型基金业绩公私募对比

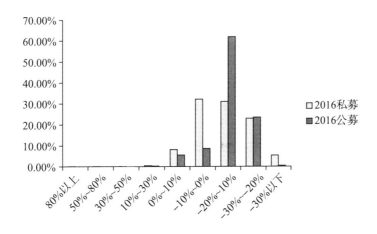

图 7-7　截至 2016 年 3 月 31 日股票型基金业绩公私募对比

资料来源：Wind 资讯、私募排排网基金研究中心。

我们选择了阳光私募基金大发展之后，2015 年和 2016 年 1 月到 3 月份的业绩数据来进行验证。图 7-6 之中，阳光私募股票基金业绩数据仅选取单纯股票策略的基金的数据，而公募基金的数据包括普通股票型基金的数据和偏股型混合基金的数据。总体而言，在股票型或者偏股型产品中，私募基金的业绩谱系分布要较公募基金更为广泛。从年份的角度来看，2015 年度公募基金数据业绩表现要整体优于私募基金，但是到了 2016 年初，这个情况发生了改变，私募基金整体表现要优于公募基金产品。一种可能的解释是：追求相对收益的公募基金在 2015 年 10 月开始的一轮反弹行情之中持仓比例普遍要高于阳光私募基金，这种情况造成了截至 2015 年 12 月 31 日的收益统计之中，公募基金的业绩情况领先。但是 2016 年年初，熔断机制推出导致"四天两熔断"的现象发生，持仓比例更高的公募基金群体反而在该事件中受到的伤害更深。因此在 2016 年初的业绩比较之中，私募基金的业绩表现更好（见图 7-8 和图 7-9 ）。

从债券型产品的业绩表现来看，公募基金的业绩表现显得更为集中和稳定，而私募基金的业绩则显示出了可能的收益范围更广的特征。一种可能的解释是，公募基金的债券业务操作在手法上并不存在太大的差异，普遍而言并不会参与国债期货等高风险特征的品种，参与私募债方面也会有所限制，最多通过转债来博取一些收益。但是对于私募基金而言不仅可以参与的品种更为广泛，操作手法也更为激进。因此，私募基金可能的收益范围则会显得更为广泛，而公募债券型基金（一级债基）2015 年最高的收益却无法突破 30%。

总体而言，不论股债，阳光私募基金比公募基金具有更广的业绩谱系大致是由追求相对收益或者追求绝对收益的业绩目标的区别所导致的。追求相对排名的公募基金，大家在操作手法上会采取相对趋同的策略；但追求绝对收益的私募基金，更敢于参与多元化的策略以博取收益。

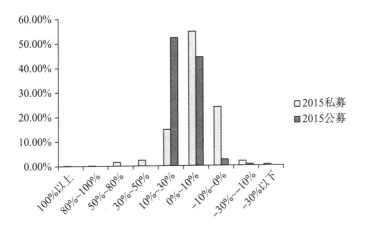

图 7-8　2016 年债券型基金业绩公私募对比

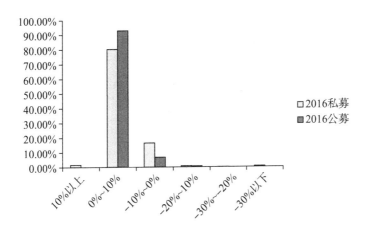

图 7-9　截至 2016 年 3 月 31 日债券型基金业绩公私募对比

资料来源: Wind 资讯，私募排排网基金研究中心。

弥合中的差异——归宿仍将是非完全同质化竞争

由于公募基金和阳光私募之间的业务本质相同、业绩也存在着可比性，公募基金和阳光私募之间是否应当存在着各类差异、最终发展的归宿是否应当是完全同质化的产品是一个争议较多的话题；同时，公募基金和阳光私募基金之间在此前在很长一段时间内也给人"泾渭分明"的感觉,公募基金是否享有了"制度性红利"也颇具争论性。从行业发展和监管的实践来看,虽然公募基金和阳光私募之间不少的差异在近年也逐步弥合,但是并非所有的差异都可以被归结于牌照管理制度下公募基金所享受的制度性红利;综合考虑规范化、投资者权益保护等多重因素,公募基金产品和阳光私募产品之间的制度性差别或无法被完全抹除,非完全同质化竞争或将是最终归宿。

公私募基金产品差异分析:合法、规范为主要考虑

与阳光私募基金相比,关于公募基金享有"制度性红利"的说法一直并未消除。事实上,对比公募基金和阳光私募基金二者的主要差别,我们可以发现,不同类型的二级市场证券投资机构之间的差异在很大程度上并不能将其归结于"制度性"的因素,合法、规范和投资者权益保护考量应是主要原因(见表 7-1)。

表 7-1　　　　　公募基金产品和阳光私募产品主要区别

	公募基金产品	阳光私募产品
产品设立	审批制	备案制
销售许可	可以通过银行网点销售,可以公开进行广告宣传。	不可以通过银行网点销售,不可以公开进行广告宣传。
持有人上限	无	200 人
认购门槛	较低,最低可为 1 元	偏高,一般 100 万元起。
产品设计	大众型,根据证监会注册的基金产品类型不同,投资范围、持仓比例还是杠杆比例(140%)在现行的制度框架之下都难以取得突破。	专属性,在不违反法律法规的前提下可以与客户进行量身打造。
投资范围	限制较多,主要思路为未有明文规定可以投资的品种一般不允许投资;如私募债、商品期货等。	限制较少,不违反法律法规和合同规定的前提下可以投资市场上所有存在的投资品种。

续前表

	公募基金产品	阳光私募产品
交易限制	主要受到公平交易、反向交易等限制。	固定收益类场外市场业务方面，受到交易对手、交易方式等限制。
内控	较为严格，公募基金公司高管包括督查长，内部设有监察稽核部门，对于公募基金公司内部业务进行严格监控。	未有明确内控方面制度性要求。

从公募基金产品和阳光私募基金产品主要区别对比我们可以看出，公募基金产品和阳光私募基金产品尽管具有相同的代客投资管理的本质，但其所面临的客户群体和定位具有很大的差别。这些差别决定了两类不同的基金产品所能享受的权利和所需要面临的监管上也存在着区别：公募基金产品定位于可以面对大众客户，单支产品的客户群体可以非常的分散，单个投资者的额度可以很小，因此产品被允许进行公开宣传和零售，但是出于保护分散的、小额的、与基金公司沟通并不是特别顺畅的而且可能处于弱势的投资者群体的原因，更为严苛的各类限制和监管的存在也显得非常必要。同时，阳光私募产品定位于面向更为有限的、集中的客户群体，并不存在着零售的问题，在不违反法律法规的前提下，所面临的各类投资限制和监管相较于公募基金产品也要少很多。

股东视角谈"红利"：机构类型差别在股东层面逐渐融合

如上小节所分析的，作为公募基金产品和阳光私募产品对比而言，更多的区别在于定位和基于定位所衍生的制度规定和监管规定的区别，并不存在着实质上的"制度红利"的差别。进一步看，公募基金公司和阳光私募基金公司之间也存在着一些差别，例如在二级市场投资方面，公募基金公司可以从事公募基金业务和特定客户资产管理业务，而阳光私募基金公司只能够从事类似于公募基金专户业务的特定客户资产管理业务。但是，公募基金公司是牌照制管理，可以从事公募基金业务的机构必须经过审批、拿到牌照才可以从事该项业务；相较而言，阳光私募基金公司成立难度比公募基金公司要小很多。这种差别，我们也可以从保护广大公众投资者的角度来进行理解。

真正使得公募基金和阳光私募基金之间显得泾渭分明的原因，大致是因为中国基金行业发展的初期，仅能由达到特定要求的股东发起，才可以成立公募基金去从事当时仍是一片蓝海的公募基金业务。从中国最早成立的 10 家公募基金公司发起股东名单中我们可以看出，所有的发起机构均为国有券商或者信托公司。尽管后期因为股权变更，不少基金公司变更为了合资基金公司或者股东名单中列有少量民企，但是公募基金公司的发起人必须是实力较强的金融企业（绝大多数为国资）或者著名外资金融机构的惯例在中国延续了很多年（见表 7-2）。

表 7-2　　　最早成立的 10 家公募基金公司股东构成及规模

基金公司	成立时间	规模（亿元）	发起设立股东
国泰基金	1998.3.5	823.6	国泰证券、中国电力信托、上海爱建信托、浙江省国际信托
南方基金	1998.3.6	3 440.2	南方证券、厦门国际信托、广西信托
华夏基金	1998.4.9	6 017.42	华夏证券、北京证券、中国科技国际信托
华安基金	1998.6.4	1 403.57	上海国际信托、申银万国证券、山东证券
博时基金	1998.7.13	2 008.56	光大证券、金信信托、国信证券、长城资产
鹏华基金	1998.12.22	1 610.08	国信证券、深圳北融信投资、方正证券、国元信托
嘉实基金	1999.3.25	3 044.69	广发证券、北京证券、吉林省信托、中煤信托
长盛基金	1999.3.26	397.72	中信证券、长江证券、国元证券、北方国际信托

续前表

基金公司	成立时间	规模（亿元）	发起设立股东
大成基金	1999.4.12	730.85	光大证券、大鹏证券、中经开、广东证券
富国基金	1999.4.13	1 705.39	海通证券、申银万国、江苏证券、福建国际信托、山东国际信托

注：截至 2016 年 1 季度末。

在此规则下，"人需要依附于资本"，否则脱离了牌照之后，个人仅能够从事阳光私募基金业务，在不能够广告宣传、缺乏渠道支持的前提下为特定客户进行资产管理。但是，随着行业的市场化改革，该情况发生了改变，如果我们再看最新成立的 10 家基金公司股东构成名单（截至 2016 年 1 季度末），我们会发现民营企业、管理团队甚至个人股东均有出现（见表 7-3）。

表 7-3　　　　最新成立的 10 家基金公司股东构成及规模

基金公司	成立时间	规模（亿元）	股东
北信瑞丰基金	2014.3.17	74.31	北京国际信托、莱州瑞海投资
红土创新基金	2014.6.18	2.06	深圳市创新投资集团
九泰基金	2014.7.3	71.54	昆吾九鼎、同创九鼎、拉萨昆吾九鼎、九州证券
创金合信基金	2014.7.9	61.27	第一创业证券、深圳金合信投资
嘉合基金	2014.7.30	147.46	中航信托、上海慧弘国际贸易、广东万和集团、福建圣农实业
泓德基金	2015.3.3	134.65	王德晓、阳光保险、珠海基业长青股权投资、南京民生租赁、江苏岛村实业、上海捷朔信息技术
金信基金	2015.7.3	0.29	金信基金管理团队、国元信托、深圳市卓越创业投资
新疆前海基金	2015.8.7	111.39	钜盛华股份、粤商物流、深粤控股、凯诚恒信仓库有限公司
新沃基金	2015.8.7	5.33	新沃集团、新沃联合
中科沃土基金	2015.9.6	0	中科招商、粤科金融集团

注：截至 2016 年 1 季度末。

因此，所谓"制度性红利"，并非是针对于公募基金和阳光私募这两种不同的业务模式，而是针对于股东方而言。由于公募基金具有注册资本金较少、公募规模相对稳定性的特征，在此前行业竞争不太激励的时候，绝大部分公募基金公司 ROE 均显著高于其他行业。一个行业的投资回报持续维持在较高的水平，往往意味着这个行业缺乏充分的竞争。因此，放开行业准入，使得个人或者民营企业也可以逐渐具备申请公募基金牌照的条件，对于行业的充分竞争和进一步发展而言，意义非常巨大。

衍变中的行业格局：继续向投资行业本质复归

二级市场证券投资基金行业是中国资产管理行业之中市场化改革程度最深的板块。在市场化改革逐步推进和深入的过程中，我们可以看到行业格局较此前所发生的重大变化。但是，行业格局的衍变并非朝夕之功，二级市场证券投资基金图谱在业内各类机构的相互作用和影响下，未来还将会呈现出更为丰富的样貌。

行业规模和管理人数量将继续爆发式增长

从管理规模和管理人数量上看，中国二级市场证券投资基金行业已经经历了非常快速的增长。但是，从中国金融行业结构变化和资产管理行业转型的角度来看，中国行业规模和数量远远还没有达到饱和的状态，未来全行业规模和管理人数量相较于现在还将出现爆发式增长。

行业管理规模的发展潜力与中国各类资产证券化程度有着直接的联系。在中国现有的格局下，二级市场证券投资基金的投资标的绝大部分还是标准化的各类证券；而非标准化资产主要集中在银行、信托等金融机构之中。这种分布是与资产的特征相关的：非标准化的资产相互之间差异性较大，没有统一的信息披露制度，信息不对称的程度相对较高，对于此类资产的投资具有较高的交易成本，一般需要一个深入的尽调过程，二级市场交易较为繁复，难以形成一个大规模交易的二级市场。因此，对于此类机构的投资，尽调人员的配备非常重要，比较适合由银行、信托类金融机构参与。而同类的标准化的资产在特征上具有比较高度的同质性，信息披露较为完善，信息不对称程度相对较低，对于此类资产的投资交易成本相对低廉，二级市场交易投资比较活跃，对于此类资产投资的关键在于对于资产的投资研究交易分析，比较匹配二级市场投资机构的比较优势和特点。假设社会各类融资需求形成的资产是一定的前提下，标准化的各类证券和非标准化的各类资产应当是一个相互替代的关系。从资产形态影响资金性质的角度来看，伴随着中国基础资产的标准化程度逐渐提高，对于资产的投资研究交易分析需求也将越来越大，二级市场证券投资机构也将会逐渐在金融机构之中占据大的比重。

二级市场证券投资基金市场化的优胜劣汰机制决定了管理人数量仍将持续增长。二级市场证券投资基金是建立在市场化的优胜劣汰机制之上的，这种机制需要良好地发挥作用，一个庞大的管理人群体和相应的进入、退出机制是不可或缺的。眼下，中国二级市场证券投资基金的准入门槛正逐步被放宽，"人必须依附于资本"的情形正在被改变，"靠既定的游戏规则挣钱"的方式也在被改变。未来，依靠牌照的粗放式的二级市场投资管理在行业内越来越难以生存，对于精细化的管理需求的大幅提升，必然将推动管理人数量持续增长。

机构投资者或成为主要资产委托人

随着二级市场证券投资基金行业的市场化程度的日益加深，基金行业的参与者数量群体也迅速扩张；不仅基金公司的数量增长很快，每一个基金公司的基金产品数量也不断增加；同时，基金可投资的基础资产标的范围也开始变得更广泛，基金产品的设计未来也将会越来越复杂。由此，如何选择适合的基金产品进行投资也变得越来越专业化，散户投资者光凭借诸如基金管理人品牌等简单的指标进行基金产品选择也将变得越来越难。在整个业务链条之中，散户直接选择基金管理人的现象可能会越来越少，而机构投资者或将成为最为主要的资产委托人。

机构作为资产委托人，具有更为明显的优势。其一，机构作为委托人，具有更为专业的能力，对于基金管理人和基金产品的可靠性以及优劣的判断分析能力相较于散户投资者而言普遍更强；其二，机构委托人因为委托资金量更大，与散户相比同基金管理人具有更为直接的沟通能力和更强的谈判能力。不仅在业绩和风控要求上可以给基金管理人更多的约束，还可以同基金管理人就产品的个性化设计问题进行沟通。

机构成为二级市场证券投资基金的主要委托人，也是"投资"和"销售"能力更进一步专业化分工的必然要求。眼下，不少投资机构兼具了投资和销售的双重职能，但是从禀赋上而言，却又各有侧重；对于一些具有更强销售能力的机构而言，与其内部发展投资研究能力，不如以资产委托人的形式在外部选择资产管理机构。例如，在债券类二级市场投资方面，随着眼下银行委外业务在近两年的快速兴起，银行等具有极强销售能力的机构已经成为了二级市场证券投资基金债券业务的主要委托人；这种委托关系的兴起，意味原本在散户层面相互竞争的基金产品和银行理财之间，逐步开始进化为上下游的互相委托的关系，这不仅意味着行业专业化分工的进一步细化，同时也代表社会资金的更为有效率的配置。

FOF 产品发展空间巨大。未来，随着市面上的二级证券投资资产管理人的数量逐渐增多，散户对于资产管理人的选择和互动越来越难，FOF 的需求将会变得越来越大，将获得更大的发展空间。不仅如此，FOF 还可以弥补散户的关于宏观经济、大类资产等方面的知识缺陷。眼下，部分 FOF 已经在一些第三方财富管理公司、私人银行等机构 / 部门兴起，此类服务暂时还停留在偏高净值客户的群体之中；随着基金行业的进一步发展和成熟，FOF 服务对象的下沉值得期待。

08

『内外双压』，基金子公司进入瓶颈

2016 | 本章导读

◎ 2012 年以来，由于信托、券商等机构受到政策的限制，基金子公司得益于较低的业务门槛和政策导向，实现了迅速扩张，成为基金公司开展业务的重要渠道，帮助实现业务多元化经营、满足资产多样化配置，从而扩张资产管理规模、提升市场竞争力。作为大资管时代的"新生儿"，基金子公司涉足的业务范围很广，尤其是在主要金融机构合作受到限制时，基金子公司在其中起到了非常关键的作用。但正是因为具有政策赋予的诸多灵活性，前期的"野蛮扩张"为后面的风险隐患埋下了伏笔。

◎ 2015 年，在 A 股剧烈震荡、经济持续下滑、资产荒等大环境下，经历了超常规发展后的基金公司子公司业务开始出现瓶颈，监管者也对基金子公司资产管理业务加强了监控和约束。对于业务而言，绝大部分的基金子公司非标业务占比非常高，而在大量的非标业务中，基金子公司通常扮演的只是通道的角色，因此通道业务是基金子公司规模扩张和扩大经营的重要途径。但随着利润越来越薄、风险越来越大，通道业务出现弱化，基金子公司开始探寻偏于稳定回报的主动管理业务和另类投资业务，同时经过几年的发展，立足于自身优势的差异化竞争也拉开序幕。

◎ 2014 年，基金子公司发生了多次违规事件，引起市场参与者的关注，证监会出台多条政策法规旨在加强基金子公司内控核查、风险管理水平。2015 年基金子公司迎来第一波违规潮，说明了基金子公司规模猛增与其合规风控能力难以匹配，尤其是 2016 年 4 月证券期货经营机构年度专项检查的通报处罚中出现了银行系基金子公司，更是揭露了盲目扩张非标和通道所暗藏的风险。

资管规模延续增长，但出现瓶颈

2015 年是大资管崛起的一年，根据基金业协会此前发布的数据显示，截至 2015 年底，基金子公司业务规模为 85 712.74 亿元，在各类资管业务中名列第二，超过了公募资产规模，占整个行业规模的 22.4%，相较 2014 年的 3.74 万亿增长 129.14%。从 2012 年 11 月第一家基金子公司获批，基金子公司业务规模快速扩张，三年时间里，翻了近 9 倍。据《中国基金报》报道，中国基金业协会公布 2015 年底基金子公司规模 20 强榜单，进入 20 强的基金子公司规模均超过 1 300 亿元大关。其中，民生加银资产管理有限公司以 8 068 亿元蝉联规模冠军（规模占比达到 9.41%），深圳平安大华汇通财富、招商财富和深圳市融通资本财富管理三家公司分列第二到第四名，排名和 2015 年第三季度末没有发生变化。另外有 8 家基金子公司业务规模在 2 000 亿元到 3 000 亿元之间。和 2015 年第三季度末相比，民生加银资产、深圳平安大华汇通财富、招商财富和博时资本规模增长 1 000 亿元以上。博时资本和上海浦银安盛资产排名均上升 5 个名次。排名下滑最厉害的当属中信信诚资产，该公司 2015 年四季度管理规模缩水 68 亿元，排名从第三季度末的第 5 名跌至 2015 年底的第 11 名，下滑 6 个位次。和 2014 年底相比，民生加银资产、深圳平安大华汇通财富和招商财富规模遥遥领先，排名稳居前三，已经成为基金子公司的第一梯队公司。仅这三家公司管理规模便占到整个行业的约 1/4（见图 8-1 和表 8-1）。

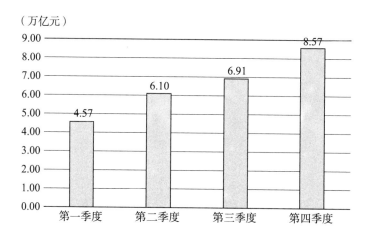

图 8-1　2015 年基金子公司资产管理规模

资料来源：中国证券投资基金业协会。

表 8-1　　　　　　2015 年 12 月基金子公司专户管理规模前 20 名

排名	公司名称	管理规模（亿元）
1	民生加银资产管理有限公司	8 068
2	深圳平安大华汇通财富管理有限公司	7 378
3	招商财富资产管理有限公司	5 459
4	深圳市融通资本财富管理有限公司	3 811
5	上海浦银安盛资产管理有限公司	2 962
6	兴业财富资产管理有限公司	2 926
7	天弘创新资产管理有限公司	2 828
8	博时资本管理有限公司	2 789
9	交银施罗德资产管理有限公司	2 704
10	鑫沅资产管理有限公司	2 626
11	中信信诚资产管理有限公司	2 591
12	工银瑞信投资管理有限公司	2 366
13	建信资本管理有限责任公司	1 944

续前表

排名	公司名称	管理规模（亿元）
14	南方资本管理有限公司	1 923
15	上海兴瀚资产管理有限公司	1 829
16	北京千石创富资本管理有限公司	1 790
17	东方汇智资产管理有限公司	1 702
18	鹏华资产管理（深圳）有限公司	1 412
19	万家共赢资产管理有限公司	1 399
20	嘉实资本管理有限公司	1 389

资料来源：中国证券投资基金业协会。

基金子公司按照控股股东进行分类，可以分为银行系、信托系、证券系以及其他。2015 年基金子公司进入业务快速发展期，以银行系为代表的一批基金公司在非公领域"锦衣夜行"，实现了在资产管理总规模上的逆袭。在规模最大的前 13 家基金子公司中，银行系基金子公司占据了八席，基金子公司专户规模前 2 名均是银行系基金子公司。2016 年初数据表明，资管规模最大的是证券系基子公司约为 12 835.68 亿，同时证券系基子公司也是数量最多的，有规模的共计 37 家；银行系排在第二位，资管规模为 9 969.89，但银行系基子公司数量较少，共计 15 家；信托系紧随其后，资管规模约 9 561.26 亿元，有规模的共计 20 家。从平均数来看，银行系基金子公司资管规模遥遥领先排在第一位，约为 664.66 亿元，而证券系除少数的其他之外排在了最后，资管规模约 346.64 亿元。通过比较不难看出，银行系和信托系基子公司分化最严重，尤其是对于银行系基子公司而言，银行系基金普遍规模较大，但盈利能力却分化严重。相对而言证券系基子公司总体分化程度最小，从另一个角度说明了券商资管投资管理团队相对稳定，部分公司在集合资产管理方面拥有多年积累，尤其是具有较强的主动管理能力（见图 8-2 和图 8-3）。

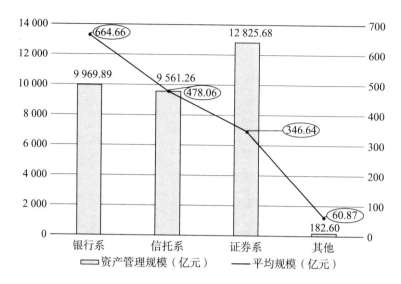

图 8-2　不同类别基金子公司资产管理规模

资料来源：Wind。

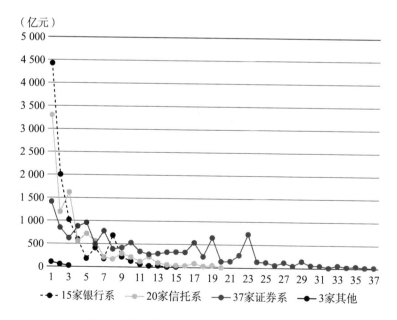

图 8-3　各家基金子公司资产管理规模比较

资料来源：Wind。

2014 年，基金子公司业务量飙升，专户业务呈现出规模爆发性增长，融资类业务持续增加。但经历了超常规发展后，2015 年基金公司子公司业务开始出现瓶颈。随着 2014 年 4 月 26 日证监会下发《关于进一步加强基金管理公司及其子公司从事特定客户资产管理业务风险管理的通知》对"一对多"通道业务的叫停，高净值个人的资金来源在减少。由于通道业务比较多，缺乏核心的能力；融资类业务的信用风险逐步显现；专户产品中存在分级杠杆产品。此外，在 A 股剧烈震荡之下，场外配资被禁、期指实施限仓以及配资类结构化资管的停发，让基金专户在二级市场业务面前遭遇较大压力；另一方面，由于实体经济持续下滑，在资产荒大背景下，大量优质融资项目资源流向了标准化债券市场，离开了基金子公司为代表的非标渠道。根据 2015 年基金子公司有关政策规定显示，可以看出基金子公司在 2015 年业务发展出现瓶颈，监管者在政策上面既给予了一定的业务开展机会（比如在 2014 年末将资产证券化业务管理人范围由证券公司扩展至基子管理公司子公司），还允许资产管理人自营账户和资管账户之间及其管理的资管账户之间可以进行债券交易。同时面对前期野蛮扩张和风险性事件逐渐增多，监管者也对基金子公司资产管理业务加强了监控和约束（见表 8-2）。

表 8-2　　　　　　　　基金子公司相关政策规定

颁布或实施日期	发布机构	政策名称	要点
2014.11.19	中国证监会	《证券公司及基金管理公司子公司资产证券化业务管理规定》	将资产证券化业务管理人范围由证券公司扩展至基子管理公司子公司。
2015.1.16	中国银监会	《商业银行委托贷款管理办法（征求意见稿）》	规范委托贷款业务管理，对商业银行受理业务的前提、签订合同的要素、资金的来源和用途、账户管理和账务处理等作出了明确规定。

续前表

颁布或 实施日期	发布机构	政策名称	要点
2015.3.5	中国证券投资基金业协会	《证券期货经营机构落实资产管理业务"八条底线"禁止行为细则（2015 年 3 月版）》	为了警示资管业务风险，不是为了打击行业开展业务积极性。部分条款在以往法律法规中有所体现，部分条款是针对目前情况做出的细化。公司风控部门可以制定更细化，要求更高的禁止行为。
2015.4.17	中国证券投资基金业协会	《基金参与融资融券及转融通证券出借业务指引》	规定了基金参与融资融券交易及转融通证券出借交易的参与范围和比例。
2015.5.9	中国人民银行	《银行间债券市场债券交易流通公告》	允许资产管理人自营账户和资管账户之间及其管理的资管账户之间可以进行债券交易，但上述交易发生后投资者必须通过交易中心进行披露。
2015.10.16	全国中小企业股份转让系统有限责任公司	《关于资产管理计划、契约型私募基金投资拟挂牌公司股权有关问题》	明确基金子公司资产管理计划、证券公司资产管理计划、契约型私募基金可以投资拟在全国股转系统挂牌的公司的股权。
2015.12.7	中国证券投资基金业协会	《基金管理公司从事特定客户资产管理业务子公司内控核查要点》	规范会计师事务所对基金子公司的内控核查工作，包括对基金子公司聘请的会计师事务所，会计师事务所核查要点，内控评价报告的报告期间、格式做了具体规范。

通道业务规模仍大，业务竞争加剧

截至 2015 年 12 月，全行业 112 家基金管理人中，共有 79 家设立了基金子公司，基金子公司专户业务产品数量达 16 092 只，一对一 7 674 只，一对多 8 418 只。与母公司专户不同的是基金子公司的产品既可以投资标准化的产品，也可以投资非标产品，据实际操作来看，绝大部分的基金子公司业务都做了非标业务。在大量的非标业务中，基金子公司通常扮演的只是通道的角色。

通道业务受考验，积极尝试主动管理

由于通道业务具有效率高、费率低，比主动管理类项目时间短等优势，信托、券商、基金子公司纷纷扩容通道业务。根据基金业协会提供的资料显示，截至 2015 年 2 月，在子公司专户管理方式中，通道类业务人占据 6 成。子公司专户投资方式上非标产品占据 9 成。这说明通道业务仍然是支撑起了基金子公司的半边天，通道业务是基金子公司规模扩张和扩大经营的重要途径，新成立基金子公司为迅速扩大规模，大多会首选通道业务。但由于信托、券商资管、基金子公司都可以扮演通道的角色，通道业务的竞争激烈，通道费也从原来的千三降到最近的万三至万五左右，像股票市场定向增发这类通道业务的通道费只有万二。因此虽然通道业务规模很大，但是以信托为主的非标投资项目频出危机。随着利润越来越薄、风险越来越大，通道业务开始出现弱化。基金子公司专户管理方式与投资方式情况见图 8-4 和图 8-5。

2015 年以来，因为屡屡打破"刚性兑付"，令基金子公司的"通道"业务遭受严峻考验。在此背景下，许多基金子公司加快探索步伐，偏向于稳定回报的主动管理业务和另类投资业务正在兴起。

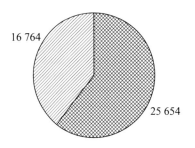

子公司专户管理方式（单位：亿元）

16 764

25 654

⊠通道类业务　□主动和合作管理业务

图 8-4　基金子公司专户管理方式

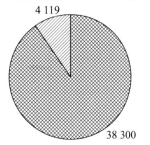

子公司专户投资方式（单位：亿元）

4 119

38 300

⊠非标产品　□标准化产品

图 8-5　基金子公司专户投资方式

资料来源：中国证券投资基金业协会。

逐鹿资产证券化

在探索主动管理突围点时，一些经验丰富的基金子公司选择以"资产证券化"作为突破口。目前包括民生加银、博时资本、嘉实资本、华夏资本、工银瑞信资管、交银施罗德资管等在内的十多家基金子公司已经发行了资产证券化项目。基金业协会报告显示，截至 2015 年 6 月 30 日，基金业协会共计收到38 家公司报备的 56 只资产支持专项计划，出具备案确认函的 54 只，产品规模约 526.66 亿元，平均期限为 3.88 年，优先级预期收益率平均区间在 5%～8%。证券时报统计显示，这些资产证券化产品中涉及了 11 家基金子公司的 13 只产品，合计规模达到 133.47 亿元，平均单只产品规模在 10 亿元左右。从资产证券化的基础资产来看，金融债券类和企业经营性收入类较多，金融债券类分为小额贷款和融资租赁资产，还有涉及不动产类和企业应收款类；从发行主体来看，深圳平安大华汇通财富管理有限公司和民生加银资产管理有限公司发行了两款产品，其他公司均发行一款（见表 8-3）。

表 8-3　　　基金子公司发行规模超过 10 亿的资产证券化业务

确认日期	产品	发行总规模（亿元）	管理人
2015.1.21	中信华夏苏宁云创资产支持专项计划	43.95	华夏资本管理有限公司
2015.5.22	宝钢集团新疆八一钢铁有限公司一期应收账款资产支持专项计划	12.00	工银瑞信投资管理有限公司
2015.5.22	海通恒信一期资产支持专项计划	13.65	上海富诚海富通资产管理有限公司
2015.7.14	平安凯迪电力上网收费权资产支持专项计划	11.00	平安大华汇通财富管理有限公司
2015.7.14	天富能源资产支持专项计划	12.00	东方汇智资产管理有限公司

其中中信华夏苏宁云创资产支持专项计划交易结构如图 8-6 所示。

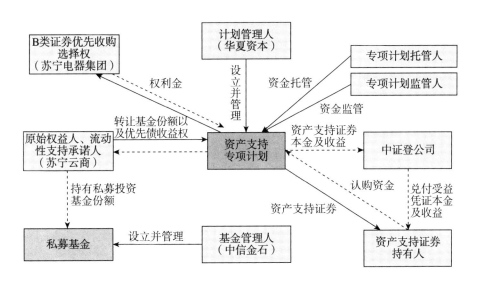

图 8-6　中信华夏苏宁云创资产支持专项计划交易结构

资料来源：华宝证券研究所。

但是基金子公司如果将资产证券化作为主动管理业务突围点，这就对公司的团队提出了更高的要求，无论是团队的专业性、协调性还是风险控制能力都还有待提高。券商的企业资产证券化业务体量最大，并且券商投行部门本身也有更多项目经验沉淀，基金子公司开展资产证券化业务最大的差异仍在团队的综合能力上。目前大多基金子公司仅落地了资产证券化首单项目，尚处于探索阶段，因此发展到后面可能会出现一些分化。有些公司可能会专注做企业资产的证券化，而有些可能会将重点放在银行非标资产的证券化方面。

此外，基金子公司开展资产证券化业务的风格也会和母公司乃至母公司的控股股东的风格有一定关联。2015 年 8 月 11 日，交易所市场首单由商业银行主导安排的企业资产证券化项目——"宁波兴光燃气天然气供气合同债权 1 号资产支持证券"发行，该项目发行规模为 52.5 亿元，其他基金子公司产品发行规模大多几个亿。而中国农业银行则从中担任项目安排人、推广机构、托管银行、监管银行等多个角色，该项目实现了多重创新。商业银行介入企业资产证券化市场，将为市场引进客户资源、风控资源、资金资源、管理资源和强大的项目复制能力，助推企业资产证券化业务发展，是银行系基金子公司今后开展相关业务的典范。

股权投资扩张

除了如火如荼的资产证券化项目，新三板等股权投资也成为基金公司突围的路径之一。对于主攻投资拟上市或者拟挂牌新三板企业的基金子公司资管产品，其本质就是 PE 基金。资管产品如果能投资 PE，就大大降低了准入门槛，拓宽投资人的范围，为普通中产阶级理财提供了一个重要的新品种。在政策放开之后，多家公募基金纷纷通过子公司迅速试水 PE 投资，相关产品也被市场所追捧。

随着股权投资类资管产品逐渐成为中产阶级家庭财富配置主流品种之一，国内部分基金子公司早已审时度势，将业务重心逐渐转移至一级市场的股权投资。早在 2013 年末，汇添富子公司汇添富资本发起成立了上海汇添富医健股权投资管理有限公司，进军股权投资领域。参与绿地集团增资扩股是汇添富首次涉入一级市场，汇添富也成为业内首家通过股权投资参与国企改制的基金公司。2014 年，嘉实开始拓展一级和一级半市场投资业务，旗下的一级与一级半市场投资平台——嘉实投资投了京东金融、首汽租车等优质企业，已经建立起了包括 VC、PE 在内的投资全生态链。在成立不到两年时间内，嘉实投资的规模已经超过 150 亿元。工商数据显示，嘉隆（嘉兴）投资管理有限公司、嘉实科技投资管理公司均成立于 2015 年 8 月份，经营范围均以股权投资基金为主。2015 年 11 月 7 日，由博时资本和 IDG 联合成立的合资公司，和谐博时资产管理公司，发行 IDG 博时股权投资基金一期——互联网股权基金。IDG 博时股权投资基金的投资目标瞄准准备拆除 VIE 架构拟境内上市的互联网公司，希望把握股权投资市场的转折机遇，积极寻找国内互联网公司 VIE 拆解中诞生的机会，争夺更优质的国内互联网企业。

业务竞争加剧，差异化发展拉开序幕

伴随着各类资管牌照的逐渐放开，资管行业准入门槛大幅降低，金融业行业混业经营进入白热化竞争阶段。各大主要金融机构纷纷通过设立子公司从事自营以外的业务，弥补自身的业务短板。基金子公司在转型的道路上也发挥投资管理业务优势，提升创新业务占比，实现业务竞争差异化。目前已经有不少基金子公司将除通道业务以外的主动管理或合作管理业务提升至战略层面。

专户子公司

2012 年，在政策支持下，基金专户子公司纷纷成立，打开了基金行业多元化业务的突破口，也是基金公司规模迅速扩张的"领头羊"。专户子公司的发展多依托于股东背景，或者源自于母公司业务体系的延伸，业务多以通道业务为主。

大成基金旗下资管子公司大成创新资本专门成立了投资银行部。据介绍，为做好并购及其他投行业务，大成创新资本 2014 年底筹划设立了投资银行部，大成创新资本也是目前少数设立了投资银行部的基金子公司之一。民生加银基金子公司的业务与母公司业务形成互补，例如财物商场与投行事务、财物证券化、国企改革、PPP 等事务范畴，是当下及将来展开的首要方向。随着资产证券化的放开，各家专户子公司的相关业务纷纷亮相。

销售类子公司与互联网结合

销售子公司是公募基金布局全金融行业链的重要一环。自 2012 年基金子公司牌照放开，多家基金公司相继成立公募销售子公司，成为自身业务创新以及化解银行销售渠道垄断的重要举措。基金销售子公司不仅是对接自家产品，也代销其他金融机构的产品，他们更多还是向高端客户提供理财产品解决方案。在此基础上，销售子公司与互联网碰撞出了火花。

嘉实财富推出半自主式"定制账户"，让用户能"一指"搞定投资，在销售子公司中表现尤为抢眼。投资者只需关注股市、债市、国家货币政策等大形势，无需关注每只基金的配置细节，在嘉实回报中心独有的大数据挖掘预测系统支持下，为投资者优选适合的基金。在此业务的基础上，在移动互联领域，嘉实推出了国内首个贝塔投资策略平台"金贝塔"。

海外子公司

海外子公司成为了进军国际市场的门户，截至 2016 年第一季度，已有 20 余家香港子公司。近期，中邮创业获批在香港设立子公司，部分公司将子公司开到了更远的英国。广发基金在伦敦设立的欧洲子公司——广发国际资产管理（英国）有限公司，2015 年 10 月份正式成立，成为中资资产管理公司在欧洲成立的首家子公司。

2008 年，嘉实拓展国际市场的核心门户——嘉实国际于香港成立。此后，嘉实的国际化道路持续发酵，纽约、伦敦都成了嘉实拓展欧美地区投资管理业务的根据地，为此，还增设了全球资产配置投研团队。如今，嘉实的投资范围已全方位覆盖亚太地区及部分新兴市场，囊括了 H 股、亚太地区股票、美元债和 ETF 等市场。

新三板业务

2015 年新三板市场迎来大飞跃，基金子公司也纷纷将相关业务作为"标配"和主流，产品则以专户和资管计划为主。从 2015 年年初开始，一些以创新业务见长的基金子公司已经将新三板上升至公司战略层面。

背靠阿里，天弘基金旗下全资子公司天弘创新资产管理有限公司已经将新三板定为公司的战略业务。2015 年初，天弘基金子公司成立了场外市场部、权益投资部和并购部，待政策成熟后就启动新三板推荐挂牌、做市业务，加上股权投资、并购等业务，参与到新三板全产业链。2015 年 12 月天弘创新首个医药股权投资项目"维和药业"在新三板正式挂牌，是基金子公司股权投资项目登陆新三板的第一单。新三板已经成为天弘基金子公司的战略业务，公司下设场外市场部、权益投资部和并购部，准备积极参与新三板企业挂牌、定增、并购等全产业链条。

尽管基金子公司一直在探索新的发展思路，但是包括资产证券化、股权投资、另类投资、对冲基金等在内的创新业务并没有给基金子公司带来多大的利润贡献，更多仅仅是一种尝试。

2016 板块

券商另类投资子公司的业务竞争

在"泛资管"背景下，作为中国资产管理行业的重要两大类型机构基金公司与证券公司都通过子公司的布局进行业务扩张，因此必然会出现业务交重的情况。可以说，基金子公司在走向同类差异化竞争之路时，也面临着与其他资产管理机构的角逐。其中，券商另类投资子公司成为了很好的类比。

券商另类投资子公司是由证券公司设立的，主要从事《证券公司证券自营投资品种清单》所列品种以外的金融产品等投资业务。截止到 2015 年 11 月，共有 40 家证券公司成立另类投资子公司，平均注册资本为 7.92 亿元。目前券商另类投资业务包括量化投资交易、衍生金融产品、提供股权质押融资、房地产融资、过桥贷款、艺术品等，例如以实业资产或者股权作为抵押物再通过开发或投资不同类型的金融产品，满足市场的融资需求。此外，一些券商子公司还会涉足 PE 业务，但主要还是以金融产品为主。

角逐另类投资

在股票及债券市场遭遇资产配置荒之时，基金子公司则凭借投资领域灵活的优势，开始在房地产 REITS 市场、海外基金市场等另类投资领域寻找新的投资机会。

2015 年 6 月 26 日，鹏华基金发行了首只公募 REITs——鹏华前海万科 REITs。突破了传统的固定收益领域，鹏华前海万科 REITs 募集规模达 29.99 亿元。2015 年 8 月，嘉实资本发行的专户产品——"融瑞城市世贸系列专项资管"，就是用于向 PE 投资最终用于收购项目公司股权、运营及收购标的的装修改造等。这也是公募基金在房地产私募股权基金领域的首次尝试。此外，2015 年股市大跌之后，国内量化交易投资受限，不少基金子公司通过 QFLP（合格境外有限合伙人）渠道投资海外另类投资基金。比如专注于另类投资市场的橡树资本，目前管理规模已高达 1 030 亿美元，嘉实基金子公司 7 月发行成立的橡树全球困境机会基金专项资产管理计划，试图通过海外基金突破国内市场资产配置荒局面并寻找投资机会。

基金子公司在另类投资领域的破局，反映出了各类资产管理机构除了面临激烈的同业竞争之外，还要应对逐渐出现的外部业务交互竞争问题，这也将是今后资产管理行业的一大趋势。

找准自身定位是关键

如果说在起步阶段，基金子公司和券商另类投资子公司通过依靠母公司强大的业务资源加之母公司为打破资管分割局面的大力加码，使得子公司得以迅速扩张。那么，随着子公司数量的增多以及涉及业务范围的拓宽，这种模型已经不可持续。据了解，目前券商在另类投资的创新方面仍然存在很多不足，尽管券商对另类投资都有自己的看法和筹划，但是进入操作阶段仍然处于试水期，投向还是比较保守和传统。一些券商另类投资子公司甚至也在购买股票时，出现与直投业务混乱竞争问题。这说明券商另类投资的业务范围并未有明确规定。此外尽管另类投资领域很广，但毕竟券商另类投资子公司出生于证券，与信托和银行相比，既不像信托公司那样有产品设计和创新方面的优势，也没有银行客户资源方面的优势，更多的现有业务是游走在各类金融业务的夹缝之中，因此要想开展另类投资业务，找准自身定位非常关键。

目前已有一些证券另类投资子公司根据母公司的战略定位以及背景能力开始探寻自己的业务模式，例如，中信另类子公司被定位为中信证券开展创新业务的通道与平台，另类投资业务线主要以对冲基金为主要方向，分别以境内和境外两个公司作为载体；西南证券另类投资子公司凭借其国资背景，积极介入国资公司的资本中介、投融资服务。市场上不少国资企业拥有充裕的现金流和较大的融资需求，并需要安全性较高的理财服务。西证另类子公司通过建立双方的联系，利用自身的金融专业特性分析融资项目、设计产品和提供信用担保来获取收益；广发证券另类子公司的业务可分为自主投资以及对外投资平台两大部分，自主投资包括权益类投资、非标债权和量化交易三个方向，对外方面，广发另类子公司没有拿私募牌照，但通过与中国兵器工业集团成立的一家子公司拿了私募牌照，成为母公司对外的创新投资平台。

非标占比高，到期风险集中

经过 3 年的发展，基金子公司非标业务急速扩张，前面数据显示，截至 2015 年 2 月，子公司专户投资方式上非标产品仍占据 9 成。无论是在主动管理业务还是通道业务中，非标类资管产品的占比都举足轻重。截至 2015 年 9 月底，非标业务占前述两种产品规模比例分别为 34.3% 和 65.7%。基金子公司目前针对非标等融资类业务也主要通过两种形式开展。一是通过债权、股权、资产收益权等方式实现融资类业务，而该类模式通常为实体经济直接"输血"。截至 2015 年 9 月底，基金子公司投资到工商企业、房地产、地方融资平台的项目规模分别为 1.28 万亿、1.14 万亿和 0.84 万亿，占比分别为 19%、17% 和 12%，三者合计占比已达 48%；二则是通过投资金融机构的资产，即以资产收益权投资的方式实现收益。该模式通常以银行出表信贷、票据、信用证资产为主要投资标的，而目前规模也已达到 2.21 万亿元，占全部产品的 32%。基金子公司的非标业务和投向情况见图 8-7 和图 8-8。

基金子公司非标业务

34%
66%
☑主动管理型　◪通道型

图 8-7　基金子公司非标业务
资料来源：中国证券投资基金业协会。

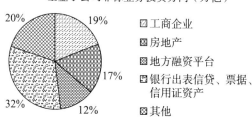

基金子公司非标业务投资方向（万亿）

20%　19%
17%
32%　12%

▣ 工商企业
▣ 房地产
▣ 地方融资平台
▣ 银行出表信贷、票据、信用证资产
▣ 其他

图 8-8　基金子公司非标业务投向
资料来源：中国证券投资基金业协会。

虽然基金子公司资产管理规模飞速增长，但"非标"产品占比过重导致基金子公司业务结构出现畸形，其中潜藏大量风险。基金子公司主要从事非标业务的项目风险往往不低于银行信贷项目和信托项目，但部分子公司的风控措施远远不如银行、信托完善，存在交易对手筛选不严、过度依赖合作机构提供尽调报告、放款出账环节把控不严、风控措施不到位、缺乏资金监管等情况。尤其是，部分基金子公司为追求利润忽视风险，降低项目审核标准，吸收了大量高风险业务。

第一波违规潮

2015 年是基金子公司业务风险性事件的集中爆发期，2013 年初的 20 家基金子公司的产品期限主要为 24 个月，占比超七成，最长的产品期限为 25 个月，最低的为 18 个月。2012 年 11 月第一家基金子公司获批，后续发的产品基本上都是 2 年以上的期限，2015 年是产品到期比较密集的时间，所以出现了以河北融投等波及广泛的风险兑付事件。2015 年 4 月 11 日中国第二大担保公司——河北融投担保集团有限公司（下称河北融投）丧失了担保能力，500 亿债权无人履行担保而面临险境，有相当多的基金子公司被卷入其中。截至 2015 年 9 月底，仍有 14 券商、基金子公司的 54 只资管计划涉及河北融投，规模合计达 62.24 亿元。其中，一对多资管产品 48 只，规模合计 47.67 亿元，涉及投资者多达 3 000 人；而产品到期时间集中于 2015 年下半年和 2016 年上半年。

截至 2015 年 9 月底，共有 28 家基金子公司的 135 只专户产品出现融资方延付本息的风险事件，其中风险项目金额合计达 246.49 亿元，延付本息合计 99.83 亿元，较二季度增加 41.79 亿元和 45.32 亿元。基金子公司一对多专户产品中已确认延付的本息金额达 50.09 亿元，已远远高于 78 家基金子公司共计 39.54 亿元的资本金，此外 12 家基金子公司的注册本金已无法实现延期本息金额的覆盖。2015 年 11 月，证监会又对千石创富资本、银河资本、融通资本这三家基金子公司开了罚单，责令其整改并做出暂停特定客户资管计划备案的处罚。

非标和通道风险逐渐暴露

2016 年 4 月，针对证券期货经营机构的年度专项检查结果终于落地。在此次专项检查中，基金子公司成为了违规的重灾区。在 5 家被采取暂停业务三个月的机构中，基金子公司就占据了 3 席，除监管层披露的民生加银资产管理有限公司外，另外两家被暂停备案的公司分别是中信信诚基金子公司中信信诚资管和东方基金子公司东方汇智，部分基金子公司可能通过行政申诉来改变这一结果。2015 年下半年，包括国金基金子公司千石创富资本管理有限公司等在内的三家基金子公司曾因违规被监管作出类似处理决定。但上一轮被罚公司主要以私募外包、委托外部投资等场内业务为主，因此可将子公司业务交予母公司的专户业务来"规避"暂停影响。而此次业务被暂停公司的主要业务以场外非标和通道业务为主，而该类业务通常是基金专户所无法替代的，必须用基金子公司，如果计划暂停许多业务都没法做了，因此此次叫停对上述公司而言影响更大。

证监会指出，此次专项检查中发现了部分机构存在五类问题，包括对投研、异常交易监控不到位、部分客户未执行适当性评估、个别公司咨询业务存在不当陈述、部分基金销售人员为取得资格、个别资管产品违反监管规则。为进一步规范基金子公司业务发展，提高基金子公司风险防范与处置能力，4 月 15 日，深圳证监局组织召开基金子公司风险防范专项工作会议，就风险防控工作提出五项监管要求：一是基金子公司要坚守"受人之托、代人理财"的基本定位；二是基金子公司要明确自身风控能力边界；三是基金子公司要做好事前尽职调查与投后管理；四是基金公司要充分发挥内控作用；五是基金公司与基金子公司要全面梳理各类业务风险，并严格履行重大事项报告义务。

针对基金专户子公司的业务评估和风险排查工作当中暴露出的相关问题，2016 年 5 月，证监会起草了《证券投资基金管理公司子公司管理规定》和《基金管理公司特定客户资产管理子公司风险控制指标指引》，拟对基金子公司设立设置一系列门槛，对开展特定客户资产管理业务的专户子公司实施净资本约束为核心的风控管理和分级分类监管。在《证券投资基金管理公司子公司管理规定》征求意见稿中，证监会对基金公司设立子公司设置了七大条件：基金管理公司成立满2年；基金公司管理的非货币基金公募规模不低于200亿元；基金公司净资产不低于6亿元等具体经营性规定；最近三年没有因违法违规行为受到行政处罚或刑事处罚；不存在治理结构不完善、经营管理混乱、内部控制和风险管理制度无法得到有效执行、财务状况恶化等重大经营风险；最近一年没有因违规行为、失信行为受到行政监管措施达到或超过2次；没有因违法违规被立案调查或司法侦查，或者正处于整改期间。

此外还有证监会根据审慎监管原则规定的其他条件等。除了全面收紧子公司设立条件之外，证监会还特别出台了《基金管理公司特定客户资产管理子公司风险控制指标指引》，要求专户子公司开展特定客户资产管理业务，应当持续满足四大风险控制指标：净资本不得低于1亿元人民币、调整后的净资本不得低于各项风险资本之和的100%、净资本不得低于净资产的40%、净资产不得低于负债的20%。

除了四大风险指标约束，证监会还将对专户子公司实施分级分类管理。两份意见稿诠释了新的监管框架，明确了控制子公司业务风险、建立以净资本为核心的风控体系的监管思路，给前期"野蛮生长"的基金子公司套上一层枷锁。同时，那些净资产较低、成立时间短、非货币基金规模小和违法违规经营的基金公司将被挡在门外。值得注意的是，不仅仅针对特定客户资产管理子公司，基金销售以及证监会许可的其他业务子公司设立也需要满足上述硬性规定。

2016 **板块**

银行系基金子公司发展动向

风险暴露

银行系基金子公司由于"背靠大山",实现了规模迅速飙升。然而正值疯狂扩张之际,证监会于 2016 年 4 月通报处罚了银行系基金子公司中的"领头羊"——民生加银资产管理公司,透过这件事情,也反映出整个银行系基金子公司暗藏着不可忽视的风险漏洞。民生加银资管成立于 2013 年 1 月 24 日,截至 2014 年末,民生加银资管专户规模便已达到 4 663 亿元,位列基金子公司规模榜单第一名,占到行业总规模的 12.5%。而到了 2015 年末,民生加银资管的规模更是迅速升到 8 068 亿元。这种资管规模的飞速扩张,与其背靠民生银行的股东优势资源不可分割。民生银行在能源、地产、文化、交通等诸多领域拥有着深厚产业背景,民生加银资管充分利用在项目、资金、产品支持等方面与民生银行进行协同。不少银行系基金子公司最开始就是通过承接大股东银行资金池信托业务而实现规模扩张,虽然证监会叫停"一对多"业务导致失去了一大利润来源,但相比于券商背景、公募背景的资管公司,银行背景的资管公司拥有更加丰富、占比更大的通道业务,且大部分收入来源还比较依赖于通道业务。正是因为对通道业务的过于依赖,银行系基金子公司似乎对风险控制上的规范逐渐懈怠,民生加银资管的被罚也间接为整个银行系基金子公司的盲目扩张敲响了警钟。

相比之下,资管规模排名第三的银行系基金子公司招商财富资产管理有限公司,近 3 年公司无重大违法违规行为,未受监管机构处罚。招商财富资产管理有限公司,成立于 2013 年 2 月 21 日,2014 年底公司存续资产管理规模达 2 400 亿元;2015 年底公司存续资产管理规模近 5 500 亿元,截止至 2015 年 12 月 31 日,公司合并资产总计约 6.68 亿元,净资产约为 3.69 亿元。

对于银行系子公司或者通道业务占比较多的子公司而言,操作性风险、合规风险被看做是最重要的风险，需要公司各个岗位来把控，对子公司业务存在致命打击。子公司在非标资产通道合同中会明确约定自己的免责，明确自己的定位，涉及有些一对多跟行外的业务合作会相对谨慎一些，但对于主要跟银行内部的合作在风险方面会减小很多。招商财富作为规模庞大的银行系基金子公司，建立了"业务团队尽职调查—风险控制部门评估—公司投资决策委员会决策—投资后续跟踪管理"四个层次组成的梯次型风险控制体系，实施"风险识别、风险评估、投资决策、风险监测与预警、风险处置"的嵌入式风险管理运作模式，使风险管理活动融入到公司开展各项业务全过程的各环节中，实现全程、全面的风险管理。

未来愿景

目前在监管逐步统一的情况下，监管对套利业务可能会减少，但是整个通道业务仍然具有很大发展空间。股灾以前的趋势更多是由银行调整报表结构，从表内资产转表外这块产生出套利，现在这种需求越来越少，更多的是银行理财表外资金的投放，又跟转表业务有所不同，股灾以后清理了很多杠杆配资业务，使得资管投放压力大，主要是表外的银行资产进行投资。银行资产管理跟基金资产管理比较像，但也无法把钱下落到分行，一般是100来个人管理上万亿的资产，因此管理人数相对很少但是管理规模却很大，所以较少的人员配备不可能处理解决到各个方面，再结合中国的非标的主要市场情形，因此会对通道业务有一个非常大的需求，甚至是完全依赖，对于标准化的业务仍然也需要资产管理机构来架构整合。目前来看，银行系的基金子公司基本都是做通道的，但是通道业务会从简单的通道逐渐演变成复杂的通道，甚至做一些事后的中后台管理比如风险评估等，再比如通过类投行方式来做的 ABS 实际上就是偏向于主动管理的业务。

对于未来的发展空间，除了继续做好围绕母行、大行的通道业务以外，城市商业银行也成为了一些银行系基金子公司瞄准的方向，由于城市商业银行缺乏成熟经验的团队，因此会对基金子公司有很大的业务需求。对于主动管理业务来说，固定收益、ABS、定增业务等都是可以考虑涉足的方向，此

外还有量化方面的主动管理。总的来说，由于市场的庞大，每一种新的制度
变化都会产生出新兴业务需求，银行也在逐渐探索各样的业务模式。随着合
作客户的增多，子公司向主动管理方向的延展空间巨大，业务在随着制度的
变迁而不断改变，这几个方面都孕育着巨大的发展空间，引领着基金子公司
朝着专业化、主动化、平台化和市场化的方向来发展。

09

险资持续扩容，风险导向监管引导多元化配置

2016 | 本章导读

◎ 2015 年保险行业总资产达 12.36 万亿元，较上年度增长 21.66%；净资产达 1.61 万亿元，较年初增长 21.38%。

◎ 固定收益类资产占比总体呈逐年下降的趋势，其他投资占比从 2013 年 4 月的 11.25% 稳步上升到 2016 年 1 月的 29.83%。分散化、多元化、国际化配置现在已成为保险资产配置的主要趋势。监管新政的推出和进一步落实，使得保险机构更加重视在资产端适度拉长投资资产久期以及提升高收益率资产配比，注重加强向股权和债权等流动性较差的品种的配置力度，并且催发了近年来热闹的险资举牌潮。

◎ 随着保险业务结构的优化，居民人均收入的增长，居民保障及理财意识的加强，以及人口老龄化带来的刚性需求，保险资管行业规模将会持续扩张。

◎ "偿二代" 本着风险导向的原则，对不同风险进行差异化处理，充分考虑保险负债资金的来源、渠道，以及保险资金投资结构等各个业务环节的风险。引导保险机构在考虑资本占用情况的前提下，主动调整大类资产的配置结构，追求效益的最大化。

◎ 保险资管重视发展投行业务，有利于保险资金更好地对接实体经济，丰富业务类型；大力拓展第三方业务，参与大资管竞争，通过扩大业务规模，为公司带来管理费收入，并且倒逼保险资管参与资管行业的市场化竞争，从管理母公司委托资产的传统资管机构向综合金融解决方案提供商的角色转变。

2016 年是十三五规划的开局之年，"新国十条"规划也明确提出，到 2010 年，基本建成与中国经济社会发展需求相适应的现代保险服务业，努力完成由保险大国至保险强国的转变。过去的保险业，以销售为导向，投资受监管政策和专业性的限制，使得产品单一同质化强，行业竞争混乱。现在的保险业不仅在社会保障体系中解决老百姓保障、看病、养老的民生需求，而且作为中国资产管理行业中日益重要的机构投资者，其稳定资本市场的作用正逐步显现。2015 年保险行业已经交了一份漂亮的成绩单，总资产突破 12 万亿关口。随着保险业务结构的优化，居民人均收入的增长，居民保障及理财意识的加强，以及人口老龄化带来的刚性需求，保险资管行业规模将会持续扩张。与此同时，监管新政逐渐放宽了险资的投资范围，鼓励保险的资产配置更加分散化、多元化、国际化，使得保险资金能够更加精准地对接实体经济发展的需求和完成全球配置的新战略。

保险资金整体运用情况

保费增长强劲，业务结构优化

2015 年保险行业总资产达 12.36 万亿元，较上年度增长 21.66%；净资产达 1.61 万亿元，较年初增长 21.38%。其中，产险公司总资产 1.85 万亿元，较上年末增长 31.43%；寿险公司总资产为 9.93 万亿元，较上年末增长 20.41%；

再保险公司总资产为 0.52 万亿元，较上年末增长 47.64%；资产管理公司总资产为 352.39 亿元，在政策利好、专业化提升的市场环境下规模增长迅速，较上年末增长 46.44%。从业务结构来看，人身险、产险增速分化，人身险同比增长 25.0%（14 年增速 18.4%），产险同比增长 11.0%（14 年增速 16.0%）。行业保费收入高增长的同时业务结构正不断进行优化，健康险同比增速达到 51.9%，寿险新单期缴业务同比增长 41.3%，业务的内含价值不断提高。

自 2004 年保险资金获准投资股市进入 1.0 时代，保险资产规模从 1.1 万亿元增长至 2015 年的 12.4 万亿元，年均复合增速超过 22%，保险行业一直保持着高增长，快增速的特点，取得了良好的成绩（见图 9-1）。

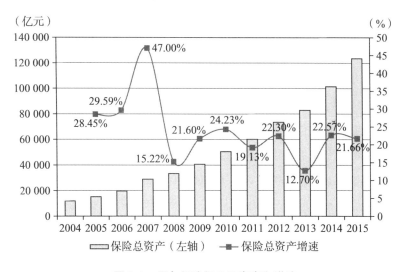

图 9-1 历年保险行业总资产和增速

保险资金运用余额增长，投资收益创新高

2015 年，国内资本市场十分动荡。6 月下旬，股票市场大幅波动，"千股跌停"局面屡次出现；"811 汇改"导致人民币迅速贬值，资金外流压力加大。为了防止系统风险的发生、对冲资金外流，央行全年分别进行了 5 次降准、降息，投放流动性约 3.6 万亿，中长期贷款基准利率下调 125bp。银行间市场

流动性宽裕，各类资产收益率进入了快速下行的通道。保险资管公司面临前所未有的挑战，在这样的背景下，2015 年末，保险行业资金运用余额 111 795.49 亿元，较年初增长 19.81%；资金运用收益 7 803.6 亿元，同比增长 45.6%，资金运用余额突破 10 万亿大关。2015 年保险资金平均投资收益率为 7.56%，同比上升 1.26 个百分点，投资收益率达到 2008 年以来新高（见图 9-2）。

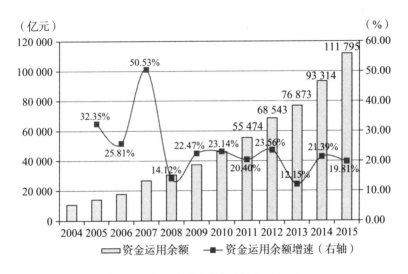

图 9-2　历年保险资金运用余额和增速

保险投资收益的稳定性、收益性和抗周期性逐步增强。2004—2014 年，保险资金累计实现投资收益总额 21 425 亿元，年均收益率为 5.32%，年均贡献近 2 000 亿元的收益，对提升保险公司的利润水平、改善偿付能力发挥了十分重要和积极的作用。"新国十条"和偿二代等监管新政的相继出台,确立了"简政放权、放管结合"、"放开前端、管住后端"的监管思路，提出要减少行政审批等事前监管方式，把风险责任和投资权交给市场主体，强化对偿付能力的监管，运用资本手段，实现对资金运用的约束。新政大幅放宽险资投资运作空间，拓展了多元化投资，丰富了资产篮子，保险业投资专业性和收益率有了明显的提升（见图 9-3 和图 9-4）。

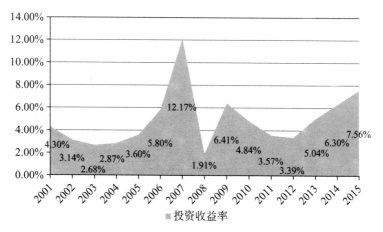

图 9-3　历年保险行业平均投资收益率

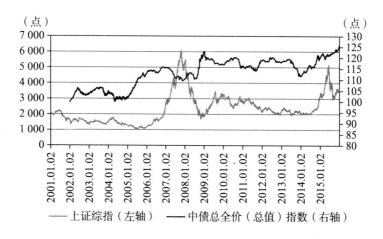

图 9-4　A 股和债券市场表现

政策改革促发展，资产配置多元化

　　分散化、多元化、国际化配置现在已经成为保险资产配置的主要趋势。2015 年保险资金运用中固定收益类资产占比为 56.17%，其中各类债券余额为 38 446.42 亿元，占比 34.39%，较上年度回落 3.76 个百分点；银行存款为 24 349.67 亿元，占比 21.78%，较上年度回落 5.34 个百分点。权益类资产占比为 15.18%，较上年度提高 4.12 个百分点，其中股票为 8 112.49 亿元，占比

7.26%；证券投资基金 8 856.50 亿元，占比 7.92%。其他投资 32 030.41 亿元，占比 28.65%，较上年度提高 4.98 个百分点。监管新政的推出和进一步落实，使得保险机构更加重视在资产端适度拉长投资资产久期以及提升高收益率资产配比，面对宏观经济增速放缓、利率市场化完善等新的挑战、新的形势，保险资金注重加强向股权和债权等流动性较差的品种的配置力度，并且催发了近年来热闹的险资举牌潮（见图 9-5）。

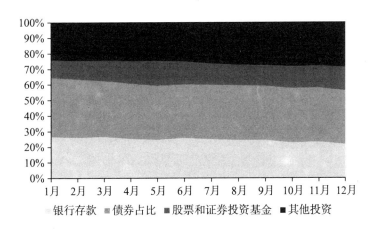

图 9-5　2015 年保险资金月度资产配置结构

2015 年监管部门为了适应行业需求推出了《关于调整保险资金境外投资有关政策通知》《关于设立保险私募基金有关事项的通知》等一系列创新措施，符合国家支持实体经济发展的新战略，险资走出国门进行全球化配置的多样化需求。保险资金"走出去"的步伐也逐渐加快。目前，保险资金境外投资余额为 360 亿美元，折合 2 300 多亿人民币，占保险业总资产比例为 1.9%。保险资产配置结构的演变，反映了国内外宏观经济、金融市场及保险业内在需求的调整和变化。

固定收益类资产占比总体下降，结构出现分化

随着保险资金运用投资限制的逐渐放开，固定收益类资产的占比总体呈逐年下降的趋势。但是，在不同固定收益类资产占比的下降程度并不一致。

银行存款占比从 2013 年 4 月的 31.64% 下降到 2016 年 1 月的 22.05%，下降了 9.6 个百分点，银行存款在保险资金的投资占比下降的趋势仍将继续。这是由银行存款的供给和需求两个方面共同决定的，对于银行来说，协议存款资金虽然较为稳定，但是成本相对较高；对保险机构来讲，银行存款在与其他缺乏流动性的高资质非标资产相比，收益率并不具备优势。同样，受非标配置需求扩张的影响，债券类资产占比从 2013 年 4 月的 45.63% 下降到 2016 年 1 月的 34.51%，下降了 11.1 个百分点。随着中国债券市场的逐渐发展成熟，债券收益率曲线的逐渐完善，非标收益风险比降低，债券类资产占比将大致保持稳定。

权益类资产占比弹性较大

权益类资产占比在近三年的时间里变化较大，在 9.4%~16.1% 的范围内波动。历史经验表明，保险资管权益类资产占比与权益市场表现相关性较大。未来权益类资产占比的变化弹性也较大（见图 9-6）。

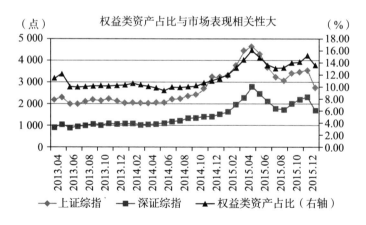

图 9-6　权益类资产占比与市场表现相关性

其他投资占比稳步上升

其他投资占比从 2013 年 4 月的 11.25% 稳步上升到 2016 年 1 月的 29.83%，上升了 18.6 个百分点。其他投资中包括基础设施债权计划、不动产债权投资计划、股权投资计划等多种项目形式，这类资产绝对收益较高，期限较长，规模较大，与保险资金的负债特征相匹配，发展势头迅猛。险资过去重仓配置的银行存款和债券属于利率敏感型投资标的，目前市场正处于利率下行通道，相关产品的收益率将持续下降。10 月 8 日，发改委、保监会联合印发《关于保险业支持重大工程建设有关事项的指导意见》，意见指出要"加大长期资金支持、发挥风险保障功能、完善配套支持政策，加强风险管控。""要充分发挥保险资金长期投资优势，支持保险机构通过债券、投资基金等多种方式参与重大工程投资，满足重大工程建设融资需求，"多部门正积极引导、推进保险资金更好地对接国家重大 PPP 项目，对接实体经济，国家出于支持实体经济发展的目的，将依旧在政策层面鼓励保险资金投资另类项目。

保险资管资金规模扩张势头不改

"新国十条"将发展现代保险服务业上升到了国家治理层面，明确了现代保险服务业的发展目标，即到 2020 年，基本建成保障全面、功能完善、安全稳健、诚信规范，具有较强服务能力、创新能力和国际竞争力，与中国经济社会发展需求相适应的现代保险服务业，努力由保险大国向保险强国转变。保险成为政府、企业、居民风险管理和财富管理的基本手段，成为提高保障水平和保障质量的重要渠道，成为政府改进公共服务、加强社会管理的有效工具。

保险密度和深度远低于发达国家水平

2015 年，原保险保费收入为 2.43 万亿元，同比增长 20.00%。由于 2013 年以来保险费率市场化、险企经营压力加大而产生的分红险、万能险等高现值保单收入也在短短两年内增长到 0.22 万亿元。2015 年底，中国保费收入位列全球第三。然而，国际上一般使用保险密度和保险深度来衡量一个国家保险行业发展水平，中国保险密度和深度远低于世界平均水平（见图 9-7）。

图 9-7　原保险保费收入增长

保险密度是指按人均保险费额，反映国民参加保险的程度；保险深度是指保险费额占 GDP 的比例，反映保险业在国民经济中的地位。2014 年，中国保险密度为 235 美元，距离世界平均水平的 662 美元仍有 182% 的增长空间；中国保险深度为 3.2%，距离世界平均水平 6.2% 仍有 3 个百分点的差距。2014 年日本保险密度达 4 207 美元 / 人，保险深度为 10.8%，分别约为中国的 18 倍和 3 倍。

保险产品兼具投资和保障双重属性，一方面可以基于对未来的潜在风险进行合理的对冲，借助专业投资团队获取投资收益；一方面又是保障人身和财产损失的消费品。前者看重一个国家的金融市场发展水平，国务院召开专题会议强调"继续推进金融体制改革，维护金融市场稳定"，金融市场在经济发展中的地位突显；后者更看重文化层面对消费者心理的影响，中国与日本同属儒家文化，保障意识强，潜在需求空间大。中国的保险密度和保险深度持续增长，以成长的眼光看，中国保险行业能接近或达到与其他领先国家相当的水平，则国内的保险行业增量空间非常可观。

根据保监会和各省区政府最新公布的统计数据，中国保险报数据中心初步测算出截至 2015 年底[①]，中国保险密度为 271.77 美元 / 人（1 766.49 元 / 人），

---

① 李忠献，《2015 年中国保险深度为 3.59%》，中国保险报，2016.03.03.

同比增长 19.44%；保险深度为 3.59%，同比增长 0.41%。"新国十条"为中国保险业的发展制定了目标：到 2020 年，保险深度达到 5%，保险密度达到 3 500 元 / 人。若未来 5 年 GDP 年均增长率为 6.5% 左右，那么保费收入年均增长率将达到 13.8% 左右，大约是 GDP 年均增长率的 2 倍。根据国务院《人口发展 "十一五" 和 2020 年规划》中提出的 "到 2020 年，人口总量将达到 14.5 亿人" 估算，到 2020 年保费收入规模将达到 5 万亿元左右（见图 9-8 和图 9-9 ）。

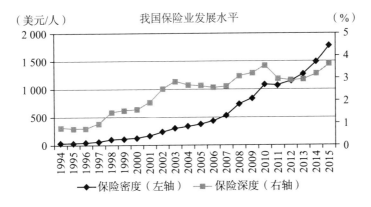

图 9-8　中国保险业发展水平

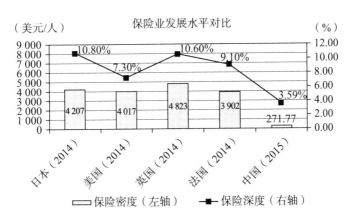

图 9-9　各国保险业发展水平对比

人口老龄化为保险带来刚需，养老金提速入市

按照国际标准，中国在 2001 年起就正式步入老龄化社会，且老龄化程度整体呈现出提速趋势，造成养老金收入端增速趋缓，支出端增速上升，未来需要通过提高养老金收益率来弥补收入端的不足。2015 年，中国 65 岁以上人口数已经达到 1.44 亿，占总人口比重的 10.5%。

养老保险资产的市场化管理运作是未来的趋势。养老保险基金分为三个支柱。第一支柱是基本养老保险基金。第二支柱是企业年金与职业年金。第三支柱是个人储蓄养老基金。第一支柱方面，地方社保未来将委托全国社保进行委托投资。2015 年 8 月 23 日，国务院发布《基本养老保险基金投资管理办法》，明确规定养老基金实行中央集中运营、市场化投资运作，由省级政府将各地可投资的养老基金归集到省级社会保障专户，统一委托给国务院授权的养老基金管理机构进行投资运营。商业养老保险机构将有机会参与基本养老保险基金投资管理，享受政策红利。

资金规模巨大的基本养老金已经成为各专业投资机构战略布局的重要考量。截至 2014 年底，城镇职工基本养老基金累计结余 3.18 万亿元，城乡居民养老保险基金累计结余 0.38 万亿，合计 3.56 万亿元。根据《投资办法》的规定，负责养老金资产的投资管理机构必须满足一定的条件，即要具有全国社会保障基金、企业年金基金投资管理经验，或者具有良好的资产管理业绩、财务状况和社会信誉。截至目前，总共有 21 家机构具有企业年金的投资管理人牌照。其中包括 6 家保险公司，13 家基金公司和 2 家证券公司。从牌照数量上看，基金公司占绝对优势，但是从投资管理规模上来看，根据人社部数据，2015 年底企业年金投资管理总规模达到 9 260 亿元，6 家保险公司投资管理规模合计 4 701 亿元，占比 50.77%，超过行业规模的一半。由于在保险资金运用方面积累了多年的经验，熟悉长期资金的投资运作模式，且在精算技术、风险控制和销售服务网络等方面的显著优势，保险资管公司在争夺养老金市场时有较

强的竞争力。截至 2014 年年底，保险业已经承接了江苏、四川等省内部分地区的基本养老保险经办服务，服务人数达到 132 万人 [1]。养老金的市场化管理有望使得保险资管的进一步扩容。

"第二支柱"方面，职业年金逐渐推广，加快建立和运作。企业年金市场发展仍处在初级阶段，未来发展潜力依然很大。截至 2015 年末，中国建立企业年金的企业数为 7.5 万户，基金累计结存 9 525 亿元，占同期 GDP 的 1.41%，覆盖面十分狭窄。2015 年初，国务院印发《关于机关事业单位工作人员养老保险制度改革的决定》，要求机关事业单位应为工作人员建立职业年金。2015年 4 月 6 日，国务院办公厅印发《机关事业单位职业年金办法》。职业年金具有强制性实施、启动周期短、缴费比例高的特点。企业年金自 2007 年建立以来，发展了 9 年，2015 年底参与职工数为 2 316 万人，规模约为 1 亿元，目前全国共有机关事业单位人员约 4 000 万，职业年金覆盖人群将是现有企业年金参加人员的 2 倍以上。近三年企业年金规模增速提升，按照职业年金缴费全部实账，2020 年市场总规模将在 2 万亿元左右（见图 9-10 和图 9-11）。

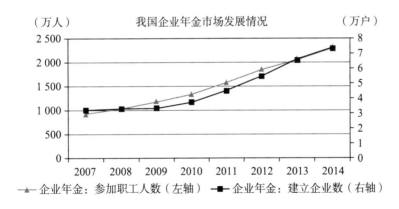

图 9-10　中国企业年金市场发展情况

---

[1]　宫伟瑶，商业保险机构做好养老金管理优势明显，《中国保险报》，2015.5.28。

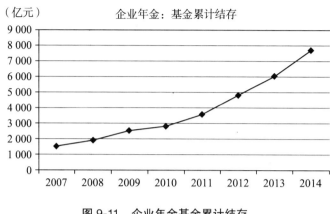

图 9-11　企业年金基金累计结存

此外，人口老龄化还催生对健康服务的需求。近二十年来，中国医疗总支出占 GDP 比重增高，尤其是 2007 年以来呈现出快速上升的趋势。而在个人自付占个人医疗费用比重方面，持续保持在较高的水平上，为健康保险提供了发展的空间。截至 2015 年末，健康险保费收入仅占原保费总收入的 9.93%，与发达国家相比仍有很大的差距，未来这部分的保费也有望大幅增加。

保险资金投向的未来趋势

随着市场化改革继续落地和推进，保险资管有望成为资本市场资金来源的最大甲方，系统重要性将会进一步提升。面对新的市场、监管环境，保险资管的资产配置、业务模式将会发生较大的变化。

"偿二代"使得保险资金运用风险导向更加明显

随着投资端和融资端市场化改革的推进，保险业务多元化发展的活力得到了有效的释放，呈现出蓬勃发展的态势。但业务范围的拓展也对保险业偿付能力监管提出更高的要求，"偿一代"仅重业务规模的监管体系无法满足日益复杂的监管需要，保险机构在对绝对收益的追逐下，容易造成"劣币驱逐良币"的问题。

为了适应日益复杂的风险控制需求，保险会构建了《中国第二代偿付能力监管制度体系》，简称"偿二代"。从 2016 年一季度开始，各保险公司将于每季度、年度正式报送"偿二代"报告，"偿二代"正式进入试行阶段。

与"偿一代"仅注重业务规模不同，"偿二代"本着风险导向的原则，对不同风险进行差异化处理，充分考虑保险负债资金的来源、渠道，以及保险资金投资结构等各个业务环节的风险。具体地说就是"偿二代"构建了"三支柱"偿付能力监管体系，通过定量资本要求、定性监管要求、市场约束机制等多个层面对保险公司的偿付能力风险进行管理。

定量资本要求的核心是偿付能力充足率[①]，用于衡量保险公司的实际资本能否有效覆盖最低资本要求；定性监管要求的核心是指保监会定期对难以量化风险进行经验评估，判断难以量化的风险大小；市场约束机制的核心是保险公司偿付能力信息的交流与披露，调动市场力量，对保险公司的偿付能力进行跟踪和监控。其中，偿付能力充足率是保险公司偿付能力管理中最为核心的监管指标，其与最低资本要求负相关。

"偿二代"引导保险机构在考虑资本占用情况的前提下，主动调整大类资产的配置结构，追求效益的最大化。从险资的运用方面来看，激进的投资方式将遭遇天花板，稳健经营将是大趋势（见表 9-1）。

[①] 偿付能力充足率 = 保险公司的实际资本 / 最低资本。

表 9-1 险资资产及最低风险因子

大类资产		资产类别	最低风险因子
权益类资产	A 股	主板	31%
		中小板	41%
		创业板	48%
	优先股	优先股	公开发行 6%、非公开发行 12%~45%
	可转债	可转债	18%
	证券投资基金	股票型	25%
		债券型	6%
		混合型	20%
		货币型	1%
	分级基金	股票分级基金 A	10%
		股票分级基金 B	45%
	未上市公司的股权	具有重大控制和影响	子公司：10%/ 合营、联营：15%
		不具有重大控制和影响	28%/31%
	基础设施股权计划	基础设施股权计划	12%
	权益类金融产品	权益类信托计划等	25%/31%
固定收益类资产	债券	政府债	0
		金融债	0%~20%
		信用债	1%~13.5%
	非标金融产品	信托产品	0%~22.5%
		银行理财产品	2.2%~20.5%
		资产证券化产品	2%~9.5%
	不动产及基础设施债权计划	不动产	成本法：8%；公允价值：12%
		基础设施债权计划	12%

续前表

大类资产		资产类别	最低风险因子
境外资产	境外权益	发达国家股票	30%(汇率风险3.5%)
		新兴市场股票	45%（汇率风险3.5%）
	境外固收	发达国家固收	7.62%（汇率风险3.5%）
	不动产及REITS	不动产及REITS	成本法：8.48%，公允价值：12.72%（汇率风险3.5%）

举牌潮或将持续，加大长期股权投资力度

与"偿一代"相比，"偿二代"中权益类资产的资本消耗普遍上升，且其资本占用比例均在20%以上，远高于固收类资产。从减少资本消耗的角度出发，权益类资产整体配置比例上升的空间不大。但是，由于保险公司持股比例超过20%时可以计入长期股权投资的项目之下，而长期股权投资的资本占用比例远小于股票投资，险资有动力增加股票投资的集中度。

从举牌标的来看，股权分散、高分红、低估值的主板市场股票更容易成为险资重仓持有的对象。从节约资本消耗的角度看，主板市场的股票资本占用比例为31%，远低于中小板和创业板的41%和48%，主板市场的股票更易受到险资的青睐；从盈利的角度看，在投资回报普遍下行的背景下，高分红、低估值的股票具有更高的安全边际，投资盈利的可能性更大。因此，未来主板市场的高分红、低估值的股票将是险资加仓的重点标的，并且将以长期持有的方式进行价值投资。

2015年下半年，A股市场大幅下挫，一些蓝筹股投资价值显现，险资频频举牌上市公司，受到监管层和全市场的关注。根据项俊波主席在十二届全国人大四次会议记者会上的讲话，到2015年年底，共有10家保险公司举牌了36家上市公司

的股票，其中，21 家是蓝筹股。投资余额是 3 650 亿元，平均持股比例为 10.1%。

在险资的举牌潮之中，万科与宝能系旗下的前海人寿及一致行动人之间的"万宝"之争最引人注目，成为了 2015 年资本市场的标志性事件。万科、安邦、前海人寿上演了一部险资举牌地产龙头的精彩大戏，但从侧面也反映出目前部分险企的经营、投资现状（见图 9-12）。

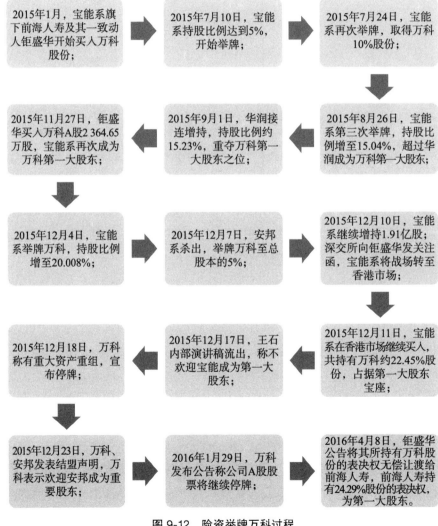

图 9-12　险资举牌万科过程

前海人寿于 2012 年 2 月获得中国保险监督管理委员会批准成立，在短短的 4 年之内，发展十分迅猛。根据中国保监会最新公布的 2015 年保险公司保费收入数据，前海人寿 2015 年规模保费收入达到 779.3 亿元，在 75 家人身险企中排名高居第 11 位，保费收入同比增幅为 123.8%。然而，从保费收入的构成来看，前海人寿自成立起，保费投资款新增交费（万能险为主的保费）占比非常大，2015 年度该比例达到 77.7%（见图 9-13）。

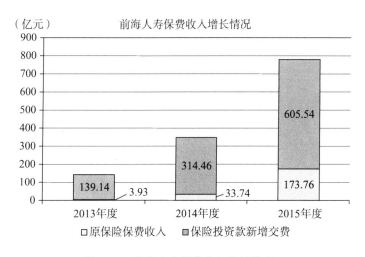

图 9-13　前海人寿保费收入增长情况

万能险兼具保障和投资的功能，即在提供与传统寿险一样的生命保障外，还将保单价值与险企独立运作的投保人投资账户资金的业绩联系起来。2015 年 2 月，万能险开启费率市场化改革，取消最低保证利率不得超过 2.5% 的限制，改由险企自行决定，且万能型人身险评估利率上限为年复利 3.5%。由此，不少险企将万能险保底利率提高至 3.0%~3.5%，年结算利率达 4%~7%。在资产收益率普遍下行的背景下，万能险对投资人有较大的吸引力。除了收益较高以外，万能险还在缴费的灵活性、保额选择的自主性、保单价值领取的便利性等方面优于传统保险产品。这些特性使得万能险发展十分迅速，成为中小险企"冲规模"的主要手段。根据保监会的统计数据，2015 年全年，寿险行业保户投资款新增交费达到 7 646.56 亿元，同比增长 95.23%。

然而，任何事物均具有两面性。对于险企而言，万能险的高收益意味着高负债成本，灵活性意味着负债端的不稳定。为了覆盖负债成本，保费收入中万能险占比高的险企投资风格较为激进。仍以前海人寿为例，除举牌万科 A 外，它屡屡举牌其他上市公司，如南玻 A、南宁百货、中炬高新、合肥百货、明星电力、韶能股份等，通过激进的股权投资来提高投资收益。当发生 A 股市场调整时，险企的投资收益将无法达到投资者预期，投资者选择退保的可能性增加，加剧险企经营的不稳定性。在万科董事长王石 2015 年 12 月 17 日的内部讲话中，面对"万宝"之争时，就直接指出前海人寿万能险资金的高成本和短久期特性具有极大的风险。期限错配叠加激进的投资风格使得险企在遭遇投资者集中退保等外部冲击时十分被动。

值得注意的是，为满足监管要求，前海人寿于 2015 年下半年通过发行资本补充债券等方式多次补充资本金。总体而言，股权投资整体比例上升幅度有限，但就股权投资的内部结构而言，长期股权投资的占比或将上升。

不动产投资及基础设施投资比例将进一步上升

"偿二代"下，不动产投资和基础设施投资的资本占用比例有所下降，且低于其他大多数资产。除了对资本占用比例较低以外，不动产投资和基础设施投资在资金量级、资产久期、收益要求等方面与险资负债特点较为匹配，是保险资金争相配置的优质资产。未来险资的不动产投资和基础设施投资占比有望进一步提升。

在不动产投资方面，险资参与方式较多，可以大致分为直接投资和间接投资两个方面。险资直接投资不动产模式较为传统，一般是通过长期持有办公物业获得较为稳定的租金收入，或者通过购置土地发展养老地产，完成产业链的延伸，如中国人寿、泰康人寿均在养老社区方面进行了战略布局。险资间接投资不动产一般是指购买不动产的金融产品，如不动产债权计划、不动产集合资金信托计划、券商资产管理计划、房地产信托基金（REITS）等。中国保险资产管理业协会数据显示，2015 年，18 家保险机构共注册不动产债权投资计划 69 项，注册规模为 1 019.68 亿元，占 37.68%，平均注册规模为 14.78 亿元，平均期限 4.95 年，平均收益率 7.25%。险资与不动产的深度结合成为险企未来发展的一大趋势，跨界的资源整合将丰富双方业态和盈利模式。

在基础设施投资方面，保监会于 2015 年 12 月 23 日拟定《保险资金间接投资基础设施项目管理暂行办法》，并公开征求意见。该办法对险资参与基础设施投资项目的资质、还款来源进行了规范和要求。目前，险资主要通过设立信托型投资计划、债权投资计划、股权投资计划、项目资产支持计划等间接的方式参与基础设施投资，投资项目规模已超万亿，成为了险资服务实体经济的主要方式。而其中，债权投资计划规模扩张迅速。中国保险资产管理业协会数据显示，2015 年，18 家保险机构共注册基础设施债权投资计划 42 项，注册规模为 1 027.45 亿元，占 37.97%，平均注册规模为 24.46 亿元，平均期限 7.17 年，平均收益率 6.61%。

未来险资通过 PPP 的模式参与国家重点基础设施项目的占比也将提高。2015 年 10 月 12 日，国家发改委、中国保监会联合印发《关于保险业支持重大工程建设有关事项的指导意见》，指出要充分发挥保险资金长期投资优势，拓宽投资空间，创新投资方式，满足重大工程建设融资需求。从历史上看，险资已经在支持"南水北调"、三峡工程、京沪高速等国家重点基础设施项目方面取得了较为突出的成果，而目前长江经济带、京津冀经济区等国家战略正在积极推进，将为险资提供大量优质资产配置的机会。

大手笔"海淘"，推进全球化配置

在"偿二代"的监管框架下，海外资产的权益、固收及不动产等对险企资本金的占用比例与国内资产差别不大，为险企打开了全球化配置的选择空间。2015 年 3 月 27 日，中国保监会发布《关于调整保险资金境外投资有关政策的通知》（以下简称《通知》)，拓宽了保险资金境外投资范围，并且给予保险机构更多的自主配置空间。具体在投资范围方面，《通知》将投资地区仅为香港地区扩大至 45 个国家及地区的金融市场；将境外债券投资的主体和债项评级均在 BBB 级以上的要求放宽至债项 BBB- 级以上；并允许险资投资香港创业板的股票。在国内合意资产难觅的背景下，加大海外资产配置成为了保险资金寻求优质资产、分散化投资的一大方向。

数据显示 [1]，截至 2015 年 12 月末，共有 49 家保险机构获准投资境外市场，投资余额为 362.27 亿美元，与 2014 年底保的 239.55 亿美元相比，增长 51.23%。其中，股票投资占 42.03%，股权投资（含股权和股权投资基金）占 24.82%，不动产投资占 12.39%，银行存款占 10.27%，债券投资占 4.47%，股票型基金占 3.78%，其他投资占 2.24%。从险资海外投资的占比可以看出，权益类投资占比最大；其次是不动产投资。在股权投资中，险企投资海外保险公司股权较多，主要是出于自身国际化战略布局的考量；而在不动产投资中，险企投资英美及欧洲国家的不动产居多，主要通过设立海外投资平台的方式进行，如中国人寿与普洛斯（GLP）及另外两家全球机构投资者合作成立 GLP US Income Partners II 基金，用于收购美国仓储业务。

保险资管投行化产品化

2016 年 3 月 9 日，为进一步完善保险资金运用管理制度，防范保险资金运用风险，保监会拟修改《保险资金运用管理暂行办法》，并已形成《关于修改〈保险资金运用管理暂行办法〉的决定（征求意见稿）》（下称"《征求意见稿》"）。《征求意见稿》允许保险资金投资资产证券化产品；允许保险资金投资创业投资基金等私募基金；允许险资投资设立不动产、基础设施、养老等专业

---

[1] 李致鸿，险资境外投资超 360 亿美元争设海外投资平台，《21 世纪经济报道》，2016 年 3 月 22 日。

保险资产管理机构等。此次修改在扩大了保险资金运用范围的同时，也有利于保险开展投行类业务。所谓投行化业务，即是以保险资管机构名义发起设立基础设施债权投资计划、不动产投资计划、股权投资计划、资产支持计划等，实质上类似于券商的投资银行业务。

保险资管投行化有利于保险资金更好地对接实体经济，丰富业务类型。并且，相比于传统的受托账户管理，产品的法律关系更加明晰，信息披露制度更加完善，相对独立的管理方式也使得各类投资策略、风险管理方法能够得到更加良好的开展和运用。中国保险资产管理业协会数据显示，2015 年，18 家机构共注册各类资产管理产品共 121 项，合计注册规模为 2 706.13 亿元。截止到 2015 年年底，保险资管产品累计规模达 1.77 万亿元，约占保险行业总资产的 15%。

发展第三方业务，参与大资管竞争

在大资管的时代背景下，资产委托管理需求增长旺盛，第三方业务潜在规模巨大。保险资管大力拓展第三方业务，一方面可以通过扩大业务规模，为公司带来管理费收入；另一方面，也可以倒逼保险资管参与资管行业的市场化竞争，提高其自身的内部控制水平、风险管理机制及投资研究能力，从管理母公司委托资产的传统资管机构向综合金融解决方案提供商的角色转变。第三方业务通常采取设立资管产品的形式，保险资管可以面对客户的个性化需求提供相应的服务，是未来资产管理的一大趋势。

受益于保险资金投资运用的多年经验，保险资管机构成熟、稳健的投资风格逐渐得到了市场的认可，保险资管的第三方业务发展速度十分迅猛，不少专业保险资管机构打造出了良好的品牌效应。例如，平安资管依托长期全面的资产配置能力和突出的细分品种投资能力，将各类核心投资能力和丰富市场经验充分整合并产品化，从固收、到权益、到配置、到创新类业务全面布局，形成系列拳头产品,良好的投资业绩使得其第三方资产管理业务规模在市场上领先。2015 年,平安资产管理实现净利润 23.62 亿元,同比增长 141.8%;年末资产管理规模达 19 666.11 亿元,较年初增长 20.5%;其中,第三方资产管理规模为 2 457.22 亿元,较年初增长 45.1%,第三方资产管理费收入达到 13.89 亿元,同比增长 91.3%,表现优异。

10

泛资管趋势下的子公司化布局

2016 | 本章导读

◎ 2012 年新基金法实施以来，伴随着各类资管牌照放开，资管行业准入门槛大幅降低，金融业行业混业经营已经进入白热化竞争阶段。截至 2015 年 12 月 31 日，基金管理公司及其子公司、证券公司、期货公司、私募基金管理机构资产管理业务总规模约 38.20 万亿元，其中，基金管理公司管理公募基金规模为 8.40 万亿元，基金管理公司及其子公司专户业务规模为 12.60 万亿元，证券公司资产管理业务规模为 11.89 万亿元，期货公司资产管理业务规模为 1 045 亿元，私募基金管理机构资产管理规模为 5.21 万亿元。作为中国资产管理行业的重要两大类型机构基金公司与证券公司，在维持传统的公募基金业务以及券商资管业务的优势外，纷纷进行子公司布局，一是进行自身业务的延展，二是作为公司资管业务的股权激励平台，以期突破新常态下的中国资产管理业务的困境。

◎ 随着资管牌照的放开，金融行业混业经营竞争白热化程度越来越高，各金融机构在各业务领域的交叉竞和的趋势越来越明显。作为中国资产管理行业的两大重要机构证券公司与基金公司，随着基金公司在投资范围纵向向一级市场延伸，横向向另类投资拓展；在销售端向财富管理布局，两者直面竞争的业务领域将越来越多。如何寻找自身的竞争优势，进行业务布局将成为这两大机构接下来亟需考虑的问题。

新常态下，大资管面临的困境

居民财富快速增长 + 资产荒 = 人才价值重估

随着近 30 年来中国经济快速增长，居民可投资资产快速上升（见图 10-1），居民财富的配置需求呈现多元化趋势（见图 10-2），而另一面，中国实体经济疲软，带来资产投资收益率普遍下滑，出现了"资产荒"（见图 10-3 和图 10-4）。在这背景下，对于资产管理机构的投研人才投资能力提出更高的要求，这也意味着资产管理机构需要吸引足够多的投研人才，投研人才价值重估。

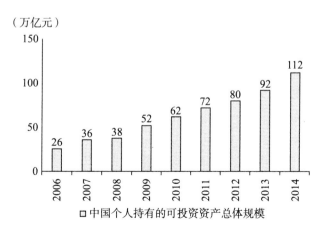

图 10-1　居民可投资资产快速增长

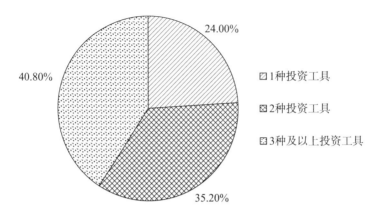

图 10-2　居民财富配置多元化

资料来源：Wind，本书课题组统计。

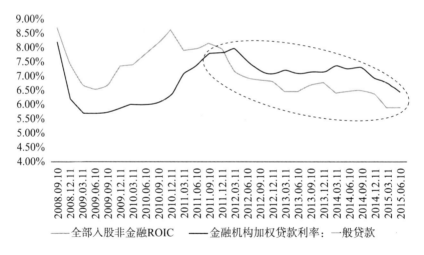

图 10-3　2010 年后实体经济整体回报率持续下滑

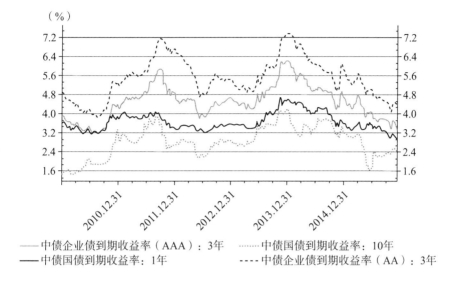

图 10-4　固定收益类资产收益率出现明显下行

资料来源：Wind，本书课题组整理。

人才价值重估 + 保守的机制 = 人才流失

资产管理是一个充分竞争和高度市场化的行业，同时也是典型的知识和人力资本密集型行业，高度依赖于具有专业知识和能力的人力资本，依赖于人力资本的专业胜任能力和敬业精神。然而，目前中国证券投资机构中除了私募基金行业采用备案制管理制度以外，银行、保险、期货、基金公司和证券公司依旧沿用牌照管理的制度和思路，其投资范围、投资比例以及激励机制等受到监管当局的严格控制。以公募基金为例，其牌照严重贬值，平台优势及信息优势均不复存在，加上仓位的限制以及不灵活的激励机制导致优秀的投资人才纷纷奔私，公募基金呈现了年轻化的现象（见图 10-5 和图 10-6）。

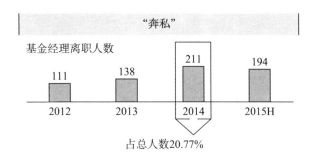

图 10-5　基金经理离职人数

	年轻化			
在基金经理这类人群中，任职期限三年以下的占据了半壁江山，多数基金经理年限不到4年				

任职年限	1年以内	1~2年	2~3年	3~4年	4年以上
人数（人）	232	189	158	122	316
占比（%）	22.81	15.58	15.54	12.00	31.07

图 10-6　公募基金呈现年轻化

资料来源：Wind，本书课题组整理。

他山之石，海外优秀经验借鉴

资产管理行业中最核心的成功要素在于具有优秀投资经验的投资管理人。英国独立出版商 Harriman House 对全球伟大投资管理人的一项综合研究发现在不同的时间周期，不同投资管理人回报各不相同（见图 10-7）。不同的投资管理人的投资风格不一，很难用同一标准来衡量不同的投资投资管理人。而即使使用单一的投资策略和投资风格难以长期获得出色的业绩（见图 10-8）。将20 世纪美国股市走势和各个时期的投资明星做一个对比，我们可以发现：在上半叶的波动性市场，产生了利弗莫尔和江恩等波段投资大师；在上半叶中期和下半叶是一个趋势性市场，就产生了格雷厄姆和巴菲特等价值投资大师。因此，为了实现资产管理业务的发展，海外的优秀资产管理机构进行了投资资产多元化，投资策略多元化的策略。

含股息再投资在内，投资高人的额外回报比标普500股指高多少？

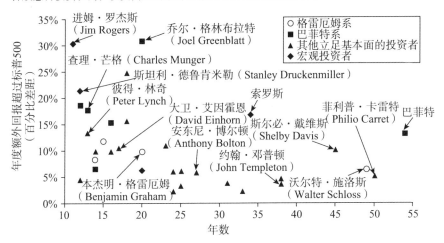

图 10-7　全球伟大投资管理人业绩表现

资料来源：*Harriman House*，中文注解来自华尔街见闻。

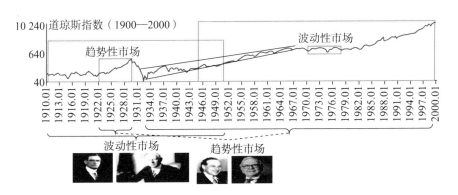

图 10-8　单一的投资策略和投资风格难以长期获得出色的业绩

黑石集团（Blackstone Group）又名佰仕通集团，是全世界最大的独立资产管理机构，包括了私募股权基金、房地产基金、可销售另类资产管理和金融咨询服务四大部分。根据其 IPO 时的数据，该基金平均年回报为 30.8%，税后并扣除管理费后为 22.8%，远高过"非另类"基金的平均回报。黑石集团主要以"平台＋有限合伙基金"的模式，将各个业务板块分别募资运作。

黑石集团成功的核心要素在于：一是采取"合伙制＋平台管理"结构将公司的利益与投资管理人的利益捆绑；二是采取了多元资产、多元策略的布局（见图 10-9）。

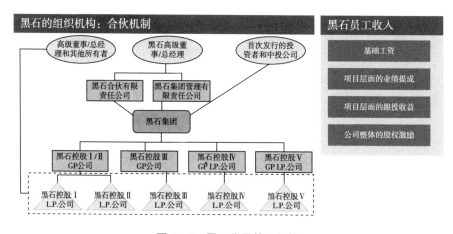

图 10-9 黑石集团管理架构

泛资管趋势下，
基金公司与证券公司子公司化布局突破困境

2012 年新基金法实施以来，伴随着各类资管牌照放开，资管行业准入门槛大幅降低，金融业行业混业经营已经进入白热化竞争阶段。截至 2015 年 12 月 31 日，基金管理公司及其子公司、证券公司、期货公司、私募基金管理机构资产管理业务总规模约 38.20 万亿元，其中，基金管理公司管理公募基金规模 8.40 万亿元，基金管理公司及其子公司专户业务规模 12.60 万亿元，证券公司资产管理业务规模 11.89 万亿元，期货公司资产管理业务规模 1 045 亿元，私募基金管理机构资产管理规模 5.21 万亿元。作为中国资产管理行业的重要两大类型机构基金公司与证券公司，在维持传统的公募基金业务以及券商资管业务的优势外，纷纷进行子公司布局，一是进行自身业务的延展，二是作为公司资管业务的股权激励平台，以期突破新常态下的中国资产管理业务的困境。

券商积极布局直投和另类投资子公司

2012 年，证券公司的创新业务得到大松绑，主要体现在：一是证券公司直投子公司可设立股权投资基金、创业投资基金、并购基金、夹层基金等直投基金进行股权或与股权相关的债权投资；二是允许证券公司成立另类子公司，主要从事《证券公司证券自营投资品种清单》所列品种以外的金融产品等投资业务。随着近 3 年来的发展，越来越多证券公司重视直投和另类投资子公司在大资管产业链的布局。截至 2015 年，共有 62 家券商成立直投子公司，40 件券商成立另类投资子公司。而据不完全统计，2015 年获得上市券商母公司增资的子公司中，数量最多的类型是直投子公司，平均增资额为 7.36 亿元；此外有 6 家上市券商对其另类子公司进行增资，平均增资额为 7.67 亿元。券商积极布局直投和另类投资子公司主要基于以下两大目的，见表 10-1。

表 10-1　　　　　　　2015 年上市证券公司子公司增资情况

子公司类型	家数	合计增资额（亿元）	平均增资额（亿元）	涉及的上市券商
直投子公司	12	88.3	7.36	海通证券、华泰证券、东方证券、广发证券、国泰君安、招商证券、国金证券、山西证券、国海证券、太平洋、西南证券、兴业证券

续前表

子公司类型	家数	合计增资额（亿元）	平均增资额（亿元）	涉及的上市券商
另类子公司	6	46	7.67	东北证券、广发证券、海通证券、国元证券、西南证券、东方证券
期货子公司	7	18.52	2.65	国泰君安、方正证券、东北证券、兴业证券、西南证券、广发证券、国元证券
资管子公司	2	12	6	华泰证券、广发证券
境外子公司	7	76.7（亿港元）	10.96 亿港元（剔除广发控股 41.6 亿后为 5.85 亿港元）	广发证券、兴业证券、西南证券、国元证券、长江证券、东方证券、国金证券

一是创新业务的延展。在业务布局上，相较于券商传统资产管理业务冲规模保排名，直投与另类子公司主要将业务重心放在 PE 业务与创新业务上。以证券公司另类投资公司为例，由于其投资范围、投资比例不受限制，投资杠杆灵活，成为很多证券公司创新业务的发展平台。

广发乾和投资有限公司：自主投资股债量化，对外的创新平台

广发另类子公司的业务可分为自主投资和对外投资平台两大部分。自主投资包括权益类投资、非标债权和量化交易三个方向，由另类子公司的业务人员自主完成，并接受母公司考核。另一方面，广发另类子公司成立了互联网小贷子公司，正在筹建融资租赁公司，并与中国兵器工业集团成立了并购基金，成为母公司对外的创新投资平台。

在自主投资中，广发另类子公司的权益类投资业务，包括二级市场定增、股权产业基金、PE项目和新三板投资等几个细分方向。对外平台方面，广发另类子公司没有拿私募牌照，但与中国兵器成立的一家孙公司拿了私募牌照。其中51%由广发另类持股，该孙公司作为GP募资成立了并购重组基金，其中广发和中兵在基金中各出资30%，募集了40%。

中信证券投资有限公司：母公司各业务线创新通道＋对外资产管理平台

众所周知，创新业务在刚推出时，往往有较好的获利机会。若证券公司在硬件和人才方面跟不上，则会错失良机。而另类子公司就能解决这一问题，在证券公司受法规限制未能开展创新业务时，另类子公司可以先尝试。中信另类子公司被定位为中信证券开展创新业务的通道与平台，在实际运营中，母公司各自营业务部门，都可以利用中信另类子公司作为通道来运作创新业务。比如中信证券股权与衍生品业务部，在2013年以前就设计了收益凭证的产品，利用另类子公司作为通道对外销售。在2014年证券业协会才放开券商参与收益凭证业务的资格，而中信证券通过另类子公司已经积累了一年的业务运作经验，具备了先发优势。

此外，中信证券的另类投资业务线主要以对冲基金为主要方向，分别以境内和境外两个公司作为载体（见图10-10）。截至2013年第二季度，管理资产规模达到了10亿美元，其中境外管理资产规模达到了4亿美元。

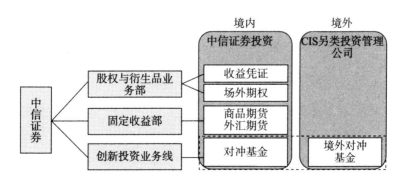

图 10-10　中信证券另类投资业务线的定位

西证另类子公司：业务资源延伸与优化平台

西南证券实际控制人是重庆国资委，西证另类子公司凭借其国资背景、积极介入国资公司的资本中介、投融资服务。在市场上，许多国资企业都有较大的融资需求；而不少国资企业拥有充裕的现金流，并需要安全性较高的理财服务。西证另类子公司通过建立双方的联系，利用自身的金融专业特性分析融资项目、设计产品和提供信用担保来获取收益。

2013 年 6 月，西证另类子公司出资 4 亿元与关联方重庆城投和重庆水务资产共同设立重庆西证渝富城市建设壹号股权投资基金合伙企业，基金拟投向城市建设领域的股权投资等。该基金以有限合伙制公司形式成立，西证另类子公司为一般合伙人出任城建基金的投资顾问，重庆城投和重庆水务为投资者。城建基金的投资方向主要为国资企业的融资项目，包括为母公司大股东渝富集团下属的地产公司的土地项目进行融资，重庆钢铁拆迁项目就是其中的一个。渝富的地产公司拿下了重庆钢铁原址的土地整治项目，而城建基金在该项目接近完成有资金缺口时提供了融资支持。通过项目运作，渝富的地产公司获得了低于市场价格的资金支持，而重庆城投和重庆水务的闲置资金得到了比过往更高的利息收入，西证另类子公司提供的专业服务和信用担保获取了超额的收益。

二是证券公司股权激励机制的实现。通过前面的分析，我们可以知道资产管理行业的核心成功要素在于优秀的投资管理人，而要吸引并留住这些优秀的投资管理人，必须进行市场化的激励机制。目前，对券商资管而言，由于券商股权激励涉及国资和相关法律法规的修改而进展缓慢。证监会 2013 年发布了《证券公司股权激励约束机制管理规定（征求意见稿）》（简称"管理规定"）。管理规定对可实施股权激励的证券公司、受激励对象、持有形式、信息披露等做出了明确要求，但意见征求后并未发出该管理规定的正式稿，在证券公司很难实现这种市场化的激励机制。相较于证券公司总部，子公司具有监管的宽泛性，一方面可以通过总部高管到子公司任职实现股权多元化；另一方面对于证券公司内部具有创业欲望的优秀人才，可以通过与之合作成立合资子公司的形式，实现对公司内部人才价值的兑现。

基金子公司差异化发展

近几年来，公募基金行业的处境往往需要用"困境"和"突围"等词汇来形容和描述。以往靠天吃饭和享受牌照红利的商业模式恰逢股票行情不高涨甚至低迷、资产管理行业"大资管化"；缺乏激励机制使得行业核心资源不稳定，使得优秀的投研人才纷纷"奔私"，公募基金行业这个以往资产管理行业之中的明珠在行业大变革的过程中甚至有被边缘化的危险，亟需差异化转型。基金子公司由于其净资本不受监管约束，投资范围广泛，投资比例不受限制，成为基金公司开展业务的重要渠道，帮助其实现业务的多元化经营、满足资产的多样化配置需求。

一方面，随着固定资产投资的朱格拉周期结束以及政策环境的变化，通道连接的两端——资金主要供给方商业银行和资金主要需求方政府平台、房地产业，对通道的需求都在逐渐萎缩，以房地产类信托等通道业务主力业务的基金子公司面临着转型的问题，另一方面，母公司公募基金公司在"大资管化"趋势下，业务限制的缺点越发明显，基金子公司差异化发展成为基金公司应对大资管困境的重要布局措施。其差异化发展主要基于以下两个目的。

一是业务多元化发展，主要体现在延展自身业务，由二级市场向一级市场拓展；布局另类投资，寻找投资机会；突破销售困境，布局财富管理业务。

自身业务的延展，由二级市场向一级市场拓展。国内部分基金子公司早已将业务重心逐渐转移至一级市场的股权投资。早在 2013 年末，汇添富子公司汇添富资本发起成立了上海汇添富医健股权投资管理有限公司，进军股权投资领域。参与绿地集团增资扩股是汇添富首次涉入一级市场，汇添富也成为业内首家通过股权投资参与国企改制的基金公司。2014 年，嘉实开始拓展一级和一级半市场投资业务，旗下的一级与一级半市场投资平台——嘉实投资投了京东金融、首汽租车等优质企业，已经建立起了包括 VC、PE 在内的投资全生态链。成立不到两年时间，嘉实投资的规模已经超过 150 亿元。工商数据显示，嘉隆（嘉兴）投资管理有限公司、嘉实科技投资管理公司均成立于 2015年 8 月份，经营范围均以股权投资基金为主。2015 年 11 月 7 日，由博时资本和 IDG 联合成立的合资公司——和谐博时资产管理公司，发行 IDG 博时股权投资基金一期——互联网股权基金。IDG 博时股权投资基金的投资目标瞄准准备拆除 VIE 架构拟境内上市的互联网公司，希望把握股权投资市场的转折机遇，积极寻找国内互联网公司 VIE 拆解中诞生的机会，争夺更优质的国内互联网企业。

布局另类投资，寻找投资机会。在股票及债券市场遭遇资产配置荒之时，基金子公司则凭借投资领域灵活的优势，开始在房地产 REITS 市场、海外基金市场等另类投资领域寻找新的投资机会。2015 年 8 月，嘉实基金子公司嘉实资本与上海城市地产控股有限公司联合成立的深圳城市嘉实投资管理有限公司，从交易对手摩根士丹利和上海国盛集团手中，获得了上海世界贸易大厦100% 的股权。而嘉实资本发行的专户产品"融瑞城市世贸系列专项资管"，就是用于向 PE 投资最终用于收购项目公司股权、运营及收购标的的装修改造等。这也是公募基金在房地产私募股权基金领域的首次尝试。鹏华基金也跳出传统的债券基金框架，于 2015 年 6 月 26 日发行了首只公募 REITs——鹏华前海万科 REITS。突破了传统的固定收益领域，鹏华前海万科 REITs 募集规模达29.99 亿元。鹏华前海万科 REITs 在 10 年存续期内采用封闭式运作方式，基金成立后，场内份额可在深交所上市交易，给持有人提供流动性便利。此外，2015 年股市大跌之后，国内量化交易投资受限，不少基金子公司通过 QFLP（合格境外有限合伙人）渠道投资海外另类投资基金。比如，专注于另类投资市场的橡树资本，投资领域包括困境债务、公司债（包括高收益债权和优先贷款）、私募股权控股投资、可转换证券、房地产、其他上市股票和基础设施投资，目前管理规模已高达 1 030 亿美元。

突破销售困境，布局财富管理业务。销售子公司是公募基金布局全金融行业链的重要一环。自 2012 年起，为促进基金行业多元化发展，基金子公司牌照放开，华夏、嘉实、国金、九泰、万家、中欧等公募销售子公司相继成立，成为自身业务创新以及化解银行销售渠道垄断的重要举措，同时理财服务的边界也在逐步拓展，产品和业务创新开始出现。基金销售子公司不仅对接自家产品，也代销其他金融机构的产品，他们更多还是向高端客户提供理财产品解决方案。以嘉实基金为例，先后成立嘉实财富平台和嘉石榴互联网理财平台，前者主要针对中高端个人客户理财需求，后者针对大众理财。嘉实在理财销售方面的布局，不仅可以带动自身公募、私募产品的销量，更可以打通行业内优质产品资源辐射全产业链产品资源，真正实现为客户提供多元化的资金配置需求。

二是股权激励的实现平台。人才流失严重已经成为各大基金公司亟需解决的难题。目前基金公司主要采用两种形式来解决这个难题。

在总部层面采取事业部制改革吸引和留住优秀的投研人才，目前行业内已有中欧基金、民生加银和前海开源采取了事业部制改革（见表 10-2）。

表 10-2　　　　　　实行事业部制改革的公募基金公司

基金公司	中欧基金	民生加银	前海开源
成立时间	2006 年 7 月 19 日	2008 年 11 月 3 日	2013 年 1 月 23 日
注册资本	1.88 亿	3 亿	1.5 亿
收益分配	公司 60% 团队 40%	公司 65% 团队 35%	公司 70% 团队 30%

续前表

基金公司	中欧基金	民生加银	前海开源
体制机制	2013 年实行 投资策略组采取事业部制：投资团队独立核算，与公司分享管理费收入，并有独立支配权，各事业部成为公司利润中心。 项目跟投和奖金转投基金制度：公司要求基金经理投入自有资金到所管理的基金产品中，中欧自投比例是同行业的三倍。	2014 年实行 虚拟基金期权激励计划：基金经理以市场价格购买自身所管理基金的一定份额，并以行权价格虚拟购买未来该基金的另一指定份额，让基金经理间接享受基金净值上涨带来的"高杠杆"收益。	2014 年实行 一个经理对应一个事业部，事业部成员包括基金经理、基金经理助理、研究员。
基金经理	原广发基金老牌明星基金经理刘明月、农银汇理基金公司投资总监曹剑飞的加盟中欧基金。		原南方基金投资总监王宏远、原中信证券自营部高级投资经理罗大林、原长盛基金的基金经理丁骏和刘静加入前海开源。
成效	资产管理规模由 2013 年的 47 名上升至 2015 年的 31 名。	资产管理规模由 2014 年的 34 名上升至 2015 年的 32 名。	资产管理规模由 2014 年的 72 名上升至 2015 年的 61 名。

更为普遍的是在子公司层面进行股权激励的实现：一方面对于内部优秀人才，设立了很多子公司让员工进入担任高管来实现相应的股权激励。据不完全统计，在已经获批成立的 74 家专项子公司中，实施了股权激励安排的仅十余家，包括华富、国泰、易方达、广发、长信、东方、华安及嘉实的子公司等。其中，在 2014 年，嘉实核心团队赵学军等人完成了对嘉实资本的持股，由其核心人员 15 人共同成立的江源嘉略投资持股嘉实资本 14.63%。其中，赵学军斥资 1 500 万元间接持有嘉实资本 5% 权益。

另一方面，对于外部的优秀人才采取与专业团队以合资成立公司的方式运作投资模式，通过平台"筑巢引凤"，引进专业人才，使业务得以快速做大做强。

嘉实另类投资有限公司（以下简称嘉实另类子公司）于 2011 年 6 月 3 日在香港地区注册成立。嘉实另类子公司和国内以通道业务为主的基金子公司完全不同，是一家利用"平台＋孙公司"搭建的投资子公司。如图 10-11 所示，嘉实另类子公司在香港的业务共有五块。这五块业务专业性都非常强，但嘉实能找到各个领域知名的管理团队进行合作，迅速将业务做大做强，秘密就在于它的"平台＋孙公司"的管理模式。在该模式中，嘉实另类子公司与专业团队以各自出资成立孙公司的方式运作投资，所成立的孙公司股权各占一半，但嘉实另类子公司拥有否决权。嘉实另类子公司负责资金的募集与风险控制，专业团队则负责投资与决策。

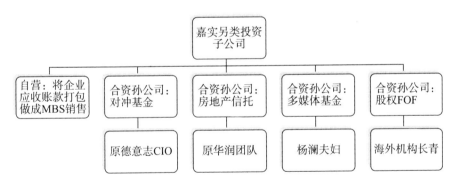

图 10-11　嘉实另类子公司业务结构示意图

寻找自身的竞争优势

随着资管牌照的放开，金融行业混业经营竞争白热化程度越来越高，各金融机构在各业务领域的交叉竞和的趋势越来越明显。作为中国资产管理行业的两大重要机构证券公司与基金公司，随着基金公司在投资范围纵向向一级市场

延伸，横向向另类投资拓展；在销售端向财富管理布局，两者直面竞争的业务
领域将越来越多。如何寻找自身的竞争优势，进行业务布局将成为这两大机构
接下来亟需考虑的问题。

访谈手记 $

/访谈手记一/

中小券商资产管理业务发展路径探讨

证券公司的资产管理业务已经从早期的替客户投资获取收益转换成以满足客
户的多样性需求为核心的大资管业务，那么券商资管怎样跟券商其他业务发挥协
同效应呢？发展方向是什么呢？中小券商的资管业务又是怎样探索实践的呢？为
此，我们对华创证券总经理助理华中炜博士进行了访谈。

券商资管业务的发展历史与现状

证券公司的资产管理业务从 1995 年就开始了，直到 2001 年才第一次有正式
的文件来界定证券公司可以开展集合性的受托投资管理业务。2003 年《证券公司
客户资产管理业务试行办法》，界定了券商资产管理业务的类型，资产管理业务正
式起步。2010 年，证监会放开了资产管理业务的审批流程，资产管理业务才真正
开始有所发展。2012 年证监会颁布了"一法两则"把产品的行政审批改为报备制、
投资范围扩大、允许产品分级、允许集合计划份额转让等，也促使券商资管迎来
了后期真正的大发展。

证券公司十万亿的资产实际上是由三部分组成的：集合资产管理计划，定向资产管理计划和专项资产管理计划。集合资产管理计划是证券公司的主动管理型产品，和基金公司以及私募基金做权益类、债券类、对冲类的产品差不多。定向资产管理计划，即证券公司通道业务，是证券公司一个非常常规的业务，大概有九万亿的规模。专项资产管理计划即资产证券化业务，实际上资产证券化业务在中国已经实施了很多年，但是直到 2013 年 3 月证监会发布了《证券公司资产证券化业务管理规定》，才标志着经过近十年试点的专项资产管理业务正式转为常规业务。

随着监管政策的放松和"一法两则"的修订，证券公司的资产管理业务已经从早期的替客户投资获取收益转换成以满足客户的多样性需求为核心的大资管业务。首先，资产管理业务的品种从单一的股权或债券等标准化产品，延伸为涵盖了融通股权、债券、物权、一级市场、二级市场的多市场标准和非标产品。其次，资产管理部门的角色从单一的产品提供者上升为产品的设计者、交易参与者、客户需求的引导者等多种角色。再次，券商资管的竞争对手也从以前单一的券商、基金、私募等高度同质化的专注于二级市场投资的对手，转变为以银行、信托、保险为代表的整个金融市场的金融机构。

券商资管必须发挥业务协同效应

资管和经纪业务的协同，具体来说就是和营业部、网上营业部的业务协同。一方面私人财富管理部门可以采购资产管理部门的现成产品满足客户需求，实现产品的销售工作；另一方面可以根据特定的客户需求，借助资产管理部门的产品设计、投研定价能力进行产品定制。在银证合作方面，借助财富管理的一线业务单元是资产管理业务通道类业务低成本高效率运行的最佳方式。

资管和投行业务的协同，具体业务中合作方式为交叉销售方面的合作，随着券商资管新规的实施，券商资管的新型产品不断涌出，可以不同程度地满足投行客户的产品投资需求。另一方面，券商资管直接面对大量投资者群体，亦有一定的投资需求。在产品设计方面的合作，资产管理部一般是服务投资者，强调投资产品的设计；投资银行往往是专注服务融资方，强调融资产品的设计。传统的公募产品由于受到法律法规的限制需要建立信息隔离机制，但强调服务客户的私募产品的交互式沟通合作对双方业务开展均有促进作用。资产证券化业务的合作，一是投行可以为资产证券化业务提供丰富的项目来源，二是在后续产品的开发与发行中，两者可各自发挥比较优势。

资管和研究所的协同，在投研能力输出方面，资产管理、证券自营、卖方研究三个业务部门的投研人员配备各有所长，应该向资产管理平台输出投研能力，借助资产管理发行产品来实现其他部门投研能力的产品化，将核心竞争力转化为业务收入。

资管和自营部门的协同属于做市商领域的合作，特别是在新三板做市这一块。在做市商业务合作中，资产管理产品可以参与公司做市的品种，也可设计理想的资产管理产品份额作为标的，由证券自营提供做市服务，使得产品份额成为有吸引力的投资品种，具备更好的交易性和流动性。

场外业务合作，结构融资业务方面，未来证券公司的资产管理业务和场外业务部门合作主题可聚焦信贷资产证券化、企业结构融资、自有债权证券化等结构融资领域。场外股票融资业务方面，新三板市场以及其他场外股票融资需求日益增加，证券公司的直投子公司通过直投或直投基金参与场外股票直接融资，部分证券公司通过收益互换等形式为非上市公司提供股票质押、交易等融资服务。

在与衍生品 COTC 业务的协同方面，证券公司的客户可以利用衍生品进行股权融资、策略投资、杠杆交易、市值管理、结构化衍生品投资等操作。证券公司可以利用资产管理的平台和自身的投资研究、交易能力，将不同客户的需求通过互换合约进行连接。

未来券商资管看好的行业方向

资管业务投行化，资产证券化业务是资管投行化的一个典型。资产管理现在不仅仅是帮助客户找到资产，实际上更多的是随着经济和结构的调整，帮助企业盘活和处理基础资产。

券商资管的第二个发展重点是 FOF 和量化投资。未来中国资本市场要克服机构行为散户化，A 股市场需要中长期投资者，但中长期投资必定会降低流动性，中国资本市场需要更高层次的 FOF 模式；通过各种衍生产品和不同策略，包括中性策略和套利策略，进行量化产品设计，对冲系统性风险，这一轮的波动也给了我们非常大的启发。第三是跨境资产投资。第四是新三板投资，因为对于主板上市还有一些限制，而新三板是注册制，因此新三板聚集了越来越多的优秀的公司。

中小券商发展资管业务的探索实践

中小券商和大券商相比，和其他类型的资管机构相比，存在着很大差距。第一个是网络和客户的差距，第二个就是资本金有限，第三个是战略优势。

未来必须加强长期业务的协同和发展，第一是在主动管理的业务方向上需要稳步的发展。大多数券商资产管理部在主动管理的资产管理机构里都不处于特别突出的位置。原因是券商做绝对收益的压力和难度大，想要稳步发展如果没有强大的投研体系或者公司支持力度不到位，很难有一个快速和大规模的发展。

第二是通过主动创设产品，把握优质资产，为客户提供低风险高收益的资产项的考量，实际上目前在多数证券公司是没有这么做的。

第三是连接一、二级市场的产品。一是定增产品，特别是在目前市场下跌之后，定增产品的优势会逐步凸显出来。二是新三板产品，怎么在前期通过投行和做市商的介入，通过场外市场合资管的联动实现新三板的收益，这一块是非常值得看重的。

/访谈手记二/

中国香港证券市场特点与中资证券公司的发展策略

沪港通已经开通，深港通也即将开通，大陆跟香港的互联互通一直在开创新的高度，那么中国香港的证券市场的特点到底是怎样的呢，在香港经营的中资证券公司在新时期下又该怎样转型呢？为此，我们对海通国际证券集团有限公司财务总监张信军博士进行了访谈。

中国香港证券市场及行业概况

中国香港证券及衍生品市场概览

中国香港资本市场相对国内资本市场发展是比较早的，所以目前在香港市场的金融产品种类是比较丰富齐全的。股票方面，在香港交易及结算所有限公司上市的企业以中国内地企业为主，主要架构是海外架构、H 股架构和红筹架构。期货方面，香港市场期货的品种主要包括恒生指数期货、大型指数期货和一份拆散为五单的小型指数期货及国际指数期货。FICC 方面，FI 是 Fixed Income，后面两个 C 是 Currency 和 Commodity。这个领域在香港主要以国际投行做市，包括 UBS、JP 摩根、高盛和摩根斯坦利。各类衍生品市场在香港也是一个非常大的市场。衍生品可以分为上市类产品和 OTC 交易产品两大范畴。

中国香港牌照监管体系

目前共有 10 类证券牌照。第 1 类是证券交易，这个项下是代理客户买卖股票，包销、配售证券，以及经纪业务；第 2 类是期货交易牌照；第 3 类是杠杆式外汇交易牌照；第 4 类和第 5 类是就证券、期货提供咨询意见，比如做研究、发研究报告等；第 6 类是就机构融资提供意见，也就是我们所谓狭义上的投资银行，在香港称为企业融资业务；第 7 类和第 8 类是提供自动交易化服务和提供证券保证金融资，单独申请这两类牌照的比较少；第 9 类是资产管理业务，资产管理包括以全权委托形式为客户管理证券和期货；第 10 类是近两年刚刚诞生的新的牌照业务信贷评级服务业务，多数证券类的公司不用申领。对于大多数中资证券公司来说，主要持有第 1~6 类和第 9 类牌照就基本涵盖了所有的证券业务。

香港交易所市值排名及上市公司组成

截至 2015 年 3 月底，香港证券市场主板和创业板总市值分别为 26.5 万亿港币和 2 076 亿港币（A 股：47.7 万亿人民币），市值排名位列世界第 7，亚洲第 3。截至 2015 年 3 月底，香港证券市场主板和创业板上市公司分别为 1 565 家和 210 家（A 股：2 662 家）。2014 年香港主板市场内地企业市值占比超过 60%，成交额占比超过 70%。2007 年以来将近 8 年时间里香港主板市场内地企业市值和成交额占比基本都维持在 60% 和 70% 的比例。内地企业是香港市场的主要组成，香港未来将要发展成为国际投资者投资中国和中国投资者走向海外资产配置的核心桥梁。

中国香港近年来成为国际 IPO 主要市场之一。2014 年港交所 IPO 融资额全球排名第二，仅次于纽交所；2015 年上半年，港交所 IPO 融资排名仅次于上交所。对于 2014 年在香港的投资银行在 IPO 市场的排名，中国投资银行中中国建设银行排名第一，中金公司排名第二，海通国际排名第三。

中国香港债券市场

香港债券市场按计价货币主要分为港币债券、G3 货币债券和人民币债券；按照评级高低主要分为投资级债券和高收益债券。其中，中国高收益债券发行人以中国地产公司为主，约占 60% 的份额，目前存量 475 亿美元，2014 年发行量 134 亿美元；亚洲（除日本）投资级债券发行人包括区内的政府、金融机构和信用评级较好的企业，目前存量 10.4 万亿美元，2014 年发行量为 4 428 亿美元；中国金融机构债券目前存量 15 218 亿美元，2014 年发行量 637 亿美元；人民币点心债 2014 年底存量 4 000 亿人民币，2014 年发行量达到 2 800 亿元人民币。香港的债券市场每年的发行量和存量都比较大，尤其是美元标的债券。但香港大多数债券不在港交所交易，只有部分的港币债券在港交所交易，大多数都在 OTC

市场交易。

香港拥有多层次的衍生品市场

股票衍生产品，根据是否公开上市可以分为上市类产品、OTC 交易产品；也可根据产品风险特性分为 Delta 1（线性）产品、期权产品；还可根据法律文件区分为票据型和掉期（互换）型。股票衍生产品的主要功能在于提供风险对冲、杠杆以及市场连接的机会。

窝轮和牛熊证

窝轮和牛熊证虽然属于衍生产品，但是在港交所二者均在现货市场交易。窝轮、牛熊证的交易量合计占现货市场交易量的近 20%，2015 年以来在股市活跃的带动下窝轮交易量迅速提升。窝轮和牛熊证的交易量非常大，但是这个市场现在已经进入到非常成熟的白热化竞争阶段，现在市场毛利率很低，产品标的只有 1 000 多家上市公司，但是在最高峰时同时在市场交易的产品约有 4 000~5 000 个。

指数期货和股票期权

香港交易所交易的期货以指数期货为主，其中恒生指数期货与 H 股指数期货交易量合计占期货交易量的近 80%，加上小型恒生指数期货（也就是拆分细了的恒生指数期货）总共占据了 90%。期权交易主要包括股票期权和指数期权，从交易量的分布来看股票的期权交易量超过了 80%，另外就是恒生指数期权和国企指数期权占据了其他的份额。

中国香港基金市场概况

香港证监会认可的基金包括可以向零售投资者销售的公募基金，也包括海量的私募基金。香港在 2000 年开始，推出了类似于美国的私人养老保障制度，叫强制性公积金。目前拥有管理人资格的中资机构仅有中国人寿、中银保诚和海通国际。在香港，由于人口少导致零售市场小，所以大量的私募基金是主力产品。

香港机构获得 QFII/RQFII 额度情况

随着中国证券市场进一步开放，在港中资机构纷纷积极申请 QFII/RQFII 额度。目前全球 QFII 额度约 745 亿美金，其中 23 家在港中资机构获分配约 50 亿美金。目前香港地区 RQFII 额度为 2 700 亿人民币全部分派给 79 家机构，其中在港中资券商共 15 家获得 RQFII 额度合计 501.5 亿人民币。

中国香港证券市场的投资者结构

了解香港市场机构投资者和个人投资者的现状，可以清晰地得到以下结论：一是机构投资者是发展的重中之重；二是机构投资者对股票的定价具有绝对的主导；三是截至目前，欧美的机构投资者对于香港市场的股票定价的影响仍是主导力量。

香港证券市场的中介机构

参与者结构，按中资、港资、外资券商来分。中资里包括券商系的在内地排名前三十位的证券公司在香港所开设的子公司。银行系的券商也很多。港资券商在香港已经是一个很小的弱势群体了。外资券商就很多了，包括高盛、摩根斯坦利、Jefferies 和 UBS 等在香港市场占据主导力量。

香港证券市场的参与者业务分化明显。绝大部分港资券商和中资券商以经纪业务，尤其是零售经纪为中心。中资目前面临的转型需求最为迫切，因为传统经纪业务主要是以原来港资为代表的证券公司，都是小型的以零售经纪业务为主的券商，中资目前都在通过收购的方式逐渐地介入。

港股与 A 股市场的对比分析

估值体系不同

估值最基础的环节是看市场封闭还是开放，利率由谁来制定。比如从现金流估值等各种估值体系的折现率看，A 股和港股的估值模式差异很大，A 股目前的长期利率比较高，但是港股的长期利率是很低的。

参与者结构不同

A 股市场参与者目前还是以个人为主导，但是在香港市场将近 60% 的交易来自于机构投资者，且主要来自于欧美机构投资者。股票估值过程中，谁参与的资金最多必然是谁的估值模型、估值体系和价值判断占据主导作用。

市场特征不同

简单来说，市场特征不同就是指流动性的特征不同。数据显示，2014 年上半年，香港市场内地民营企业成交额占比达 23.5%，但平均每家的日均成交额仅有 2 143 万港币；港股市场超过 69% 的港股在 2014 年日均成交额低于 1 千万港币，仅不足 3% 日均成交额超 2 个亿港币。与 A 股市场对比来看，港股市场的流动性是非常低的。

资本市场机制不同

比如港股不设单日涨跌停板限制，股价往往能在极短时间内反应所有利好或利空因素。A 股市场由于涨跌停板的机制，就会拉长反应时间。

还有港股的闪电配售机制。除了内地企业在香港发行的 H 股需要受到中国证监会的管理之外，闪电配售机制涵盖所有的港股，其股票发行在股东大会都有年度的常设授权，在年度内有 20% 的新股及时配售授权。

因此对于多数港股股票，一旦价格过于高估，董事会或管理层都会选择利用高的估值随时进行市场配售、增发新股，最快的操作可以在隔夜完成。闪电配售机制的存在，在一定程度上也制约了股票上涨的空间。

中资证券公司的转型发展策略

资产和盈利的数据有助于我们理解中资证券公司在香港所处的发展阶段，目前看来总体还是处在发展的初级阶段。近年来，很多中资证券公司在香港通过并购的方式进行了跳跃式的发展。通过收购的方式发展在选择标的上有两个主要的考虑：一是拥有相对成熟的经营平台；二是以拿到牌照为主要目的。

对于很多到香港筹建公司的中资券商，最早都寄希望于内地庞大的零售市场向海外的引入，在实际经营中有诸多障碍，主要有以下几点：一是国内的零售投资者对海外市场的认知需要一个长期的过程；二是内地现实存在的资本管制因素；三是牌照管理，在内地开户或通过香港远程开户，无论是从中国证监会还是香港证监会角度来看，都可能遇到牌照监管的合规性问题。

中资证券公司在香港经营，除了适度发展零售投资交易业务之外，更重要的是思考投行的核心竞争力在哪里。我们服务的客户主要是企业客户、机构客户和零售客户三大类客户，企业客户无疑已经成为我们发展整个投资银行的一个核心的服务范畴。围绕着对企业客户的服务，我们主要构建的是狭义的投资银行领域的平台和团队的建设，IPO、IBD 等业务的发展。配套的就是发展资产负债表，通过自己的资产实力和杠杆经营能力，对企业的并购融资等给予财务上的协助，对于初期发展是一个非常关键的竞争策略。对于个人投资者来说，在沪港通、深港通打通交易所的开放模式下，我们将针对高净值客户提供更多服务。

11

信托歌舞几时休

2016 | 本章导读

◎ 2015 年中国信托行业的发展呈现六大特点：一、信托资产规模和经营业绩稳步增长；二、固有资产分布结构较为稳定；三、信托资产结构变化趋势明显；四、信托资金投向受外部经济影响明显；五、银信合作业务趋稳；六、证券投资类信托实现较大增长。

◎ 从信托项目的风险状况来看，2015 年实体经济低迷，系统性风险不断加大，而信托行业不良率总体上呈下降趋势，实在是难能可贵，这源于信托行业及时调整风险管理策略，主动压缩高风险业务规模的积极应对；而 2016 年经济下行压力增大，叠加年内四万多亿的到期信托产品规模，尤其是其中占比不断增加的集合类信托产品到期规模，使得信托项目承兑压力空前。

◎ 目前，对于存在风险隐患或者出现风险事项的项目，信托公司可以采取的处理方式主要有以下四种：一、提前终止信托计划或延长信托期限；二、使用自有资金"接盘"风险项目；三、通过发行新的信托计划或者受让信托收益权等方式，实现项目的"刚性兑付"；四、提取信托赔偿准备金和一般风险准备金。

◎ 信托行业要打破刚性兑付，实现可持续发展，基础制度层面的突破就显得尤为关键，具体包括以下五个途径：一、建立超级信托账户；二、有步骤扩大非刚兑业务的规模占比；三、建立信托市场预期收益率体系，实现"一分风险一分收益"；四、建立信托交易所，完善信托产品风险定价机制；五、建立统一的信托产品登记系统，完善信托产品信息披露机制。

2015 年经营数据显示的信托动态

信托资产规模和经营业绩稳步增长

截至 2015 年末，信托资产规模创历史新高，达到 16.30 万亿元，自此跨入 16 万亿时代，较 2014 年末的 13.98 万亿元增加 2.32 万亿元，增速为 16.6%，较 2015 年的 28.14% 明显放缓，为 2010 年以来的增速最低值（见图 11-1）。值得指出的是，信托资产规模在第三季度的环比增速为 -1.58%，这也是 2010 年第一季度以来，首次出现负增长。

总体来看，信托资产管理规模虽然增长速度有所放缓，但仍然真实反映了中国宏观经济的发展态势，保持着一定的增长势头。

2015 年，信托行业实现经营收入 1 176.06 亿元，较 2014 年的 954.95 亿元增长 23.15%。相较 2014 年 14.70% 的同比增速，2015 年经营业绩表现良好。其中信托业务收入 689.32 亿元，占比为 58.61%，全年实现利润 750.59 亿元（见图 11-2）。依然保持了增长的态势，但增速持续放缓。

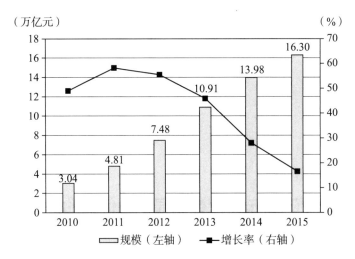

图 11-1　2010—2015 年信托资产规模及增长率走势

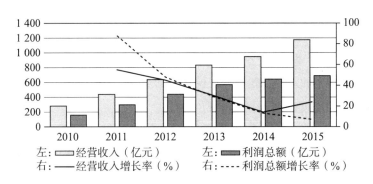

图 11-2　2010—2015 年信托行业经营收入和利润总额走势图

固有资产分布结构较为稳定

截至 2015 年末，信托行业固有资产总额达到 4 623.28 亿元，增长率为 28.93%。其中，投资类资产总额为 3 265.35 亿元，占比 70.63%，仍旧是固有资产的主要存在形式（见图 11-3）。鉴于自身管理能力的提高等因素，贷款类资产的总额相较 2014 年度末，出现了一定程度的下滑。货币类资产规模表现出较强的增长势头，在资产总额、占固有资产比率等方面均呈现上涨趋势。固有资产在不同资产类别上的分布反映了信托公司针对经济运行情况而做出的资产配置。

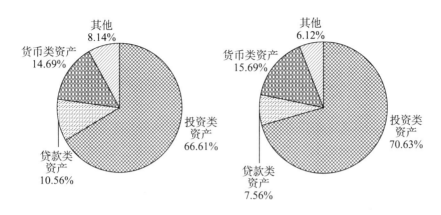

图 11-3　2014—2015 年固有资产分布情况

信托资产结构变化趋势明显

从信托资产来源看，2013 年以来，单一资金类信托占比持续下降，集合资金类信托和财产管理类信托占比持续上升（见图 11-4），其中财产管理类信托增幅较大，2015 年末财产管类信托资金为 16 088.82 亿元，同比增长71.26%。这表明在行业结构调整时期，信托公司的业务结构开始调整，信托公司在信托业务中的主动管理能力逐步增强。背后的原因可能在于：一方面，信托公司基于市场环境主动寻求业务转型；另一方面，不同类型业务对信托业保障基金差异化的认购标准降低了信托公司开展单一资金信托业务的积极性。

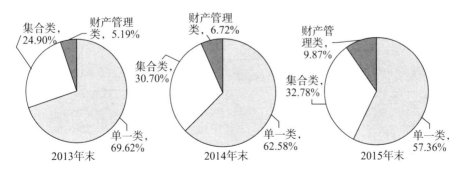

图 11-4　2013—2015 年信托资产规模结构

285

从信托功能来看，2015 年事务管理类信托规模达到 63 071.11 亿元，较 2014 年增长了 38.4%，占比近 39%；投资类信托规模达到 60 317.02 亿元，较 2014 年增长了 28.01%，占比 37%，无论是规模和占比均再次超过融资类信托；与之形成鲜明对比的是，融资类信托占比下降到 24.32%，较 2014 年下降了 9 个百分点，较历史上占比最高的 59.01% 下降了 34.69 个百分点。可见，在内外部因素的综合推动下，到 2015 年末，投资类和事务管理类信托规模和占比已经超过融资类，信托业务模式的变化逐渐显现。不同类别信托业务规模之间的关系，从融资类信托遥遥领先到融资类、投资类和事务管理类三分天下，再到现在的投资类和事务管理类占比超过融资类，不过短短三四年时间。2011 年以来信托功能下的信托资产分布和走势可见表 11-1 和图 11-5。

表 11-1　　　　2010—2015 信托功能下的信托资产分布情况表

信托功能	2011 年		2012 年		2013 年		2014 年		2015 年	
	金额（万亿元）	占比（%）	金额（万亿元）	占比（%）	金额（万亿元）	占比（%）	金额（万亿元）	占比（%）	金额（万亿元）	占比（%）
融资类	2.48	51.44	3.65	48.87	5.21	47.76	4.70	33.65	3.96	24.32
投资类	1.72	35.81	2.68	35.84	3.55	32.54	4.71	33.70	6.03	37
事务管理类	0.62	12.75	1.14	15.28	2.15	19.7	4.56	32.65	6.31	38.69
总计	4.81	100	7.47	100	10.91	100	13.97	100	16.30	100

图 11-5　2010—2015 年各类信托资产占比走势图

信托资金投向受外部经济影响明显

受整体经济下行的影响，资金信托的投向有较大变化。总体来看，截至2015 年末，投向工商企业、基础设施、房地产业的资金占比较 2014 年有所下滑，投向证券市场的资金信托占比较 2014 年末有所提升，投向金融机构的资金占比与 2014 年末基本持平（见图 11-6）。到 2015 年末，工商企业和证券投资成为信托资金的两大主要投向，资金占比分别为 22.51% 和 20.35%。需要指出的是，证券投资超过了基础产业 17.89% 的占比，成为信托资金的第二大运用领域（见图 11-7）。从证券市场的具体分布来看，仍以债券投资为主，但基金占比上升明显。

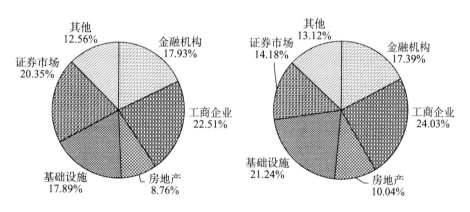

图 11-6　2014 年资金信托投向分布图　　图 11-7　2015 年资金信托投向分布图

银信合作业务趋稳

由图 11-8 可以看出，自 2011 年以来，银信合作业务规模持续上升，但占比有所下降，2010 年占比达到 50% 以上，2013 到 2015 年末基本维持在 20% 左右。随着银信合作业务监管的日益完善，通道业务竞争进入常态化，可以预见，银信合作业务占比将进入一个较为稳定的阶段，新的银信合作模式亟待探索。

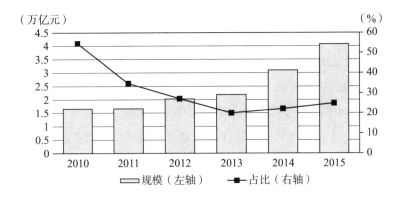

图 11-8　2010—2015 年银信合作业务规模和占比走势图

证券投资类信托实现较大增长

2015 年全年，中国债券市场较为火爆，加之上半年股票市场的暴涨，吸引了大量的资金参与其中。截至到 2015 年年末，证券投资类信托规模达 3.30 万亿元，较 2014 年末的 1.79 万亿元增长 84%（见图 11-9）。从具体投向来看，投向一级市场和二级市场的规模和占比有较小幅下降，投向一级市场的占比达到 3.91%，较 2014 年 4.28% 略有下降；投向二级市场的规模达到 10 930.14 亿元，占比为 33.09%，较 2014 年末降低了近 2 个百分点（见图 11-10）。

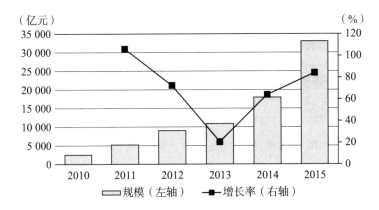

图 11-9　2010—2015 年证券投资类信托规模和增长率

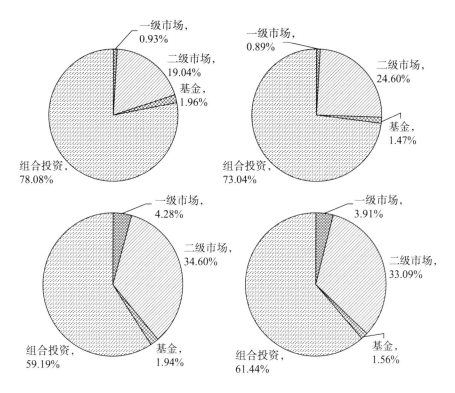

图 11-10　2011—2015 年末证券投资信托分布图

总体上看，在经济周期下行、市场竞争加剧和业务结构调整的多重因素下，信托行业仍然保持了稳健的增长态势，虽然增长速度有所下降，但无论从信托业务结构还是信托资金投向来看，都已经较为显著地体现出信托行业的稳步转型。首先，从经营数据可以看出，在过去一年中，信托资产规模和营业收入虽然在增长速度上有所放缓，但仍保持着一定的增长势头，这也显示了信托行业发展的持续性。其次，信托公司固有资产在规模方面增长速度较快，但分布情况变化不明显。第三，信托资产结构和投向呈现出一定的变化趋势，表明信托行业的转型效果愈发显著。尽管这种转型可能更多是在外部压力的推动下进行的，但压力亦是动力，外源性的变革也会带来良好的效果。

信托项目风险状况分析

2015 年信托风险项目解析

随着中国经济整体增长速度的放缓，在信托行业积极尝试各种可能的转型路径的同时，其本身的风险项目也在逐渐暴露。截至 2015 年年末，信托资产规模已经达到 16.3 万亿。在宏观经济下行压力不断增大，去产能等供给侧结构性改革逐步推进的当下，如此大的资产管理规模中出现一定比率的风险项目几乎是不可避免的，应该以更加理性的态度对待这一问题。

风险项目个数及其规模

截至 2015 年年末，信托业的风险项目个数为 464 个，与之对应的资产规模为 973 亿元。从总体上看，2015 年信托业的风险项目个数与其对应的资产管理规模均呈现出一定的变动：前三季度均呈上升趋势，风险资产规模的增长率分别为 6.16%、4.74%；第四季度则化解了大量的风险项目，风险资产规模的增长率为 -10.16%（见图 11-11）。

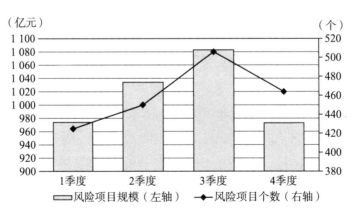

图 11-11　2015 年信托业风险项目个数及其规模

风险资产分布及不良率

在与风险项目相关的 973 亿元的资产中，集合类信托占比为 61%，单一类信托占比为 37%,财产权类信托占比 2%。单一类信托占比较小的原因在于此类信托项目多为通道类项目,风险容易得到有效控制;而集合类信托项目则对信托公司的项目设立、尽调、后期管理和信息披露等环节均提出了较高要求,因此,此类项目占比较高也就不足为怪了。

截至 2015 年年末,对应 16.30 万亿元的信托资产规模的不良率为 0.6%,仍处于相对低位(见图 11-12)。纵观 2015 年全年,实体经济低迷,违约率上升,系统性风险不断加大,而信托行业不良率总体上呈下降趋势,实在是难能可贵。这源于信托行业及时调整风险管理策略,主动压缩高风险业务规模的积极应对。

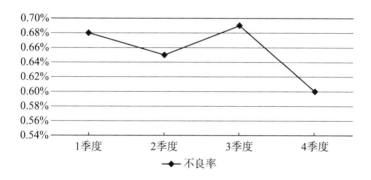

图 11-12　2015 年信托行业不良率

2016 年信托项目承兑压力空前

经济下行压力增大

2015 年已然落下帷幕,时间总是如水如梭,一刻不停歇。

从 2014 年提出"新常态"以来,市场对于经济增速下滑的容忍度逐步提高,经济增速换挡已经成为普遍共识,GDP 增速不断下滑。2015 年,"三驾马车"表现继续疲软,GDP 增速进行下行通道。从国家统计局公布的数据来看,2015 年全年国内生产总值为 676 708 亿元,按可比价格计算,比上年增长 6.9%,

如图 11-13 所示。分季度看，一季度增长 7.0%，经济延续弱势，二季度同比增长 7.0%，经济继续探底，三季度增长 6.9%，增速破 7，四季度增长 6.8%，下行压力继续增大。

图 11-13　2011—2015 年国内生产总值及其增长速度

事实上，2015 年全年 6.9% 的增长率已经是 1991 年以来 GDP 增速的最低水平。国际层面的因素和国内层面的因素相互叠加，加大了 2015 年经济下行的压力，这是 2015 年经济增长速度继续下行的主要原因。从国内经济的运行情况分析，GDP 增长速度可能会进一步下降。未来，中速增长或成为常态。

宏观经济运行情况对信托项目承兑的影响是直接的。整体经济面临着较大的下行压力，必然会传导到企业这一宏观经济的微观主体，对企业的生产经营活动产生负面作用，从而降低企业的还款能力，这将直接增大信托公司对信托项目的承兑压力。以信托公司的主要客户房地产企业来说，2015 年中国房地产市场分化态势愈发明显，全国 70 个大中城市新建商品住宅销售价格月同比上涨的城市个数为 21 个，比年初增加 20 个，房价环比上升城市个数增加；下降的为 49 个，减少 20 个。在这些数据的背后，是二三线城市库存水平的居高不下，而高库存水平不断增加着房地产商的财务成本，使其本就紧张的资金链条雪上加霜。因此，在未来一段时间内，各家信托公司的房地产信托项目出现风险并非难以想象。

2016 年到期信托产品规模较大

2016 年到期信托产品总规模为 43 512 亿元，与上年基本持平，具体到各个季度来说，一季度到期规模为 9 671 亿元，二季度到期规模为 11 973 亿元，三季度到期规模为 9 987 亿元，四季度到期规模为 11 881 亿元。但需要指出的是，2016 年集合信托到期规模为 14 401 亿元，比上年的 11 609 亿元增长 24.1%（见图 11-14）。而上文中已经分析发现，相较于单一类信托，集合类信托项目出现风险事项的可能性更大。因此，未来一年内四万多亿的到期信托产品规模，尤其是其中占比不断增加的集合类信托产品到期规模，将会给信托行业带来较大的兑付压力。

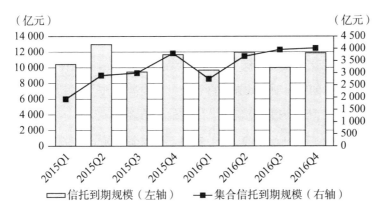

图 11-14　2015—2016 年到期信托产品规模

信托公司化解风险项目的现有路径与资源

目前，对于存在风险隐患，或者出现风险事项的项目，信托公司可以采取不同的处理方式，概括来说，有以下几种。

提前终止信托计划或延长信托期限

第一，提前终止信托计划。 通常可以在信托合同中设置提前终止条款，规定信托公司在发现交易对手财务状况恶化、担保方不能继续履行担保责任、抵质押物价值显著降低等情形，并且预见该信托项目可能出现违约风险时，有权选择提前终止信托计划，以避免造成、扩大损失，或者降低处置风险事项的难度。

第二，延长信托计划期限。延长信托计划期限需要按照信托合同约定，有的需要召开受益人大会。在有些情况下，延长信托计划期限能够让融资方在一定程度上恢复还款能力，但在更多的情况下，只是缓兵之计，争取时间以寻求更好的解决办法。

使用自有资金"接盘"风险项目

一些项目到期出现风险事项后，信托公司会以自有资金先行实现本金和收益的兑付，即受让信托受益权，在通过处置抵质押物、向担保人追偿等措施，实施通常意义上的风险项目处置。自有资金"接盘"风险项目并不一定会导致自有资金的损失，因为很多情况下，风险处置手段能够保障交易对手的足额还款，只是要耗费一定的人力和时间。当然，在极端情况下，各种风险处置措施均失效，那么损失则由信托公司以自有资金承担。

体外循环——"第三方过度"

许多融资方到期无法偿还信托资金时，信托公司会寻找"接盘者"，通过发行新的信托计划，或者受让信托收益权等方式，实现项目的"刚性兑付"。这种方式存在的问题是，"接盘者"只是名义上的接盘，暂时将风险掩盖住，真正的还款压力仍然由融资方 / 信托公司承担。

让信托赔偿准备金、一般风险准备金做好"准备"

信托赔偿准备是指从事信托业务的金融企业按规定从净利润中提取，用于赔偿信托业务损失的风险准备。根据《信托公司管理办法》（银监会 2007 年第 2 号）第四十九条：信托公司每年应当从税后利润中提取 5% 作为信托赔偿准备金，但该赔偿准备金累计总额达到公司注册资本的 20% 时，可不再提取。近年来，整个信托行业的赔偿准备金明显在提升，截至 2014 年年末，信托赔偿准备余额达到 120.91 亿元，比 2013 年增加 30.32 亿元，增幅 33%。这一方面是因为信托公司的净利润提升；另一方面则是因为很多信托公司的风险意识提高，未雨绸缪。

按照财政部《金融企业准备金计提管理办法》规定，金融企业应计提一般准备作为利润分配处理。公司根据标准法对风险资产所面临的风险状况进行定量分析，确定潜在风险估计值。对于风险估计值高于资产减值准备的，计提一般准备。

可以推定，目前信托行业所计提的信托赔偿准备金、一般风险准备金的规模已经很大，且增长速度较快。但鲜有报道信托公司使用信托赔偿准备金，或者一般风险准备金的报道。一方面是由于动用赔偿准备金，便意味着承认自己违反信托目的、违背管理职责或管理信托事务不当；另一方面，即使信托公司使用计提的赔偿准备金等，也往往不会对外公布。

总的来说，信托公司处置风险项目的能力不断增强，风险处置措施也日益丰富。在很多情况下，信托公司往往综合运用了多种风险处理手段，而非拘泥于某一种方式。未来，随着信托公司资本实力的增强和信托业保障基金的建立，信托行业低于各种风险的能力将得到稳步提升。

长效机制——打破刚性兑付

分散投资——建立超级信托账户

信托行业要打破刚性兑付，实现可持续发展，仅有信托公司的努力还不够，信托基础制度层面的突破对于转型亦十分关键。在此，倡议建立超级信托账户制度，助推行业顺利转型。

什么是超级信托账户

所谓信托超级账户，是一种直接面向高净值客户或机构投资者的单一资金信托账户，其主要特点如下。

- 第一，实收信托规模不低于 100 万元，且合格投资人资格审查环节前置至开设超级信托账户时。
- 第二，超级信托账户投资其他信托产品视为合格机构投资者，不受集合资金信托 50 个自然人范围限制，也不受 100 万额度起点限制。
- 第三，能够跨越单个信托公司、单个信托产品的管理账户，分别投向房地产信托、基础设施信托、证券投资信托、现金管理信托等各类信托产品，也可以投向银行理财、保险等金融产品。考虑到客户购买的每个信托产品都相互独立，唯一能统一这些的机构只有银行，换言之，在购买信托产品等时，投资者只能登录个人的银行账户实现资金的有效流转。因此，**超级信托账户的这一特点也是其最重要的特点。**

未来还会扩展至证券账户、资管账户、期货账户、场外市场账户等。这种情况下，超级账户就近似于万能账户的综合，所有的账户集身于一体，很大程度上方便投资者操作交易。

超级信托账户的优势

对于客户来说，超级信托账户能有效落实私人定制，是高端客户专属产品的基础设计。理财可以分为两个层次，一是产品层次，表现为在客户的投资组合中增加一种产品 / 资产；二是组合层次，表现为统筹管理客户的投资组合。客户可在开通"超级账户"后，购买一家或者多家信托公司不同的信托产品，不但可以降低客户资金全部投资于单支信托产品的风险，而且能提高经风险调整后的收益水平。既能实现资金划转和支付功能，又能通过统筹管理客户可投资资产，实现全方位理财，从而最大程度地满足客户实现信托产品的全景展示、多账户交易等各类金融服务需求。

对于信托公司来说，推出"信托超级账户"，信托公司还可以激活客户信托账户上未买入信托产品的资金：在获得客户授权后，自动划转闲置资金进入理财账户，投资于债券或货币市场，在客户投资信托产品之前，再将资金和当期结算利息转回客户的"超级信托账户"，不影响正常信托产品交易。

有助于打破信托业的"刚性兑付"

这种"超级账户"模式此前基本只属于银行机构（2013 年以来，国泰君安等证券公司已经开始尝试推出超级证券），在银行系统内，资金的互相划转无疑是最简单直接的方式。但在信托体系中，客户的不同信托账户之间始终处于割裂的状态。信托公司更像是一个融资平台，其根源在于集合资金信托是面向融资项目的，传统信托业务是一种逆向信托模式，即先有项目，再有信托产品，然后销售给高净值客户。

设立超级信托账户后，直接面向信托合格投资者，根据客户实际情况，投资于具有不同风险收益特征的集合信托产品，能够有效促进信托公司由融资平台向资产管理平台转型。

引入超级信托账户制度，对于打破制约信托行业发展的"刚性兑付"也有着积极的作用。超级信托账户可根据客户风险偏好等，同时投资多种信托产品，实现客户财产的有效配置。因此，单独一个信托项目出现风险也不会使客户财富遭受较大损失。如超级信托账户中的资金规模为 100 万元，等量投资到 20 个相互独立的集合资金信托中（每个信托产品投资 5 万元），即使某一个信托项目出现风险，也不会影响该超级信托账户获得投资于其他信托产品的本金及其带来的收益。这种制度设计一方面有效降低了客户资金在给定的置信水平下和一定的持有期内，可能遭受的最大损失（VAR 值），更容易得到市场的认可；另一方面，也显著提高了客户在信托风险的容忍度，有助于打破"刚性兑付"的魔咒。

有步骤扩大非刚兑业务的规模占比

探索建立与高净值客户需求相适应的信托产品体系，助推信托公司从融资平台向资产管理平台转型，逐步扩大不含预期收益率的业务规模占比。

拓展信托公司参与资本市场的深度和广度

目前，房地产行业，尤其是二三线城市的房地产行业仍面临着巨大的库存压力，房地产企业生存环境短期内难有明显改善；钢铁、水泥、玻璃等行业也面临着巨大的产能过剩问题。在"去库存、去产能"的大背景下，信托公司可尝试通过参与产能过剩行业并购重组、设立类 REITs 基金等方式，参与资本市场。

此外，考虑到母基金可能步入大发展、发繁荣的新时期，信托公司可以充分利用基金管理人资格，发行 FOF、MOM 基金，参与资本市场。

主动调整业务结构

一方面，可充分挖掘客户真实需求，积极开展家族信托、股权投资信托等业务，扩大不含预期收益率的信托业务的规模。另一方面，可根据行业发展特征和公司的自身情况，制定可行的具体计划（如 2016 年末，实现不含预期收益率的业务规模占比不低于 10%；2017 年末，该类型业务规模占比不低于 20%，以此类推），倒逼信托公司调整业务结构。

需要指出的是，信托公司在扩大不含预期收益率的信托业务规模占比时，可能存在客户流失等问题，存在"先发制于人，后发制人"的特点。这在很大程度上降低了某一家、或几家信托公司率先制定相应计划的积极性。因此，可以考虑从监管层面制定相应配套政策，68 家信托公司同时"出发"。

建立信托市场预期收益率体系，实现"一分风险一分收益"

在投资者和信托公司潜意识中，信托产品逐渐成为了固定收益类产品。但在成本收益定价中，信托公司隐形担保并没有降低信托产品收益率，最终使得信托产品成为了一种低风险、高收益的特殊产品。

允许信托公司发行保本保收益信托产品，分化信托收益率结构

建议监管部门允许信托公司发行保本保收益信托产品，即信托公司所发行的信托产品根据风险程度的不同分为保本保收益和非保本保收益两类（为了控制保本保收益信托产品规模，可以在净资本计算标准中设定较高的风险资本系数）。通过信托产品的细分，投资者可以清晰地了解两类信托产品的差别，愿意承担风险的投资者购买非保本保收益信托产品，不愿承担风险的投资者购买保本保收益信托产品，实现风险与收益的合理匹配。从风险收益角度来看，预期收益率也将有所差异，风险低的保本保收益信托产品按照信托公司的信用等级测算，预期收益率约为 5%~6%；而风险相对较高的非保本保收益信托产品预期收益率按照融资方的信用等级测算，预期收益率需加上风险溢价，风险越大预期收益率越高，但投资者应做好承担风险的心理准备。

建立信托产品定价机制，将风险溢价计入预期收益率

当前业务模式中，不同信托产品预期收益率差别不大，对应的信托公司收取的受托人报酬却有着显著差别，本质上可以认为项目风险溢价计入了受托人报酬。因此，打破刚性兑付必须将风险溢价计入预期收益率，归受益人享有。可以区分信托业务类型，根据受托人管理职责的难度和成本，制定不同的受托人报酬费率，可采用固定或者固定加浮动模式。通过信托产品定价机制的再造，

使信托公司收取的受托人报酬与自身付出的劳动和承担的责任对等，同时使投资者获得的收益与承担的风险对等。在此基础上，在项目出现风险时，更容易进行责任划分。

建立信托市场预期收益率体系的好处在于：1. 可以对投资者进行有效区分，赋予投资者更多的选择权，从而使投资者承担相应的投资责任；2. 有利于监管部门进行差异化监管，对于保本保收益信托产品，可以给予降低投资起点、放开委托人人数限制等宽松政策，同时辅以规模限制、严格审批、计提风险资本、期限限制等，将隐性的刚性兑付转变为制度上认可的、风险可控的承诺兑付；3. 有利于推行投资者教育，通过产品分类，为投资者灌输投资风险意识，弱化市场对于信托产品刚性兑付的预期；4. 对于信托公司，有利于建立更加合理的信托产品定价机制。

建立信托交易所，完善信托产品风险定价机制

信托受益权缺乏统一的流通市场导致信托产品的风险与收益缺乏有效的市场调控空间，是刚性兑付存续的原因之一。解决刚性兑付问题，有必要建立统一的信托受益权流通二级市场——信托交易所，健全信托受益权的流通机制，为信托产品的流通提供一个完善的交易平台。

目前并无专门的信托交易所，只有极少数的信托公司对自身发行的信托产品提供受益权流转服务，且需要投资者自己找到接受方，有时还需要交一定的费用；北金所等金融资产交易平台也提供信托受益权挂牌交易，但由于其不具备信托产品登记资质，只能起到发布和提供信息的作用；第三方理财机构也可以提供信托受益权转让的相关服务，但仍然绕不开信托公司，不能形成统一的市场。总体上看，目前信托产品的流动性水平与16.3万亿的资产规模严重不匹配，不能满足市场需求。

建立信托交易所对于打破信托产品的刚性兑付，也具有重要的推动作用。

建立规范化运营的信托交易所，可以将信托产品的风险置于市场之中，通过公开竞价和公平竞争的方式，为投资者提供进行选择和判断的权利和机会，让市场发挥其风险配置和风险释放的决定性作用，形成合理的风险负担机制。通过市场释放信托产品的风险，投资者能够在信托项目发生兑付危机前对信托受益权进行合理的定价。这有助于在信托项目出现风险事项时进行合理的责任划分，从而有助于信托产品"刚性兑付"的魔咒。

建立统一的信托产品登记系统，完善信托产品信息披露机制

解决刚性兑付的一个重要方面是完善信托产品的信息披露机制，通过完整、真实的信息披露保障投资者对信托项目运行情况的知情权，为信托产品的市场定价提供必要的信息支持。

2016 年 1 月 11 日，银监会在年度银行业监管会上表示，2016 年将深入推进银行业改革开放，设立中国信托登记有限责任公司，建立信托产品统一登记制度。从目前的情况来看，建立统一的信托产品登记系统是可行且必要的措施：第一，通过该系统监管部门不仅可以更准确地把握信托行业整体情况、审查信托项目，而且可以关注信托项目的实时变动，为过程监管提供了便利条件，有利于信托监管从结果导向向过程导向倾斜。第二，信托产品登记系统建立以后，信托项目的信息，如规模、年限、预期收益，产品的优缺点、投向、投资风险、适合的投资者以及产品存续过程中发生的变化等都在系统里写清楚，不但便于监管部门的审查和监管，而且可以为消费者提供更透明直接的信息，缓解信息不对称和误导销售问题。第三，信托财产登记是推动信托业转型、开展财产类信托的前提，但是开展信托财产登记涉及多个部门，且欠缺法律依据，因此可以先把信托产品登记系统做起来，对信托产品的要素进行登记，为将来信托财产登记制度的建立奠定基础。第四，有助于统一的信托受益权流通市场的建立和完善。

信托监管引导信托发展方向

监管大事记与政策文件汇总

2015 年，信托行业结束快速增长期，进入结构调整期，一系列配套监管政策相继出台或进入征求意见阶段。这一系列监管政策的思路是促进信托业回归本源——"受人之托，代人理财"，具体围绕"强监管"、"促转型"两大主线予以展开。这些监管政策体现了监管层重塑信托行业的决心与信心，也为信托公司下一步的发展指明了道路。

信托监管大事记

监管大事记详见图 11-15。

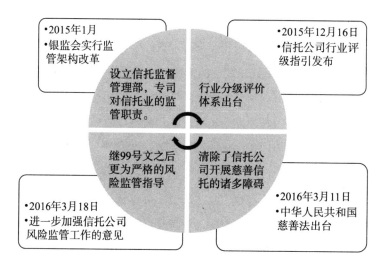

图 11-15　2015 年监管大事记

监管政策

监管政策文件详见表 11-2。

表 11-2 2015 年重要监管政策汇总

文件名称	发布时间与文号	主要内容
银监会实行监管架构改革	2015 年 1 月	设立信托监督管理部，专司对信托业金融机构的监管职责。
关于做好信托业保障基金筹集和管理等有关具体事项的通知	2015 年 2 月 银监办发（2015）32 号	就信托业保障基金的认购时间、执行标准、认购主体、账户管理、收益及分配等问题进行了详细规定
信托公司条例（征求意见稿）	2015 年 4 月	信托公司根据财务状况、风险管理水平等标准分为成长类、发展类、创新类三类，按分类经营原则开展业务等。
信托公司行业评级指引（试行）	2015 年 5 月	涵盖资本实力指标、风险管理能力指标、增值能力指标、社会责任指标，并据此将信托公司划分为 A、B、C 三级。
信托公司行政许可事项实施办法	2015 年 6 月 银监会令（2015）5 号	对信托公司投资设立、参股、收购境外机构，股指期货等衍生品交易资格，以及发行金融债券、次级债券等问题给予明确规定。
关于促进互联网金融健康发展的指导意见	2015 年 7 月 银发（2015）221 号	支持信托等机构与互联网企业开展合作，拓宽金融产品销售渠道，创新财富管理模式。
关于信托公司开展铁路发展基金专项业务有关事项的通知	2015 年 9 月 银监会发（2015）44 号	对铁路专项信托业务的开展资格、模式等提出了要求（该业务委托人最低委托资金为 1 万元，且不限制参与人数）。
进一步加强信托公司风险监管工作的意见	2016 年 3 月 18 日 银监办发（2016）58 号	对信托公司开展资金池业务、结构化股票投资信托业务以及探索专业子公司制改革具有重要影响。
中华人民共和国慈善法	2016 年 3 月 11 日 十二届全国人大四次会议审议通过	明确了慈善信托的备案制度；确定受托人的范围；明确受托人、监察人的义务

重要监管文件解读

关于做好信托业保障基金筹集和管理等有关具体事项的通知

相较于此前发布的《信托业保障基金管理办法》，此次《关于做好信托业保障基金筹集和管理等有关具体事项的通知》（以下简称《通知》）对于保障基金的认购时间、筹集、收益分配和结算细则都作出了详细、明确的安排。主要内容可见表 11-3。

表 11-3	《通知》的主要内容	
总体要求	保障基金筹集、收益分配和结算等事项是信托业的创新性工作，信托公司应与保障基金公司加强沟通，积极配合。对于执行过程中遇到的新情况和新问题，信托公司及保障基金公司应积极研究，及时报告，共同促进该项工作的改进与完善。信托公司与信托当事人应根据业务实质，本着诚信原则认购保障基金。	
认购时间	2014 年 4 月 1 日前	以信托公司母公司净资产余额为基数认购保障基金
	2014 年 4 月 1 日后	新发行的资金信托 新设立的财产信托
具体标准	1. 分期放款的融资性资金信托。 2. 包含部分财产信托的结构化资金信托。 3. TOT 信托产品。 4. 家族信托。 5. 信贷资产证券化。 6. 企业年金信托。	
认购主体	1. 信托公司作为签约主体与保障基金公司签署认购保障基金合同。 2. 按信托公司净资产余额和财产信托报酬比例认购的保障基金，由信托公司以自有资金进行认购。 3. 资金信托对应认购的保障基金，按实质重于形式的原则，区分融资性信托和投资性信托。	
账户管理	保障基金公司应将保障基金资产作为受托资产，独立于保障基金公司自有财产，实行分别管理、分别记账。	

解读：尽管长效作用明显，但保障基金机制的正式运行，短期内也将对各信托公司造成不小压力。一方面需要信托公司缴存的部分，小幅提升了业务成本；另一方面，需要融资方缴存的部分，则相当于提高了融资成本，加大了与交易对手的协调难度。一般来说，传统通道类资金信托业务的收入通常为千分之几，无论让信托公司还是信托资金方缴纳都无形增加该类业务开展的成本。

从具体细则来看，还是较预期有所放松。通过对家族信托制定差异化认购费，可见信托保障基金有意鼓励信托公司积极开展财产类家族信托。未来，财产类家族信托将成为信托公司大有可为的业务之一。与财产权类家族信托业务类似，信贷资产证券化和企业年金业务也按照财产信托的标准来认购信托保障基金。

《通知》的下发意味着中国信托业保障基金有限责任公司即将扬帆下海。信托业保障基金的认购，短期内可能会在一定程度上对信托公司的业务经营策略以及经营业绩产生一定的影响，但是从长远来看将有利于保障整个信托行业持续健康的发展。

信托公司条例（征求意见稿）

2015年4月10日，银监会代国务院颁布了《信托公司条例（征求意见稿）》（以下简称《条例》）。之前99号的文出台就给信托业的发展带来了重要的变化，如今这个《条例》更是给信托业带来了巨大的震撼。相比于之前的99号文，该《条例》要求的更加严格，内容更加丰富，需要严阵以待，也被喻为信托业史上最严监管，尤其是对信托公司集合类信托业务限制颇为严苛。

一是分类监管分类经营，公司评级与业务范围挂钩。

《信托公司条例》提出，将根据财务状况、内部控制、风险管理水平等标准，将信托公司分为成长类、发展类、创新类三种，并按照评级分类界定经营范围。

这会使信托公司陷入马太效应，强者愈强，弱者愈弱。

这意味着现有 68 家信托公司将形成"等级森严"的评级。其中，属于成长类等级的信托公司将丧失集合资金信托业务资格，只能受托办理单一资金信托、动产信托、不动产信托、有价证券信托及其他财产权信托业务。只有发展类信托公司才能办理集合资金信托业务，从事资产证券化业务，设立专业子公司，开展担保业务，开展公益信托活动，从事投资基金业务，以及从事同业拆入。创新类公司信托公司将获得"特权"，不仅可以开展成长类和发展类信托公司的所有业务，还可以开展受托境外理财业务，房地产信托投资基金业务，发行金融债券和次级债券。尤其值得注意的是，创新类信托公司可以发行金融债券、次级债券。这意味着创新类信托公司可以在银行间债券市场上进行融资。

二是助推打破"刚性兑付"魔咒。

一直以来，信托公司都以"受益人利益最大化"为目标，进行信托资产的管理和运用，并不承诺最低收益，也不承诺本金不受损失。但当信托项目出现风险事项时，信托公司迫于压力，往往会采取各种措施确保本金和收益的兑付。长期看，这种"刚性兑付"的存在严重制约着信托行业的健康发展。《条例》明确指出，开展信托业务实行"卖者尽责、买者自负"的原则，"在信托公司履职尽责的前提下，信托财产损失由委托人或受益人承担"。此外，《条例》的二十一条还详细规定了信托公司在产品设立、尽调、销售、管理和信息披露等各个环节的受托责任。

在信托业转型的关键时期，打破"刚性兑付"已成为大势所趋。《条例》中对信托公司所需承担责任的详细界定将为日后打破"刚性兑付"提供政策支持。

此外，《条例》也在信托公司终止、重组安排等方面有所规定，这也预示着未来行业可能逐步理顺进入和退出准入标准，促进行业有序竞争。此前缺乏市场退出机制，此次监管部门从法律制度层面赋予了信托公司"合法死亡"的途径，是通过市场机制淘汰落后的一种有力武器。

信托公司行业评级指引（试行）

2015 年 12 月 16 日，由中国信托协会组织制定的《信托公司行业评级指引（试行）》（以下简称《指引》）正式发布。按《指引》相关规定，2016 年第一份信托行业评级结果将会出炉。该《指引》指出，该行业评级内容包括信托公司资本实力、风险管理能力、增值能力、社会责任 4 大项 11 小项，简称"短剑"（CRIS）体系。据了解，信托行业评价总分为 100 分，综合评级分数由各项评级分数加总产生。行业评级体系在权重设计上，资本实力 28 分、风险管理能力 36 分、增值能力 26 分、社会责任为 10 分。评级结果根据各项评价内容的量化指标得分情况综合确定，划分为 A（85（含）–100 分）、B（70（含）–85 分）、C（70 分及以下）三级。

尽管信托公司的评级尚属首次，但信托公司的监管评级却由来已久。2010 年银监会发布了《信托公司监管评级与分类监管指引》，该监管评级要素包括公司治理、内部控制、合规管理、资产管理和盈利能力五个方面，银监会对信托和银行的评级结果不对外公布。对于行业评级结果公开与否，一直面临较大争议，公开后肯定会对小型、资质稍差的信托公司带来影响，但反过来这激励信托公司提升水平，通过公布行业评级给社会，可以增加行业透明度，提供给投资者、金融机构一个方便的判定标准。

由《指引》中的综合评级体系可以看出，评价指标主要以风险管理、规模为主导，侧重硬实力，体现出鼓励信托公司做大做强，但缺乏成长性指标的特点，这对于部分规模较小，但成长性较快的信托公司不太公平，也不利于信托公司提高其自身产品质量。

尽管整个评价体系偏重于风险管理，但限于行业刚性兑付，目前风险管理能力评分差距可能不会很高，相反，区分度更高的是净资本、收入费用比、社会价值贡献度等指标，部分指标可能会出现两极分化。《指引》的推出或将进一步引发信托公司增资潮以及巩固项目兑付力度，未来信托更可能会采用"利息打折"方式解决兑付危机，并提升投资类和事务管理类信托占比。

未来《指引》的优化和调整还取决于行业发展的宏观环境变化、监管思路变化和整体发展水平变化，行业评级体系也将在实践中得到不断完善，不断贴近信托公司实际情况，体现行业特征，最终实现行业评级的正向引导激励作用。

进一步加强信托公司风险监管工作的意见

2016 年 3 月 18 日，银监会下发《进一步加强信托公司风险监管工作的意见》（银监办发【2016】58 号，下称"58 号文"）。这是继 2014 年 4 月银监会下发《关于加强信托公司风险管理的指导意见》（99 号文）之后，又一次下发风险监管指导文件。下面将从 58 号文的主要内容和主要影响两个层面对其进行解读。

1. 主要内容

"58 号文"包括推进风险治理体系建设、加强风险监测分析、推动加强拨备和资本管理、加强监管联动四方面内容。这四个方面层次分明，从制度建设到强化日常管理均有所涵盖，并结合新形势、新问题对监管关注点及配套措施予以补充和完善。梳理发现，"58 号文"基本延续事前、事中和事后的逻辑展开。

事前：健全风险治理体系来应对风险。从"58 号文"中可看出，监管层倾向认为建立风险防控长效机制是防控信托业风险的根本途径，而做到这点，需要"督促信托公司落实股东实名制、督促信托公司将风险战略纳入公司战略规划"，从实际操作来看，还需要"各银监局要督导信托公司研究压力测试体系"，并"组织开展监督报表质量信托公司自查和核查工作"。

事中：全方位监测风险。"58号文"指出，监管层下一步将"从完善资产质量管理"、"加强重点领域信用风险防控"和"提升风险处置质效"三个方面来切实加强信用风险防控；从"实现流动性风险全覆盖"和"加强信托业务流动性风险监测"来防控流动性风险；从"加强固有业务市场风险防控"和"加强信托业务市场风险防控"来充分防控市场风险；从"明确案件防控责任"、"完善操作风险防控机制"和"强化从业人员管理"来提升操作风险防控水平；从"建立交叉产品风险防控机制"和"提高复杂信托产品透明度"来加强跨行业、跨市场的交叉产品风险防控。

事后：推动加强拨备和资本管理，提升风险补偿能力。"58号文"认为，可通过"足额计提拨备"、"强化资本管理"、"加大利润留存"和"完善恢复和处置计划"等四个方面提高风险补偿能力。

为实现以上事前、事中和事后管理，"58号文"还要求各地监管机构"加强市场准入、非现场监管和现场检查联动"、"加强银监局之间的横向监管联动"、"加强上下监管联动"和"加强内外联动"等来形成"监管合力"，并"提升监管时效"。

2. 主要影响

"58号文"从事前、事中和事后三个方面全面加强了信托业监管，但我们判断，全面落实这些条例仍需时日，例如，为了全面落实事前的风险治理体系和事中的全方位监测，需要进行制度创新和监测技术的创新，而这些创新是一个循序渐进的过程，并不能一蹴而就。不过从短期看，"58号文"对于信托行业依然产生了重要影响，这主要体现在以下三个方面。

一是影响信托公司的资金池产品。"58号文"提出，要对"信托产品的资金来源与运用的期限结构进行分析","对复杂信托产品要按穿透原则监测底层资产流动性状况",并"严禁新设非标资金池,按月报送非标资金池信托清理计划执行情况,直至达标为止"。"58 号文"将会对信托公司的资金池业务产生影响,非标资金池将根据"58 号文"要求被纳入清理计划,而那些以现金管理形式存在的资金池项目,例如上海信托的现金丰利、中融信托的汇聚金、中信信托的信惠现金管理、华宝信托的现金增利和稳健增利等产品也极有可能会被波及。

　　二是推动信托公司的结构化股票投资信托产品发展和创新。"58 号文"提出,"信托公司合理控制结构化股票投资信托产品杠杆比例,优先受益人与劣后受益人投资资金配置比例原则上不超过 1∶1,最高不超过 2∶1,不得变相放大劣后级受益人的杠杆比例"。"58 号文"将会对信托公司的结构化股票投资信托产品产生影响,此次监管层确定杠杆比例,明确了配资业务本身的合法合规性,在一定程度上将使信托公司结构化股票投资信托产品阳光化,推动该类产品在特定监管约束内发展和创新。

　　三是支持信托公司探索专业子公司制改革。"58 号文"提出要"支持信托公司探索专业子公司制改革,增强资产管理专业能力",这是继"99 号文"首次明确"支持符合条件的信托公司设立直接投资专业子公司"后,监管层又一次提出对于信托公司设立子公司的支持。信托公司可以通过设立子公司来隔离风险,使业务更有针对性,并减轻资本金压力,使得信托参与股权投资领域的广阔空间得以真正打开。

中华人民共和国慈善法

　　经过长时间的调研、起草,《中华人民共和国慈善法》已尘埃落定,《慈善法》已于 2016 年 3 月 11 日经十二届全国人大四次会议审议通过,于 2016 年 9 月 1 日生效。《慈善法》关于慈善信托主要做了以下规定。

一是明确了慈善信托的备案制度。

第 45 条规定设立慈善信托、确定受托人和监察人，应当采用书面形式；受托人应当在慈善信托文件签订之日起七日内将相关文件向受托人所在地县级以上人民政府民政部门备案。该条款明确废止了事先审批制，确立了事后备案制。

以往信托公司在设立慈善信托过程中最大的障碍就是无法确定审批机构，上述条款的事实将彻底解决阻碍慈善信托发展的绊脚石，必将大大激发整个社会的公益热情，推动慈善信托的蓬勃发展。

二是确定受托人的范围。

第 46 条规定慈善信托的受托人可以由委托人确定其信赖的慈善组织或者信托公司担任。事实上，慈善机构的优势在于具体实施慈善项目的过程，而信托公司则在风险隔离、资金增值保值、流动性安排、运作期限匹配等方面具有较强的比较优势。需要特别指出的是，慈善信托资金的运用和管理，既包括简单的转移、支付、分配操作，也有资产的保值、增值、配资需要，对于受托人的范围要严格限制，信托公司面临多方面的严格监管，是慈善信托的理想受托人。

因此，慈善机构和信托公司作为受托人各有优势，可以互相取长补短。事实上目前已经进行的慈善信托，往往是信托公司受托人募集资金，然后慈善机构推介项目，接着由委托人进行项目筛选，慈善机构负责资金的具体使用，而信托公司则负责资金的供给和管理，确保公益资产保值增值。

三是税收减免措施。

慈善信托因其促进公益事业发展的功效，无论在设立阶段还是管理阶段，国外立法都赋予其税收减免地位。在慈善信托的设立阶段，可以减免信托财产相关的赠与税与遗产税；在慈善信托的管理阶段，可以减免信托财产的所得税等，这也是国外尤其是英美国家慈善信托极其发达的一个重要原因。

《信托法》没有明确与公益信托相配套的税收制度，导致公益信托的税收优惠措施不明晰，缺乏有效的激励措施，公益信托的设立仅能依靠捐出者的道德感和社会责任感。《慈善法》第 80 条则明确企业慈善捐赠支出超过法律规定的准予在计算企业所得税应纳税所得额时扣除的部分，允许结转以后三年内在计算应纳税所得额时扣除。若该条同样适用于慈善信托，必将对慈善信托的投资人产生正向激励，刺激更多的机构投资于慈善信托项目。

总的来看，《慈善法》废除了审批制度，使得信托监察人设立自由化，明确赋予有关税收减免优惠，其颁布必将对慈善信托的开展注入强大动力，促进慈善信托的大发展、大繁荣。但与此同时，仍然有几个问题需要特别关注。

一是《慈善法》虽然明确了设立慈善信托应到县级以上民政部门备案，但是如何备案、程序如何、是否收费都是问题，此外，县级以上民政部门包括民政局、民政厅、民政部，到底如何选择，是否赋予受托人选择权，还是要有所要求还不明确。而且目前民政部门对慈善信托甚至是对信托的了解不够，有必要进行必要的培训，尽快建章立制，使备案制落到实处。

二是《慈善法》虽然明确了有关的税收减免优惠措施，但是如何减免，程度如何，如何操作，相关的税务部门目前还没有相关的制度性规定，也要尽快明确。

12

私募股权投资，『股权投资新时代』下的全产业链布局

 本章导读

◎ 2015 年 A 股市场的跌宕起伏直接决定了 VC/PE 的走向，6 月份的"股灾"更是令创投从山峰跌落谷底。尽管 2015 年中国资本市场出现了明显的下滑，但是中国股权投资行业并没有进入所谓的投资寒冬，在创新创业、国企改革、政府引导基金和新三板扩容等多项利好政策的支持下，中国股权投资行业呈现出最为活跃的一年。

◎ 近年来，老牌 VC/PE 机构的一批合伙人离职创业，诞生了一批新基金，私募股权基金逐渐由之前的"快狠准"向"稳狠准"转变，另一方面，股权投资机构在由小作坊到大资管的发展过程中，其业务内涵和外延、投资范围和类别均发生较大变化，从单纯追求发展速度到更加注重质量优化和效率提升，可以说中国私募股权投资已然迈入所谓的"PE 2.0 时代"。

◎ 随着资本市场改革逐步深入，股权投资市场面临的竞争日益加剧，并呈现出一些新的特点：投资主体范围不断扩大，多机构获私募股权投资牌照，包括保荐设立股权投资基金破冰、"上市公司 +PE"模式深化、商业银行试水投贷联动等；非 PE 股权投资机构 LP 转 GP，从投资参与者变为投资决策者，从资产增值转向战略投资；股权众筹平台蓬勃发展，变身创投机构"项目池"；PE/VC 股权投资机构谋求全产业链布局，行业内精耕细作赢得竞争力等。

◎ 新常态下的 PE/VC 机构不仅要拼硬实力，在行业内深耕细作，强调专业化精细化分工方面更要比软实力，即增值服务能力。随着 PE/VC 机构的投资阶段明显前移，众多股权投资机构纷纷把产业链条向上下游延伸，向前从孵化期就开始介入并为其提供嫁接资源、整合业务机会；向后在产业链下游的并购和定增甚至是二级市场方面其也积极参与，积极布局全产业链投资成为新股权时代下私募股权投资的发展趋势。

盘点 2015 年的私募股权投资：
冰火交替，再创辉煌

2015 年 A 股市场的跌宕起伏直接决定了 VC/PE 的走向，6 月份的"股灾"更是令创投从山峰跌落谷底。尽管 2015 年中国资本市场出现了明显的下滑，但是中国股权投资行业并没有进入所谓的投资寒冬，在创新创业、国企改革、政府引导基金和新三板扩容等多项利好政策的支持下，中国股权投资行业呈现出最为活跃的一年。

募资方面，2015 年的股权投资无论是新募基金数还是募集总金额均创历史新高，且新募集资金两极化趋势明显。投资方面，PE 投资重点越发向早期和发展期倾斜，"互联网+"、"大数据"等新兴产业备受青睐，但由于市场竞争加剧，PE 投资压力和项目估值水平均创新高。退出方面，受 IPO 停摆影响，新三板成为重要的退出渠道，而随着中概股、海外 VIE 拆解回归，人民币基金步入收获期，火爆行情或将持续。私募权投资三十年发展历程及国内私慕股权投资市场规模见图 12-1 和图 12-2。

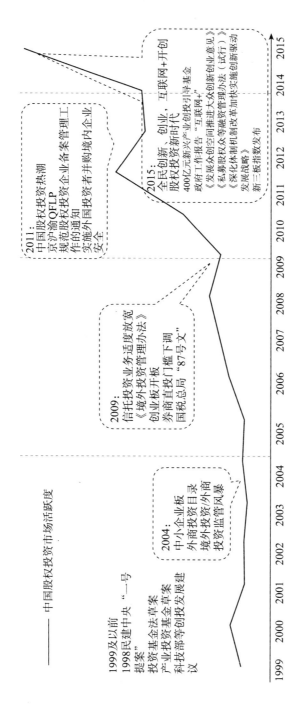

图 12-1　私募股权投资三十年发展历程

资料来源：本书课题组整理。

	1995年	2000年	2005年	2015年
市场规模	活跃机构 10家	活跃机构 100家	活跃机构 500家	活跃机构 约10 000家； 管理资本量 5万+亿元
典型机构	IDG 江苏高科投	达晨　　联想投资 联创　　赛富 深圳创新投　鼎晖 弘毅	建银国际　九鼎投资 红杉　　　国信弘盛 金沙江　　中信产业	高榕资本　愉悦资本 源码资本　引力创投 启赋资本　AB创投 ……

图 12-2　国内私募股权投资市场规模

资料来源：本书课题组整理。

股市"过山车"行情下私募股权募投创新高

募资：新募基金数量陡增，规模翻倍

从 VC/PE 募资市场来看，2008 年以前，可投资于中国市场的 PE/VC 基金呈大幅上涨趋势。2009 年，受金融危机重创，年内新募基金数量及金额大幅下滑。2010 年，随着中国经济强势领跑，率先走出阴霾，更多国际投资人加大了对中国市场的关注，本土市场投资人对股权投资的理解不断加深。与此同时，中国 PE/VC 小型化趋势明显，本土基金规模明显小于外资基金。

2011—2013 年，全球经济发展缓慢，中国股权投资市场步入调整期，PE/VC 市场募资承压严重。随着国务院坚决实行简政放权改革，鼓励创新创业，新国九条发布、IPO 重新开闸、互联网领域大热、企业赴美上市潮等，中国创投基金募资情况出现好转，尤其表现在募资规模上，2014 年中国 PE/VC 市场进入高速增长期。

2015 年的股权投资无论是新募基金数还是募集总金额均创历史新高。2015 年股权投资市场新募基金数量为 2 970 支，是 2014 年 745 支的 4 倍，募集资金 7 849 亿人民币，同比增长 53.4%，这主要是受持续低利率驱动、国家支持双创政策以及政府引导基金的设立，进一步拓宽了募资渠道。同时，新募集资金两极化趋势明显，基本符合二八定律，即 20% 的基金募资规模达到市场募资总额的 80%。很多新募资的大额基金都是具有国资背景的产业基金，新募集的小规模的基金则多关注新三板市场投资（见图 12-3）。

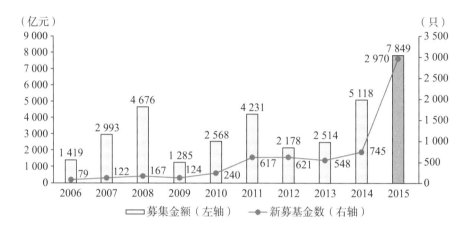

图 12-3　2006—2015 年中国股权投资基金募集情况

资料来源：私募通。

投资：项目估值创新高，投资阶段前移

股权投资在 2015 年依旧保持了高速增长，投资案例共发生 8 365 起，达到 2014 年的 2 倍；投资金额 5 255 亿元，较 2014 年增长 20.05%；投资项目平均估值达到 33 倍，创 2011 年以来新高。值得注意的是，为迎合国家政策，加大力度扶植小微创业企业，PE 的投资阶段逐渐前移，投资重点向早期和发展期倾斜。从数量上看，2015 年早期项目第一次超过发展期项目，从投资金额上看，早期和发展期的投资规模占总规模的 50% 以上，较 2014 年增长 40%。

从 2009 年开始中国进入"全民 PE"时代，机构纷纷投入大量的人力资金在中后期项目，但经过 2012 年和 2013 年的"市场寒流"，尤其是 2013 年 IPO 关闭一年，机构逐渐清醒，创业投资机构重新回归早期投资为主的投资策略，部分 PE 机构拉长投资战线开始对早期项目进行投资挖掘，寻求更长期的投资效益（见图 12-4）。

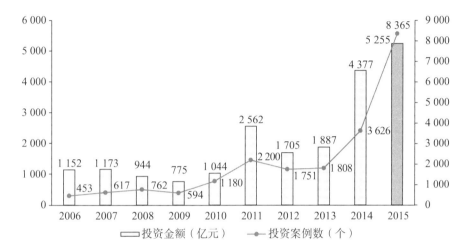

图 12-4　2006—2015 年中国股权投资基金投资情况

资料来源：私募通。

"互联网+"概念火热，投资聚焦新兴产业

对比不同行业的投资情况，2015 年国内股权投资主要聚焦新兴产业，互联网金融的蓬勃发展驱使 PE 进入寻找获利机会，"互联网+"、"大数据"概念持续火热。另外电信及增值业务、IT、生物技术/医疗健康、房地产和金融也是 PE 投资比较活跃的行业。PE/VC 热衷互联网投资主要是由于移动互联网处于发展初期，各细分领域均有广阔挖掘空间。因此，移动互联网细分行业的投资随着市场环境的回暖受到资本青睐，中国移动互联网行业正处于高速成长阶段。预计到 2017 年，全球移动互联网收入总规模达到 7 000 亿美元，其中亚洲市场的移动互联网产业规模将达到 2 300 亿元。随着首批 4G 牌照发放，移动互联网的应用和服务将发生深刻变化。

对于未来的投资趋势，投资者应看到，除了手机游戏自身变现和广告等传统盈利模式，移动电子商务、在线旅游、移动游戏、移动支付等新兴领域的价值开始显现（见图 12-5 和图 12-6）。

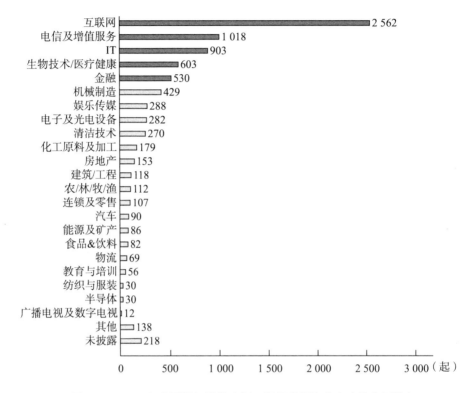

图 12-5　2015 年中国股权投资市场一级行业投资分布（按案例数）

资料来源：私募通。

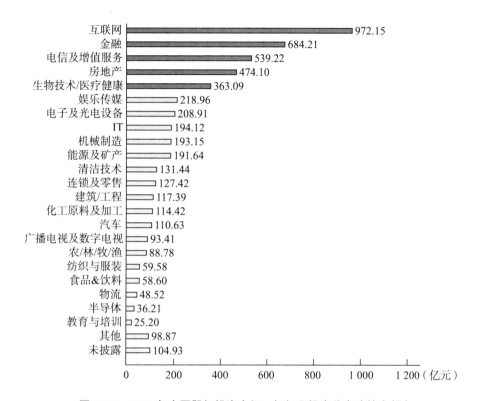

图 12-6 2015 年中国股权投资市场一级行业投资分布（按金额）

资料来源：私募通。

退出数量大幅增加，PE/VC 掘金新三板

从退出方面来看，2006 年以来，中国 PE/VC 市场的退出渠道不断拓宽，逐渐形成了以 IPO、M&A、股权转让为主的多层次资本退出渠道和机制，由于 IPO 退出可以获得较高的投资收益而逐渐成为投资主流。金融危机爆发后，中国证监会于 2008 年 9 月暂停了对境内 IPO 的审核工作，VC/PE 投资机构境内 IPO 退出受阻，当年退出案例数量走低，直至 2009 年 6 月国内 IPO 重启。随着 10 月的深圳创业板正式开闸，中国境内退出渠道进一步打通，IPO 数量大幅回升。2011 年以后由于中概股表现欠佳以及"VIE 模式"前景影响投资

者信心，投资机构境外 IPO 退出遭遇阻力，纽约证券交易所以及纳斯达克交易所 IPO 退出数量大幅下滑，但到 2013 年出现反弹。由于 IPO 重启，2014 年退出数量大幅增加。

2015 年股权投资退出交易共发生 3 774 笔，较 2014 年巨幅增加，主要原因是新三板市场不断发展和 IPO 的重启缓解了机构的退出压力。2015 年 VC/PE 投资机构通过新三板退出的数量为 1 926 笔，占到整体退出方式的 50%；并购和 IPO 共发生 1 092 起，占总量的 29%（见图 12-7 和图 12-8）。

新三板作为中国资本市场多层次资本建设中重要的一环，在"双创"中成为了中国中小级创业企业融合资本市场的新平台。截至 2015 年 12 月 31 日，新三板共有挂牌企业 5 129 家，较 2015 年新增 3 569 家，挂牌速度明显加快，总市值达到 24 584.42 亿元。

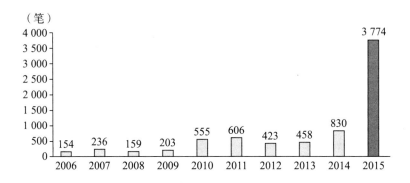

图 12-7　2015 年中国股权投资退出数量情况

资料来源：私募通。

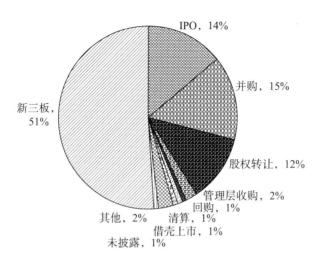

图 12-8　2015 年中国股权投资退出方式分布

资料来源：私募通。

中概股和海外拆解 VIE 回归，人民币基金迎来收获期

2015 年 PE/VC 支持的企业一共有 172 家实现上市，其中境内 149 家，占比高达 86.63%，A 股和 VIE 回归成为市场热点（见图 12-9）。2015 年初发布的新《外国投资法》提案将国外实际控制主体纳入了监管范围，使未上市的企业对 VIE 架构不得不更加慎重对待。而国内资本市场持续深化改革，196 号文、注册制、新三板扩容等新政层出不穷，中概股迎来最包容开放的境内资本时代。此外，中概股估值与 A 股差异甚大成为推动中概股回归的另一重要因素。2015 年是中国股市的改革与震荡年，上半年 IPO 形势异常火爆，随后 7 月 IPO 宣布关闸，直至 11 月重新开闸，下半年仅 32 家中企在 A 股上市，使境内资本市场体验到"冰火两重天"。中概股及海外 VIE 架构公司由此掀起一轮回归热潮，但因 A 股的剧烈调整及停摆近四个月，整体回归进程较为缓慢（见图 12-10）。从账面回报率来看，PE/VC 支持中国企业境外投资的账面回报率依然高于境内，但境内外退出回报均有所下降，2015 年境内上市的账面回报平均为 3.26 倍，较 2014 年 8.08 倍已下滑近 147.85%（见图 12-11）。

2015 年的人民币基金延续上一年走势，无论在募资数量还是金额上均占据绝对优势，并有望迎来更加火爆的一年。2015 人民币基金数量高达 1 171 只，募集规模达到 463.22 亿美元，而美元基金仅有 29 只，募集规模为 101.13 亿美元。人民币基金蓬勃发展的主要原因一是随着国内新三板和注册制的推进，越来越多的企业选择在国内进行募资和退出，二是由于中概股和海外 VIE 拆解回归，人民币基金接盘，三是外汇管制令的颁布令中国换汇渠道收紧，无形间给美元基金募资带来巨大冲击。

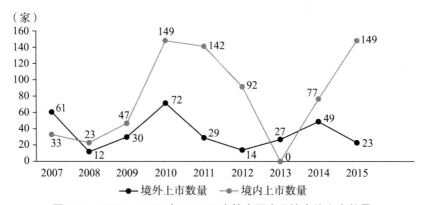

图 12-9　2007—2015 年 PE/VC 支持中国企业境内外上市数量

资料来源：私募通。

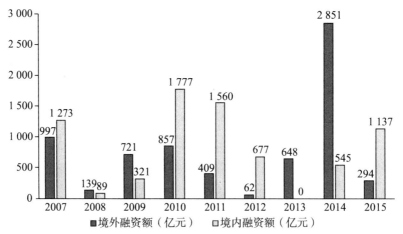

图 12-10　2007—2015 年 PE/VC 支持中国企业境内外上市融资金额

资料来源：私募通。

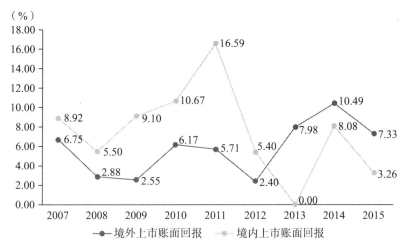

图 12-11　2007—2015 年 PE/VC 支持中国企业境内外上市账面回报

资料来源：私募通。

政策利好和金融改革推动中国私募股权投资迈入"PE 2.0"时代

近年来，老牌 VC/PE 机构的一批合伙人离职创业，诞生了一批新基金，私募股权基金逐渐由之前的"快狠准"向"稳狠准"转变，另一方面，股权投资机构在由小作坊到大资管的发展过程中，其业务内涵和外延、投资范围和类别均发生较大变化，从单纯追求发展速度到更加注重质量优化和效率提升，并且这个阶段政策利好推动非常明显，包括创新创业大潮发轫，新型孵化器成新风口；新一轮国企改革启动，PE 分羹混合所有制；政府引导基金设立成潮，运作走向市场化机制；IPO 停摆和注册制暂缓，凸显新三板战略价值；供给侧改革加速，并购迎来发展新契机；PE 机构探路"一带一路"，PPP 开辟融资新渠道，可以说中国私募股权投资已然迈入所谓的"PE 2.0 时代"。

创新创业大潮发轫，新型孵化器成新风口

目前国家大力发展创新创业，以双创作为中国经济转型的新引擎。在全国

325

范围内，已初步形成以北京、上海、深圳为核心，武汉、成都为新势力的创业中心。目前中国拥有超过 4 200 万家企业，其中被 VC/PE 基金投资的不到 4 万家，相比美国仅占 1/50。同时中国目前创业成本可以说处于史上最低的时期，平台型产品加速普及，早期项目估值受认可亦更精确，并购浪潮和资本市场开放打通了退出渠道。从 2014 年 1 月以来，在双创政策的带动下，中国新增的创业企业数量在 340 万左右，但每年不足 1 万家创业企业获得 VC/PE 机构的投资，并且里面还有 40% 以上是后续融资。

在双创的推动下，中国新型孵化器成为了创业服务最前端的资源型平台，为中国创投机构挖掘和输送项目。中国天使投资机构和 VC 机构在政策支持下纷纷成立旗下孵化器或与孵化器联合开发创业项目形成线下创投行业的新趋势。这种"天使＋孵化"的新模式可以有效地为创业者提供增值服务，从而降低创业风险，提升投资成功率。纵观市场上形态各异的创新型孵化器，大致归为企业主导型、"天使＋孵化"型、开放空间型、媒体平台型、新型地产型和产业驱动型六种模式（见图 12-12）。

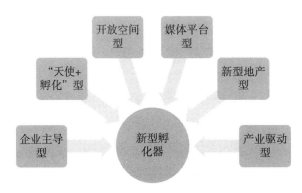

图 12-12　新型孵化器主要模式

资料来源：本书课题组整理。

新一轮国企改革启动，PE 分羹混合所有制

2015 年 9 月，国务院发布《关于深化国有企业改革的指导意见》作为

指导和推进中国国企改革的纲领性文件。而随着国企改革顶层设计方案和"十三五"规划的出台，新一轮国企改革正式启动，预计 2016 至 2020 年国企改革在重要领域和关键环节将取得决定性成果。VC/PE 机构作为重要的资本支持平台、改制重组顾问、资源服务媒介和增值服务中心，在参与国企混改的过程中逐步探索，已成为国有企业重要的合作伙伴。除了通过增资扩股、定向增发上市国企这两种主流的参与方式外，VC/PE 机构还与国有企业共同设立基金并通过该基金实现投资和战略布局。VC/PE 机构在分享国企改革红利的同时，更发挥了其专业化和市场化的作用，帮助一批国有企业实现了市场化资本运作机制和现代化企业管理机制。2016 年作为新一轮国企改革的关键之年，VC/PE 机构也将继续探索并深度参与国企混改，寻找更多的合作领域和投资机会，实现互利共赢（见图 12-13）。

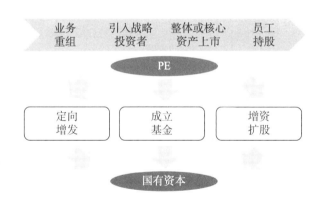

图 12-13　国企混改路径和 PE 参与路径

资料来源：本书课题组整理。

政府引导基金设立成潮，运作走向市场化机制

政府设立引导基金的宗旨主要是为了发挥财政资金的杠杆放大效应，增加创业投资资本的供给，克服单纯通过市场配置创业投资资本的市场失灵问题。特别是通过鼓励创业投资企业投资处于种子期、起步期等创业早期的企业，弥补一般创业投资企业主要投资于成长期、成熟期和重建企业的不足。在经历了

2002—2006 年的探索起步、2007—2008 年的快速发展、2009 年至今的规范化运作三个阶段后，中国创业投资引导基金的政府引导作用日益增强、运作模式日趋完善，其发展已步入繁荣期。从接二连三的取消和下放行政审批事项，到 2015 年初设立 400 亿元的国家新兴产业创业投资引导基金，到 600 亿规模的国家中小企业发展基金，再到 2015 年 11 月《政府投资基金暂行管理办法》的发布，政府越来越重视市场化运作在推动创业创新中发挥的重要作用。截至 2015 年 12 月底，国内共成立 780 支政府引导基金，基金规模达 21 834.47 亿元。2015 年新设立的政府引导基金为 297 支，基金规模 15 089.96 亿元，分别是 2013 年引导基金数量和基金规模的 2.83 倍和 5.24 倍（见图 12-14）。

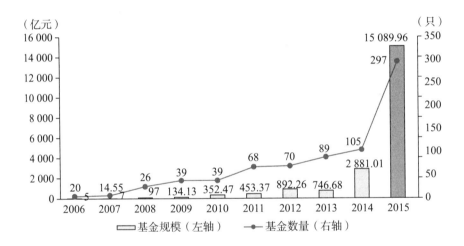

图 12-14　2006—2015 年中国政府引导基金设立情况

资料来源：本书课题组整理。

IPO 停摆和注册制暂缓，凸显新三板战略价值

2014 年新三板实现了大扩容，无论是挂牌数量，还是融资金额、成交金额、估值水平都实现了较大的飞跃。截至 2015 年底，新三板总市值为 24 584.42 亿元，挂牌企业高达 5 129 家，远超沪深两市 2 800 家上市公司的总和。新三板不仅是中国资本市场的一个创新，也开启了私募股权投资机构挂牌上市之先

河。2016 年 3 月 22 日，全国股转公司发布《全国股转系统挂牌公司分层方案》，新三板挂牌公司分层的总体思路为"多层次，分步走"。起步阶段将挂牌公司划分为创新层和基础层，设置三套并行标准筛选出市场关注的不同类型公司进入创新层。分层机制被认为是新三板市场改革最重要的开端，有利于提升股转系统服务中小微企业的水平、提升市场监管效率以及改善新三板市场的流动性。总体来看，新三板市场目前整体运行平稳，但仍处于初创期，2013—2015 年新三板第一波政策红利释放促使市场迅速成长，挂牌数量和市值均增长了几十倍，与此同时急剧扩张带来市场波动大、流动性不佳等问题。近期第二波政策红利开始释放，在保障新三板持续扩容的基础上，更加注重优化新三板运行机制，新三板市场功能和运行质量将得到进一步改善（见图 12-15）。

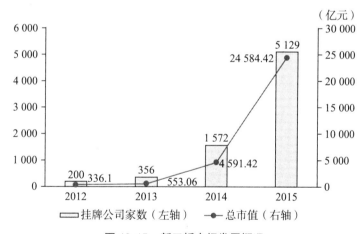

图 12-15　新三板市场发展概况

资料来源：私募通。

供给侧改革加速，并购迎来发展新契机

从投资、消费、出口"三驾马车"，到"供给侧结构性改革"的提出，中国宏观调控思路正在发生重大转变，从以往的偏重需求侧调控转为偏重供给侧调控。在中国经济的新常态下，过去依靠大规模投资驱动和低成本出口的发展模式难以为继，拼资源、拼人力已经成为过去时。依靠结构调整、创新驱

动、转型升级成为新常态的不二选择，供给侧改革正是适应新常态的一种有效手段和可行措施。除了改善消费需求，供给侧改革更大的考量则在于通过调整和改善经济结构，将产业结构重心向高附加值和高技术含量方向转移，从而提高中国经济发展质量。2015 年 8 月，四部委发布《关于鼓励上市公司兼并重组、现金分红及回购股份的通知》，进一步简政放权，大大优化了并购市场环境，多个行业并购遍地开花，互联网、IT 等产业强强合并不断涌现，中石化、万达等大型企业也跨国并购中完善自身产业链。截至 2015 年，共完成并购案例数 2 692 起，较 2014 年的 1 929 起大增 39.6%，涉及交易金额共 1.04 万亿元，同比增长 44.0%。在供给侧改革的大背景下，预计 2016 年国企改革将进入深水区、新兴产业和服务业在国民经济占比将进一步提高、企业融资渠道得到拓宽，且创新创业环境也将不断优化（见图 12-16）。

图 12-16　2008—2015 年 VC/PE 支持企业并购情况

资料来源：私募通。

PE 机构探路"一带一路"，PPP 开辟融资新渠道

自十八届三中全会提出"允许社会资本通过特许经营等方式参与城市基础设施投资和运营"之后，中央各部委出台了一系列文件鼓励推广政府和社会资本合作模式（PPP）。在 PPP 模式下，政府通过特许经营权、合理定价、财政

补贴等事先公开的收益约定规则，使投资者有长期稳定收益。在实践中，很多省市以地方财政投入启动资金，引入金融资本成立产业投资基金。具体操作形式是由金融机构与省级地方政府共同合作设立母基金，再和地方企业合资成立项目公司或子基金，负责基础设施建设的投资。

中国私募股权投资的未来变局——"股权投资新时代"下的全产业链布局

2016 年既是十三五开局之年，也是金融改革大年，更是资本市场的大发展期，经济转型需要大力发展多层次资本市场，充分发挥资本市场直接融资功能，这有利于降低企业融资成本，也有利于新兴行业的快速发展。对比国外融资结构，中国直接融资比例过低，随着国内资本市场的日益成熟，行业监管政策的落定与逐渐完善，股权投资将越来越大地发挥直接融资功能，股权投资市场除了募投再创新高外，还呈现出一些新的特点：投资主体范围不断扩大，多机构获私募股权投资牌照，包括保资设立股权投资基金破冰、"上市公司 + PE"模式深化、商业银行试水投贷联动等；非 PE 股权投资机构 LP 转 GP，从投资参与者转变为投资决策者，从资产增值转向战略投资；股权众筹平台蓬勃发展，变身创投机构"项目池"；PE/VC 股权投资机构谋求全产业链布局，行业内精耕细作赢得竞争力，从这个角度来看，中国市场已然迈入"股权投资新时代"。

险资 LP 转型 GP，另类投资升温

在保险新"国十条"及保险行业多项利好政策持续推进的背景下，2015年 9 月保监会发布了《关于设立保险私募基金有关事项的通知》，进一步放宽保险资金运用领域，允许保险资金以多种形式设立私募股权投资基金，重点投向国家支持的重大基础设施、战略性新兴产业、养老健康医疗服务、互联网金融等产业和领域。至此，保险机构作为 GP 发起设立股权投资基金已破冰。目前，光大永明与阳光保险已获批设立了私募基金，预计未来保险资金由 LP 变

成 GP 的趋势将会加强。另外，随着利率市场化改革和保险资金运用市场化改革的逐步深入，以另类资产为主的直接融资模式将逐步取代间接融资成为市场主导，预计 2016 年保险资金布局私募股权、养老地产、基础设施建设等另类投资领域的比例将持续增加。

上市公司角色转变，资产增值转向战略投资

在过去十多年的发展中，上市公司已成为中国私募股权投资领域的重要参与者。对于尚未具备股权投资经验的上市公司而言，受制于投资经验不足、自身投资团队的规模有限以及对行业投资的研究能力匮乏等因素，部分上市公司选择了成为基金 LP，通过筛选并投资业内优秀的基金间接分享股权投资收益。而随着上市公司产业经验与资源的不断丰富，并且在参与股权投资的过程中获取了大量资本市场资源和运作经验后，将加强自身的产业布局和扩张，进一步平衡自身的财务及战略目标。

2016 年上市公司参与股权投资有望进入第二阶段，从角色扮演上将从投资参与者变为投资决策者，股权投资目的也将从资产增值向战略投资方向转移。上市公司参与股权投资的角色转变主要可以从两个渠道进行：1.“上市公司 +PE”式并购基金：并购基金市场规模在近两年呈爆发式增长，但国内整体市场仍处于起步加速极端，与 LP 渠道参与股权投资相比，并购基金中上市公司能直接参与基金的管理决策，有自身明确的并购目的和方向。PE 的参与可以缓解公司并购产生的短期资金压力，在注入上市公司的时机选择上有更高的自主性。2. 公司直投：以阿里、腾讯为代表的互联网公司长期以公司战略投资部门进行投资、并购，未来随着竞争加剧，更多行业的公司需要通过公司直投拓展业务的广度和深度，建立竞争壁垒，或形成产业闭环，降低成本。

商业银行试水投贷联动，开启股权投资新蓝海

投贷联动是指商业银行联合 PE 投资机构，通过结构化出资形式成立股权

基金，以"股权 + 债权"的模式，辅之以银行信贷，对科技创新型企业提供投融资，形成股权投资和银行信贷之间的联动融资模式。2016 年 3 月，李克强总理在政府工作报告中首次提出将"启动投贷联动试点"。2016 年 4 月 21 日，银监会、科技部、央行联合下发《关于支持银行业金融机构加大创新力度开展科创企业投贷联动试点的指导意见》，明确将北京中关村、武汉东湖、上海张江、天津滨海、西安等国家自主创新示范区设为第一批投贷联动试点地区，同时将国家开发银行、中国银行、恒丰银行、北京银行、天津银行、上海银行、汉口银行、西安银行、上海华瑞银行、浦发硅谷银行等 10 家银行列入第一批试点银行。投贷联动试点打破了商业银行不得参与股权投资业务的限制，极大丰富了商业银行的收入来源，进一步拓展其业务领域，使商业银行能够更好地借鉴 PE 机构先进的管理模式和发展理念。在这个过程中，银行为客户提供信贷支持，PE/VC 机构为企业提供股权融资，不仅能为种子期、初创期的科技型中小微企业提供有效的融资支持，更能以股权收益弥补信贷资金风险损失，让银行进一步分享企业成长的收益，从而实现银行、股权投资机构与创投企业的合作双赢，随着投贷联动的不断推进，股权投资有望开创新蓝海（见图 12-17）。

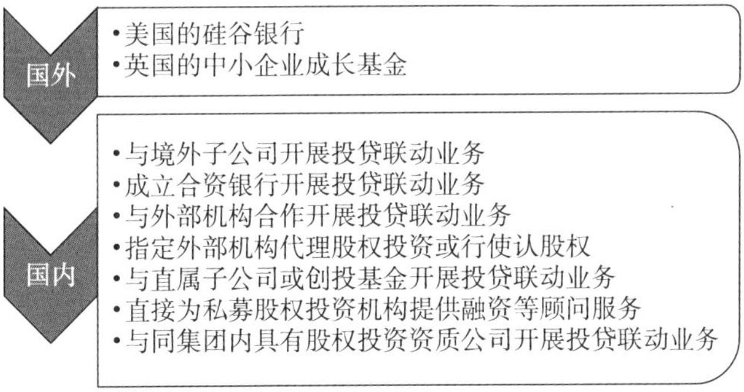

国外
- 美国的硅谷银行
- 英国的中小企业成长基金

国内
- 与境外子公司开展投贷联动业务
- 成立合资银行开展投贷联动业务
- 与外部机构合作开展投贷联动业务
- 指定外部机构代理股权投资或行使认股权
- 与直属子公司或创投基金开展投贷联动业务
- 直接为私募股权投资机构提供融资等顾问服务
- 与同集团内具有股权投资资质公司开展投贷联动业务

图 12-17　国内外开展投贷联动的主要模式

资料来源：本书课题组整理。

股权众筹平台蓬勃发展，变身创投机构"项目池"

"互联网＋金融"已经成为金融行业一股不可忽视的力量，而作为最新的一种新型融资方式和融资渠道，股权众筹通过运用互联网技术与金融相融合，大大降低了初创企业的融资成本，提高了融资效率，成为创业市场新的热点。股权众筹与天使、VC、PE、公募和传统融资途径银行、二级市场等形成了一个完整的融资链条，尤其为早期的创业企业提供了新的融资渠道。

2011 年天使汇的成立，拉开中国国内股权众筹行业的序幕，经过 3 年的孕育和培养，股权众筹行业在 2014 年迎来了爆发式的增长，2015 年更是成为股权众筹的发展"元年"。截至 2015 年底，中国股权众筹平台数已有 141 家，其中 2014 年和 2015 年上线的平台数分别为 50 家和 84 家，占全部股权众筹平台数的 35.5% 和 59.6%，2015 年股权众筹平台成功众筹项目 1 175 个，众筹金额 43.74 亿元人民币，均占总项目数和金额的一半以上。而随着京东、阿里旗下的蚂蚁金服、奇虎 360 等互联网巨头的加入，整个行业将获得更多的资金和技术支持，但我们必须注意到，股权众筹融资市场尚处于初步发展阶段，缺少成熟的行业规则，行业监管存在较大空白，其背后的商业模式仍亟待完善，股权众筹正面临着巨大的挑战和机遇（见表 12-1）。

表 12-1 　　　　　　国内代表性股权众筹平台业态模式对比

平台	所在地区	上线时间	专注领域	盈利模式	是否自己跟投	优势
天使汇	北京	2011	TMT	融资金额 1% 或相对应的股权比例	是	先发优势、项目和投资人众多
京东东家	北京	2015	智能硬件、消费、社交	向创业者收费 3%~5%，股权折算	否	依靠京东强大平台优势

续前表

平台	所在地区	上线时间	专注领域	盈利模式	是否自己跟投	优势
36氪	北京	2015	TMT	创业者5%现金左右	否	创业公司扎堆、媒体优势
原始会	北京	2013	本地生活、TMT、娱乐	向创业者收费3%~5%	否	网信金融旗下，上线较早
人人投	北京	2014	实体店铺	向创业者收费3%~5%	否	草根聚集、门槛低

资料来源：本书课题组整理。

专业化精细化分工，PE 谋求全产业链布局

随着资本市场改革逐步深入，股权投资市场面临的竞争日益加剧，新常态下的 PE/VC 机构不仅要拼硬实力，在行业内深耕细作，强调专业化精细化分工方面更要比软实力，即增值服务能力。目前中国对于增值服务的操作主要集中在投后管理阶段，将增值服务定义为投资后服务，难以将 PE/VC 的资本经验和管理实践效用最大化，因此有必要将增值服务从"投资后"扩展到整个投资过程，为被投企业制定一个从投资前到投资中再到投资后的全过程系统化的解决方案。

随着 PE/VC 机构的投资阶段明显前移，众多股权投资机构纷纷把产业链条向上下游延伸，向前从孵化期就开始介入并为其提供嫁接资源、整合业务机会；向后在产业链下游的并购和定增甚至是二级市场方面其也积极参与。积极布局全产业链投资，股权投资机构既可以优化业务布局、丰富投资品种，又可以实现对企业诞生、成长、扩张、上市和产业整合等发展全过程的投资价值挖掘，从而获得更好的投资机会，享受超额回报（见图12-18）。

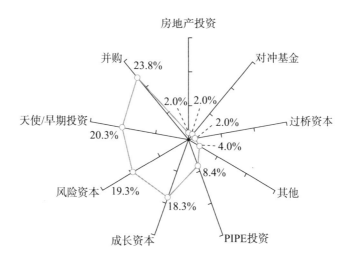

图 12-18　2016 股权投资策略调整方向

资料来源：私募通。

访谈手记 $

中国股权投资市场和政府引导基金发展回顾、现状及展望

2004 年中小板启幕，2009 年创业板推出，2014 年新三板全面扩容，近十年的时间，中国私募股权投资行业受益资本市场放开，正逐渐走向成熟。随着国内资本市场的日益成熟、行业监管政策逐渐完善，中国已逐步迈入"股权投资时代"。为此，本书课题组通过巴曙松研究员搭建的"全球市场与中国市场"平台专访了清科集团执行副总裁，清科研究中心董事总经理兼清科投资董事总经理符星华女士。

2015年国内股权投资市场发展回顾

在图12-19中这条曲线是每年获投案例的总和的曲线。国内的股权投资市场从1999年开始发展，至今已走过20多年。从2009年创业板开板开始，股权投资资市场迎来飞速发展之后随着IPO的关闸，市场有所放缓。2015年，随着支持双创一系列政策的发布和政府引导基金的大规模设立，股权投资再创历史新高。

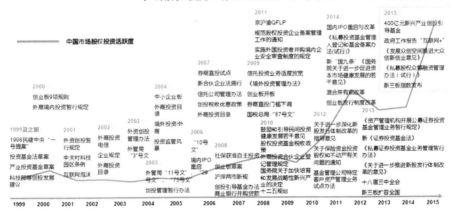

图12-19　2015年国内股权投资市场发展

资料来源：清科集团。

股权投资市场经过20余年的增长，机构资本管理量已超5亿元，活跃机构近万家（包括每年新设立、有新募基金、或者有投资、有退出）。股权投资机构从小作坊到大资管，业务内涵和外延，投资范围和类别均有大变化。随着2014—2015年一波老人新基金和新人新基金的成立，中国VC/PE已进入了2.0时代。这波新基金的特点是：快、狠、准，和之前的基金：稳、准、狠有很大的差别。

从募资总数上看，2015年中国股权投资市场基金募集数量有2 970支，接近于2015年的4倍，共募集资金7 849亿，同比增长53.4%。受持续的较低利率驱动和国家支持双创的一系列政策鼓励，更多资金流入股权投资市场，新募基金数和募集总金额均创下了历史最高纪录。

从投资总数上看也创了历史新高，2015 年中国股权投资市场共发生投资案例8 365 起，超过 2014 年的 2 倍，披露投资金额总计达到 5 255 亿元，同比增长20.1%，均创下历史最高纪录。但值得注意的是，投资规模的增幅相较于 2014 年明显低于募资规模，机构在进行投资时普遍持更加谨慎的态度。从 2015 年的不完全统计来看，项目估值水平比 2014 年平均下降幅度超过 30%。

2015 年中国股权投资市场共发生退出交易 3 774 笔，接近于 2014 年数量的5 倍，创历史最高记录。从退出方式上看，新三板是 2015 年投资机构退出的最主要渠道，共发生退出案例 1 926 起，占退出案例总数的 51%。另外 IPO 和并购也是机构退出的主要渠道，分别占退出案例总数的 15% 和 14%。退出似乎开始进入一个"好"的阶段。

2015 年政府引导基金发展分析

中国政府引导基金现状

根据清科集团旗下私募通数据显示，截至 2015 年 12 月底，国内共成立 780支政府引导基金，基金规模达 21 834.47 亿元。2015 年新设立的政府引导基金为297 支，基金规模 15 089.96 亿人民币，分别是 2013 年引导基金数量和基金规模的 2.83 倍和 5.24 倍。从接二连三的取消和下放行政审批事项，到 2015 年初设立400 亿元的国家新兴产业创业投资引导基金，到 600 亿规模的国家中小企业发展基金，再到 2015 年 11 月《政府投资基金暂行管理办法》的发布，政府越来越重视市场化运作在推动创业创新中发挥的重要作用。

在经历了 2002—2006 年的探索起步、2007—2008 年的快速发展、2009 年至今的规范化运作三个阶段后，中国创业投资引导基金的政府引导作用日益增强、运作模式日趋完善，其发展已步入繁荣期。2015 年，各地方政府纷纷积极主导设立政府引导基金，设立主体也由省级单位逐渐延伸至市级及区级单位，掀起了发展政府引导基金的新浪潮。

国内政府引导基金发展趋势

符星华女士认为国内政府引导基金发展存在以下三大趋势。

1. 政府引导金设立区域演变呈现三大趋势。长三角和渤海区域涌现战略性新兴产业专项型政府引导基金；政府引导基金逐步向江浙地区聚集，并有往区县级扩张的趋势；中西部地区将成为政府引导基金设立的新沃土。

2. 引导基金有望转型市场化FOFs。对目前多数市场化引导基金而言，未来转型有可能考虑市场化FOFs模式，采取公司制或合伙制法律结构，组建专业化管理团队。采取市场化导向的运作模式及激励机制，转变为一家国有背景的FOFs。

3. 各地政府引导基金建立联盟，形成合力。几地政府引导基金共同搭建合作联盟。将政府引导基金的投资地域、行业等方面限制模糊化，投资方向则扩大到联盟的其他省市，甚至可以联合投资子基金，这对于合作GP将是极大的利好。

2016 年对国内股权市场的展望

近年来，私募股权行业发展迅猛，私募基金和管理人备案数量持续增加，清科集团私募通数据也显示，中国股权市场新募集的股权投资基金数量也已经连续三年上涨，2015 年共募集 2 970 只基金，达历史新高。然而，在私募基金行业日益发展壮大的同时，也暴露出很多风险和问题，如基金备案失真、资金募集和投资行为违规等。对此，证监会在 2015 年对 140 余家私募基金管理人和销售机构开展了调查，对 27 家私募基金管理人、2 家私募销售机构和 8 个相关责任人采取行政监管措施。与此同时，中国证券投资基金业协会也就"基金管理人内部控制"、"信息披露"、"基金募集行为"和"基金合同"等方面密集发布了相关行业自律规则，并定期对失联或异常私募机构进行公示。

2016 年 2 月 5 日，中国证券投资基金业协会发布了《关于进一步规范私募基金管理人登记若干事项的公告》，进一步加强规范私募基金管理人登记相关事项。

以上新规的出台，为私募行业提供了全面且明细的行为准则，增加了私募基金管理人的自律管理以及合规性要求，对私募行业进一步规范性发展起到重要促进作用。同时，这也标志着一个新监管时代的到来，预计 2016 年私募基金行业将进入有序监管的良性、健康发展阶段。

公开数据显示，截至 2015 年底，新三板挂牌企业已达 5 000 家，远超沪深两市 2 800 家上市公司总和，并且这一数据还在持续增加。伴随规模的迅速扩大，新三板也逐渐暴露出一些问题，如市场波动较大、企业抗风险能力较差和流动性不佳等。总体来看，新三板市场目前整体运行平稳，但仍处于初创期，近期第二波政策红利开始释放，在第一波政策红利的基础上更加注重优化新三板运行机制，新三板市场功能和运行质量即将得到进一步改善。

2015 年 9 月 7 日，财政部、国家税务总局、证监会发布《关于上市公司股息红利差别化个人所得税政策有关问题的通知》，旨在鼓励投资者进行长期投资，一方面降低了投资成本，可吸引更多投资者入市；另一方面可减少短期非理性波动，有利于新三板市场的长期健康发展。另外，全国股转公司近期公布了新三板分层机制将于年内启动。

与此同时，还将改革优化协议转让制度，大力发展做市业务，引导做市商加大做市投入、提升做市能力与水平，扩大包括机构投资者、价值投资者在内的长期资金的市场供给，引入公募基金，稳定市场预期。第二波政策红利的释放表明，新三板作为中国挂牌企业数量最大的基础性证券市场，其功能和运行质量将得到进一步改善，包括 VC/PE 机构在内的投资者在新三板的投资机会也将随之增多。

13

高端财富管理的全权委托时代

2016 | 本章导读

◎ 宏观趋势与资产价格的变化深刻影响和改变了高净值人士的投资选择与资产配置。2015
年末 2016 年初，诺亚财富调研了服务的高净值客户，观察到高净值人士的财富管理需
求正在发生一些重要且深刻的变化：从国内到国外，从"傻钱"到"聪明钱"，从一代
到二代，从初级到高级。这些重要变化体现了中国高净值人士需求的快速变迁，从最初
的财富管理需求萌芽，到清晰的财富传承需求出现，从单一地追求收益率，到注重资产
配置的科学性，从集中关注事业和财富，到更加关注生活品质。

◎ 中国高端财富管理 2000 年以来经历了个人投资、产品驱动、资产配置等不同阶段。
2012 年之后越来越多的高净值人士从过去注重收益率高低到后来接受了科学的资产配
置理念。资产配置的价值早已被证明，同时被财富管理和资产管理所使用，但在财富管
理中的实践远未达到在投资中的用处，并且造成人们往往把财富管理与投资混为一谈。
二者的根本差异体现在，投资中的资产配置的出发点是投资收益，而财富管理中的资产
配置的出发点是客户目标。

◎ 2005 年阿什温·切布拉（Ashvin B.Chhabra）提出了"综合财富配置框架"。该方法的
最大特点是从高净值人士生活目标出发，据此制定的资产配置策略和方案充分体现每位
高净值人士、每个高净值家庭或家族的个性化需求，突破了传统的资产配置策略和方案
的"千人一面"。综合财富配置框架是以客户目标为导向的财富管理方法，资产配置的
理念结合此方法非常契合高端财富管理的目的。但如果资产配置策略仅以建议的形式提
供给高净值人士，在执行中依然会面临问题，主要体现在行为金融学中常说的认知错误
和情绪偏差等非理性行为影响到投资者。

◎ 全权委托是资产配置在财富管理中的最佳实践方式。全权委托核心目的是帮助高净值人
士、家庭或家族实现财富保有，通过资产配置和主动管理来降低风险（包括系统性与非
系统性风险）、提升组合投资收益，为高净值人士、家庭或家族的财富提供一体化的保
护性结构。具体到每一类资产的配置，FOF 都可以实现风险调整后收益的更优表现，并
且大多数时候收益具有相对较好的稳定性。

得益于中国经济持续数十年的高速增长，中国高净值人士数量迅猛增长，已成为全球仅次于美国数量第二多的国家。中国作为发展中国家，经济总量和居民收入将继续显著增长，中国高净值人士数量也将继续较快增长。高端财富管理市场正迎来财富管理规模与客户需求迸发的黄金期。

高净值人士财富管理需求的变化

在人口长周期拐点、全球经济总体放缓和美元重启强势周期的背景下，2015 年全球大类资产价格大幅动荡，不同种类、不同地域的市场之间显著分化。中国同样如此。2015 年中国经济进入"分化 - 转型"时代，新经济逐步替代旧经济，房地产市场分化并开始去库存的过程，资本市场改革不断深化，人民币国际化提速。2015 年下半年之后，随着市场对于美联储加息的预期越来越强烈，以及全球风险资产的大幅动荡，宏观趋势与资产价格发生了重大变化。宏观趋势与资产价格的变化深刻影响和改变了高净值人士的投资选择与资产配置。

为了了解高净值客户财富管理需求的现状及变迁，勾勒高端财富管理行业的客户需求图谱，为行业的发展指引方向，也记录下中国高端财富管理行业的历史。2015 年末 2016 年初，诺亚财富对服务的高净值客户进行了财富管理需求的深度调研，被调研的客户主要来自经济总量较高的北京、上海、江苏、广东等一线城市和东部沿海省市。通过对调研结果的分析，我们观察到高净值人士的财富管理需求正在发生一些重要且深刻的变化。

从国内到国外

长期以来，由于人民币海外投资不便利，加之国内有大量的满足收益要求的投资机会，高净值人士海外资产配置比例普遍较低。超过一半的高净值人士配置的海外资产比例不到 5%，甚至为 0；海外资产配置比例超过 10% 的高净值人士占比只有 22%。

2014 年开始，在全球经济分化和预期美元加息的背景下，美元周期重启强势，全球流动性开始回流美国，全球主要货币尤其是新兴市场货币兑美元均大幅贬值，全球大类资产价格出现动荡与分化。2015 年 8 月 11 日人民币汇改之后，人民币兑美元波动增大并呈现阶段性贬值趋势，催生了高净值人士希望通过在全球范围分散投资降低整体资产风险的需求。近八成的高净值人士计划在未来增加海外资产配置比例。

相较于国内资产配置而言，高净值人士在配置海外资产时更加关注长期投资趋势。一方面是因为海外尤其是欧美市场相对更成熟，另一方面也是因为人们对海外资产的价格变动关注相对不太频繁。超过四成的高净值人士将海外私募股权投资作为主要的配置资产，超过三成的高净值人士将海外股票及股票基金作为主要的配置资产。

高净值人士在配置海外资产时青睐成熟的市场和熟悉的地区。接近一半的高净值人士选择中国香港和北美地区配置海外资产。对于高净值人士来说，香港的优势主要是低税率、语言文化比较接近，以及经济环境相对开放自由。

从"傻钱"到"聪明钱"

过去较长的一段时间，投资者好像并不需要太关注趋势与风险，就可以通过投资类固定收益非标产品（如房地产信托产品）来较为"安全"地获取较高回报。但随着中国经济增速下降、信用风险上升，诸如此类的"傻瓜式投资"一去不复返，财富管理愈加倚重对趋势的把握，聪明地配置。我们看到高净值人士的投资组合变得多元化，投资理念日趋成熟。

新经济逐步替代旧经济

国内的私募股权市场经过七、八年的发展成熟，已经从小众变成了标配，57%的高净值人士将私募股权投资作为主要配置资产之一。

中国经济转型期，以互联网＋、智能制造、消费升级、医疗健康等为代表的新经济催生了大量投资机会，尤其对于私募股权投资来说。与此同时，多层次资本市场的构建，包括注册制的提速、新三板的发展，为私募股权的投资与退出营造了更宽广的空间。这些都提升了私募股权投资的吸引力。七成的高净值人士未来计划增加私募股权投资的配置比例。

资本市场发展

2014年下半年至2015年上半年我们经历了难得一见的股债双牛行情。在对经济增速回落和通缩的担忧下，国债收益率从2014年初的4.7%一路下行至2015年末的2.8%；股票牛市行情从2014年下半年启动，在杠杆的推动下，股市极大地展示了其财富效应。股票基金和债券基金（包括公募与私募）的业绩表现水涨船高，因此受到高净值人士的青睐。接近六成的高净值人士将股票、债券及基金作为主要配置资产之一。

2015年6月之后的股市下跌，让A股投资者损失惨重，股票基金整体也大幅回撤、回吐不少浮盈。以私募股票基金为例，2015年前五个月全部基金平均实际收益率已近50%，在经历股灾之后，2015年前九个月平均实际收益率回落至20%。

在经历股市起起落落之后，高净值人士依然对 A 股未来比较乐观。44%
的高净值人士将增加股票与股票基金的配置比例，计划减少配置比例的只有
16%。我们认为这一方面是因为高净值人士从资产配置的角度将股票类投资作
为基本的构成，另一方面也是对中国资本市场发展具有信心的一种表现。此外，
股票基金策略的丰富多样也可能是原因之一，例如量化对冲、股票多空等策略
不依赖于股市涨跌。

城镇化新阶段

伴随人口结构的变化与经济增速的放缓，改善型需求逐渐替代刚性需求，
城市之间的价格与销量出现显著分化。2014 年之后，房地产开发投资增速显
著低于以往水平，房地产市场也告别了过去十年的黄金期，进入新的环境。虽
然过去一段时间有一系列政策刺激，但高净值人士对投资性房地产的兴趣依然
大幅下降。只有 46% 的高净值人士将投资性房产（包括房地产基金）作为主
要配置资产之一，这个比例明显低于以往。不过依然有 55% 的高净值人士计
划增加或维持此类资产的配置比例。这主要是看好城镇化的后半程，房地产市
场将呈现分化的发展格局，改善型需求逐渐替代刚性需求，城市之间的价格与
销量将出现显著分化，房地产基金进入精挑细选的聪明投资阶段。房地产基金
依然在股权投资和资产收购方面有不少好的投资机会。高净值人士应该优化房
地产投资而非简单地减少配置。

固定收益产品稳健为先

在经济下行、通胀低迷、资金面宽松的背景下，市场利率持续下降，以非
标产品为代表的类固定收益投资收益率也在下降。但与市场普遍预计的不同，
大部分高净值人士依然计划增加或维持固定收益投资的配置比例，反映出高净
值人士不再以预期收益为唯一考量，而更加注重投资组合的稳健。接近四成的
高净值人士计划增加类固定收益产品配置比例，另有四成的高净值人士计划维

持现有比例，计划减少比例的只有两成。

债券资产逐渐开始被认可。债券与股票、房地产同属核心资产，形成更加完整的投资组合。32% 的客户计划未来增加债券类资产的配置比例。从资产配置的角度看，债券与股票、房地产同属核心资产。债券资产（尤其是中长期国债）的作用是抵御金融危机和经济萧条带来的投资风险，使投资组合实现保值。由于人们对债券市场相对不熟悉，所以高净值人士对债券与债券基金的配置兴趣并不高。只有 32% 的高净值人士计划增加债券与债券基金的配置比例。财富管理机构和理财师有必要帮助客户增加对于债券资产（包括债券基金）这一稳健投资品种的认识。

从一代到二代

中国高净值人群的组成正处在从一代（创富者）向二代（继续创富或守富）转变的过程中。财富的代际传承中牵涉很多问题，包括企业的继承、财富的传承、家族资产的分配安排等。不少高净值人士在家族财富传承方面缺少科学安排，这并非是因为其没有需求，而是对这方面知之甚少，从而催生了全面家族财富管理的需求。

家族财富管理中重要的内容之一是财产的保障与传承。就全球范围而言，高净值人士往往通过保险、信托等防范不可预知的风险，并实现财产的代际传承。国内的高净值人士同样有此需求。近六成的高净值人士需要税收筹划服务，近一半的高净值人士需要高端保险配置服务。

从初级到高级

高净值人士的财富管理理念愈加成熟，从原先的过度关注甚至只关注投资收益，到现在一方面注重投资组合的风险分散与长期稳健，另一方面更加注重生活品质、健康与保障、税务筹划、家族与传承、慈善等。

资产配置从口号变为实践是近几年国内高端财富管理市场的最大进步之一，但理论上的优势也遇到了实践中的难题，而突破这一难题的是正在兴起的全权委托。虽然不少高净值人士选择全权委托的初衷是由于金融市场的复杂性和自身事务的繁忙，但全权委托的魅力远不仅限于此，后面的内容我们将围绕这一问题展开。

总的来说，以上这些重要变化体现了中国高净值人士需求的快速变迁，从最初的财富管理需求萌芽，到清晰的财富传承需求出现，从单一地追求收益率，到注重资产配置的科学性，从集中关注事业和财富，到更加关注生活品质，也呈现了这一群体越来越成熟，正是他们，为中国高端财富管理行业的高速发展孕育了丰沃的土壤，让我们没有理由不相信，高端财富管理行业的未来天高海阔。

高端财富管理的供给侧改革

中国改革开放之后，居民开始真正积累个人财富，富裕阶层在 20 世纪 90 年代形成，但直到 2005 年之后服务于高净值人群的高端财富管理市场才真正形成。在此之前，高净值投资者的主要投资方式是炒股和炒房。2006 年开始至今，高端财富管理服务模式一直随着高净值人群财富管理需求的变化而进化，从最初的产品驱动到后来的资产配置，这种变化反映了高净值人群的财富管理需求从低维到高维的逐渐提升。

在 2012 年首次参与本报告的撰写时，我们提出中国高端财富管理模式会经历三个阶段的演变，分别是产品销售、资产配置初级阶段和资产配置高级阶段。现在，描述这三个阶段的更合适的词应该分别是产品驱动、资产配置和全权委托。

高净值人群财富管理特征的这些转变与 20 世纪 60、70 年代的美国，以及

80年代的日本有诸多相似之处，但由于文化不同、经济发展的阶段特征不同，并且金融产品供给侧存在较大差异，中国的高端财富管理市场将具有国际规律和中国特色相结合的转型发展特点，对高端财富管理服务提出了巨大的挑战和更多的机会（见图13-1）。

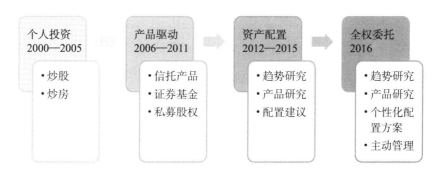

图 13-1　中国高端财富管理从低维到高维

资料来源：诺亚财富。

个人投资时代（2000—2005）

2000年前后，中国居民的理财意识开始觉醒。在2000—2005年期间，中国的高净值人士的财富管理方式主要是炒股、炒房，尤其是炒房。

1998年，为了应对金融危机而必须拉动内需，房产成为首选，因为不但可吸纳大量居民资金，而且可带动几十个相关行业。国务院在当年7月3日下发《关于进一步深化城镇住房制度改革加快住房建设的通知》，福利分房制度被废止，房产由此成为资产。由于房价的大趋势由信用周期所驱动，伴随中国货币信用规模的快速膨胀，炒房成为延续至今的主流投资理财方式之一。房价在一线城市和区域中心城市的上涨趋势将延续至信用膨胀周期结束为止。

产品驱动时代（2006—2011）

2005年，为了抑制高房价，政府开始对房地产市场进行调控，但在各方利益的不断博弈中，政府的各项政策也在执行中慢慢消融，房价在经过短暂停顿后出现报复性上涨，并呈现出价格与成交量双双上升的局面。其后的数次调控也没有达到效果。在货币信用规模快速膨胀的环境下，居民缺乏丰富的投资渠道，资金只能大量流入房地产市场。

房地产调控虽然没有抑制房价上涨，却限制了房地产企业可获取的银行信贷，房地产信托因为既能满足房地产企业融资的需要，又能满足投资者对高收益的追求，而快速增长。2006 年之后直到 2014 年，房地产信托（或者说房地产非标产品）一直是高净值投资者最重要的配置资产。

与此同时，2006 年初至 2007 年 3 季度的中国史无前例的大牛市带动了投资者的热情，公募和私募证券基金受到高净值投资者的青睐，规模快速增长。2007 年 4 季度开始的暴跌也沉重打击了证券基金市场需求。

2008 年金融危机使股权资产价格跌入冰点，私募股权投资恰逢其时，大家目前耳熟能详的大牌私募股权机构在那个时候走上舞台，中国的高净值投资者开始逐渐将私募股权投资纳入自己的资产配置。

在产品驱动时代，虽然高净值投资者同时配置了类固定收益（非标）产品、证券基金和私募股权，但并无章法，什么预期收益高就买什么。这种粗放的投资方式逐渐暴露问题，除了非标产品有隐性刚兑的"保护"而相安无事之外，投资者在证券基金投资上的追涨杀跌行为导致亏损。

资产配置时代（2012—2015）

2012 年之后中国经济实行"去出口化"，出口同比增速回落并维持在 10% 以下，这一指标背后使不少高净值人士起家的传统产业面临困局。对于越来越多的高净值人士而言，财富管理不再只是投资和赚钱的概念，财富的长期保值增值成为关注焦点，即从过去注重收益率高低到后来接受了科学的资产配置理念。

这一时期，私募股权、地产基金等另类资产逐渐在高净值人士的资产配置中占据一席之地。在此期间，随着美国经济的复苏和 QE 退出预期的升温，美元对全球大多数货币开始升值，尤其是 2014 年之后人民币对美元开始阶段性贬值，国内的高净值人群愈加关注海外资产。

资产配置在财富管理中的实践难题

资产配置的价值

资产配置理念逐渐被高净值人士接受，原因是源自其理论上以及在长期实践中被证明了的优势。

所有的投资领域都有三种获利方式：资产配置、择时交易、品种选择。大量的对长期投资的学术研究与实践经验表明，资产配置是长期投资回报的主要决定因素。根据布林森（Brinson）、霍德（Hood）与比鲍尔（Beebower）（1986）发表于《金融分析家》杂志的研究显示，投资回报差异的 91.5% 归功于资产配置决策，证券选择占 4.6%，市场时机的贡献率为 1.8%，其他因素占 2.1%。

资产配置简单来说是根据投资者的财务特征和投资目标，将投资分配在不同种类的资产上。从最通俗的"不要把所有的鸡蛋放在一个篮子里"，到如今各类复杂的金融模型都试图从各个角度来解答如何进行资产配置。

有效的资产配置能够使获取合理投资回报所承担的风险（波动性）大幅降低。没有任何一种资产的风险 - 收益结构是绝对占优的，即风险很小、收益很高，收益与风险基本呈正相关关系。当不同类别的资产组合在一起时，不同资产之间的弱相关性或负相关性会抵消掉一部分风险，从而使风险较小而收益较高成为可能，投资组合的风险 - 收益特征会得到显著改善。

耶鲁大学捐赠基金的大卫·斯文森根据其长期投资经验论述过个人资产配置三项最重要的原则：重视股权投资（包括私募股权、股票投资）、投资组合多元化，及考虑税负影响。对于投资组合来说，股权投资能提高收益，多元化能降低风险，税负决定了实际可支配收益。

资产配置的现实应用

资产配置的理念和价值已经得到普遍的认可，但我们经常谈论的一些关于资产配置的方法却更适用于机构而非个人（及家族）。资产配置理念在财富管理中的实践远未达到投资领域的成熟度。

以处于资产配置理念核心地位的多元化为例。马科维茨于 1952 年提出的现代投资组合理论（MPT）长久以来都是公认的投资领域的资产配置方法。MPT 的要点是根据各类资产的收益、风险（波动），以及资产之间的相关性来构建多元化的最优投资组合（有效边界）。多元化不仅体现在大类资产上，也体现在子类资产中。

但财富管理并不等同于投资。诺亚财富创始人汪静波曾经说过"财富管理是在更高维度上的。投资是在一定的时间内把你的钱投出去，过一段时间获得更多的收益，收益满不满意取决于你对时间的定价。财富管理是一生一世，或世世代代，考虑两代人、三代人的事情；投资考虑的是期限、风险和收益，而财富管理考虑的是人生的阶段、生活的品质、目标；投资是纵向深入到每一个行业，财富管理则是横向地做资产管理组合和配置；投资是每一步最优，财富管理是总体最优。两件事情其实是从不同维度进行的思考，如果我们把它们放在一起，有时候可能会带来困惑。"

如果我们将投资进一步划分为资产管理和资金管理，就可以看出为什么投资中的资产配置方法不能直接应用于财富管理中。资金管理专注于一类资产，比如股票，是以收益为导向，对于客户来说是标准化的；资产管理与资金管理一样都以收益为导向，以资产配置的方法来覆盖多类资产，但对于客户来说依然是标准化的；财富管理最大的不同是客户目标导向，因此是个性化的。三者的根本区别在于追求的目标与管理财富的方式（见图13-2）。

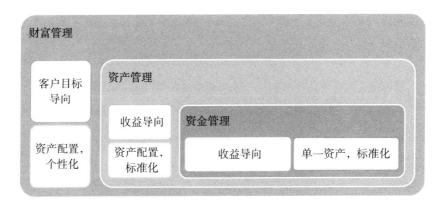

图 13-2　财富管理与投资的区别

资料来源：《新财富管理》，笔者整理。

虽然我们的调研显示，高净值人士的投资日益多元化，从最初注重收益率高低到更加注重资产配置的科学性，这也体现了高净值人士投资理念日趋成熟。但这更多是资产配置理念在投资上的实践，而非财富管理领域。二者根本的区别在于，投资中的资产配置的出发点是投资收益，而财富管理中的资产配置的出发点是客户目标。

以客户目标为导向的资产配置

2005 年阿什温·切布拉（Ashvin B.Chhabra）在《财富管理日报》（*The Journal of Wealth Management*）上发表了文章《超越马科维茨：一个全面的个人投资者的财富分配框架》（*Beyond Markowitz: A Comprehensive Wealth Allocation Framework for Individual Investors*），他提出了"综合财富配置框架"。通过从客户的目标出发，一个理想的投资组合应该提供：1. 防止焦虑的确定性；

2. 大概率维持目前的水平；3. 在当前财富水平上的大幅上升的可能性。

综合财富配置框架是一个很好的在财富管理中应用资产配置理念的方法论。其最大特点是从高净值人士生活目标出发，据此制定资产配置策略和方案，充分体现每位高净值人士（及家族）的个性化需求，改善了传统的资产配置策略和方案的"千人一面"的弊端（见表 13-1）。

表 13-1 综合财富配置框架

客户目标	保障基本生活需要	维持现有生活水准	提高生活水准
配置目的	低于市场平均水平的风险与收益	市场平均水平的风险与收益	高于市场平均水平的风险与收益
配置方式	配置保障型、防守型资产	构建广泛多元化的投资组合	通过承担风险增加回报
配置资产	现金，国债，年金，保险，等	股票（含股票基金），固定收益，债券基金，FOF，等	房地产基金，私募股权，对冲基金，等

资料来源：Ashvin B. Chhabra（2005），笔者翻译整理。

资产配置的现实执行难题

有了很好的理念和方法，执行就成了关键的问题。在前述的"资产配置时代"，高净值客户接受了资产配置的理念，财富管理机构也在积极宣导资产配置理念，并为客户提供资产配置策略（包括战略和战术）建议，但客户很难执行到位，根源不仅在于执行效率，更在于行为金融学中常说的认知错误和情绪偏差等非理性思考对投资者制定投资决策的干扰。罗杰·吉布森（Roger C.Gibson）在《资产分配》（*Asset Allocation*）一书中总结了一些常见的投资者非理性行为，如表 13-2 所示。

表 13-2 常见的投资者非理性行为

非理性行为	表现
依赖偏差	因为情感或情绪的原因而持有一项投资。
不当外推	倾向于假设过去的业绩表现具备惯性，会在未来继续保持。
证实性偏差	倾向于接受支撑已有信仰的信息，并且对与已有信仰冲突的信息漠不关心。实质是我们只听见我们想听见的。
框架效应	一个问题的列示或者构建框架的方式，会影响人们对问题中信息的反应。
害怕后悔	倾向于宁愿不采取任何行动，也不实施一个带来很高的成功可能性但追溯来看也存在不太好的概率的投资建议。
自我肯定偏差	在事情进展顺利时倾向于归功于之前明智的决定，而在事情进展糟糕时，则归咎于运气不好。
后见之明偏差	倾向于认为已经理解已发生事件为何按照已有的情况发生。
过度自信	倾向于高估自己的技术和能力。
结果偏见	倾向于根据希望发生的事件作出决定，而不是根据事件发生的概率。
现状偏见	倾向于什么都不做，也不采取可能导致更好结果的行动。

资料来源:《资产分配》，笔者整理。

不论是在面向全民的公募股票基金市场，还是面向高净值人士的私募股票基金和私募股权基金市场，投资者的非理性行为都随处可见。

在股票基金投资中，理性的行为应该是在市场行情的底部区域买入，在顶部区域卖出，这样就可以获利。但实际情况是，投资者往往在市场行情的顶部区域买入，在底部区域卖出，这是导致很多投资者亏损的主要原因。从公募股票基金申购、私募股票基金发行与大盘指数的关系可以看出，股市表现越好，投资者投资热情越高，反之亦然（见图 13-3 和图 13-4）。

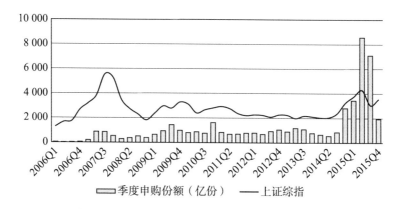

图 13-3 公募股票基金申购与大盘指数的关系

资料来源：Wind，诺亚研究。仅统计开放式股票型公募基金。

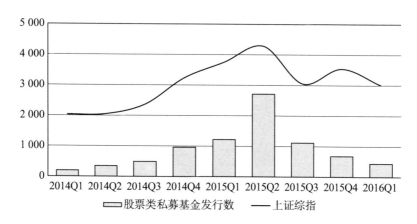

图 13-4 私募股票基金发行与大盘指数的关系

资料来源：融智私募基金数据库，诺亚研究。仅统计非结构化股票类私募基金，截至 2016 年 3 月 31 日。

非理性行为之一的"羊群效应"会造就绝佳的投资机遇，这在私募股权基金市场上体现得尤为明显。当进入资金多的时候，进入价格就高，反之亦然。2012 年、2013 年私募股权基金市场相对较为冷清，募集规模从 2011 年的高位滑落，相应地，进入价格倍数降至低位，此时如果逆向投资，在未来收获的概率会更高，但很少有人这么做（见图 13-5）。

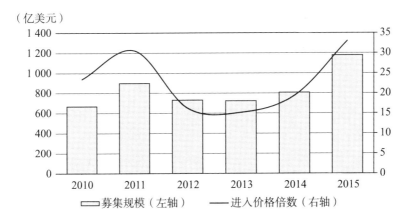

图 13-5　私募股权基金募集与进入价格倍数的关系

资料来源：CV Source，诺亚研究。

前面展示的投资者行为正应了那句话"投资很简单，但是不容易"。即使通过财富管理机构及理财师对客户的教育与协助，人们意识到非理性行为会带来糟糕的投资决策，要回避这些缺点也非常难，因为正确的投资方式往往是与人性相悖的。解决的方法是由受规则和纪律约束的财富管理机构来主导资产配置的过程，具体来说就是我们接下来要提到的全权委托。

资产配置在财富管理中的最佳实践

全权委托的重要性和必要性不仅体现在克服非理性行为干扰方面，更体现在能够保障财富管理流程执行的专业性与时效性方面。

资产配置的科学流程

在综合财富配置方法下，基于每位高净值人士（及家族）的目标需要制定规划之后，首先是大类资产配置。即根据投资期内宏观经济背景判断，结合不同资产类别的预期风险 - 收益特征，制定不同类别资产配置比例。2015 年全球大类资产价格大幅动荡，不同种类、不同地域的市场之间显著分化。

在大类资产层面，在此之前如果没有判断出美元汇率的上升、国内市场利率的下行，就会错失对美元资产及人民币债券资产的布局；在子类资产层面，根据各类策略的市场适应性进行布局也非常重要。

以私募股票基金为例。相对价值策略由于采用市场中性，因此在上涨市中表现均不及市场，而在平衡市和下跌市中发挥其获取稳定收益的优势；股票策略的做多操作在单边上涨的市场中可以分享绝大部分收益，其做空操作则帮助其在震荡市和下跌市中取得优于市场的表现；宏观策略资产配置灵活，并使用金融衍生品等进行辅助，使得其正收益月份最多（见图 13-6）。

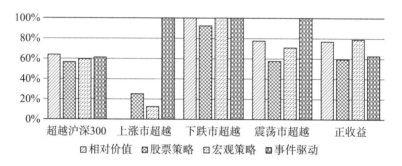

图 13-6　各策略的股票类私募基金的市场适应性

注：上涨市、下跌市和震荡市，分别定义为当月沪深 300 指数涨幅为 [3%，+∞）、（−∞，−3%]、（−3%，3%），统计 2010 年 1 月至 2015 年 9 月共 69 个月份，其中上涨月份 16 个，平衡月份 40 个，下跌月份 13 个。宏观策略有数据的月份有 52 个，事件驱动有数据的月份有 67 个。

资料来源：融智私募基金数据库，诺亚研究。

接下来是精选管理人。即在大类资产配置的框架下，精选不同类别的专业管理人，获取超越市场平均水平的回报。

纵观 2007 年至今的私募股票基金业绩表现，总体来看在大多数年份都取得了正收益。美中不足的是，在市场表现较好时，私募股票基金平均表现落后于市场。如果我们进一步选取业绩排名前 1/4 的私募股票基金来看，会发现几乎全部年份（除了 2009 年）——不论牛市、熊市还是震荡市，私募股票基金平均表现都大幅领先于大盘指数表现。私募股权基金市场同样如此。纵观海外私募股权市场三十多年的历史，优秀管理人的收益显著领先市场。这表明精选优秀的私募管理人的重要性和必要性（见图 13-7 和图 13-8 ）。

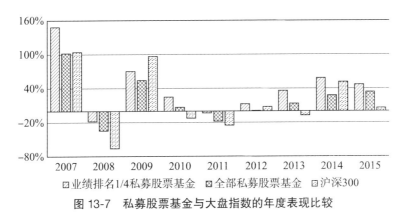

图 13-7　私募股票基金与大盘指数的年度表现比较

资料来源：融智私募基金数据库，诺亚研究。

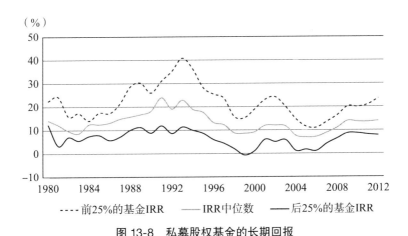

图 13-8　私募股权基金的长期回报

资料来源：Preqin，诺亚研究。2012 年后成立基金存续时间较短，IRR 无法反应基金真实收益，故未统计。

此外要不定期地要进行战术资产调仓。根据估值、政策、流动性、重大事件冲击以及支出政策引发的市场变化，对资产配置比例进行再平衡管理。另外日常还要进行流动性管理。通过优化基金久期和现金流预算，满足现金支出需求。

以上这些流程环节不但要克服非理性行为，更需要专业能力的支撑。全权委托和 FOF 由专业的团队管理，是目前最佳的以客户目标为导向的践行资产配置理念的财富管理方式。前者实现大类资产的资产配置，后者实现某类资产内部的资产配置。

全权委托

全权委托并非产品，而是为客户量身定制的动态式管理服务。全权委托核心目的是帮助高净值人士、家庭或家族实现财富保有，通过资产配置和主动管理来降低风险（包括系统性与非系统性风险）、提升组合投资收益，为高净值人士、家庭或家族的财富提供一体化的保护性结构。

全权委托还有更深层次的意义。高净值人士、家庭或家族的财富具有生命周期，包括创富、保有、传承三个阶段，对于中国的高净值人士、家庭或家族来说，大多已渡过创富阶段，目前首要面临的是财富保有，其次是财富传承。财富保有的核心是如何实现本金购买力不降低，而全权委托的核心目的正是通过资产配置和主动管理来降低风险，帮助家族实现财富保有。中国高净值人士、家庭或家族面临的三大挑战如图 13-9 所示。

图 13-9　中国高净值人士、家庭或家族面临的三大挑战

资料来源：诺亚财富。

在欧美国家的高端财富管理机构，全权委托是主流的投资管理模式。其核心是高净值客户基于信任，将一笔资金委托给财富管理机构；作为受托人，高端财富管理机构根据客户的风险偏好与投资目标为客户进行个性化的资产配置或投资运作。

当前市场动荡不止，高净值人士、家庭或家族的财富保有需求更为迫切，在经济增速下行、全球市场动荡的大背景下，全权委托通过资产配置和主动管理来降低风险、提升收益的优势将更加突显，有利于高净值人士、家庭或家族顺利度过充满不确定性的阶段。

大多数高净值人士表示了对全权委托这一专业资产配置服务的需要，主要原因在于金融市场的复杂性和对参与者越来越高的专业性要求。

组合投资（FOF）

FOF 的主要优势在于，在投资一类资产时，由于市场上存在多种投资策略或投资模式，而且这些在不同市场环境下表现不一。通过 FOF 配置多种策略，可以实现风险调整后收益的更优表现。简单来说，或者在同等风险下收益更高，或者同等收益下风险更低。此外，FOF 在大多数时候收益具有相对较好的稳定性。中国 FOF 运作时间较短，所以我们选取海外对冲基金和私募股权来展现 FOF 的价值。

私募股权基金一般会同时投资于数个项目，但这并不能满足部分投资者的需求，FOF 可以在更广阔的地域、行业、投资策略、投资阶段、管理者等方面进行风险分散。Weidig、Kemmerer 和 Born（2004）通过直投基金历史数据库构造 FOF 然后计算其收益与风险，结果显示投资于单支基金风险要低于直接投资于企业，而 FOF 的风险则要明显小于投资单支基金（见图 13-10）。

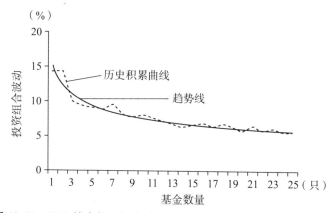

图 13-10　FOF 的内部回报率（IRR）波动率随着基金数量增加而降低

资料来源："A Guide to Private Equity Fund of Funds Managers"，Private EquityInternational，pp. 26。该图数据主要是 Thomson Venture Economics 记录的美国收购基金历史数据。

FOF 提供了投资优秀私募股权基金的可能。业内优秀的基金往往相对封闭，要么不对公众开放，要么最低进入门槛要求高，将新投资者、小投资者拒之门外。FOF 的管理人长期活跃于该领域，同优秀的基金及其管理人保持着良好关系，从而提供了投资渠道。

而从投资回报看，我们将 2003—2012 年全球发行的并购基金、创投基金和 PE-FOF 相比，PE-FOF 的投资回报更加稳定（见图 13-11）。

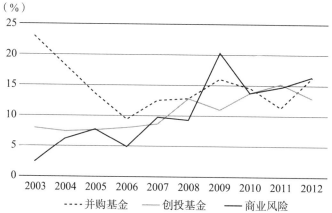

图 13-11　各类私募股权基金平均净内部报酬率（IRR）比较

资料来源：Preqin，诺亚研究。截至 2015 年 10 月 30 日。

再来看对冲基金。对冲基金策略众多，单一策略随市场行情变化呈现出业绩大幅波动的特点（见表 13-3）。

表 13-3　　　　　　　各策略对冲基金的年度收益率　　　　　单位：%

2006	2007	2008	2009	2010	2011	2012	2013	2014	2015
事件驱动	多策略	CTA	事件驱动	困境债券	固定收益	困境债券	股票多空	CTA	套利策略
17.86	15.3	19.41	40.05	22.78	4.13	14.19	16	9.39	4.53
多策略	CTA	宏观策略	困境债券	事件驱动	固定收益	困境债券	多策略	股票多空
17	15.05	3.54	35.83	15.31	2.09	11.43	15.65	4.81	2.96
困境债券	宏观策略	相对价值	股票多空	CTA	套利策略	相对价值	事件驱动	宏观策略	多策略
16.72	14.53	-7.64	26.02	13.27	1.23	10.56	13.32	4.74	2.14
股票多空	股票多空	套利策略	固定收益	固定收益	困境债券	事件驱动	固定收益	固定收益	宏观策略
15.2	14.5	-9.2	24.12	12.67	0.99	10.43	8.71	3.68	1.56
相对价值	相对价值	多策略	套利策略	相对价值	相对价值	股票多空	套利策略	相对价值	相对价值
13	12.55	-9.51	24.05	12.11	0.45	8.59	7.39	3.68	1.13
套利策略	事件驱动	固定收益	相对价值	股票多空	宏观策略	多策略	多策略	股票多空	固定收益
11.49	10.13	-10.86	22.8	10.85	0.23	7.93	7.36	3.57	0.87
CTA	困境债券	股票多空	多策略	多策略	多策略	套利策略	相对价值	套利策略	CTA
10.57	9.7	-19.35	20.94	9.58	-1.32	7.3	7.05	2.82	-1.07
宏观策略	套利策略	事件驱动	宏观策略	套利策略	事件驱动	宏观策略	宏观策略	事件驱动	事件驱动
10.18	8.55	-20.98	14.87	9	-4.67	4.42	4.12	2.21	-1.63

续前表　　　　　　　　　　　　　　　　　　　　　　　　　　　　单位 : %

2006	2007	2008	2009	2010	2011	2012	2013	2014	2015
固定收益	固定收益	困境债券	CTA	宏观策略	股票多空	CTA	CTA	困境债券	困境债券
8.44	5.03	−25.18	6.58	7.71	−5.98	2.53	0.23	0.99	−4.48

资料来源 : Eurekahedge，诺亚研究。

如果通过 FOF 配置各类策略，我们会发现除了 CTA 策略之外，FOF 的风险收益比是优于其他策略和对冲基金整体的（见图 13-12）。

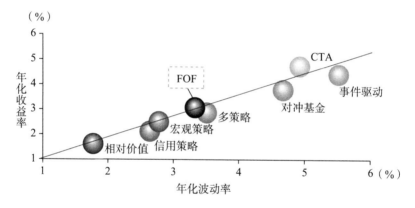

图 13-12　FOF 具有较高的风险调整收益

资料来源：Preqin，诺亚研究。统计时期为 2011—2015 年。

除了以上提到的显而易见的好处之外，FOF 的投资价值还体现在其可以参与优秀的管理人。以海外对冲基金为例，65% 是机构投资者，其中主要为养老金、基金会和 FOF。并且优秀的对冲基金基本只接受机构投资者（见图 13-13）。

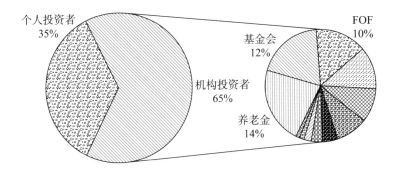

图 13-13　海外对冲基金的投资者结构

资料来源：Preqin，诺亚研究。

未来已经发生，只是尚未流行

全球经济面临巨大挑战，各类资产价格在多周期叠加影响下大幅波动，这或许是未来一段时间的常态。中国经济正处于改革和转型中，高端财富管理业告别了过去十年"顺风顺水"的发展环境，同样处于创新与业务变革并举的转型期，立志成就百年企业和伟大公司的高端财富管理机构应敢于舍弃过去的一些经验，应该有坚持长期价值取向的定力。

美国作家威廉·吉布森（William Ford Gibson）的一句话非常适合描述我们正在面对的高端财富管理市场：未来已经发生，只是尚未流行。

14

期货资管，发展与创新并举之年

2016 | 本章导读

◎ 2015 年期货业整体盈利明显提升，主营业务利润提升至 78.47 亿元，净利润水平达到 60.37 亿元，同比 2014 年增长 49.1%，均创出了历史新高。2014 年 5 月新"国九条"明确提出推进期货市场建设后，期货市场呈现持续高速增长态势，于 2015 年迎来了行业高速增长与业务创新发展并举的时期。

◎ 期货公司业务模式逐渐呈现多元化特征，尤其是资管业务的高速发展成为期货公司利润增长的亮点。2015 年股市发生的金融市场系统性波动使得以股指期货为代表的行业风险监管进一步加强，进入 2016 年之后，金融市场大类资产价格剧烈的波动使得期货资管必须更为注重策略的多元化，加大开发低风险、低流动性依赖特征的产品，发展风险分散的资管组合。

◎ 期货行业的国际化发展历程开启，期货公司可以借助基金公司的 QDII 通道实现跨境投资合作，使期货公司、产业客户走出去；另一方面探索 QFII 制度，通过使内地期货品种"国际化"与国际品种"引进来"相结合；进一步，境内外交易所层面上实现商品投资与期货交易互联互通，吸引国外大型现货贸易企业和国际投资者参与国内期货市场，有益于实现人民币对大宗商品的定价权，增强国际化竞争力。

2015 年，期货行业与期货资管发展均刷新历史

中国期货业协会公布的未经审计的行业财务数据显示，2015 年期货业整体盈利状况明显提升。行业主营业务利润提升至 78.47 亿元，净利润水平达到 60.37 亿元，同比 2014 年增长 49.1%，均创出了历史新高；同时全行业期末客户权益增长至 3 830 亿元，年末全行业净资产达历史新高 783 亿。2014 年 5 月新"国九条"[①]明确提出推进期货市场建设后，期货市场呈现持续高速增长态势，并于 2015 年迎来了行业高速增长与业务创新发展并举的时期（见图 14-1）。

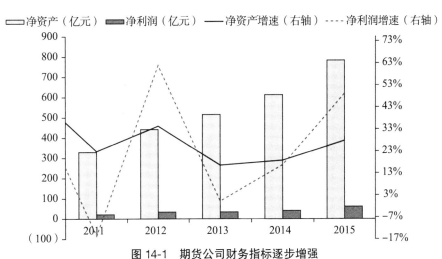

图 14-1　期货公司财务指标逐步增强

资料来源：期货业协会。

---

① 2014 年 5 月 9 日，国务院发布了《关于进一步促进资本市场健康发展的若干意见》（简称新国九条）。

期货行业盈利能力有大幅提升，主要得益于全市场成交活跃，风险管理需求大幅增加。2015 年，全国 149 家期货公司手续费收入占比 50.3%，较 2014 年下降 4.1 个点，但仍然是期货公司的主要利润来源。即便是在交易量大增的 2015 年全年，手续费收入占比也明显低于往年（平均占比 70%）。这些数据说明期货公司营收结构得到了显著改善。2015 年全行业资产管理业务收入 5.5 亿元，创造净利润 1.3 亿元，这说明包括资管业务、风险管理业务在内的创新业务正在成为期货公司新的利润增长点。受益于期货资管等创新业务高速增长，期货公司业务模式正在转型，逐步摆脱单一的经纪业务盈利模式（见图 14-2）。

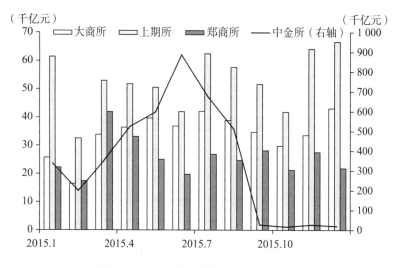

图 14-2　2015 年四大期货公司成交金额

资料来源：期货业协会。

根据中期协的数据统计，截止至 2015 年底期货公司的资管业务规模达到 1 064 亿元，而 2015 年全年数据仅为 124.8 亿元，较 2015 年增长 8.4 倍。受益于"一对多"资管政策的放行以及宏观"资产荒"形势，对冲基金模式的资产配置需求巨大，期货资管业务已经维持连续三年的指数式增长。然而，期货资管总体规模上相较于动辄"万亿级"的银行与券商资管相差甚远，体量提升空间巨大（见图 14-3）。

根据中国基金业协会的数据显示，截至 2015 年 12 月 31 日，基金管理公司及其子公司、证券公司、期货公司、私募基金管理机构资产管理业务总规模约 38.2 万亿元，其中，基金管理公司管理公募基金规模 8.4 万亿元，基金管理公司及其子公司专户业务规模 12.6 万亿元，证券公司资产管理业务规模 11.9 万亿元，期货公司资产管理业务规模 1 064 亿元，私募基金管理机构资产管理规模 5.2 万亿元。期货资管在整体资管市场所占份额仅为 0.28%，但契合"大资管"的发展定位与各类资产管理具有互补性特点，未来发展空间仍值得期待。非银资管理机构规模对比具体请见图 14-3。

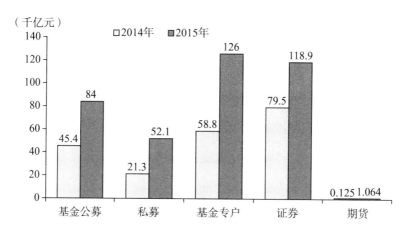

图 14-3　非银资产管理机构规模对比图

资料来源：期货业协会。

尽管期货资管业务前期经历了行业初创期与野蛮生长期，目前仍处于规模小、起点低、普及度不高的阶段，尚不能有效满足实体经济保值与避险需求，也不能实现机构投资者多样化的大类资产财富管理需要。现阶段，绝大部分期货资管的快速规模扩张源于投资顾问团队、私募对冲基金的阳光化、规范化管理，以及股东方资金管理及权益互换的通道业务需求。为推动业务规模快速增长，部分期货公司的资管业务甚至还存在"跑马圈地"、"价格战"等现象。期货资管专业定位与发展方向还较为模糊，自主业务特长与竞争优势并不突出。期货公司还需要在规模快速扩张的基础上，布局期货资管业务质量上的跨越。

监管规范下的期货资管发展与创新

自 2015 年开始，期货公司整体实力增强，业务模式逐渐呈现多元化特征，尤其是资管业务的高速发展成为期货公司利润增长的亮点。作为期货公司创新业务模式，改善营收结构的突破点，资管业务受到了期货公司的广泛重视。但 2015 年股市发生的金融市场系统性波动使得以股指期货为代表的行业风险监管进一步加强。2016 年，如何在规范监管下推动期货资管的创新发展是期货公司面临的战略性课题。

期货业的分类监管办法与资管业务规模扩张

根据 2014 年 12 月 4 日中国期货业协会颁布的《期货公司资产管理业务管理规则（试行）》，期货公司申请资产管理业务资格需要具备的主要条件如下所示。

- 申请登记时期货公司净资本不低于人民币 1 亿元；
- 申请日前 6 个月的期货公司风险监管指标持续符合监管要求；
- 最近一次期货公司分类监管评级不低于 C 类 C 级；
- 近 1 年期货公司未因违法违规经营受到行政、刑事处罚、被采取监管措施或自律处分措施，且不存在因涉嫌违法违规经营正在被有权机关调查的情形；
- 其他人员结构、治理结构、营业场所以根据审慎原则规定的其他条件。

可见期货公司申请资产管理业务的监管门槛依赖风险监管指标、分类监管评级与净资本约束来实现。在目前的分类监管制度下，主要是对于期货业务收入、日均客户权益总额、净利润、成本管理能力、净资产收益率等指标加权考核，得出期货公司监管评级的综合性评价。据中国期货业协会数据统计，截至 2015 年 12 月 6 日，已具备资管资格的期货公司总共有 122 家，其中证监会批设 39 家，协会完成备案 83 家，占全国期货公司份额高达 81.9%，覆盖监管评级达标期货公司的 93.1%，基本上全部达标期货公司均已开展期货资管业务（见表 14-1）。

表 14-1　　　　　期货公司开展资管业务规模总体情况

排名	公司名称	资管规模 （亿元）	公司净利润 （万元）	监管评级
1	天风期货有限公司	220.9	7 505.74	BBB
2	南华期货股份有限公司	153.83	22 936.84	AA
3	海通期货有限公司	78.32	29 167.24	AA
4	华泰期货有限公司	70.92	19 317.9	AA
5	国泰君安期货有限公司	63.9	34 989.37	AA
6	广发期货有限公司	58.26	22 291.99	AA
7	瑞达期货股份有限公司	30.11	15 213.33	A
8	申银万国期货有限公司	23.44	22 079.12	AA
9	浙商期货有限公司	21.93	17 547.26	AA
10	银河期货有限公司	19.99	31 758.69	AA
11	国信期货有限责任公司	17.99	16 588.29	AA
12	迈科期货经纪有限公司	15.06	8 353.9	A
13	中信期货有限公司	14.85	28 196.73	AA
14	新湖期货有限公司	14.52	10 617.4	A
15	国贸期货有限公司	13.68	5 149.77	BBB
16	长江期货有限公司	12.46	16 690.02	AA
17	广州期货股份有限公司	11.5	5 308.73	BBB
18	华西期货有限公司	9.54	7 711.88	BBB
19	方正中期期货有限公司	9.03	24 912.37	AA
20	五矿经易期货有限公司	8.82	8 680.87	AA

资料来源：中国基金业协会。

期货资管等创新业务低门槛准入政策客观上加速了资管规模扩大与行业发展。从实际操作角度看，净资本约束反倒成了创新业务的唯一硬性条件。截至2016 年 2 月底，期货行业净资本已达到 588 亿元，同比增长 24%。整体期货行业高速增长，另一重要原因是期货公司积极涉足资本市场，通过境外上市、三板上市、股权转让等方式补充资本金，从而公司整体风险防范能力获得提升。境内共有 4 家期货公司利用或者筹备在港股或者 A 股上市融资，5 家公司在新三板挂牌，14 家公司已累计借入或发行了 34 亿元次级债；此外，通过并购重组、引入产业链股东等模式，期货公司可以优化经营管理水平，以产融结合的方式切入到现货产业链，从而提升定价话语权与市场竞争力；进一步为开拓资产管理、风险管理等创新业务打下基础。

针对期货资管为混业经营铺路，越来越多的期货公司计划将资管业务（尤其是主动管理型资管业务）转移至资管子公司运作。目前以独立的子公司形式运作资管业务的期货公司共有 11 家 [①]。从发展定位角度来看，业务总量与市场影响力稍落后的期货公司，借创新业务发展机遇，优化业务模式与定位，把握住行业发展机遇，倒有可能在实现资管等创新业务的突破式发展。

宏观审慎监管框架下的期货资管业务发展与创新

根据 2012 年《期货公司资产管理业务试点办法》与 2014 年《期货公司资产管理业务管理规则（试行）》，监管限制下目前期货资管业务的许可投资范围主要包括以下内容。

- 期货、期权以及其金融衍生品；
- 股票、债券、证券投资基金、集合资产管理计划、央行票据、短期融资券、资产支持证券等；

[①] 这 11 家期货公司分别是和合期货、大通期货、国贸期货、大陆期货、中电投先融期货、中信期货、混沌天成期货、天风期货、金汇期货、倍特期货、华西期货。

● 同时期货资管范围遵守合同约定，应当与客户风险认知和承受能力相匹配。

可以看出，期货资管可以投资的范围应当与券商集合理财的投资范围相近，但比券商定向和私募资管的投资范围要窄。实际上，除直接债权和不动产无法投资外，基本上囊括了其他各类投资品种。期货公司资管业务范围获取了政策上的突破，并降低期货资管业务准入门槛，这使得期货资管基本上与券商、基金、信托、私募等资管机构处于同一平台竞争，并且在风险隔离的基础上鼓励交叉持牌。在大资管时代，期货资管有望依赖自身的业务优势，实现与各大类资管机构错位与互补式发展。

但自 2015 年下半年以来，证券市场的剧烈波动使得金融市场系统性风险加剧，大量二级市场资管产品因跌破净值而清盘。所幸期货市场提供了充足的流动性，涉及期货衍生品的资管产品未发生大规模风险事件。这显示出期货资管产品的市场中性的特点，因而在市场动荡中备受投资者的青睐。但随后交易所加强过度交易监管导致投机性交易受限，程序化交易报撤单频次降低，套期保值交易所需流动性下滑（见表 14-2）。这也直接导致部分期货公司的资管产品在净值盈利的情况下被迫提前清盘；程序化对冲类产品受制于流动性下降，交易成本上升因而规模迅速下降。

进入 2016 年之后，金融市场剧烈的波动使得期货资管必须更为注重策略的多元化，加大开发低风险、低流动性依赖特征的产品，发展风险分散的资管组合，如类似 FOF 等稳健收益特征的产品；期货公司陆续拿到银行间交易商协会的准入牌照，通过"债券＋期权"的模式搭建稳健型资管产品；同时，借助期货"大资管"的业务优势，加强与券商、信托以及第三方机构合作，发展固定收益、定增以及新三板业务来充实自身业务短板。

表 14-2　　　　　　　2015 年股市动荡期间的具体限制措施

单位	日期	具体措施
中金所	7 月 5 日	对中证 500 股指期货合约的部分账户限制开仓。
	7 月 7 日	对中证 500 股指期货客户日内投机开仓交易限制为 1 200 手；不允许单一合约上撤单次数超过 500 次。
	8 月 3 日	交易手续费标准调整为成交金额的万分之零点二三；单个合约每日报撤单行为不得超过 400 次。
	8 月 26 日	交易手续费标准调整为成交金额的万分之一点一五；日内投机开仓限额为 600 手；非套保持仓的保证金提高到 12%。
	8 月 27 日	非套保持仓的保证金提高到 15%。
	8 月 31 日	日内投机性开仓限额为 100 手；非套保持仓的保证金提高到 30%。
	9 月 7 日	平今仓交易手续费标准调整为成交金额的万分之二十三；单日投机性开仓不能超过 10 手；非套保持仓的保证金提高到 40%；套保合约保证金提高到 20%。
证监会	7 月 31 日	《境外交易者和境外经纪机构从事境内特定品种期货交易管理暂行办法》
	10 月 9 日	《证券期货市场程序化交易管理办法（征求意见稿）》

资料来源：作者整理。

期货资管的业务模式创新及探索

期货资管发展国际经验与业务模式探索

从国际期货市场发展经验看，西方发达国家的期货公司可以从事除期货经纪业务之外的期货自营投资、做市商、期货基金管理、期货代理结算等其他综合性业务，其利润来源主要是资产管理和投资业务。境内期货公司资管业务创新空间巨大，尤其是期货资管同时涉及大宗商品与金融衍生品投资两大领域，同时更熟悉金融工具的杠杆属性与风险控制，其资产管理业务能形成有别于券商与基金的创新机制与业务模式，获得大资管平台中的专属市场份额与客户定位。

相比之下，国内期货公司的发展呈现多元性，并未形成明确的资管业务定位。根据股东背景、业务定位、历史路径、人才积累等因素的差异，期货公司向经纪、资管、咨询、风险子公司、全球代理等领域纵深发展，也有专注特定领域、特定业态或者特定业务群体的专业化定位，甚至还有面向创新化、平台化的互联网模式等。

国内期货资管业务也呈现多元化经营特点，目前主要形式分为传统模式、投资公司模式、通道模式与私募合作模式四大类。传统模式是指传统上具备行业优势地位的期货公司，充分发挥期货与商品领域投研一体化的资管模式，利用公司品牌发掘经纪客户参加期货资管计划。这种期货资管模式需要公司前期研究沉淀以及期货公司各部门的协同配合；部分期货公司也尝试提供通道服务的资管业务模式。该模式的主要利润来源是靠收取一定比例的管理费、交易费以及利息。采用这种模式的期货公司不直接参与投资与交易，但风控由期货公司集中操作。其优点是便于迅速提高资管权益规模，不足之处在于期货公司难以形成核心竞争力；采取与私募合作的模式开展资管业务的期货公司，一般是由期货资管负责募资与风控端，私募机构以投资顾问的角色提供资金管理服务，期货公司与私募按约定比例收益分成；部分期货公司资管业务部门形成规模之后往往转向成立资产管理子公司，并通过核心员工持股方式增强激励机制，实现与总部的转移计价和财务上自负盈亏。期货资管子公司往往涉足资管业务、场外业务、产品设计等创新业务，并逐步实现资管业务的专业化、多元化与混业经营，因而更加类似于期货公司股东背景的私募投资机构[1]。

大资管框架中期货资管运作机制与业绩表现

2012年9月实施的《期货公司资产管理业务试点办法》规定将期货资管

---

[1] 目前以独立的子公司形式运作期货资管业务的期货公司共有16家。

的投资范围拓宽至包括期货、期权、股票与债券等大类资产；2014 年 12 月，期货资管"一对多"业务放开，这意味着期货资管在投资领域上与券商、基金及其他金融机构几乎无差别。但在实际操作中，期货公司在大类资产配置上实际更具完备性，期货公司资管产品几乎涉及股票、债券、商品、货币等各大类可交易金融资产，尤其在发展对冲基金方面有着其他机构无法比拟的优势；同时金融衍生品具备杠杆属性及双向、灵活的特点，需要完备的风控流程以及对金融衍生品风险控制的熟悉经验，这方面期货公司已经积累了长期经验，能有效控制期货类产品资管的运行风险。从中期协公布的期货产品投向分布中也能清晰地看出，期货资管实际资金投向主要以权益类产品为主，同时充分利用金融衍生品分散投资，在各大类资产上均衡配置（见表 14-3）。

表 14-3　　　　　产品投向分布表（截至 2015 年 12 月末）

项目	规模（亿元）	数量（只）
商品期货持仓保证金[①]	25.03	846
金融期货持仓保证金	22.55	478
股票	287.77	1190
固定收益	56.51	47
公募基金	46.82	753
其他资管计划	303.59	795

资料来源：中国期货业协会。

在资管"一对多"业务放开后，期货公司能进一步拓宽资管产品的投资范围，创新服务形式，全方位满足实体企业和机构客户的风险管理和资产配置需求。例如，期货资管部门发行期货类理财产品、利用基金公司的合格境内机构投资者（QDII）实现跨境投资、发展程序化交易等。从目前期货资管实际运作情况来看，私募或者类私募的投资顾问实质上成为了期货资产的核心竞争

---

① 除表格中投资方向外，其他资金主要为未被占用的货币资金、备用金、债券逆回购融出资金余额，剩余少量资金投向了期权持仓和收益互换等。

力，而针对私募投顾的 MOM 与 FOF 模式逐渐发展成为期货资管的重要创新业务模式。私募投顾一般具备强大的投研能力，但其对于外部研究辅助、数据支撑需求也很大，同时在资管产品的风控、交易系统与营销渠道等方面实力薄弱，期货资管恰好在这些方面具备良好的业务基础，能与期货私募发挥各自优势，合作共赢。

目前期货业与期货资管还处于起步阶段，具有规模小、产品少、资金不足且流动性有限等缺点，不能满足实体经济风险管理与投资者多样化的财富管理需求。但对于大宗商品以及大类资产配置的需求，期货资管就是对接财富管理的最佳渠道。例如，在 2016 年初火爆的商品上涨行情中，部分期货公司已经设计开发便于投资人作为财富管理的商品连接 ETF 产品 [①]，为不熟悉期货市场的投资者提供了低风险的涉足商品市场的理财工具。

此外，资管业务可以与互联网、场外业务融合创新，如发展货币类资管产品、仓单质押融资业务，以及发行质押融资产品与场外期权业务等；其次，资管业务可以发行具备支付功能的货币基金产品，类似于证券保证金理财产品，同时能发行期货保证金账户余额"T+0"货币产品等。

绝对收益理念下期货资管产品运作与业绩表现

截至 2015 年 12 月末，期货资管一对多模式发行产品规模合计 805.8 亿元，占 2015 年资管业务规模增量 85% 左右，实现累计盈亏 48.89 亿元。一对一产品规模合计 257.94 亿元，存续 1 340 只，累计盈亏 132.59 亿元。目前来看，期货资管业务规模扩张主要依赖一对多模式产品，但实现盈利主要还是依赖前期经典的一对一的产品模式。

从期货资管网公布的期货资管产品业绩与风险数据来看，2015 年全年期

---

① 例如某公募发行的白银 ETF、黄金 ETF，均是通过期货市场实现商品投资需求。

货资管产品相对于券商与公募基金的资管产品有着较好的业绩表现与较低的风险度。平均来看，CTA 策略与全球宏观对冲策略均取得了较高的年化收益率与夏普比率，FOF 策略的特点是能有效地控制住资管产品的最大回撤，年收益率水平也显著下降至 1.83%。即便是与券商和公募基金最为类似的股票对冲策略，三者均专注于在权益市场上取得超额收益，期货资管的股票对冲策略亦展现了更好的灵活性与稳健性特征，其平均收益率高达 19.88%，最大回撤控制在 8.4% 左右。期货资管产品的良好收益 / 风险表现得益于金融市场剧烈振荡下，期货市场所提供的额外流动性，以及对冲交易自身的稳健性特征。期货资管产品的创设无疑极大丰富了大资管平台的交易策略的灵活性，同时有利于资产管理人在动荡的金融市场环境下，平滑收益率曲线，实现更专业化的绝对收益，最大化投资人的财富价值（见表 14-4）。

表 14-4　　　　　　　2015 年中国各类资管产品业绩与风险表现

资管产品	平均年收益率（%）	平均夏普值	平均最大回撤（%）
CTA 策略	114.65	0.74	19.21
全球宏观	173.51	1.94	17.87
FOF	1.83	−0.64	3.66
股票对冲	19.88	0.82	8.42
券商资管	6.96	0.411	17.46
公募基金	−2.97	−0.95	21.36

资料来源：Wind。

人民币国际化框架中期货资管业务创新展望

期货公司的跨境资管业务是提升中国在全球商品市场定价权和金融市场话语权的重要机构载体，同样也是培育机构投资者的重要手段。因此，推动期货业国际化发展，建设国际化的期货市场，创立全球联动的期货资管业务渠道，不但有助于中国企业在"走出去"战略中控制金融风险，还是实现人民币作为国际商品定价权的重要推手。

截止至 2015 年底，中国期货业的保证金规模仅有 3 000 亿左右，期货资管业务规模上的扩大还依赖于期货行业资金存量甚至境内实体企业参与度的迅速扩大。期货业务的国际化，金融机构交叉持牌与综合经营、人民币国际化进程增强对大宗商品定价话语权等，将使得期货业与期货资管的金融影响力显著提升。

相比之下，2016 年一季度全球对冲基金管理资产规模高达 2.9 万亿美元，其中中国对冲基金行业管理资产规模仅占全球的 0.5%，未来期货业务国际所带来的资产管理规模增长空间巨大。由于对冲基金具备多元化的投资属性，预计养老基金在对冲基金上资金配置平均提升一个点至 8%[1]。如表 14-5 所示，从各种对冲基金策略的收益水平与风险表现中也能看出分散化的特点。2015年动态配置、做空、事件驱动与多策略对冲基金均取得了 10% 以上的收益，但仅有动态策略、多策略与保守型配置对冲基金维持了 3 以上的夏普值表现。

表 14-5　　　　2015 年全球对冲基金业绩与风险表现

对冲基金策略	年平均回报率（%）[2]	标准差	夏普指数
CTA/ 管理期货	−0.74	18.10	−0.12
保守型配置	8.00	8.81	2.89
动态配置	44.81	33.53	3.85
股票套利	5.12	20.87	0.62
多策略	12.10	11.09	3.51
激进型配置	−5.70	23.31	−0.22
全球配置	7.66	20.05	1.57
事件驱动	14.11	26.26	0.93
做空	17.20	55.11	0.35
期货期权	6.58	38.11	0.15

资料来源 :Bloomberg。

---

[1]　数据来自 2016 月 3 月 2 日德意志银行公布的《替代性投资调查报告》。

[2]　数据截止到 2016 年 4 月 18 日。

　　继 2014 年 5 月新"国九条"发布之后，期货行业的国际化发展也被提上了日程。期货公司一方面可以利用基金公司的合格境内机构投资者（QDII）实现跨境投资，使期货公司、产业客户走出去；另一方面探索合格境外机构投资者（QFII）制度，通过内地期货品种"走出去"和国际产品"引进来"（如推行原油等上市并实行保税交割）；进一步，在境内外交易所层面上实现商品与期货市场互联互通，吸引国外大型现货贸易企业和国际投资者参与国内期货市场，有益于实现人民币对大宗商品的定价权，增强中资企业国际化竞争力。

访谈手记

中国期货市场发展与监管概况

　　期货市场是一个小众市场，不论是从投资者群体还是从金融从业人员的角度来看，期货市场和期货行业在整个中国金融体系中都是很小的一部分。在 2015 年股灾期间，股指期货集中流动性的优势以及风险管理功能表现得很突出，这次股灾实际上在无形中给期货市场做了一个品牌推介。但是在股灾以后，监管部门对股指期货市场采取了严格的限制措施，目前整个期货市场和期货行业都处于比较困难的时期。那么中国期货市场的发展脉络是怎样的？中国期货市场发展存在哪些问题？监管层对于期货市场的态度又是如何？为此，我们专访了中银期货的沈长征博士。

中国期货市场发展的历史

从 1990 年 10 月中国郑州粮食批发市场成立至今已经有近 25 年，中国期货市场发展大体经历了四个阶段：1990—1993 年的初期发展阶段；1993 年底至 2000 年的清理整顿阶段；2000—2009 年的逐步规范和恢复发展阶段，其中该阶段又可以进一步细分为两个阶段，即 2000 年至 2006 年的恢复发展与监管模式逐步形成的阶段，2006 年至 2009 年的恢复发展与监管完善阶段；2009 年至今的加快创新发展阶段。

经历了 2000 年至 2009 年的恢复发展以及监管模式的逐步完善，期货市场与期货行业已经具备了加快创新发展的基础。从 2009 年至今是中国期货市场和期货行业加快创新发展的阶段。从期货市场角度看，新的期货品种加快上市。从期货行业的角度看，期货公司创新业务在逐步探索推进。

中国期货市场发展的现状

期货市场经过多年发展已经积累了一定交易量。从 2009 年开始，中国商品期货交易量已经位居全球首位，交易量的积累对于期货市场的发展有着重要意义，有利于扩大市场流动性与深度，吸引大的企业客户进行套期保值。

期货交易品种不断丰富。目前共有 51 个品种，其中多个品种在国际市场上具备一定影响力。

期货行业创新开始起步。期货公司开始涉足资产管理业务和风险管理业务，包括设立期货公司的风险管理子公司，通过子公司来尝试仓单、套保及基差套利交易。

中国期货市场存在的主要问题

期货市场的国际化程度不够，大宗商品定价权不强。造成大宗商品定价权不足的原因是多方面的，其中中国期货市场国际化程度不够是最重要的一个方面。中国期货市场一直是封闭的，境外投资者无法直接参与。

金融期货发展尚处初级阶段，受监管政策影响巨大。

投资者结构、市场结构以及产品结构单一，市场的深度和广度都不够。国内期货市场以散户为主，专业的机构投资者数量不够；以场内市场为主，场外市场基本缺失；仅有期货合约，还没有期权产品。

中国期货市场监管概况

1. 监管主体。"五位一体"监管协作机制。在证监会期货部的领导下，证监会机构部、中国期货业协会、中国期货保证金监控中心、证监会派出机构以及四家期货交易所相互合作，共同监管期货市场。

2. 监管内容。主要是期货保证金监管、期货公司净资本监管、期货公司分类监管、公司治理和高管人员管理、信息技术监管、对异常交易以及程序化的监管等方面。

3. 监管手段。主要使用现场检查、非现场检查、行政许可、信访处理和信访处理等监管手段。

4. 监管特色。期货保证金安全存管制度和投资者一户一码制度是中国期货市场的监管特色。

中国期货市场发展与监管面临的挑战

境外市场竞争对中国期货市场发展的挑战。随着资本项目逐步放开，自贸区、

QDII、QDII2 等逐渐推进，境外市场给境内市场带来的竞争压力会越来越大。

信息技术发展以及程序化交易对期货市场监管带来的挑战。程序化交易一方面会给市场提供流动性，但另一方面在市场剧烈涨跌时也会起到助涨助跌的作用。

证监会监管转型与机构调整对期货监管带来的挑战。

2016

Part 3
全球资产管理篇

◎美国资产管理行业继续领跑，在资产规模上，2015 年美国投资公司总资产稳步增长，依然占据全球资产总规模的半壁江山。在资金流向上，2015 年美国加息预期反复，除美国以外的其他地区以宽松为主，利率持续下行，资产管理机构资金大量流向债券。

◎整体上来看，新兴经济体在 2015 年里出现大幅的资本外流，创下金融危机以来的最高水平。但这种持续外流的局面在 2016 年初美联储推迟加息以及欧洲央行加码放水力度后出现转变，多个新兴市场国家出现资金流入趋势。不同地区国家的资产管理行业表现也存在一定的差别，其中既面临着风险，也蕴含着机遇。

15

美国资产管理行业发展现状与展望

2016 | 本章导读

◎ 2015 年美国经济呈稳中增长的态势，第一季度增速放缓，第二季度温和反弹，受库存影响，第三季度增速回落，由于企业削减过剩库存、美元走强和全球需求放缓压制了美国的出口等因素，造成第四季度经济增速依旧缓慢。2016 年全球经济低缓、人口老龄化以及创新发展放缓意味着美国潜在经济增速放缓，经济形势整体偏弱，新增就业不佳。英国公投结果决定脱离欧盟，脱欧打压英镑和欧元，推升美元指数。而美元被动走强一方面将冲击美国经济。另一方面，美元走强也对美国通胀构成压制。对美联储加息采取观望态度，降息预期重现。

◎ 美国资产管理行业继续领跑，在资产规模上，2015 年美国投资公司总资产稳步增长，依然占据全球资产总规模的半壁江山。在资金流向上、2015 年美国加息预期反复的形式下，除美国外的其他地区以宽松为主，利率持续下行，资产管理机构资金大量流向债券。

◎ 美国拥有全球最大的共同基金市场，2015 年共同基金仍是美国市场上最主要的投资工具。但是，用净现金流量测度的共同基金在 2015 年呈现负增长，随着投资者金融需求的改变和创新产品供应商的入局，另类投资产品更加受到投资者青睐，挤占共同基金份额。

◎ 美国资产管理行业新星——ETF，发展持续走高。截至 2015 年底，美国 ETF 资产规模占全球总额的七成，处于绝对主导地位。美国市场各类 ETFs 的发展变化呈现出了不同的特征，但在资产规模和数量上保持相对稳定，随着投资者偏好改变，ETF 市场前景看好。

◎ 美国私募基金行业整体规模两年内维持稳定，伴随美国经济的温和复苏与资本市场的渐进走强，美国私募基金行业的基金数量与资产规模均在 2015 年上半年稳中有增，然而处于其中主导地位的对冲基金表现欠佳，迎来倒闭潮。养老基金成为私募基金行业最大的投资者，逐渐成熟的养老金市场将进一步推进金融创新市场的稳定。

2015 年美国经济运行轨迹符合预期，2016 年经济整体偏弱，对加息采取观望态度

2015 年的美国经济虽有起伏，但是总体上宏观经济延续了近几年来的增长态势，全年实际 GDP 增长 2.4%，与 2014 年的增长速度持平。2015 年美国经济这一增长成绩是在全球经济复苏乏力、主要经济体大多表现不佳的背景下取得的，从这个角度看美国经济增长表现出了一定的韧性。

自 2009 年下半年走出经济危机起，本轮美国经济增长已进入第 7 年。尽管持续稳定增长的时间已经不短，但这一轮美国经济增长速度低缓，与以往衰退结束后相对强劲的增长速度相比仍相形见绌。受极寒天气、美元升值、出口放缓、投资减弱（尤其是油价大跌影响了能源领域的投资）等因素影响，2015年第一季度美国经济增长率仅为 0.2%。第二季度以来呈现温和反弹态势，消费开支逐渐走强，企业开支温和稳固，库存累积稍微减缓，第二季度 GDP 终值年化环比增长 3.9%。因企业减少补充库存以便消耗过剩的存货，且消费者、企业和政府支出均减少，第三季度经济增速大幅放缓，GDP 季化环比增长 1.5%，较二季度的 3.9% 大幅回落。因受到企业削减过剩库存、美元走强和全球需求放缓压制了美国的出口等因素，第四季度实际 GDP 年化季率为 1.4%。

纵观 2015 年的美国宏观经济，从全球走势上看，经济运行轨迹符合预期，

并无新意,但从货币政策调整和争夺后危机时代国际经济秩序主导权的角度看,有两个方面值得注意。第一是美联储酝酿加息成为贯穿全年美国经济的一条主线。第二是"跨太平洋伙伴关系协定"(TPP)谈判的完成和"跨大西洋贸易和投资伙伴关系协定"(TTIP)谈判取得重大突破。

从宏观指标来看,2015 年美国经济在就业状况、通货膨胀率、私人投资增速以及对外贸易表现等方面表现出了一些新的特点。

首先,就业状况方面,近两年来美国的就业出现了快速改善的势头,2015 年美国创造了 265 万个非农就业岗位。官方失业率 2015 年持续下降,已经接近充分就业状态。12 月,美国新增非农就业岗位 29.2 万个,劳动力参与率为62.6%,四季度平均失业率保持 5.0%,与 2009 年高峰时期相比下降了一半,失业六个月以上的长期失业人群总数也有较大幅度下降,这是最近十来年美国就业岗位的最佳连续增长业绩。

其次,通货膨胀率方面,自本轮经济复苏开始以来,美国的通货膨胀率一直保持低位。这一特点在 2015 年体现得尤为明显,消费者价格指数比 2014 年仅上升 0.4%,而 2013 年和 2014 年都上升 1.2%。核心消费价格指数仅上升 1.2%,远低于美联储 2% 的控制目标。

再次,私人投资增速方面,2015 年私人投资增速在极低利率下仍然低迷,环比增长率由一季度 8.6% 下降到三季度 –0.7%,投资意愿持续疲弱,表明投资者对经济增长的短期前景普遍存有疑虑。2015 年,美国企业投资总体有所增长,非住宅固定投资和住宅固定投资都呈现增长趋势,但与以往经济扩张期相比增长速度较慢。

最后,对外贸易表现方面,受到美元持续强势、低油价以及全球主要经济体增长放缓影响,美国出口较上一年出现大幅下滑,前三季度的出口环比分别为 –6.0%、5.1%、0.7%。2015 年美国的货物与服务总出口同比下降 4.8%,

这是自 2008 年大衰退以来美国出口的最差表现。

美国近期公布的经济数据显示，2016 年美国经济形势整体偏弱。受国际经济下行，人口老龄化，创新发展放缓，消费增速走弱，以及企业投资的下降等因素影响，2016 年第一季度美国 GDP 环比增长 0.5%，低于前一季度 1.4% 的增速，创 2014 年一季度以来最低水平，经济增长动能放缓。IMF 将美国 2016 年经济增长率预估从 2.2% 调降至 2.1%。

受英国公投决定脱离欧盟这一国际事件的影响，美元指数被动上升。美元被动走强一方面将冲击美国经济；另一方面，美元走强也对美国通胀构成压制。同时考虑到美国经济的发展缓慢，对美联储加息采取观望态度，年内加息或落空，降息预期重现。

美国资产管理行业继续领跑，资金大量流向债券

资产管理起源于欧洲，发展壮大于美国，目前美国拥有世界上最大、最成熟、竞争最激烈的资产管理市场。从规模上看，截至 2015 年 6 月，全球基金产业管理 38 万亿资产中，其中超过一半投资于美国市场，35% 投资于欧洲市场，12% 投资于亚太和非洲地区。从资金流向上看，2015 年美国加息预期反复，除美国外的其他地区以宽松为主，利率持续下行，资产管理机构资金大量流向债券。截止 2015 年第三季度，美国共同基金中只有债券基金获得净资产流入，股票基金、货币市场基金和混合基金都由 2014 年的净流入全部变为净流出。

美国投资公司总资产稳步增长

自 1997 年以来，总体来看，投资公司资产总额呈现稳步上升的态势，并未受到美国经济增速整体放缓和经济周期性波动的影响。2001 年"9·11"事

件后的短期经济下滑和 2007 年后美国因次贷危机进而形成金融海啸，对资产管理行业的发展产生了明显的负面影响，资产总额有所下降。其余年份发展态势良好，近年来更是呈现逐年攀升态势。在不足 20 年时间里，管理资产总额翻了 5 倍。2015 年美国投资公司管理资产总额达 19.6 万亿美元（见图 15-1）。

图 15-1　美国投资公司资产变化情况

资料来源：ICI。

传统资产管理占据主导地位，另类资产管理备受青睐

　　2015 年美国投资公司管理资产总额达 19.6 万亿美元，其中共同基金依然保持其霸主地位，资产总额为 16 亿美元，占投资公司总资产的 81.6%；ETF 市场资产总额 1.76 万亿美元，占比 9%。长期以来，以共同基金为主的传统资产管理占比始终超过 80%，但另类资产管理（包括 ETF、对冲基金、私募股权基金等）占比已由 2002 年的 6% 上涨近 20%。随着投资者风险偏好发生较大变化，资产管理产品变得越来越复杂，创新型产品受到更多青睐（见图 15-2）。

各类型资产总额　　单位：十亿美元

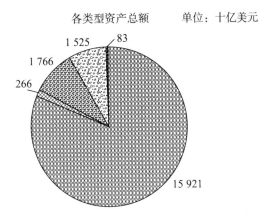

■共同基金 ⊠封闭式基金 ▣ETF ▢UCITS基金 ■单位投资信托

图 15-2　2015 年美国投资公司投资于各类型产品的资产量

数据来源：ICI。

个人和家庭是最大的投资者

在美国市场中，注册投资公司的大部分资产来源于个人和家庭投资。在过去的十年里，随着个人和家庭投资者持有的基金增加，其直接持有股票资产在减少，而危机之后，其直接持有债券资产的需求也逐年减少。总体而言，家庭投资者投资于长期投资公司的资产在 2013 年增加了 4 160 亿美元。从 2005 到 2014 这十年间，个人及家庭投资者投资与投资公司的资金平均每年净增 3 790 亿美元，其中只有 2008 年净增为负。而直接投资于股票和债券的资金年均减少 4 330 亿美元。在 2015 年，美国家庭持有的基金总额为 5 490 万美元，基金占比 44.1%，美国个人持有的基金总额为 9 310 万美元。

由此可见，基金对于美国的家庭和个人都是重要的投资产品，有着较高的市场占有率和稳定的客户群体。美国人的投资品种非常发达，房产、基金、股票、债券和外汇等投资方式应有尽有，而对投资大众来说，最普遍的理财方式就是购买基金，其中，共同基金的地位又是难以撼动的。对直接投资股票高风险的回避、丰富的基金品种、养老金计划的助力都是不可忽视的原因。美国人对基金的偏爱也间接推动了投资机构的高速发展。

美国资产管理产品的销售渠道

美国资产管理市场产品市场竞争激烈,很多投资产品或基金产品是卖掉的,而不是买掉的。产品的销售也是重要的方面,如果没有好的销售能力,好的产品也很难获得成功。资产管理产品的投资者有两类:个人投资者和机构投资者。机构投资者包括退休基金,比如大公司、州政府、市政府给员工的退休基金。很多个人投资者会通过券商或者投资平台顾问,替自己寻找好的基金经理提供建议,然后自己投资产品。对于大的机构投资者,可能自己有团队专门做资产配置,或者做基金经理的挑选。对于小的机构投资者,比如 10 亿美元以下的教育基金,就不可能会有自己的团队,就可能会找一个咨询公司,帮助他挑选经理做资产配置。所以基金产品很多是通过中介商或者中介人推销出去的。

面向个人投资者的销售渠道

面向个人投资者的销售渠道主要有三种,最大是券商;其次是投资顾问平台、退休计划等;也可以投资于市场,如 ETF 或者共同基金。券商有全国性的、地域性的。其中全国性的平台有较高的要求,比如要有三年业绩的资产管理规模达到 2.5 亿美元。与之相比,地域性、独立券商的要求稍显宽松,在该类券商平台中,如果理财顾问喜欢某类产品,则该产品就有机会进入平台。同地域性券商类似,进入投资顾问平台也有一些条件和要求,但如果有某个理财顾问主动提出需要某只产品,那么这个产品便可以进入该平台。所以,对于初创的基金公司,应侧重于地域性、独立的券商,或一些提供买卖股票、代管服务的投资顾问平台进行销售。

面向机构投资者的销售渠道

面向机构投资者的销售渠道,主要就是通过咨询公司去对接投资者。很多机构投资者的投资数额比较大,可以做单独理财账户,于是出现机构投资者使用咨询公司的情况，咨询公司给退休基金、教育基金或者其他公益性的基金做资产配置或者挑选基金经理。因此，想要得到机构投资者的青睐，首先要获得该类咨询公司的认可和推荐，让基金产品收入该类咨询公司的数据库中。如果能产品能够进入咨询公司的推荐列表，就可能被推荐给机构投资者。对于创业者而言，新兴经理的咨询公司是比较好的销售渠道。许多州政府的退休基金愿意把一部分钱分给这些新兴的基金经理，其原因在于有研究表明，新兴基金经理的业绩可能会比老基金经理业绩好一些。进入大的咨询公司的平台一般要求资产规模达到 1 亿~2.5 亿美元，而新兴经理的咨询公司的要求相对低一些。有些新基金经理尚且没有业绩，但可能过去有很长时间的相关从业经历，或有比较好的投资策略，很可能会吸引新兴经理的咨询公司投资。但这些基金经理资产规模小、分散，客户一般通过新兴经理的咨询公司寻找合适的基金经理。

资产管理行业的发展趋势

随着美国经济复苏，市场环境呈现出新的态势，资本市场表现出新的特征，投资者们的投资偏好、风险态度发生改变。新的经济形态对资产管理行业提出了新的要求，挑战与机遇并存，资产管理公司想要保持持续的盈利及增长都面临严峻的挑战。不管是以 2007 年之前建立的数据基础设施，还是维持可以被外包的内部功能，企业如果还是处于危机前的运营模式，都将面临消失的危机，改革不是一个选择，而是必然的结果。

竞争促使创新

投资者已经对价格非常敏感，他们会用更复杂的指标进行决策，比如成本、基准、α 与 β 和风险管理。企业必须集中投资于创新，有效地处理利率上升的环境，重新评估其分销渠道的投资，创造产品差异化，打造品牌意识。

专注于核心优势

大多数非核心功能将继续定期检查以用于外包。过程将重组和精简：许多中间到后台的活动将合并或转移到业务流程外包。业务流程外包模型将会成为提高运营效率和成本管理的优先选择。

合规是核心

对于新时代的合规性，企业把重点放在一个企业业务范围内的整合业务战略，而不是简单的短期战术解决方案。在新环境下的成功将需要建立新的经营过程和合规性，以及对数据的大量投资业务运营模式的体系结构的回顾。

数据结构和 IT 基础设施的作用将改变

数据结构和它的基础设施将成为一个"商业问题"，特别是在财富管理方面，考虑到更强的个性化服务的趋势提高客户关系的产品的优先性，以及监管要求，客户特定的数据将成为一个有价值的核心资产。

行业在稳步增长之后将面临缩水的境况

行业将继续稳步增长，并保持全球经济增长的速度。然而，在公司业务和员工总数方面，行业结构会转变然后缩水，对行业的细分将会变得模糊。总之，全球资产管理的馅饼会更大，大公司也会变得更大。但是对大多数公司除了创新能力较强的公司而言，职员总数和边际盈利能力会变小。

2016 板块

美国房地产市场的现状及地产资产证券化创新 [①]

美国的房地产市场从 2001 年开始进入疯狂的价格上涨阶段，到了

---

① 本专题根据课题组通过对巴曙松研究员搭建的"全球市场与中国连线"平台的会议纪要整理而成。

2006—2007 年房价开始暴跌，一直到 2012 年才最后见底，从此进入反弹。很多经济学家包括格林斯潘以及一些哈佛大学的教授都写过这方面的文章，研究房价上涨对消费者财富的影响，他们得出结论：在所有类型的财富增长中，房价增长对普通民众的财富效应影响最大。实证也表明，在美国市场上，房价每增长 1 块钱，一般会影响百姓消费的 4 分到 30 分之间。而其他的资产种类是没有这么强的财富效应的。股票主要掌握在少数有资本的人手中，往往与绝大多数普通民众没有什么关系。通过主讲人对美国各地区房价的预测，2015 年美国房价增长大概 6.9%，可算出大约有 810 亿美元直接影响到 GDP，房价增长会直接向 GDP 贡献 0.48 个百分点。由于美国的 GDP 增长率比较低，所以房地产市场对 GDP 增长的贡献很大。

目前美国房屋的总财富（资产减去贷款）大概有 24 万亿美元，其中有 21 万亿是住家，另外 3 万亿是出租物业。美国住家有 7 500 万套，其中 4 800 万套是靠贷款购买的。

次贷危机后，从一定意义上可以说，所有救市的措施其实都可以说是用来救房地产市场的。这些政策的导向可以说美联储降息主要是想让房子变得便宜。后来美联储要把热钱"压"出去，开始想压到 MBS 中，发现没有效果，后来在 2011 年 7 月时推出 QE2，想把这些钱压到股市中，通过"打招呼"的手段让大家意识到接下来的钱应该在股市里。现在可以说美国房地产市场的春天已经来临了。

美国房地产市场的复苏是范围广泛且可持续的

从最近发布的凯斯 - 席勒指数（Case-Shiller home prices index）来看，这一次房地产市场的复苏是可持续的，并且美国所有地区的房地产市场都在成长。如图 15-3 所示，美国 20 个最重要的城市，在过去 26 个月中每个月房价都在上涨。

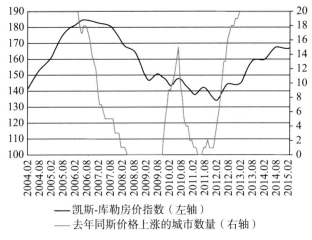

图 15-3　美国最主要的 20 个城市的房价连续 26 个月增长

　　经过 3 年的连续增长，美国的房价还是没有达到历史峰值，目前的平均房价相当于 2006 年第二季度房价顶峰时的 84%。房地产市场的复苏因地区而异，如丹佛、达拉斯，房价已经超过了历史峰值，但是很多城市还远远低于历史峰值，如菲尼克斯、拉斯维加斯这些大城市的房价还在峰值的 65%、58% 以下（见图 15-4）。

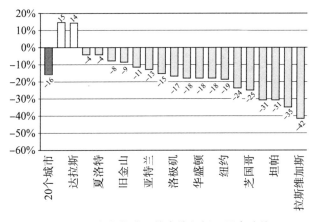

图 15-4　大多数地区的房价仍低于历史峰值

　　房价的增长和降低同地区很有关系。美国的地区可分为两类：司法性质（Judicial）和非司法性质（Non-judicial）。司法性质的意思是 foreclose^①— 一个人的房子需要更多的法律程序、费时更长。非司法性质意思就是手续比较简单，如加州、亚利桑那、内华达等州，如不能还款，银行把借款者从房子中赶出来的速度比较快，卖房子时比较快，房价也就掉得比较快。纽约和新泽西的有问题的房子（distressed house）还没清理掉，所以房价也涨不动。从图 15-5 可见，非司法性质地区的房子在市场恢复时价格比司法性质地区价格增长地快得多，当然在价格下降时速度也快得多。

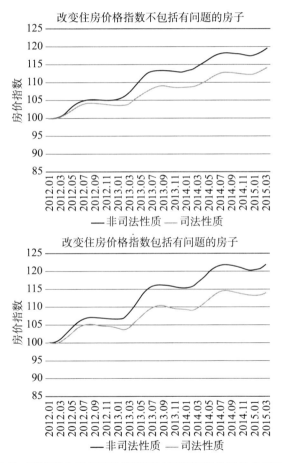

图 15-5 房地产市场复苏的幅度因地区和销售类型的差异而不同

---

① 整理者注：foreclose 意为房屋主人在购房时是贷款买房，而抵押品就是这个房子，但是贷款的房屋主人没有按照合同规定的时间按月还款给银行，所以银行按照合同条款规定的权利收回这所房子，并进行拍卖。

这次的房价上涨与华尔街有关，德意志银行在这方面可以说是领军者，将大量资金交给 PE 机构，让 PE 去买有问题的房子（distressed house）（见图 15-6）。

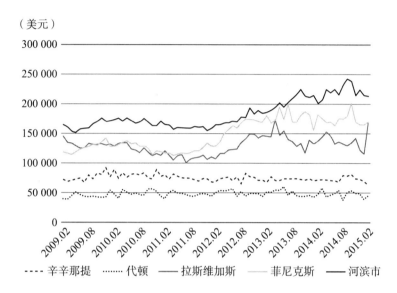

图 15-6　机构投资对房价的正向影响

从图 15-6 可以看出，有机构投资者进入的地区，房价涨的较快，没有机构进去的地区，房价基本没动。不过现在已经有热钱流入辛辛那提和代顿，过一阵应该就可以看到这两个地区的房价上涨。

此次房地产市场的复苏也是有基本面支持的。比如，借款者违约率在直线下降，说明有问题的房子的影子存量在直线下降，那么交易会很快回到正常房子中。随着房价的恢复，负资产借款人（negative equity[①] borrower）的数量显著下降，但佛罗里达州有 140 万套房子还是在 underwater 的状态中，加州有 93 万套，伊利诺伊州有 53 万套。

另外，从就业市场上也可看出这次房价的上涨会有持久性，美国就业市

---

① 整理者注：negative equity 意为贷款抵押物的价值低于贷款的余额，有 negative equity 的房子被称为处在 underwater 状态，在香港称为是负资产。

场的春天已经来临，长期的失业率已经在急剧下降。图 15-7 给出了经过调整的失业率数据。

图 15-7　美国就业市场的春天已经来临

本轮就业市场的复苏有一个很好的现象：空缺的职位都是带有技术水准并且工资较高的岗位，说明此次的劳工市场复苏是比较强劲的。此外，另一个指标每个空缺职位的可用人员数在急剧下降，现在已经回到了金融危机之前的水平，每一个工作只对应三个人，这个指标越高的时候每一个工作岗位都有十个人在竞争。

看一个房地产市场是否有可持续的增长空间，可以看可负担住房价格，这个指标最高越好，超过 100 就是积极的，现在为 150 左右。但是，这个指标与按揭利率有很大关系，如图 15-8 所示，如果一个人年收入 53 000 美元，债务收入比 25%，房屋首付 20%，在按揭利率是 3% 时，他支付得起30 万美元的房子；当按揭利率为 7% 时，他只能够买 20 万美元的房子。所以，现在之所以支付能力比较高，就是因为利率比较低。另外最近放贷标准放松了很多，美国一度对这个标准执行得很严格，虽然利率低也无法借到贷款。

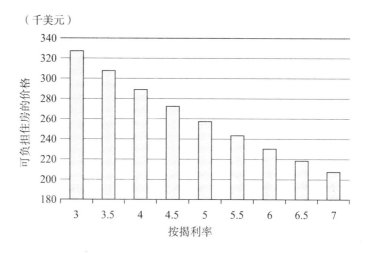

图 15-8　可负担住房的价格与按揭利率的关系

美国房屋的销售包括两类，一类是正常销售（normal sell），还有一类是有问题房子销售（distressed sell，意为业主还不起贷款，银行收走房子后再卖出）。2013 年以来正常销售的比例急剧上升，而有问题房子销售的比重急剧下降，可以看出房地产市场处于一个健康的状态（见图 15-9）。

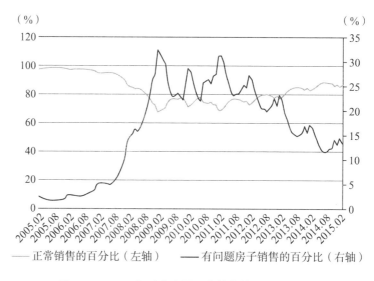

—— 正常销售的百分比（左轴）　　　—— 有问题房子销售的百分比（右轴）

图 15-9　2013 年以来房屋正常销售的比重显著上升

在本轮房地产市场复苏的初期，有些美联储研究人员认为这次房价上涨比较奇怪，例如购买指数还在历史低点，如果房地产市场在复苏，为什么没有人买房子呢？现在再来看，这个指数已经回升了。

从房地产市场的领先指标来看，新房建设量已经回升。新房销售量也达到金融危机后的高点（见图 15-10 ）。

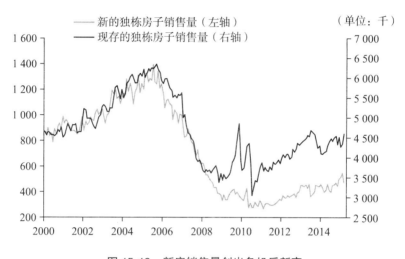

图 15-10　新房销售量创出危机后新高

从另外两个房地产市场领先指标来看将来的趋势，一个是行业情绪指标，另一个是来自房屋建造商报告的新房看房人数，这两个指标都显示房地产市场处于长期牛市（见图 15-11 ）。

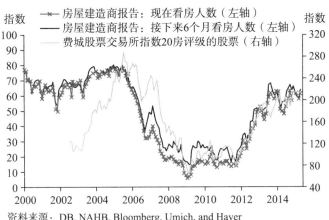

资料来源：DB, NAHB, Bloomberg, Umich, and Haver

资料来源：DB, NAHB, and Haver

图 15-11　房地产市场领先指标显示房地产市场长期看涨

　　如果把房地产市场看作一个森林，传统的分析方法是站在森林上面往下看，还有一种方法是直接进入森林来数数。德意志银行采用的方法是后者，是把每一个房子、借钱的人都拿出来研究，采用大数据的理念，这种方法的好处是如果这个树林里有树开始烂掉了，在森林里的人比在森林上面的人要看得更清楚。用同一个方法可以计算每一个地区房价涨跌的情况。在 2007 年，德意志银行第一个发表了预见美国房地产市场整体下跌的研究报告。

德意志银行对 2015 年美国各地区的房地产市场进行了预测，结果如表 15-1 所示。美国最大的房地产市场还是洛杉矶，纽约第二。

表 15-1　德意志银行对于 2015 年美国各地区房地产市场的预测

地区	基本面表现（$BB）	过去 12 个月回报	2015 年规划
洛杉矶	449	8.4	10
纽约	383	5.5	6.3
华盛顿	297	2.5	4.2
芝加哥	261	4.8	9.7
亚特兰大	196	7.6	7.5
桑塔亚那	190	5.3	10.5
奥克兰	176	11.7	9.7
圣地亚哥	171	6	8.7
河滨市	163	8.3	8.3
纽约长岛	155	3.2	4
旧金山	150	13.5	12
菲尼克斯	142	3.1	6
圣何塞	139	10.5	10.9
休斯敦	138	11.3	6.4
西雅图	137	9.4	9.3
巴尔的摩	120	0.1	2.8
明尼阿波利斯	119	4.1	8.1
达拉斯	116	9	6.5
费城	112	8.3	4.4
丹佛	105	9	6.8
萨克拉门托	97	8	8.6
波特兰	87	7.7	7.4
坦帕	79	4.9	6.2

续前表

地区	基本面表现（$BB）	过去 12 个月回报	2015 年规划
迈阿密	74	9	10.2
拉斯维加斯	69	6.6	6.9
全国	8 573	6.1	6.9

总之，从基本面表现、供求关系、劳动力市场等方面可以说明，美国各地的房价整体在上升，美国房地产市场充满了希望。

共同基金发展速度放缓，
仍占据美国资管行业的半壁江山

自 1889 年成立纽约股票信托以来，美国共同基金经历了从无到有，不断完善相关法律法规，健全监管体制，根据美国投资公司协会（ICI）报告，截至 2015 年末，美国共同基金的规模占全球半数，共同基金仍是美国市场上最主要的金融投资工具，美国近半数的家庭投资共同基金。用净现金流量测度的共同基金在 2015 年呈现负增长，随着投资者金融需求的改变和创新产品供应商的入局，另类投资产品更加受到投资者青睐，挤占共同基金份额。

完善的登记注册与资讯公开制度

美国共同基金通常按公司型方式组建，根据《投资公司法》规定，从事证券投资、再投资及证券交易的公司，必须向美国证券交易委员会登记注册。投资公司在注册登记时需向投资者提供一份详细的共同基金投资说明书，包括共同基金主要投资目的和政策、投资管理人的背景及报酬、是否发行优先证券、对特定产业的投资、动产不动产的购买、组合投资的回报率、如何购买和赎回股票、管理费用、佣金等。除了提供说明书之外，投资公司还必须定期向投资者寄发共同基金经营状况报告，频率不低于每半年一次。另外对于开放型投资公司，由于可以不断销售新股份，因此开放式共同基金一般需要定期发表新的招股说明书。

完善的监管体系是共同基金发展迅速的主要原因

美国共同基金的监管大致可分为三个层次。第一层次，证券交易委员会（Securities and Exchange Commission, SEC），受国会委托对基金运作行使全面、集中、统一的监管职能。证券交易委员会主要负责基金的注册、发行、交审核基金公司的经营活动；监督各项法规的执行情况。同时，美国证券交易委员会拥有一定的立法权和司法权。第二层次，联邦级的证券交易所和行业自律组织，承担基金行业自我管理的作用。美国基金业自律性组织主要有美国证券交易商协会以及投资管理和研究协会，它们负责监督分销共同基金股份的经纪自营商、制定公平的交易规则、负责从业人员培训等，在维护基金行业的职业道德，督促会员机构及基金从业人员规范经营方面发挥着重要作用。第三层次，基金公司董事会。美国基金业内部有着投资公司董事会、基金独立董事等十分完善的监管制度。这些制度在防范基金经理从事关联交易、内幕交易和保护投资者利益等方面发挥重要作用。

从本质上看，美国共同基金的监管是"法律约束下的企业自律管理"模式，与时俱进的有效监管保证投资者利益可以得到多层次多方面的保护，对于促进基金业的规范、健康发展起到至关重要的作用。正如 ICI 报告（1999 发布的）所指出的，保护投资者利益也是美国基金业多年来得以持续、快速发展的最根本原因（见表 15-2）。

表 15-2 共同基金资产规模情况

全球共同基金管理资产规模		33.4
美国投资公司管理资产规模（亿万美元）	共同基金	15.7
	ETF	2.0
	封闭基金	289
	单位投资信托（UIT）	101
	总资产规模	18.1
美国投资公司占各类资产的份额（%）	共同基金	30
	ETF	26
	封闭基金	46
	单位投资信托（UIT）	11
美国家庭拥有的共同基金	投资共同基金的家庭数量	5 320 万户
	投资共同基金的个人数量	9 040 万户
	投资共同基金的家庭比重	43.30%
	家庭投资于共同基金的资产中位数	103 000 美元

2015 年行业数据概览

美国共同基金的规模两年内维持稳定，至 2015 年末，美国共同基金管理的资产总额达到 15.7 万亿美元。从横向来看，美国拥有全球最大的共同基金市场，占据全球共同基金市场的半壁江山。从纵向来看，共同基金是美国市场上主要的金融投资工具、最大的机构投资者。共同基金规模占美国投资公司管理资产总规模的 87.4%（见图 15-12），约 43.30% 的家庭投资共同基金，也就是近半数美国家庭投资共同基金。在销售渠道不断完善、资本市场的结构与层次走向成熟，以及养老金市场逐渐成长起来后，共同基金仍然是较为稳定的选择。

2015年美国各类基金资产规模占比（%）

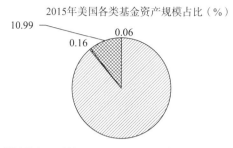

□共同基金 □封闭基金 ▨ETF ▨单位投资信托（UIT）

图 15-12　美国各类基金资产规模

资料来源：ICI。

2015 年共同基金产品结构保持相对稳定

美国共同基金产品结构相对稳定，截至 2015 年末股票型基金占 52%，债券基金占 21%，货币基金占 17%，混合基金占 10%。对比 2014 年年末 ICI 报告的数据股票型基金占 52%，债券基金占 22%，货币基金占 21%，混合基金占 9%。对比两年数据，大体上美国共同基金维持其稳定均衡的产品结构，股票型基金仍是共同基金最重要的投资方向，达到 8.15 万亿美元，债券基金稳中有降，混和基金呈现缓步增长的趋势（见图 15-13）。

2015年美国共同基金产品投资结构（%）

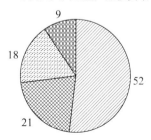

□股票型基金 ▨债券基金
□货币基金 ▨混合基金

2014年美国共同基金产品投资结构（%）

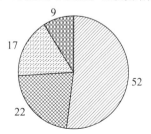

□股票型基金 ▨债券基金
□货币基金 ▨混合基金

图 15-13　2014 与 2015 年美国共同基金投资结构对比图

资料来源：ICI。

股权基金的净流量与股价呈正相关，因此受股市和债市的双重上涨因素影响偏股型基金的比重近两年有所回升。此外股票市场的流动性和股权基金的欲求呈负相关，股票市场较低的流动性也是维持股权基金需求的重要因素。混合基金的规模在过去十年里保持缓步增长。由于混合基金按一定的目标比例投资于股票和债权。因此它兼具股票产品的收益性和债权产品长期稳定性，即风险低于股权基金，收益高于债权基金。预计未来投资者会越来越多地使用混合基金管理和平衡投资组合。

股权基金仍是家庭投资者的主要选择

从需求来看，投资者对共同基金的选择受多重因素的影响。家庭投资者倾向于选择股权基金，债券基金及混合基金等类型的共同基金，以满足家庭长期理财的需求，并且随着养老金市场逐渐成长起来后，共同基金仍是美国家庭理财的中流砥柱。对于大部分企业和机构投资者，货币基金高安全性、高流动性、稳定收益性等"准储蓄"的特征更加符合企业和机构短期投资快速变现的需要。

从共同基金市场结构来看，个人投资者是共同基金投资主力军，他们总共持有 16 万亿美元的共同基金份额，占共同基金市场的 89%。其中 95% 持有长期债券或股权基金，投资到短期货币基金的仅有 1.7 万亿美元。相反，对于金融机构，非营利组织等机构投资者，仅有 11% 投资于共同基金，62% 的机构投资者选择货币基金平衡现金流。

共同基金发展速率放缓，2015 年净现金流量呈现负增长

截至 2015 年末，共同基金的净现金流量为负 408 亿美元，其中货币市场基金流入 360 亿美元，高于 2014 年的 60 亿美元。说明伴随着经济回暖，短期货币市场基金仍是企业和机构投资者最好的选择。相反，长期基金流出 760 美元，共同基金已不是个人投资者最好的投资选择，随着另类投资产品涌入市场，资产管理行业产品分配格局将被打破（见图 15-14 和图 15-15）。

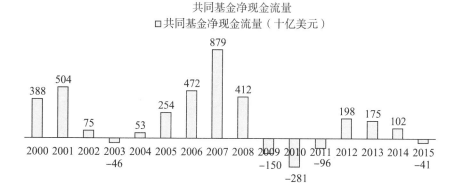

图 15-14　共同基金净现金流发展情况

资料来源：ICI。

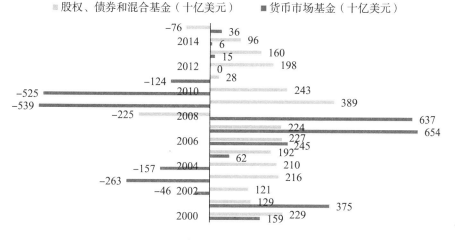

图 15-15　各类共同基金净现金流分配情况

资料来源：ICI。

美国资产管理行业新星——ETF 发展持续走高

美国 ETF 市场在最初几年的发展较慢，资产规模自 1993 年的 4.6 亿美元开始，到 1998 年才升至 150 亿美元。然而，随着市场对 ETF 的了解提高，ETF 在当地很快就进入了高速增长的阶段。在 1999 年到 2000 年间，增长速度更高达 95%。在 2000 年 1 年中，美国证券市场的 ETFs 就从 30 只增加到 80 只，持有的资产从 340 亿美元增加到 660 亿美元。至今，美国 ETF 市场规模已高达 2.1 万亿美元，相当于成立初期的 4 500 倍。

美国 ETF 市场的发展概况

2015 年是 ETF 诞生的第 25 年，ETF 产品在这一年获得了显著的发展。截至 2015 年 12 月初，美国市场发行了 270 只 ETF，而 2014 年全年的发行数量为 200 只。从资产管理规模上，截至 2015 年 12 月初，美国 ETF 管理资产规模达到 2.1 万亿美元，较 2014 年底的 2.006 万亿美元增长了 7%。2016 年前 11 个月，美国市场 ETF 的净资金流入达到 2 059 亿美元，而开放式共同基金的净流入仅有 283 亿美元，被动投资和主动投资吸引力已不在同一数量级上（见图 15-16）。

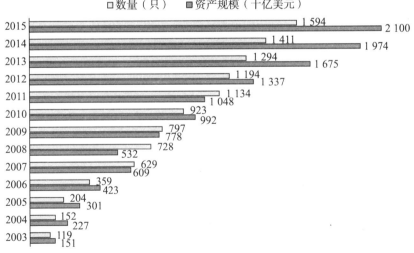

图 15-16　美国 ETF 发展持续走高

资料来源：ETFGI。

基金大佬仍旧占据 ETF 市场的垄断地位。贝莱德、领航和道富管理的 ETF 占到了美国 ETF 市场的八成份额。根据 ETF.com 数据，截至 2015 年 12 月初，贝莱德管理的 ETF 资产达到 8 270 亿美元，较 2014 年底增长 8.7%；领航产品则增至 4 830 亿美元，增速为 13%，领航的优势是低成本；而作为 ETF 三巨头之一的道富则在 2015 年掉队，ETF 管理规模下降 8.1%。

值得注意的是，一些 ETF 规模较小的"后生"凭借成功的策略在 2015 年发展迅速，德意志银行资产和财富管理公司就是其中之一，其 ETF 管理资产规模从 45 亿美元增长到 217 亿美元，成为美国第十大 ETF 发行公司，而公司两年前规模仅仅只有 5 000 万美元。

启示：中国的基金市场，目前九成产品仍是非上市交易产品，ETF 占比约为 7%。2016 年发行的 800 只新基金，其中只有 25 只 ETF。ETF 在中国经过十年的发展，仍然是宽基指数占主导，债券、商品等 ETF 发展不足，普通投资者的接受度较弱，ETF 的规模、增长速度和整个市场规模并不匹配。随着中国资本市场的发展，ETF 必定会逐渐发展成熟。

美国仍然是全球最大的 ETF 市场

截至 2015 年底，美国 ETF 资产规模占全球总额的七成，处于绝对主导地位；其次为欧洲，其资产规模为全球总额的五分之一；在剩下的约百分之十的份额中，亚洲市场占据了百分之八，其中日本占据了整个亚洲 ETF 市场的半壁江山。

从区域分布来看，全球 ETF 产品主要集中在美国、欧洲和亚洲。其中美国市场遥遥领先，其 ETF 数量最多，为 1 568 只，全球占比 35.4%；管理资产规模最高，约为 2.1 万亿美元，全球占比 71%，这些数据表明美国为全球最大最活跃的 ETF 市场的地位无人能撼。排名次席的欧洲 1 542 只 ETF，在数量上几乎与美国持平，但其资产规模为 0.488 万亿美元，仅为美国的 24%，全球占比 17%。亚洲（除日本外）现有 ETF 704 只，资产规模为 0.115 万亿，大约

为美国的 5%，全球占比 4%；虽然日本仅有 143 只 ETF，但资产规模却有 0.134
万亿，与亚洲其他地区规模相当。详细数据如以下图 15-17 和图 15-18 所示。

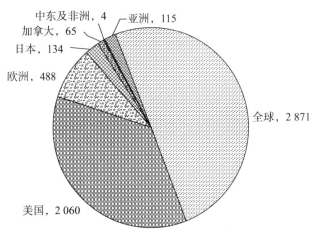

图 15-17 美国是全球 ETF 最大的市场

资料来源：ETFGI。

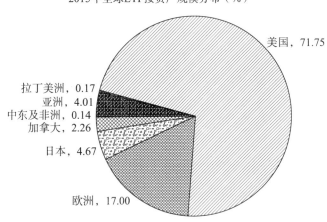

图 15-18 美欧 ETF 在数量上各占四成份额

资料来源：ETFGI。

美国 ETF 发行量的变化特征

2015 年 ETF 全球分布情况，详情见表 15-3。

表 15-3   2015 年 ETF 全球分布情况

区域	全球	美国	欧洲	日本	加拿大	中东及非洲	亚洲（日本除外）	拉丁美洲
ETF 数量	4 430	1 568	1 542	143	375	52	704	46
资产规模（十亿美元）	2 871	2 060	488	134	65	4	115	5

资料来源：ETFGI。

截止到 2015 年底，ETFs 的资产总量占据了美国投资公司资产总规模的 12%，ETFs 净发行量价值约为 2 310 亿美元。贝莱德的数据显示，美国 2015 年流入 ETF 的资金为 2 280 亿美元，不及 2014 年创下的 2 460 亿美元的纪录高点。值得注意的是，全球 ETF2015 年的投资回报非常低。据投资研究机构晨星（MorningStar）的数据，美国最大的 ETF——SPDR 标普 500 ETF（SPY.P）2015 年总回报率为 1.34%。美国最大的债券 ETF——iShares Core U.S.Aggregate Bond ETF（AGG.P）回报率为 0.48%（见图 15-19）。

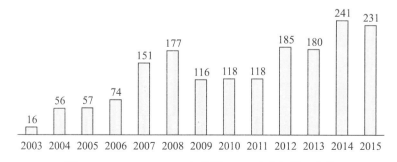

ETF净发行量总价值
□ 发行量（十亿美元）

图 15-19   2003—2015 年美国 ETFs 净发行量总价值

资料来源：ICI。

虽然 2015 年美国 ETFs 发行量价值总额略有下降，但总数量却依然增长迅猛。在过去的十几年里，自 2003 年末至 2015 年末，共发行了 1 907 只 ETFs，其中最高峰值来自于 2007 年和 2015 年，均有 270 只新的 ETFs 被发行。在 2008 年以前，被清算或兼并的 ETFs 数量很少，2008 年的金融危机使一些基金发起人开始清算那些资产不足的 ETFs，这些被清算的主要是追踪某一特定指数的 ETFs，2012 年，由于两个发起人离开了指数 ETF 市场，清算数量达到了 81 只。2015 年，ETFs 清算数量再次达到峰值。从 ETFs 数量净值来看，2015 年 ETFs 数量增加了 183 只，由 2014 年的 1411 只增长到 1 594 只（见表 15-4）。

表 15-4　　　　　　　2003—2015 年美国 ETFs 数量变量表

				增长率（%）
2003	14	4	119	
2004	35	2	152	21.71
2005	52	0	204	25.49
2006	156	1	359	43.18
2007	270	0	629	42.93
2008	149	50	728	13.60
2009	120	49	797	8.66
2010	177	51	923	13.65
2011	226	15	1 134	18.61
2012	141	81	1 194	5.03
2013	143	46	1 294	7.73
2014	176	59	1 411	8.29
2015	248	65	1 594	11.48

美国 ETF 市场各类 ETFs 的发展特征

根据 ETF 的投资对象，可以将 ETFs 分为广义国内股票、国内企业股票、环球股票、债券、混合型及其他等类型。根据美国股票、债券市场的表现，2015 年各类 ETFs 的各项需求也随着发生变化（见表 15-4），呈现出新的变化特征。环球股票 ETFs 的资产规模和数量均大幅上升，资产总额由 2014 年的 4 144 970 亿美元增长到 4 746 400 亿美元，数量由 494 增长到 592，增幅达 17%；与 2014 年国内股票 ETFs 大幅增长的形势有所不同，国内股票的数量虽然增长幅度很大，达到了 20%，但资产总额变化不大，仅有 1%；与之相反的是，债券 ETFs 的数量虽然增加量不多，但资产总额增幅最大，为 13%。

虽然 2015 年美国市场各类 ETFs 的发展变化呈现出了不同的特征，但在资产规模和数量上，仍保持着以往的格局。国内股票 ETFs 仍是美国 ETFs 市场上资产规模最大、数量最多的 ETFs，其中广义国内股票 ETFs 仍是其中的中流砥柱，占据了 ETFs 市场总资产的 46%（见图 15-20）；环球股票 ETFs 保持着较高的增速，在数量上与国内股票 ETFs 几近持平，约占据 ETFs 总数量的 40%，但资产总额仍是 ETFs 市场总资产的 23%（见表 15-5 和图 15-21）。

表 15-5   各类 ETFs 的资产总量、数量及增长率

年份	2014		2015			
类别	资产总量（万亿美元）	数量	资产总量（万亿美元）	资产增长率（%）	数量	数量增长率（%）
广义国内股票	935.652	316	965.123	3.05	360	12.22
国内企业股票	324.497	318	316.672	−2.47	347	8.36
环球股票	414.497	494	474.64	12.67	592	16.55
债券及混合型	299.423	283	344.008	12.96	295	4.07
合计	1 974.377	1 411	2 100.443	6.00	1 594	11.48

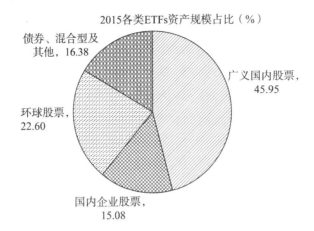

图 15-20　国内股票 ETFs 仍占主导地位

资料来源：ICI。

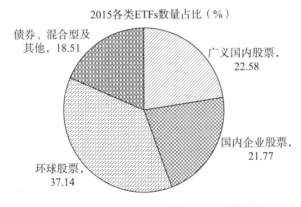

图 15-21　2015 年美国各类 ETFs 数量占比

资料来源：ICI。

ETFs 投资策略的新特征：智能贝塔红极一时

美国 ETFs 市场现有的投资策略包括固定收益、智能贝塔、多因子策略、全球宏观策略和跨资产动量策略等。2015 年，智能贝塔，一种模糊主动投资和被动投资边界的新兴投资方式风行美国。智能贝塔产品改变了以股票市值来构建指数的方式，采用基本面、财务、波动率、分红等因素构建指数，更多地体现了资产管理人的偏好，显现出主动管理的迹象。根据晨星的研究数据，2015 年前 6 月，全球智能贝塔策略产品总资产规模为 4 972 亿美元，美国占了 4 500 亿美元。

2015 年流行的主要 ETF 产品几乎都属于智能贝塔，如 WisdomTree 的 ETF 产品都是依照基本面因素构建指数；高盛发行的 ETF 产品也采用了价值、势能、财务、波动率等自设指标来选股构建指数，称为 ActiveBeta；老牌资产管理公司如德意志银行也依据价值、财务等特点选股，2015 年首次发行了两只智能贝塔产品；甚至一向坚守传统指数，对各类指数编制持怀疑态度的被动投资巨头领航集团，也雇佣了智能贝塔专家，于 12 月在伦敦交易所上市了 4 只相关的 ETF 产品。道富基金、John Hancock 投资公司和美盛集团都在 2015 年发行或申请了多只智能贝塔产品。同时，大批投资机构开始考虑配置此类产品。贝莱德 12 月份发布的一份报告显示，依据其对美国 800 多家养老金、基金会、捐赠基金以及投资顾问等专业投资机构的调查，目前有 10% 的机构已经采用了智能贝塔产品，有近 20% 的机构表示在 2016 年会考虑采用智能贝塔产品。另据富时罗素对美国零售理财顾问的调查，他们中 68% 已经使用了智能贝塔 ETF。

不过，伴随智能贝塔产品的快速扩张，隐藏其中的风险也逐渐暴露。美国金融业监管局在 2016 年 9 月发布一项投资警告，提示投资者正确理解智能贝塔，包括相关概念对个人投资者过于复杂，投资回报迥异于传统指数基金、费用开销更高等。

启示：中国最早的智能贝塔产品出现在 2009 年——嘉实基本面 50，该产品以 4 个基本面指标（营业收入、现金流、净资产、分红）来衡量的经济规模最大的 50 家 A 股上市公司。随后，不少指数公司陆续发布了多只智能贝塔指数。2015 年，中国基金在智能贝塔策略上的发展主要集中在结合互联网技术特别是大数据设计产品上，广发、天弘、南方、博时、银河等基金公司利用社交、购物、财经资讯网站或搜索引擎数据作为选股标准，发行多只智能贝塔产品。整体来看，智能贝塔在中国的发展仍处于起步的阶段，随着指数化投资的蓬勃发展，市场对指数产品的个性化、主动化追求会更加明显，发展前景广阔。

美国资产管理行业新趋势——私募基金

最新的美国私募基金行业数据来自于由美国证监会（SEC）于 2015 年 12 月 30 日发布的《美国私募基金统计报告——2015 年第二季度》。在对中美两国私募基金行业进行对比时，需要注意两国监管口径不同带来的影响。另外，由于中国基金业协会登记备案由 2014 年开始，截止到 2015 年 10 月，大部分的登记工作已经完成。故将美国 2015 年第二季度的数据与中国基金业协会 2015 年 10 月的数据进行比较较为合理。

2015 年美国私募基金行业总体发展稳中有增

美国私募基金行业整体规模两年内维持稳定，伴随美国经济的温和复苏与资本市场的渐进走强，美国私募基金行业的基金数量与资产规模均在 2015 年上半年稳中有增。具体情况见图 15-22。

美国私募基金发展概况

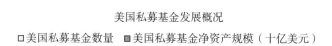

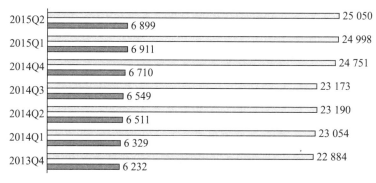

图 15-22　美美国私募基金发展情况国私募基金发展情况

资料来源：ICI。

从私募基金规模上看，截至 2015 年第二季度，共有 2 709 家基金管理人，共管理私募基金 25 050 只，总资产价值 10.28 万亿美元，净资产价值 6.90 万亿美元。单只基金净资产规模达 2.75 亿美元，平均每个管理人管理私募基金近 10 只，管理规模 25.5 亿美元。截至 2015 年 10 月 13 日，中国在基金业协会登记的私募基金管理人共 20 717 家，其中，管理基金规模为零的私募基金管理人有 14 156 家，占比 68.3%，共管理私募基金 20 270 只，实缴规模 3.66 万亿元，以当时汇率计算，相当于 5 770 亿美元。中国单只基金规模仅 0.28 亿美元，除去管理基金规模为 0 的机构，平均每个基金管理人管理规模为 0.88 亿美元。考虑到两国监管口径的不同，可以确定地说，美国私募基金行业管理资产总规模在中国的 10 倍以上。同时，美国单只私募基金规模平均为中国的 10 倍，而基金管理人的平均管理规模为中国的近 30 倍。虽然美国证监会的登记门槛为 1 亿美元，但是美国证监会登记了 1 万多家基金管理人，其中多数只管理公募基金，而且私募基金行业平均数远远高于登记门槛，这说明登记门槛不同并不是造成两国私募基金定位不同的原因（见图 15-23）。

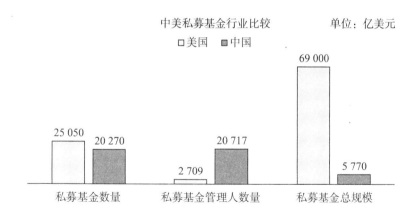

图 15-23　中美私募基金行业比较

资料来源：ICI。

美国私募基金注册地呈全球分布，境内、外占比基本持平

美国私募基金的注册地呈全球分布，注册地除一半在美国外，另一半还广泛分布在开曼群岛及英国等地。境外注册的基金又称为离岸基金，一般都注册在百慕大等著名避税港，表明大型对冲基金不仅通过金融产品进行避税，合理选择基金注册地也是主要避税途径之一（见图 15-24）。

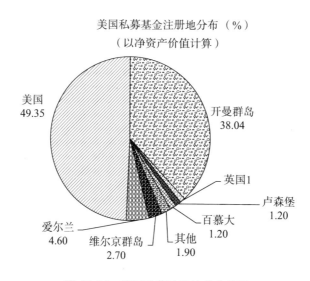

美国私募基金注册地分布（%）
（以净资产价值计算）

图 15-24　美国私募注册地分布情况

资料来源：ICI。

私募基金类型丰富，处于主导地位的对冲基金表现欠佳

美国对私募基金分类主要是针对基金进行分类，而不是对基金管理人进行分类。从私募基金类型上看，数量最多的是对冲基金（Hedge Fund），共有8 857 只，占比约35%，总资产为 6.39 万亿美元，占比 62.14%，净资产 3.59 万亿美元，占比 52.07%；其次是 PE 基金（Private Equity），共 8 337 只，占比 33%，总资产 1.89 万亿美元，占比 18.41%，净资产 1.75 万亿美元，占比 25.70%。其中，对冲基金主要投资衍生品，并从事高频交易，对冲基金投资

衍生品名义规模平均是对冲基金自身净资产的 5 倍左右（见图 15-25）。

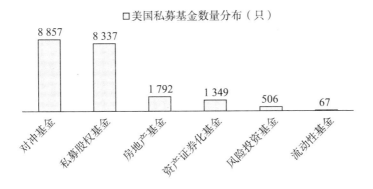

图 15-25　美国各类私募基金数量分布情况

资料来源：ICI。

　　然而值得注意的是，2015 年对冲基金业的整体表现惨不忍睹，迎来倒闭潮。据对冲基金研究公司 Preqin 提供的数据显示，9 月份对冲基金连续第四个月出现了负回报，是自 2008 年 6 月份到 11 月份阶段以来持续时间最长的一次。截至 10 月份为止对冲基金平均仅上涨了 0.18%，这意味着 2016 年全年的回报很可能将创下自 2011 年以来的最低水平。很多对冲基金经理在过去数个月中都录得连续的亏损，而投资者也纷纷表现出可能进一步撤资的迹象。2015 年末，清盘的对冲基金数量攀升至 257 家。2015 年前 9 个月的清盘总量达 674 家，而 2015 年同期为 661 家。对冲基金业的资产规模也大幅缩水，短短三个月间减少了 950 亿美元。市场分析显示，新兴市场的分化，能源类大宗商品和股票价格急剧走低，部分受到对冲基金经理青睐的大盘股突然暴跌，使得对冲基金行业出现资本净流出，从而使得对冲基金业出现业绩分化和行业洗牌（见图 15-26）。

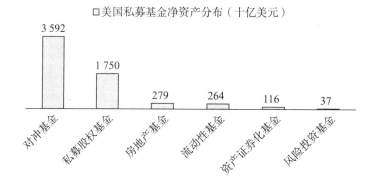

图 15-26　美国各类私募基金资金分布情况

资料来源：ICI。

投资者类型：养老基金是最大的投资者

从美国私募基金收益所有权结构可以看出，养老基金是私募基金的最大投资人，州或市政养老金占比 12.8%，养老金计划占比 12.6%，合计占比 25.4%，全部持有额达到 17 580 亿美元，而私募基金本身（包括 FOF、基金管理人出资及跟投基金）占 19.9%，而 FOF 背后的出资人主要是养老基金为首的机构投资者为主。因此，养老基金是私募基金最大的投资人。相比之下，美国的个人投资者投资规模达到 7 600 亿美元，非美国的个人投资者投资规模为 205 亿美元，个人投资者合计占比仅 14.0%。其他主要投资者包括政府养老金、企业养老金、基金会、保险公司、主权财富基金、银行、证券公司等。可见，在美国私募基金的投资者主要是机构投资者，主要是长期资金。即使是个人投资者也一般为富豪阶层，普通的富裕家庭往往通过私募 FOF 投资私募基金，中产阶级基本无缘私募基金（见图 15-27）。

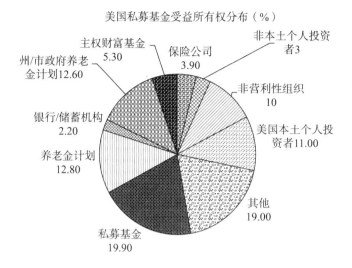

美国私募基金受益所有权分布（%）

主权财富基金
5.30
州/市政府养老
金计划12.60
保险公司
3.90
非本土个人投资
者3
非营利性组织
10
银行/储蓄机构
2.20
美国本土个人投
资者11.00
养老金计划
12.80
其他
19.00
私募基金
19.90

图 15-27　美国私募基金受益所有权分布情况

资料来源：ICI。

私募投资策略多样化

经过几十年的发展，美国私募基金的操作理论、投资策略早已超越了早期的简单利用股市买卖进行对冲操作的方式，现代的私募基金大量地涉足期权、期货等投资领域，总的来说，美国私募基金的主要操作手段有以下几种：运用期货，具体到期货的种类又可分为利率期货（长期、短期）、远期股指期货合约、货币期货合约等；运用期权，又可分为运用股指期权、个别股票期权进行对冲及长期利率期权；运用掉期交易，包括利率掉期和货币掉期；运用资产组合保险业务（Portfolio Insurance）；综合运用多种手段进行操作。特别是20世纪90年代以后，美国的私募基金综合运用各种手段，利用股市、汇市必然的联动效应，对股价、汇率、利率进行操作，从中获得最大限度的投资收益。参考美国先锋对冲基金研究公司等机构对美国私募基金的投资策略的研究，私募基金的具体投资策略被划分为以下 16 类（见表 15-6）。

表 15-6　　　　　　　　　　　私募基金投资策略

类别	低风险策略	温和风险策略	中度风险策略	高风险策略	极高风险策略
投资策略	市场中性套利型	组合策略型	数量分析型	加倍对冲型	财务杠杆型
	市场中性证券对冲型	基金和基金型		新兴市场型	
	可转换套利型	10% 限额型	特殊形势型	国际型	卖空型
	跨式期权型	攻击成长型		宏观型	
	交叉持有型	定价型	合并套利型	不景气证券型	波动型
	抵押背景证券型			垃圾证券型	

相应于美国私募基金采用的多样化的投资策略，其风险主要来源于以下几个方面。首先是杠杆风险。从杠杆比例上看，以负债占总资产的比重作为衡量标准，资产证券化基金达到 46.6%，对冲基金达到 35.9%，房地产基金为 13.2%，私募股权基金为 4%；大型对冲基金总杠杆（多头与空头名义风险敞口的和）的均值在 2 以上，最大可达到 5 左右，而其衍生品资产的价值为基金净值产的 4.45 倍。

其次是"黑箱操作"与基金经理的道德风险。私募基金很少受金融当局的监管，操作缺乏透明度。私募基金的组织结构是一种典型的委托——代理机制，受限合伙人将资金交给一般合伙人负责经营，只对资金的使用做出一般性的规定，通常并不干预基金经理的具体运营。基金经理除了获得固定的管理费用之外，还可按业绩提成，这样就可能鼓励基金滥用自己的职权，为追求更多的个人利益而使合伙人的资产冒更大的风险。

最后，美国私募基金还要面临全球化的金融及政治风险。美国私募基金的风险敞口趋于全球分布，体现美国私募基金全球化投资的特点。2015 年上半年数据显示，大型对冲基金管理人管理的对冲基金在北美地区的风险敞口为 39 650 亿美元，占比 66.1%，在欧洲经济区为 11 970 亿美元，比例为 20.0%，在亚洲为 6 110 亿美元，比例为 10.2%，在其他地区的风险敞口比较小。从国别来看，在中国（包括香港）的风险敞口为 1 610 亿美元，占在亚洲的总风险敞口的 26.4%，较 2014 年年底略有增加（见图 15-28 和图 15-29）。

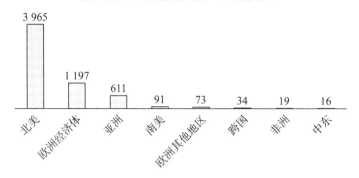

图 15-28　美国大型对冲基金地区敞口分布情况

资料来源：ICI。

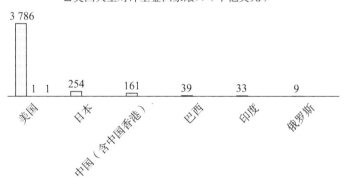

图 15-29　美国大型对冲基金国家敞口分布情况

资料来源：ICI。

2016 板块

美国资本市场最大的机构投资者——养老基金

美国养老保障体系主要包括三个支柱：第一支柱是政府强制建立的社会保障计划，即美国社会保障信托基金。第二支柱是雇主养老金计划，包括公共部门（联邦、州和地方政府）养老金计划和私人部门（企业及非营利组织）养老金计划，401（K）计划是雇主养老金计划的主要类型。第三支柱为个人自愿建立的个人退休金账户及其他个人补充养老计划。截至 2013 年底，美国社会保障信托基金规模达到 2.76 万亿美元，占比 14.5%；雇主养老金计划资产规模达到 9.31 万亿美元，占比 48.9%；个人退休金账户资产规模达到 6.97 万亿美元，占比 36.6%。

共同基金和保险基金已经成为美国资本市场上的三大主要机构投资者。成熟的养老金体系和广阔的投资渠道加大了金融市场的深度，这种机制化的储蓄模式也可以提高企业和金融机构在危机期间的融资能力和抗风险能力，也有助于美国吸引中长期投资和促进经济增长。

总体上看，全球公共养老金储备规模自 2010 年以来始终保持了缓慢但稳定的增长。截至 2013 年底，在可得数据的国家中，公共养老金达到了 5.6 万亿美元，占到了 GDP 比例的 18.3%。其中几个国家的数据见表 15-7。

表 15-7   私募基金投资策略

国家	规模（亿美元）	占 GDP 比重（%）
美国	27 779.25	16.5
日本	12 606.86	26.9
加拿大	1 897.55	10.9
法国	1 195.2	4.3
澳大利亚	856.66	5
爱尔兰	186.58	8.6
新西兰	140.46	8.8

资料来源：OECD。

保守的公共养老金与开放的企业养老金

相对美国养老保障体系的三个支柱，美国的养老金分为公共养老金和企业养老金。在投资风格上，公共养老金的投资则有着严格的规定，只能投资于政府债券，2009 年以来始终保持 2.5% 左右的回报率；而对于企业养老金部分，投资资本市场以扩大养老金增量是积攒养老金的主要出路，美国政府则通过税收优惠政策鼓励其投资。美国大量的养老金计划投资于股票、债券、货币市场、房地产等领域。

以最为成功的 401（K）计划为例，员工可根据实际情况选择股票型、债券型、平衡型等不同的投资方式，企业则按照员工选择将资金委托金融机构进行代客理财运作。债券、基金和股票均在其投资范围之内，更类似于中国的企业年金计划。401k 计划的投资策略兼顾了安全性和成长性，长期获得了 6% 以上的年平均回报率，有效减轻了公共养老负担，而且通过资金的不断补充和投资获取收益，1984—2012 年之间资产规模从 1984 年的 917 亿美元增加到 3.5 万亿美元。平均每个美国企业雇员持有的 401k 计划养老金资产规模翻了 5 倍多，也使得美国第二支柱在养老金体系中的比重从不到 20% 上升到了 53%，有效减轻了公共养老负担。

当然，401k 计划并非万无一失，风险不可避免，以安然事件为例，由于其员工 401k 计划中相当大一部分投资于公司股票，且出售受到限制，安然公司的倒闭导致 2 万多安然员工养老金损失达 20 多亿美元。资本市场不景气也曾导致美国养老金资产大幅缩水，所以近年来融合 DB 和 DC 计划各自优点而出现的混合型计划在美国发展迅速。

美国养老金投资特点——大多投向股票资产

地方政府及企业雇主发起的 DB 型养老基金大多投向股票资产。以 2009 年为例，在州及地方政府高达 2.68 万亿美元的养老资产中，公司股票就占据了 58.3% 的比重，共同基金资产占比 8.5%；联邦政府养老金计划中，股票资产占比较低，仅为 9.0%。以美国最大的地方政府公共养老基金——

加利福尼亚公共雇员养老基金（CalPERS）为例，2010 年底其养老资产规模为 2 200 亿美元，其中股票投资占比接近 70%。企业雇主 DB 型养老计划也大半投向共同基金和股票资产，其总体资产配置结构与 DC 型养老计划非常接近。

企业 DC 型养老计划中最具代表性的 401（k）计划参与者不仅更偏好股票资产，而且股票投资方式更加分散化。计划参与者投资股票资产的力度与其年龄有着密切关系，一般来说，年轻参与者倾向持有更高比例的股票，年老参与者倾向持有较高比例的固定收益类资产。1989 年，401（k）仅 8%的资产投资于共同基金，而到 2002 年这一比例已攀升至 45%，且绝大多数为股票型基金，同时，计划参与者不断通过增加混合型基金的投资来间接提高股票资产的比例。401（k）直接投资的股票（主要是计划发起人或雇主的股份）占比约为 10%。如果再加上计划参与者通过银行集合信托及其他理财产品等投资于股票的资产，则 401（k）计划中约 2/3 的资产为股票资产（见表 15-8 和图 15-30）。

表 15-8 养老金资产类型及投资比例

资产类型	年份	总额	股票投资比例（%）	共同基金投资比例（%）
州及地方政府养老资产	2009	2.68 万亿	58.3	8.5
联邦政府公共养老基金	2009	无	9.0	无
地方政府公共养老基金——加利福尼亚公共雇员养老基金	2010	2 200 亿	70	无

图 15-30　年老与年轻投资者对比

养老金市场的作用

1. 养老基金为美国股票主板市场、创业板市场和场外市场提供了数额巨大的长期资金，推动了技术创新和进步。

由于养老基金可以投资于风险资本，风险资本立刻拥有源源不断的资金来源，并且不断地发展壮大，于是风险资本可以从容地"广泛撒网、重点捕捞"，即便是在一定时期内出现"广种薄收"的不利局面，也可以坚定不移地维持"放长线钓大鱼"的投资战略。由于养老基金可以投资于纳斯达克市场，庞大的养老基金可以为纳斯达克市场源源不断地提供资金支持，维持了纳斯达克市场活跃的交易规模，为众多上市的高科技企业提供了充沛的资金支持。

2. 养老金发展将居民储蓄中用于养老的长期储蓄资产从银行体系分离出来，不仅推动了国民储蓄向社会投资的转化，还进一步细分了金融市场，提高了资本市场在金融结构中的比重，居民家庭金融资产结构随之变化。

根据 1985—2009 年的数据，从美国养老基金占 GDP 的比重与银行资产占整体金融资产的比重，以及银行资产与股票市场总市值的比重来看，它们都是显著负相关的，它表明一国养老基金规模越大，银行在金融市场中的地位越下降，该国金融结构将逐步从银行主导型向市场主导型转变。同时，美国家庭养老资产占家庭总资产的比重从 1980 年的 15% 持续上升至 2009 年的 36%，极大地分散了居民的资产结构。

3. 养老基金支持金融创新市场稳定

美国养老金改革的方向是让个人为养老承担更多的责任，并赋予更多的投资选择，激发了对养老产品的旺盛需求，产品创新随之蓬勃发展起来。最典型的例子就是生命周期基金、生命风格基金和 FOF 等。美国生命周期基金在 2001 年的规模仅 210 亿美元，而到 2009 年底已增长至 2 560 亿美元，其中 IRA 和 DC 型养老计划的投资就占生命周期基金规模的 84%；养老金投资占生命风格基金规模的 45%。生命周期和生命风格基金的发展促进了

FOF 基金的崛起，1997 年至 2007 年，净流入 FOF 的资金为 4 320 亿美元，其中 70% 来自于生命周期基金和生命风格基金。

在每次重大经济危机发生之后，制度性的变革会陆续出台，养老制度就是其中一个关键的领域。社会保障制度作为美国经济"大萧条"时代罗斯福新政的重要政策，奠定了美国向福利社会转变的基础，同时促进了其经济结构向消费拉动模式的转型。在上世纪 70 年代经济"滞胀"的环境下，美国联邦政府顺应时代潮流，大刀阔斧进行制度改革。

美国养老金体系发展的三点经验

世界上并不存在养老金制度的标准模式，美国的养老金制度也并非尽如人意，时常受到来自其国内各方面的批评或质疑。尽管如此，美国养老金体系的运行从总体上看是非常平稳的，其体制框架、组织过程和功能目标都有突出特色，其发展经验能够给中国的养老金制度改革以重要的启示。

1. 美国养老体系实现了政府保障与雇主保障、个人保障的有机结合。美国的三支柱养老金体系是分别由政府、雇主和个人作为行为主体实施的。第一支柱强制计划的行为主体是政府，第二、三支柱的行为主体则分别是雇主和个人。这种制度背后的一个基本理念是：包括养老在内的社会保障不是政府保障，不能由政府包揽一切，而是政府、雇主和个人的共同责任。政府保障计划的基本职能是确保绝大多数老年人的基本生活。要想获得更高的保障水平，则必须依靠雇主和个人的进一步努力。结构均衡的多层次养老体系，使得美国既享受了适度的福利制度带来的正面效应，也避免了过于慷慨的福利制度所产生的负面激励。

2. 联邦政府的政策支持是第二、第三支柱养老金计划发展的关键基础。上世纪 70 年代以来，以 401（k）计划和个人退休金账户为代表的私人养老金制度从无到有地发展壮大，并成为美国养老体系的中坚支柱，联邦政府的税收优惠政策（也即对缴费和投资收益免税、但对领取征税的 EET 税制）是其获得发展的主要刺激手段。

3. 投资管理是养老金制度流程的中心环节，离开强大的资本市场，就不可能建立起强大有效的养老金体系。作为个人长期储蓄工具，"保值增值"是私人养老基金面临的最大问题。养老金体系的良好运作，不仅需要有高效率的投资管理机构、畅通的投资渠道和灵活丰富的投资方式，更需要有严格的投资管理体制，以防范风险，确保投资安全。

美国养老金发展对中国的启示

经过多年酝酿，中国的养老金制度已经发生了一些改变，财政部、人力资源和社会保障部、国家税务总局在 2013 年底就曾联合发布《关于企业年金、职业年金个人所得税有关问题的通知》，从 2014 年 1 月 1 日起，企业年金、职业年金个人所得税递延纳税优惠政策开始实施。中国的养老金制度、特别是企业年金的发展仍任重道远。

三支柱养老模式中，第一支柱为公共养老金，提供参保者最基本生活保障。第二支柱为职业养老金，由国家提供一定的税收优惠，激励每个人在工作阶段不断积累，企业匹配一定比例的资金，同时这些资金通过参与投资保值增值，分享经济发展成果，并实现自我累积，成为养老金体系的核心支柱，以确保社会的养老安全。历史数据表明，发达和发展中国家的第二支柱养老金长期回报率都在年均 6% 以上，中国全国社会保障基金过去十年平均实现了 8% 以上的年回报率。第三支柱是个人自愿参加的养老金计划。

目前，现行的"统筹加个人"的基本养老金结余规模为 3.1 万亿人民币，基本上属于第一支柱的范畴，也基本上不参与投资。作为第二支柱的企业年金规模为 6 035 亿人民币，两者的比例为 83%：17%。而第三支柱至今几乎为空白。中国养老金体系改革的重点，一是要建立真正的第二支柱，推动中国版的 401k 计划；二是养老金要参与资本市场，通过投资保值增值，实现自我生长。

当然，由于中国资本市场尚不成熟，近年来提及中国版 401k 计划总会引发市场担忧，对此可以参照海外市场经验，即便一些国家建立养老金投资制度时，其资本市场还很不发达，但长期来看，养老金也获得了稳健的投资回报。

美国基金产品的开发和销售

国内的基金公司想在美国开发销售渠道并销售基金产品，要从何着手呢？为此，课题组就此通过巴曙松研究员搭建的"全球市场与中国市场"平台专访了聚力资产管理公司的创始人马祥海博士。

美国基金产品市场竞争激烈，销售比产品重要

马祥海博士称美国基金产品市场竞争激烈，销售比产品更重要。如果有好的产品，但是没有好的销售，肯定做不成；如果有一般的产品，加上很好的销售，就很可能会成功。

关于美国基金的数量没有官方统计资料。不完全统计结果显示目前有 30 多万只基金。这么多基金，如果没有销售部门或者销售团队去卖这些基金产品，一般投资者没有能力分辨出基金哪个好哪个坏。所以从这方面来讲，销售比产品更重要。

美国基金产品的开发

开发基金产品时采取的主要形式有三种。

一是单独管理账户（SMA），形式是私募，对个人投资者和机构投资者都可以开放。发行的成本低，发行周期短。只要有一个投资者愿意雇佣你管理，让托管行帮你开个账户，这个产品就运行起来了。

二是私募,相对复杂一些,对冲基金、PE、信托都采用这种形式。虽然都是私募,但可能需要的法律程序或者文件更多,发行周期更长,但一般不需要在 SEC 注册。

三是共同基金,最复杂。一般发行成本高,要在 SEC 注册,发行周期大概是 4-8 个月。公募基金的高成本,不仅体现在发行环节,还体现在管理过程中。一般情况下,大概 2 500 万美元才能够覆盖所需的成本。另外,公募和私募的区别是,私募不能做广告,必须对特殊的投资者筹集;而公募没有这些限制。

美国基金的销售渠道

基金产品的投资者有两类,个人投资者和机构投资者。机构投资者包括退休基金、保险基金、教育基金、国家基金等,都会找基金经理帮助投资。对于大的机构投资者,可能自己有团队专门做资产配置,或者做基金经理的挑选。对于小的机构投资者,就可能会找一个咨询公司,帮助他挑选经理做资产配置。个人投资者很多会通过券商或者投资平台顾问,替自己寻找好的基金经理提供建议,然后自己投资产品。所以基金产品很多是通过中介商或者中介人推销出去的。

个人投资者的销售渠道

对于个人投资者的销售渠道主要有三种,最大是券商,其次是投资顾问平台、退休计划,个人投资者主要通过券商或投资顾问寻找基金经理;也可以投资于市场,如 ETF 或者共同基金,这些产品都可以直接做广告。

1. 券商

券商有全国性的和地域性的。全国性的主要有摩根士丹利、美林、WellsFargo、UBS 四家。一般基金经理会喜欢把自己的产品放在这四个最大的券商的平台上销售,因为那里有很多投资顾问。这些平台有专门的团队挑选基金产品,一旦被这些团队挑选上,下面的投资顾问就会比较信任,一般会投资下去。但是这些平台一般都有比较高的要求,要有三年业绩,有 2.5 亿美元的资产管理规模。

所以很多小的公司一开始很难上这些大的平台。地域性、独立的券商基本也有这些要求，但要求稍微松一些。这种券商下面如果有理财顾问喜欢这个产品，产品就有机会进入平台。即便没有到 2.5 亿美元资产规模，可能也会把产品放上去。

2. 投资顾问平台

一些提供买卖股票、代管服务的投资顾问平台也拥有独立的理财顾问。尽管进入这些平台也有一些条件、要求，但同地域性券商类似，如果有某个理财顾问主动提出需要某只产品，那么这个产品就可以进入平台。所以，初创的基金公司在前三年，也可以考虑通过这类平台的理财顾问进行销售。

3. 退休计划（401k）或银行

退休计划及银行也有一些平台提供类似服务，允许基金公司把产品放到平台上销售。

机构投资者的销售渠道

机构投资者的销售渠道，主要就是通过咨询公司或者新兴经理的咨询公司去对接投资者。

1. 咨询公司

很多机构投资者的投资数额比较大，可以做单独理财账户，于是出现机构投资者使用咨询公司的情况。咨询公司给退休基金、教育基金或者其他公益性的基金做资产配置或者挑选基金经理。如果产品能够进入咨询公司的推荐列表，就可能被推荐给机构投资者。

2. 新兴经理的咨询公司

对于创业者而言，新兴经理的咨询公司是比较好的销售渠道。有研究表明，新兴基金经理的业绩可能会比老基金经理业绩好一些，另外进入新兴经理的咨询公司的要求相对低一些。有些新基金经理尚且没有业绩，但可能过去有很长时间的相关从业经历，或有比较好的投资策略，很可能会吸引新兴经理的咨询公司投资。

美国基金的市场销售策略

销售团队整体分为两个部分，一是市场，二是销售。在美国，市场部的主要任务是公关和市场推销活动。

美国的销售部门大概分为四个部分：券商关系。这部分人的任务就是把产品放到券商平台上，并处理好各个平台的关系，给他们提供支持。机构投资关系。这部分人的任务是建立、维护基金公司与咨询公司的关系，争取基金产品进入咨询公司推荐列表。内部销售。这部分人的工作是针对一些销售线索，争取完成销售任务。外部批发。基金产品放到平台上后并不能够自动销售出去，需要有一部分销售人员在全国各地向最终的投资经理介绍公司的产品。

基本上，如果要建立销售团队或销售渠道，首先需要市场部做公关或者品牌，此外需要销售部完成销售，这样比较有希望能够成功。

美国互联网金融销售渠道

美国没有互联网金融这类说法，但有利用互联网进行基金推销的方式，即理财机器人。理财机器人提供了新的互联网销售渠道，通过在网上询问客户4-5个问题，如投资目标、收入等，来判断客户的风险偏好是激进还是保守，然后有针对性地推荐资产组合。理财机器人主要以小客户为主。理财机器人挖掘了年轻的、投资比较少的这部分群体的市场。基金经理可以把自己的产品作为理财机器人资产组合的一部分，或者直接和理财机器人公司合作，通过他们的网站销售基金产品。

16

新兴市场国家资产管理行业发展现状与展望

2016 | 本章导读

◎ 2015 年全球市场十分动荡，其中包括新兴市场在内。美联储加息成为了这个货币超级宽松时代的转折点，整体经济基本面也变得模糊不清。在这样的市场里面，不确定性提升且难以对资产进行定价。低油价和强势美元的共同作用使新兴市场经济体备受压力，全球美元的流动情况随时可能出现反转，再加上政治性事件不断等因素，新兴经济体可谓"命途多舛"。

◎ 整体上来看，新兴经济体在 2015 年里出现大幅的资本外流，创下金融危机以来的最高水平。但这种持续外流的局面在 2016 年初美联储推迟加息以及欧洲央行加码放水力度后出现转变，多个新兴市场国家出现资金流入趋势。不同地区国家的资产管理行业表现也存在一定的差别，其中既面临着风险，也蕴含着机遇。

◎ 从业务发展情况来看，随着市场对美联储加息预期的潮起潮落，新兴市场股市也经历了跌宕起伏；曾经在新兴市场资管中扮演重要角色的债券也出现发行大幅削弱的情况；2016 年在美联储的"鸽派"表态下，新兴市场基金出现回流，尤其是债券基金表现亮眼；由于新兴市场总的债务水平极高，经济基本面变得模糊不清，因信贷高速增长所积累的脆弱性正不断增加，跨境银行信贷大幅缩水。

◎ 就投资者行为而言，新兴市场投资者在 2015 年上半年一直保持稳定，随后下半年投资者对新兴市场的情绪出现下滑，2016 年初出现了一定回升，机构投资者比散户投资者更为稳定，但总体新兴市场的投资者都具有一定相似的投资行为。

新兴市场资管行业有较大成长空间

据宏利资产管理的新报告指出，相对于发达国家潜在的强国市场而言，新兴经济体的资本市场仍然不发达，但随着债券和股票投资者的影响在未来 15 年可能会发生深刻的变化。全球经济力量的平衡已经转向新兴经济体，按购买力平价计算这些国家的产量占到全球的 51%。然而新兴市场只占到全球股市市值的 22%，公司和主权债券市值的 14%，这种相对矮小的资本市场发展是迅速的。

据普华永道的调查和预测，南美、亚洲、非洲、中东（SAAAME）这些地区代表着新兴市场，其经济地位愈发重要，总体资产管理规模增速将会超过发达国家，从而形成资管行业的新资产池。到 2020 年，亚洲（除日本外）对全球 GDP 的贡献可能远高于 25%。将反映在 MSCI 世界指数中，导致巨额的新资金流入东方的资本市场。尤其是中国人民币的国际化将会极大促进资管市场的开放（见图 16-1）。

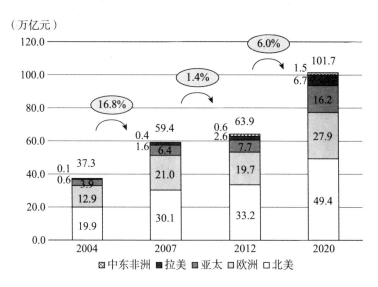

图 16-1　2020 年全球资产管理规模的预测（按地区分）

资料来源：普华永道。

注：圆框内为年均复合增长率。

新兴市场整体资本面临大幅流出

2015 年，面临着美联储加息、大宗商品价格下跌、自身增长放缓和结构性问题恶化等影响，新兴市场资本遭遇大规模净流出，许多新兴市场国家货币出现大幅贬值。在这种内忧外患双重打击下，不少新兴市场国家央行出现政策两难的景象。一些国家如阿根廷、哈萨克斯坦、阿塞拜疆等，由于美元升值而导致的本币贬值预期加强、外储缩水严重等原因，不得不选择放弃盯住美元等激进措施。国际金融研究协会（IIF）根据 30 个新兴经济体的数据所整理出的最新报告指出，2014 年新兴市场股市与债市资金净流出为 1 110 亿美元，2015 年情况加剧，资本流出金额高达 7 350 亿美元，包括未记录的资金外流在内。在过去的两年里，新兴市场资金外流程度比 2008 年金融危机与 1998 年亚洲金融风暴更为严重。2008 年金融危机，新兴市场仍是金额很低的资金净流入状态，但从 2014 年开始，资金净流入成为负值。另外，2015 年流入新兴市场的民间投资总额降至 5 480 亿美元，较 2014 年的 1.07 万亿美元下降了 48%。其中，民间投资总流出高达 1.089 万亿美元，净流出约为 5 400 亿美元（见图 16-2）。

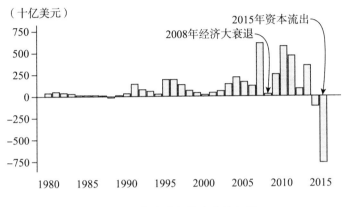

图 16-2　新兴市场资本净流入量

资料来源：国际金融研究协会。

据 EPFR 数据显示，截至 2015 年 6 月 10 日当周，新兴市场股市资本流出达到 88.90 亿美金，创下金融危机以来的最高水平。资金流向主要为美国、欧洲及日本等发达国家的资本市场，发达市场和新兴市场的资金流向之间长期形成两极分化。不过这种持续外流的局面在 2016 年初美联储推迟加息以及欧洲央行加码放水力度后出现转变，随着对经济增长放缓担忧的下降，多个新兴市场国家出现资金流入趋势，其中证券市场获得最多资金的青睐。据国际金融协会介绍，资金流动在 2016 年 2 月 26 日转为正值，其中的七个国家，印度、印尼、泰国和南非（股票和债券投资流动）；巴西和韩国（仅限股票）；匈牙利（仅限债券），加在一起（这些国家占新兴市场跨境股票投资流动的 52%、债券投资流动的 15%）总计取得 76 亿美元流入，这次资金流入相比 2015 年 10 月出现的流入规模更大。亚洲新兴市场在 2015 年 6 月以来出现国际资金流动状况恶化，但 2016 年中国台湾地区、印度、韩国等亚洲新兴市场国际资金流入规模又创 2016 年新高（见图 16-3）。资金的回流逐渐推动新兴市场货币走

强，3 月初亚洲货币指数和新兴市场货币指数均明显上升，涨幅分别为 1.7%
和 1%（见图 16-4）。

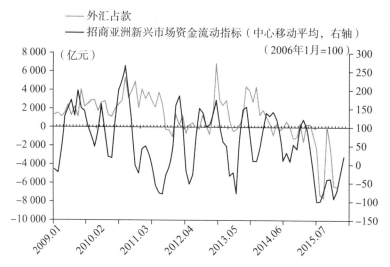

图 16-3　2016 年 3 月第 1 周招商亚洲新兴市场资金流动指标大幅上升

资料来源：彭博，招商证券。

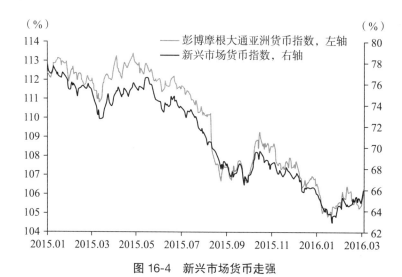

图 16-4　新兴市场货币走强

资料来源：彭博，招商证券。

新兴市场曾经面临的两个困境：一方面，美联储是否加息决定着引发美元走强的预期；另一方面，担忧人民币是否会出现进一步下行，这两者都会使新兴市场处于不利之地，因为新兴市场的公司拥有大量美元计价债务，同时对中国的出口量也很大。但在 2016 年这种双重打击的压力有所缓解，投资者如释重负，从而推动新兴市场股票、汇率和债券走高。不过，新兴地区仍存在较大差异性，不同地区的新兴市场资金流向仍然分化。

新兴市场国家资产管理行业发展趋势

股市的动荡

2015 年全球经济增长恶化，金融市场动荡不安。这种动荡的第一阶段开始于新兴经济体的经济增长，尤其对于中国来说，随着中国经济增速的下降，疲软的制造业逐渐被日益增长的服务业所替代，但在 12 月服务业 PIM 值却降到 17 个月以来最低。由于中国制造业的放缓蔓延至其他新兴市场经济体，对 2016 年的经济预测在 2015 年下半年出现迅速下降。此外，对制造业的担忧并不仅仅局限于亚洲，美国制造业的前景因为美元和石油而蒙上阴影。总体来看，所有的主要经济区域的经济增长前景都在继续恶化。

2016 年以来，随着市场对美联储加息预期的潮起潮落，新兴市场股市也经历了跌宕起伏。市场第一个交易日的湍流来自于令人失望的中国的新闻，新兴市场和发达市场的股市都出现了抛售。随着上证综指在 2016 年的头两周暴跌 15% 以上，发达市场的股市也下跌了近 10%，如图 16-5 左侧部分可以看到，从 2015 年末开始，全世界多个市场的股市都同时出现了狂跌。如图 16-5 右侧部分可以看到，同一时期股市和商品期货的隐含波动率也出现了巨幅波动，尤其是股市，与此同时中国年初启用的熔断制度增加了市场困境。2015 年 8 月的隐含波动率也飙升至峰值，但这比起 2016 年初的持续溃败而言只是短暂的小插曲。2016 年 1 月 4 日"财新"公布的 2015 年 12 月中国制造业和服务业

PMI 数据双双回落，其中一直扮演对冲制造业下滑影响的服务业 PMI 为 17 个月以来最低值，随后公布的 2015 年度 GDP 增速 6.9% 也是 1990 年以来最低的官方数据，这促使全球金融市场聚焦于中国经济增速的放缓。此外在 2016 年 1 月，受到 2015 年 12 月美联储开启近 10 年来首次加息的"余震"影响，多个新兴市场股市大幅暴跌，甚至出现"熊市"。但随后，在美联储 1 月和 3 月"按兵不动"、美联储主席耶伦"鸽派作风"之下，从巴西到俄罗斯、从南非到越南、从墨西哥到马来西亚，短短数月内竞相步入牛市的新兴市场股市已经多达几十个，其中像巴西这类快速实现"熊转牛"的股市更是成为全球资本市场中的"一道风景"。相对于经济基本面来说，国际因素成为 2016 年推涨新兴市场股市上扬的主要因素。

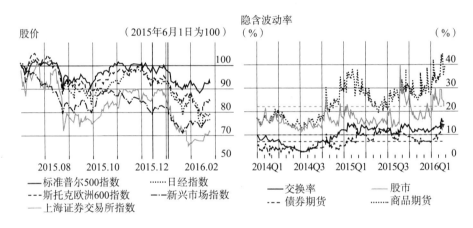

图 16-5　对新兴市场经济体的担忧触发市场动荡

资料来源：EPFR。

债券发行削弱

从 2010 年起，在对拉丁美洲国家的研究中专注于出口商谁借更多的外币，而不是国内市场。增加的外国借款和大量的企业借款表明，企业在许多不同的部门都增加了外国借款，公司生产的贸易品已经筹集到了美元债券市场基金，此外许多新兴市场公司的资产负债表杠杆增加，从 2010 到 2013 年大幅上升，大量公司的企业外币借款大大增加。表 16-1 显示了 2010 年到 2014 年主要新兴市场经济体的公司债券净发行，累计流量已经非常大：5 年时间内，在国际市场上大约有 1.2 万亿美元债务发行，中国的企业一直在这种发行之中占据主导地位（约 3 760 亿美元），此外巴西也占据大片（约 1 790 亿美元），但相比 2012 年已经下降了（见表 16-1）。

表 16-1			新兴市场公司债券净发行				单位：十亿美元	
	2010年	2011年	2012年	2013年	2014年	总计	2015 年	
							净发行额	百分比（%）
新兴市场总计	151	169	290	313	303	1226	128	−58
银行	54	53	138	107	125	478	13	−89
非银机构	97	116	152	205	178	748	115	−36
国家								
中国	24	43	49	98	163	376	104	−36
韩国	8	19	14	21	10	72	−6	
巴西	34	34	55	26	30	179	−14	
墨西哥	7	17	22	23	20	89	15	−25

资料来源：EPFR。

2015 年标志着这次发行热潮的结束，债券净发行跌至 1 280 亿美元。2015 年第四季度，国际债券发行疲弱，国际债券余额规模已经连续两个季度下降，净发行额为 −470 亿美元，这是 2012 年第三季度以来最大的净发行额跌幅。新兴市场经济体净发行额为 160 亿美元，但依然较金融危机后其他季度的净发行额显著萎缩。但余额同比增加 0.5%，如图 16-7 左侧部分。在 2015 年第三季度，金融部门出现净偿还情况后，第四季度有所回暖，转为净发行，尤其是中国的银行机构。纵观 2015 年，如图 16-7 右边部分可知，新兴市场经济体累计净发行额为 1 510 亿美元，创 6 年来新低。从图 16-6 的右边部分上面可以看出，新兴市场的一般政府、金融公司和非金融公司的国际债券证券每季净发行额较

2014 年都出现了大幅萎缩，尤其是金融公司和一般政府的发行国际债券证券每季净发行额在 2015 年出现了负值，相比之下 2015 年发达市场国际债券证券每季净发行额显得好看很多，但在 2015 年第四季度这一趋势有所反转，发达市场金融公司证券每季净发行额出现大幅下降，新兴市场重回状态。

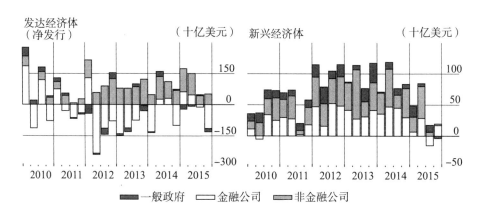

图 16-6　发达经济体和新兴市场经济体国际债券证券每季净发行额

资料来源：EPFR。

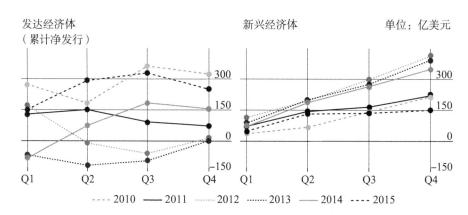

图 16-7　发达经济体和新兴市场经济体国际债券证券累计净发行额

资料来源：EPFR。

值得一提的是，在其他新兴市场国家面临全球不利因素影响的背景下，债券投资者纷纷涌入墨西哥市场，他们认为墨西哥是少数几个能够承受住冲击的新兴市场国家之一。根据国际金融协会的数据显示，在整个新兴市场遭遇资金大规模流出的情况下，墨西哥国内的债券市场却经历了资金的持续流入。EPFR 的数据显示，截至 2015 年 12 月，在这近两年里，新兴市场本地货币计价的债券基金资金流出近 20%，针对墨西哥本地债券基金的投资额则增长 1%。在 2016 年 1 月外国资本对墨西哥国债的投资规模更是达 1.57 万亿比索（约合 850 亿美元），已超过 2015 年 11 月份创下的前历史最高水平。面对着国际经济环境的各种不利，墨西哥央行实行加息并消减政府开支，同时也受利于相对便利的国内债券交易环境、投资级信用评级以及与复苏中的美国的关系紧密。

投资基金机会仍存

表 16-2 是 2015 年初发达市场和新兴市场的投资基金类型所占比例，从中可以看出新兴市场的整体投资规模远远小于发达市场，确实是有广阔的开拓空间。就资金结构而言，开放式基金仍然是投资者最钟爱的产品，不论是发达市场还是新兴市场开放式基金的占比都达到了 80% 以上。就投资者而言，两种市场的零售投资者占比都从 2015 年的小于机构投资者上升到远远超过机构投资者，此外基金的管理方式也越来越偏向主动化。

表 16-2	投资基金类型占比			单位：%
	债券基金		股票基金	
	发达市场	新兴市场	发达市场	新兴市场
总资产净值（十亿美元）	6 134	1 286	12 462	1 641
资金结构				
开放式基金	93.84	96.68	85.91	87.01
封闭式基金	0.03	1.87	0.14	0.32
ETF	6.13	1.45	13.95	12.67

续前表
单位：%

	债券基金		股票基金	
	发达市场	新兴市场	发达市场	新兴市场
投资者				
机构投资者	27.73	10.94	27.79	17.77
零售投资者	72.27	89.06	72.21	82.23
投资策略				
主动型	86.14	98.13	68.07	74.40
被动型	13.86	1.87	31.93	25.60

资料来源：EPFR。

股票基金

随着新兴市场人气出现衰退，2016 年 3 月初，EPFR 全球追踪的新兴市场股票基金结束了连续 17 周的资金流出，实现 20 亿美元的资金流入，另类投资基金出现自金融危机以来的最大资金流入，高收益债券基金也经历连续第 3 周资金流入，全球资金重新考虑对新兴市场的资金配置。按照地区来看，要受益于高油价和国家外汇储备对俄罗斯的影响，欧洲、中东和非洲（EMEA）股票基金及拉丁美洲股票基金分别取得自 2015 年四季度和 2014 年三季度以来的最高水平，而除日本外亚洲股票基金则经历资金流出。香港股票基金经历连续 8 周的资金流出，共计 8.4 亿美元，大中华区股票基金的资金流出量也达到 22 周的高位（见图 16-8）。

值得一提的是，尽管巴西目前陷入困境，包括经济下滑、失业率上升、通胀新高、政治瘫痪、Zika 病毒的旅游影响以及投资信用评级的下调，均没有阻止全球资金对巴西股票基金的投资。巴西股票基金在 3 月的过去 6 周中有 5 周资金流入，说明新兴市场共同基金投资者仍然看好油价、铜价以及铁矿石价格，同时当前拉丁美洲的政治潮流促使全球资金对该市场重新评估（见图 16-9）。

（％）（2015年第四季度起，以资产管理规模的百分比形式）

.... 欧洲、中东和非洲新兴市场　　-- -- 拉丁美洲　　　—— 亚洲新兴市场
— -- 中国　　　　　　　　　　　　—— 所有新兴市场

图 16-8　新兴市场主要国家股票基金的资金流向

资料来源：EPFR、中国中投证券研究总部。

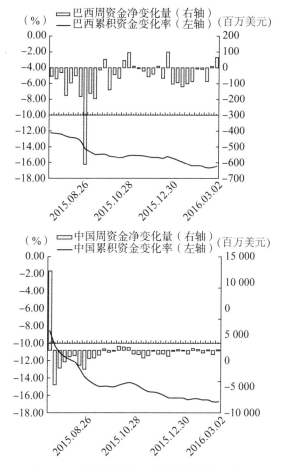

图 16-9　巴西地区和中国地区整体资金流向

资料来源：EPFR、中国中投证券研究总部。

453

债券基金

对于债券基金而言，新兴市场债券基金更倾向于那些硬通货授权的国家。截至 2016 年 2 月底，新兴市场债券基金总体经历 1.71 亿美元资金流出，但却取得新年来第二次资金回流，高收益债券基金实现超过 30 亿美元的资金流入，全球资金从年初到 2 月底首次投资于可转换债券基金。从 2015 年 12 月美国首次加息以来，由于与欧洲和日本的政策出现分化，因此全球资金受益于欧洲和日本的量化宽松政策，再加上美联储加息不确定性和对中国经济的担忧，欧洲货币市场基金和欧洲垃圾债券基金都出现资金流入迹象，而新兴市场债券基金的资金出现流出（见图 16-10）。

值得注意的是，泰国的债券基金出现了较多的资金净流入。一是因为泰铢对美元汇率一直保持着东南亚地区最稳定；二是日本国内的投资公司为了逃离本国负利率市场，纷纷增持泰国债券，从而对泰国市场起到了支撑作用，泰国债持有量达到 21 个月以来新高。由于泰铢稳定的汇率，深受汇率浮动之害的日本投资者看中的就是相对稳定的泰国货币。此外通过全球基金流入泰国债券的资金也迎来了近 18 个月的最好季度表现。

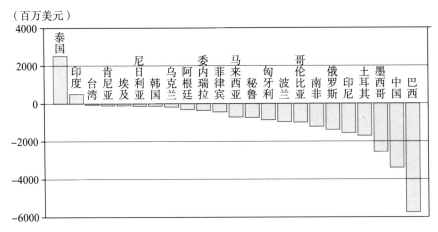

图 16-10　2015 年部分新兴市场债券基金资本净流向

资料来源：EPFR、中国中投证券研究总部。

2016 年在的美联储的"鸽派"表态下，新兴市场基金出现回流，尤其是债券基金表现亮眼。截至 2016 年 4 月 6 日，EPFR 追踪的所有债券基金吸引到 79 亿美元资金净流入，股票基金吸引到 43 亿美元，而货币市场基金为 26 亿美元。新兴市场债券基金吸引到的资金量触及 2014 年二季度以来最高。

银行承压

由于新兴市场总的债务水平极高，经济基本面变得模糊不清，因信贷高速增长所积累的脆弱性正不断增加，随着资产收益率的下行，甚至变为负值，购买的资产规模也出现萎缩。

2015 年第三季度，跨境银行信贷规模缩减 1 570 亿美元至 27 万亿美元，其中流向新兴市场经济体的跨境银行信贷量急剧下降 1 410 亿美元，尤其流向新兴亚洲经济体（中国大陆地区、中国台湾地区、韩国、印度等）的跨境银行信贷量共下滑了 1 450 亿美元。第三季度不包括中国大陆地区在内的亚洲新兴市场跨境索赔额下降了 260 亿美元，最后一季度的下滑使得年收缩率达到 –5%。中国台湾地区跨境信贷下跌 88 亿美元，韩国缩水 79 亿美元，印度缩水 56 亿美元。截至 2015 年 9 月末，中国台湾地区、韩国、印度跨境信贷分别收缩了 20%、7%、1%。

总的来说，第三季度跨境信贷流向其他新兴地区是相对平坦的，但是如图 16-11 所示，不同的地区仍然有不同的趋势。

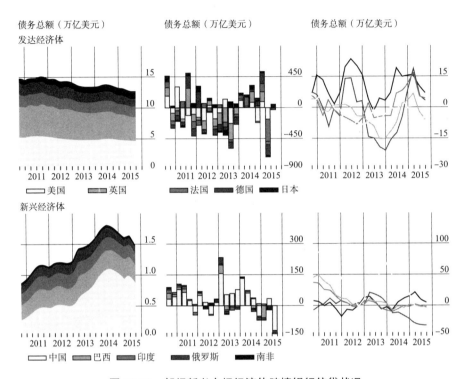

图 16-11　部门新兴市场经济体跨境银行信贷状况

资料来源：EPFR。

第三季度，拉丁美洲和加勒比海基本保持不变，巴西却下降了 60 亿美元，使年增长率降低了 1%。然而哥伦比亚却扩大了 15 亿美元（年增长 17%），墨西哥基本保持不变。欧洲新兴市场下跌 59 亿美元，年收缩率维持在 7.5%。俄罗斯下降了 70 亿美元，使得年增长率下降 30%。土耳其是最大的借款人，跨境信贷上升了 26 亿美元，2015 年 6 月至 9 月期间，在非洲和中东大力发展，新增的 110 亿美元使得年增长率增长了 8.7%。

在亚洲新兴市场，如图 16-12 左下角部分所示，非银行的跨境银行信贷与 2015 年同期相比仅仅增长了 1%，持续大幅的放缓。这种信贷的 6 120 亿在绝对值上相当小，比起自 2009 年起的双倍年增长率在第二季度仅仅同比增长了 6%。BIS 发现，对新兴亚洲经济体而言，2015 年第三季度国内银行信贷规模开始超过跨境银行信贷规模，就像过去发生在拉丁美洲、新兴欧洲经济体和美国的那样。即使 2015 年明显放缓，如图 16-12 右上角部分所示，跨境银行信贷继续超过了欧元区地方信贷增长速度。

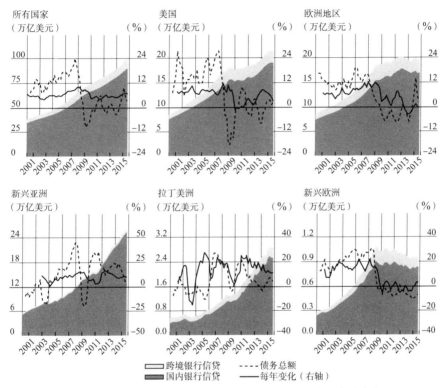

图 16-12　流向非银行的国际银行信贷（按借款人区域分类）

资料来源：EPFR。

印度的崛起

　　2016 年的全球经济展望预估报告显示，继世界银行、IMF 评估印度是 2016 年全球经济成长最佳经济体之一后，印度再以 7.4% 的经济成长预估值夺冠，成为经合组织（OECD）最新出炉的 2016 全球经济展望表现最佳经济体。据彭博显示，过去七年美股市场表现一马当先，标普 500 指数涨幅接近 200%，纳斯达克综合指数涨幅高达 270%。德国 DAX 指数上涨 160%，成为欧洲市场领头羊，日经 225 指数也上涨接近 140%。相比之下主要的新兴市场经济体股市普遍疲软。除印度 SENSEX 指数在过去七年中大涨超过两倍以外，中国上证综指和巴西圣保罗证交所指数涨幅仅超过 30%，香港恒生指数涨幅 76%，俄罗斯交易系统现金指数上涨 45%。印度经济成长是由民间消费、政府持续扩大基础建设支出以及外国直接投资所驱动，再加上官方财政资源再分配、加强资本支出，从而推动印度走出经济结构性调整阶段、逐渐复苏，发展动力较其他新兴市场更加明晰。

自 2015 年夏天以来亚洲股票市场遭遇了严重的资金外流，从那时候开始关于中国经济健康度的担忧逐渐上升。自 2015 年六月初开始，海外投资者抛售了价值 400 亿美元新兴市场亚洲股票，截至 2016 年初，亚洲股市遭遇了共计 77 亿美元价值的海外抛售。据高盛表示，印度仍然是亚洲最大的增持市场，公共部门银行股和投资周期股是被持有水平最高的印度行业。反观中国，投资于中国海外股票的投资者总数非常少，中国金融股尤其不受欢迎。在高盛取样的最大的 200 支新兴市场基金中，大约四分之三的基金要么减持中国的银行，要么直接不持有，说明在这个行业的持有是非常轻的。

银行业坏账处理

历史上印度是英国的一个殖民地，自印度独立以来，印度长期奉行计划经济的原则，但印度的金融体系还是延续英国人留下来的金融制度，它的银行体系有 130 年历史，股票市场也有上百年的历史。目前以 7.6% 的 GDP 增速领跑全球的印度也面临着和中国银行业一样的如何处理大规模坏账的问题，印度银行业坏账水平已经升至十四年新高。截至 2016 年 3 月，印度不良率已经达到 18%。李克强总理 3 月 16 日在两会答记者问中提及，"可以通过市场化债转股的方式来逐步降低企业的杠杆率"，债转股成为中国资本市场的火热话题。面对同样的问题，印度则推动新破产法，要求银行业清理资产负债表，全面暴露不良，并由政府适当向银行业注资。

过去一年，印度银行股的表现持续不振，为刺激信贷并提升经济增长活力，印度央行行长拉詹将 2017 年 3 月设定为银行完成大部分坏账清理任务的最后期限。鉴于飙升的不良率，拉詹希望银行增加坏账拨备，印度政府也承诺向银行业注资至少数十亿美元。与此同时，印度还在着力推动新破产法，新法典的目标是缩短公司破产所需的程序时间和追债时间。在印度现行的法律之中，只有运营至少 5 年的企业才能寻求援助，界定困难企业的标准是：累计亏损超过净值或连续 3 个季度无力偿还债务。拉詹还称，新破产法的关键作用是保护无担保的债权人。倘若能将这类债权人给予法律的保护，他们就能够提升向公路、港口、电力等长期项目投资的信心。

中国的方式为着力于利用市场化债转股的手段逐步降低企业的杠杆率，首批债转股规模为 1 万亿元，预计在三年甚至更短时间内化解 1 万亿元左右规模的潜在不良资产。彭博称，正式的债转股方案最早可能在 4 月推出。但国际金融研究所亚太区总监简·查尔斯森博（Jean-Charles Sambor）表示，印度的方案似乎比中国更清晰。坏账规模方面，外界对印度的坏账规模和水平有更明确的了解判断；处理策略方面，印度方案更清晰实际，中国的债转股目前在国内仍面临相当大的争论。

丰富灵活的证券业

印度证券市场的发达程度一直受到世界银行等国际机构的广泛赞誉。作为"金砖国家"，印度证券市场也曾在 20 世纪 90 年代经历市场化改革的洗礼，券商在激烈竞争和活跃创新中形成多层次发展格局。在金融业特别是证券市场方面，印度相较于中国的领先地位毋庸置疑。印度的股票市场灵活且发达，是私营部门融资的重要渠道，且对外开放程度较高。

差异化竞争的经纪业务

印度注册经纪商众多，其中机构、个人都占据半壁江山。只有少部分的经纪商（大多数为机构）在印度两大全国交易所——孟买交易所、国家交易所都拥有席位，其余经纪商在区域交易所注册。印度经纪商根据佣金收费机制的不同分为传统经纪商和折扣经纪商。收费标准分日内交易（同一股票当天双向交易）、T+2 递延交易、融资交易（投资者向经纪商借入资金购买）、期权、期货等。

以研究洞见、网点广布著称的零售经纪商 India Infoline 集团是印度成长速度最快的金融服务公司之一，是一家研究能力很强的"独立第三方研究机构"。在 20 世纪末互联网热潮下，公司转型为"网络经纪商"，将研究报告刊登于网站，成为印度第一家推出免费报告的机构，后又首家推出在线金融产品销售业务。2005 年上市后加速推进多元化战略，围绕客户需求打造一站式多元金融服务商；并在偏远地区大量铺设网点，成为印度网点最多的非银机构。

印度领先的私人银行 Kotak 早期经营票据贴现业务，1991 年将业务扩展至投行、经纪、金融产品代销等领域。1995 年公司同高盛合资组建投行子公司，几乎垄断了承销保荐市场。2003 年公司成为印度第一家获得银行牌照的非银行金融机构。目前，公司旗下有银行、保险、证券、基金、PE 等多种业务，是印度最大的私营金融集团之一，是近年来印度市场走势强劲的金融股。Kotak 的特色是，投行驱动 + 账户优势带来的高净值客户定位：Kotak 的银行账户优势属混业模式特有。在对接银行数据方面，与其他券商提供的简单查询、转账功能不同，Kotak 的"三合一账户"可统一银行、经纪、托管账户，实现全面资产管理，对高利润的融资交易客户有很大吸引力。同时掌握大量企业客户和高净值客户资源投行业务是 Kotak 最具竞争力的业务，在带来优质企业客户的同时也带来公司高管、股东及其亲友、家族等高净值客户，进而带动高端财富管理业务发展。

市场借鉴

1. 大力发展非银金融机构能够有效弥补金融抑制。印度银行信贷主要投向国有企业、产能落后行业等，仅有 20% 额度投向个体工商户和中小企业，迫使中小企业大量的融资寻求通过资本市场和非银机构信贷得到满足。此外，印度大量非银机构开展类似于中国"小额贷款"业务，券商普遍开展股权质押融资、股票约定购回业务，为企业融资提供多样化选择。

2. 市场化的发行机制是印度证券市场繁荣的重要原因。印度没有建立二板、三板市场，仅凭主板市场满足大量中小企业融资需求。从印度的经验看，高效灵活的发行制度等更能提高资源配置效率。低门槛、市场化的发行机制使得主板市场能够满足大部分企业的融资需求。

3. 提高证券市场对外开放度，这也是新兴市场金融改革的基本经验。

4. 券商牌照放开，从印度证券行业发展看，券商数量反而不断增加，大型、小型券商及折扣经纪商在各自细分市场精耕细作，而网络经纪商也没有对传统券商带来严重打击。

5. 提高客户粘性是券商差异化竞争策略的主要出发点。Infoline 和 Kotak 都是全国性的综合券商，但采取了完全不同的经营策略。Infoline 定位中低端市场，凭借海量零售客户发展代销、股票市场融资等业务；Kotak 定位中高端市场，以投行部门带动银行、保险、私募、公募、财富管理等多个业务。

6. 券商大资产管理平台可选择代销和混业模式。Infoline 销售的金融产品多来自第三方，其业务本质是产品分销，收入主要源自佣金、绩效提成等，网点与网络平台的互相配合是其成功的关键。Kotak 销售的基金、保险等多为自主设计产品，属于多元混业模式。

投资者行为

新兴市场投资者在 2015 年上半年一直保持稳定，如图 16-13 显示的花旗新兴市场情绪指标处于中性区域。但在中国股市 7 月出现金融危机以来最大跌幅之后，该指标大跌 0.63 至 1.06，甚至接近了 2008 年金融危机最低点 –1.51。此外，除了中国股市下跌的影响，新兴市场货币快速贬值也是导致新兴市场情绪指数大跌的原因之一。

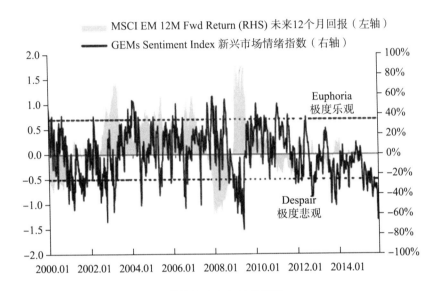

图 16-13　花旗新兴市场情绪指数

资料来源：花旗研究所。

　　一是经济增长前景减弱，尤其是大宗商品出口国；二是以美元计价的企业债务若以本币计算，新兴经济体企业的债务负担将加重，新兴市场债券也遭到投资者抛售。通过从 EPFR 数据库中选出的 2013 年 1 月到 2015 年 2 月 113 周 368 个全球新兴市场债券基金详细的投资者净流入的观察，发现在样本期间个人投资者的债券基金面临的每周投资者回撤超过 51 周来总共净资产的 1%。在相同期间，174 个散户投资基金中 19% 面临着资产净值超过 1% 的流出，如图 16-14 左上侧部分，可以看到在 2015 年第一季度溢出率超过 2%。类似的推算对于 194 个机构投资者债券基金，如图 16-14 右下侧部分显示，发现机构投资者在整个样本平均期间资金份额的流出要小于散户投资者。但是如图 16-14

右上侧部分显示，流出的资金占资产净值的比例却大于散户投资者。但如果只看 2015 年部分，可以发现机构投资者基金的资金流出在减少，而反观散户投资者基金资金流出却在增加。说明机构投资者相对于散户投资者而言具有更稳健更能把握市场风向的能力。但是在规模上却赶不上散户投资者的规模。不过随着 2016 年初美联储推迟加息、日欧央行继续宽松以及原油逐渐升至头 3 个月高位稳持后新兴市场出现了逆转，货币和股市也出现了回升。

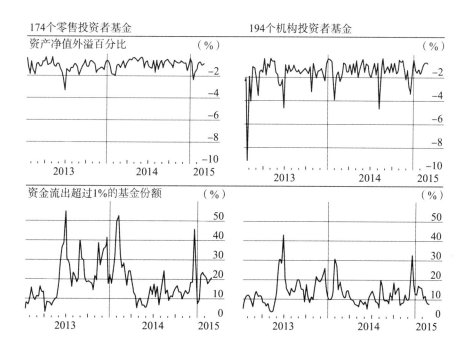

图 16-14　新兴市场全球债券基金面临大规模赎回

资料来源：EPFR。

全球资产管理行业的主流业务模式

在全球资产管理行业不断发展的过程中，各资产管理机构结合自身的优势和战略目标，逐渐形成了各具特色的业务模式。其中，具有代表性的四种主流业务模式包括：全能资管模式、专业资管模式、个人资管模式和机构资管模式。全能资管模式和专业资管模式是从业务模式角度对资产管理机构的划分，其中，全能资管模式是指提供全方位多维度的资产管理服务，重点在于规模和业务的全面性；专业资管式则专注于提供某一特定投资领域的资产管理服务，强调业务的精准和专业性。个人资管模式和机构资管模式是从服务的主体和对象角度对资产管理机构的划分，其中，个人资管模式主要服务于高净值的个人客户，针对客户的财富状况和资产配置需求进行特色化服务；机构资管模式主要服务于其他资产管理机构，为这些机构提供辅助性的服务，包括托管、清算、运营支持等。

全能资管模式

上面提到，全能资管模式是指提供全方位多维度的资产管理服务的业务模式，强调资产管理机构的规模和业务的全面性。在混业经营发展趋势下，这一业务模式有其存在和发展的必然性。国际上具有代表性的全能资管机构包括贝莱德、先锋、道富集团等。

全能资产管理的特点可以概括为规模大、投资领域和服务对象全能化，可以从以下几个角度进行理解：

首先，规模和市场占有率较高，规模大是全能资产管理机构能够对多样化的服务对象全方位开展服务的前提保证。美国贝莱德集团，又称为黑岩集团，成立于 1988 年，是全球最大的资产管理集团、风险管理及顾问服务公司之一，截至 2016 年 3 月 31 日，贝莱德管理的总资产达 4.737 万亿美元，涵括股票、固定收益投资、现金管理、替代性投资、不动产及咨询策略。2016 年一季度总营业收入达到了 26 亿美元。

其次，投资的领域全能化，全能资产管理机构的投资范围涵盖了股票、债券、大宗商品、另类投资品种等多种大类资产。根据贝莱德集团 2015 年报披露的数据，公司资产投资的主要品种中，权益资产占比为 56%，固定收益占比为 33%，多资产类别占比 9%（多资产类别包括全球股票、债券、货币和商品等），另类资产占比 3%。由此看出，在投资领域角度，贝莱德集团以权益和固定收益品种为主要投资领域，并兼顾多样化的投资品种（见图 16-15）。

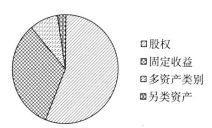

图标：
- 股权
- 固定收益
- 多资产类别
- 另类资产

图 16-15　2015 年末贝莱德集团资产投资品种

资料来源：根据贝莱德集团 2015 年年报数据整理。

最后，服务的对象全能化，全能资产管理机构的服务对象包括了政府、金融机构、非金融企业、个人等多类对象。贝莱德集团服务的对象包括免税机构、官方机构、金融与非金融机构和个人投资者，其中，免税机构包括养老金计划、慈善机构、捐赠基金等；官方机构包括中央银行、主权财富基金等；截至 2015 年底，贝莱德集团管理的机构客户资产达到了 29 843 亿美元，个人客户资产达到了 5 685 亿美元。

专业资管模式

与全能资管模式不同，专业资管式专注于提供某一特定投资领域的资产管理服务，强调业务的精准和专业性。专业化的业务模式由于集中于特定的领域，通过建立专业化的投资团队，进行精准定位，因而相比较于全能资管模式具有卓越的投资能力和一定的成本优势。如黑石集团专注于私募股权、房地产等另类投资，美国桥水专注于对冲基金管理，麦格理则以基础产业作为主要投资领域。

成立于 1899 年的美盛集团的特色便是在资产管理方面具有独特专长，其旗下设立了多家投资管理公司，如美盛资金管理、西方资产、锐思投资、布兰迪全球投资管理等公司，每个公司都有自己独特的专长投资领域。美盛资金管理专注于股权投资，西方资产专精于固定收益投资领域，擅长积极式固定收益投资组合的管理，采取价值导向的投资策略，研究团队涵盖各种固定收益资产类别，锐思投资以超过 30 年在小型股投资领域的丰富经验，专门运作美国小型和微型股基金的投资组合。布兰迪全球投资管理以价值投资为投资准则，百骏财务管理则采用计量分析技术进行投资。

计算机算法交易的概念、优势及发展趋势

算法交易的概念

算法交易，顾名思义，就是利用计算机电子平台和预设的交易算法，通过提前设置的交易策略，在市场上自动生成指令并执行交易的模式。算法交易可以按照交易的主动程度分为被动型算法交易和主动型算法交易。其中，被动型算法交易会按照既定的交易策略进行买卖，而不会根据市场状况对交易策略进行调整，这一策略通常结合一些技术分析指标进行设计。主动型算法交易相比被动型算法交易，灵活性更大，但同时也会面临较大的风险，该类交易会根据市场状况作出一些相应的反应，以生成符合市场状况的交易价格、交易数量和交易方向，这种方式相比被动型交易，可以更快捕捉市场上的交易机会，但如果程序设计稍有不妥，也有可能造成较大的亏损。

算法交易的优势

1. 大量信息的加工和处理

算法交易最突出的优势便是可以同时处理大量信息，并快速作出反应。相比人脑存在的选择偏差、注意力偏差和计算处理信息能力有限等问题，程序化的交易可以大大弥补这些缺陷，迅速而有效地获取信息，并进行加工处理，快速生成结果。随着算法交易管理技术成本的降低和效率的提高，其对传统交易模式将会带来较大的冲击，以其独有的优势在资产管理行业中占据一席之地。

2. 克服主观心理，剔除情绪影响

计算机交易具有的另一个优势在于，程序交易可以充分保证交易的客观性，避免主观情绪对于交易所造成的影响。现代行为金融学理论认为，投资经理在进行交易的过程中，多会面临羊群效应、过度自信、心理账户等行为偏差，而这些都会对交易的正确达成造成影响。而计算机则不然，程序并不会思考，在需要快速止损或者判断是否应该快速捕捉投资机会时，程序只会按照预先设定的判断条件进行决策，既大大缩短了交易时滞，也不会受到情绪和心理的影响。

3. 复杂交易组合的构建与执行

相比较于人工交易，算法交易不受精力和时间的约束，如果投资经理想要分析各个市场之间价格的联动关系，以捕捉交易机会的话，往往会由于难以瞬时处理各个市场的价格信息，而难以实现复杂的套利交易，如果增加投资分析人员的话，又会同时增加协调成本和交流成本。计算机交易则不受此限制，由于其计算能力较高，可以通过同时接入多个市场，快速读取市场信息，进行跨市场、跨区域交易，使得复杂的投资策略得以实现。

算法交易的发展趋势

算法交易最早诞生于美国，金融市场的下单指令流计算机化始于 20 世纪 70 年代早期，其标志是纽约证券交易所引入订单转送及成交回报系统以及开盘自动报告服务系统。目前，在欧洲和美国，算法交易已经发展了很多年，诞生了很多以算法交易作为主要交易方式的对冲基金。如对冲基金 BlueTrend 总裁勒达·布加

专题

拉（Leda Brag）专门成立了一只利用系统电脑模型算法进行交易的对冲基金 Systematica Investments，她的主力基金 BlueTrend 自 2004 年成立以来，收益率一直很高，年化回报保持在 11.8%。相比之下，标普 500 指数同期的年化回报为 8%。

随着信息技术的进一步发展和交易效率的进一步提高，算法交易凭借其大量信息处理能力和复杂组合构建能力，将在资产管理领域中占据更大的比重。

个人资管模式

个人资管模式主要服务于高净值的个人客户，针对客户的财富状况和资产配置需求进行特色化服务。服务客户的资产管理模式的一大特色是：在提供财富管理、进行资产配置的同时，也提供投资顾问服务，为客户提供满意的投资体验。此外，这种业务模式重视对客户的维护，从横向上为客户提供全方位的金融服务，从纵向上服务周期涵盖个人客户生命周期的各个阶段。

以富达投资集团为例，该集团成立于 1946 年，总部设在美国波士顿，经过多年发展，已经由原来的共同基金公司发展为多元化的金融服务公司，为客户提供资产管理、信托、经纪咨询服务等全方位的服务，其分支机构遍布全球，截至 2015 年 12 月 31 日，富达国际客户数量超过 500 万，管理的客户总资产逾 2 730 亿美元，总管理资产逾 3 568 亿美元，旗下拥有 700 多只股票、固定收益、地产和资产配置基金。公司于 80 年代中后期首次为个人投资者提供产品和服务，在 1987 年于英国推出的享受税收优惠的个人投资计划。在 1998 年推出个人投资业务，直接为个人投资者提供服务。现在，在香港、德国、日本和英国均设有直接销售业务。目前，富达集团是美国最大的养老金管理者之一，为超过 1 300 万个个人账户持有者提供退休储蓄计划、资产组合咨询和经纪业务服务。

先锋集团成立于1974年，是当前世界上第二大资产管理公司，也是世界上最大的不收费基金家族，其主要业务包括基金投资和投资顾问、私人组合管理等辅助的金融服务。先锋基金非常重视客户的忠诚度，通过提供成本低廉的高质量服务来保持客户的黏性。先锋集团着眼于长期和稳健的投资收益，偏爱指数化投资策略。

机构资管模式

机构资管模式主要服务于其他资产管理机构，为这些机构提供辅助性的服务，包括托管、清算、运营支持等。这一业务模式的出现源于市场精细化和专业化所具有的成本优势。由于托管、结算等业务需要建立并维护高效率的运营体系，并依赖于高科技的投入，因而将这部分业务从传统的资产管理业务中细分出来，由专业的机构来开展，具有规模优势和成本优势。

道富环球投资管理是全球最大的机构资产管理人和全球最大的托管银行人之一，道富集团为资产管理机构、退休基金、对冲基金、保险公司、综合基金、共同基金和非营利基金组织提供一系列量身定做的投资解决方案。服务范围包括基金账务、基金管理、托管、证券借贷、投资运营外包、簿记、业绩报表与分析以及过户代理等。该公司有两个主要的业务类别：投资服务和投资管理。其中，投资服务业务主要通过其子公司道富银行开展，是指为机构投资者提供清算、结算和支付服务，由于大多数机构投资者没有足够的技术水平，而且也没有必要建立各自的结算系统，因而道富银行便可以通过建立系统来提供证券结算和资金清算服务（见图 16-16 ）。

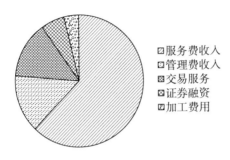

图 16-6　2015 年道富集团投资服务收入构成

资料来源：根据道富集团 2015 年年报数据整理。

道富集团的业务范围不仅仅局限于美国，还为德国、意大利、法国和卢森堡提供投资服务。截至 2015 年底，道富集团为卢森堡，爱尔兰和开曼群岛近 1.5 万亿美元的资产提供了服务，为亚太地区 1.28 万亿美元的资产提供了服务。

综合来看，个人资管模式和机构资管模式服务主体不同，但核心理念相同。

个人资管模式和机构资管模式虽然服务的主体有所区别，具体的业务模式也有所差异，但其核心理念基本趋同。两类机构都遵从着客户利益至上的目标导向，以提升客户体验和满意度作为发展的核心。因而，个人资管模式在为客户提供资产管理服务的同时，配套提供了包括咨询、顾问、信托等全方位的服务；机构资管模式也同样为企业客户提供托管、证券借贷、簿记、业绩报表与分析以及过户代理等多样化服务。从这一层面来讲，两种业务模式具有内在的统一性。

全能资管模式与专业资管模式发展路径不同，但未来发展方向趋同。

全能资管模式以其庞大的规模和业务的深度与广度，在竞争中占据着主导地位，对资产管理行业的发展起着举足轻重的作用。全能资管机构还具有的一个突出优势是可以通过调整各大类资产的投资比例，对风险进行有效配置，相比专业化的资管机构，在某一个子市场发展处于低谷的时期，依然能够找到适宜的投资方式。专业资管机构虽然在规模上无法与全能资管机构媲美，但其通过对某一行业和产品的深入分析与研究，积累了大量的投资经验，此外，相比庞大的全能资管机构，专业资管模式具有较大的灵活性，其成本优势和人员的专业统一性更是为其迅速发展提供了条件。

虽然当前这两种模式同时存在，但是其界限已经越来越模糊，专业资管机构随着不断发展，规模逐渐扩大，在主要投资领域之外，也在不断扩充新的投资渠道，向着全能资管的领域迈进，世界上有很多著名的全能资管机构，如贝莱德和富达集团，都是依靠某一领域的专长发展成为如今的资管巨头的。全能资管机构也在内部进行着精细化分工，上文中所提到的美盛集团其实从集团整体来讲，属于全能资管机构的范畴，但其充分发挥了分工和专业化的优势，通过设立多个子公司进行专业化投资。因而，在可以预见的未来，全能资管模式和专业资管模式将相互融合，各取所长，由分化逐渐向统一发展。

专题

经过十余年的坚持，对于资产管理行业的观察、分析和记录，也已经逐渐成为了我和我们研究团队的一种专业习惯。但是，对于行业持续观察的习惯，并不意味着我们可以习惯性地用某种特定的眼光、视角或者方法对于行业进行观察。伴随着行业的快速发展，我们对于行业的研究也需要进行相应调整，特别是要与行业一道，不断地改进、创新和突破。

行业的快速发展，使得对于行业图景的描摹变得更为宽泛。首先，我们早期谈论资产管理行业，主要指的是狭义的代客理财、投资管理，而如今，这个行业的迅猛发展，使其已经成为了整个金融体系之中不可或缺的一部分。现在，当我们在谈论资产管理行业的时候，已经不可避免地要将整个投融资体系的分析包含进去。其次，前几年资产管理行业的快速创新，也使得资产管理行业不同板块之间的联动变得更为频繁和复杂，单纯地以机构视角或业务链条视角去看待资产管理行业都不能完全覆盖行业的全貌。

行业的快速发展，使得我们需要不断完善研究资产管理行业的框架。眼下，大家对于资产管理行业的探讨主要在数据分析和逻辑推演的阶段；对于一个蓬勃发展、快速变化的研究对象而言，能够尽量描摹出全面的图景已经非常不易。但是随着行业内在结构的越来越复杂，简单的描摹已经不能够有效地帮助我们得出更为深入的结论；在定义了行业的边界之后，我们仍然需要一种分析的视角，甚至是相关的理论，帮助我们更好地对于行业的变迁进行理解。

行业的快速发展，给我们的记录也提出了更高的要求。眼下，整个行业正处在一个快速发展过程中的调整期，行业的快速变化和创新正逐步改造原有的金融系统。在这个背景下，我们可以看到政策的调整变得更为频繁和灵活，在短短数月之内可能有很多新的重要的变化出现，这也给我们为读者提供尽量更为新鲜的、更为实时的记录和判断提出了更大的挑战。

2016 年的资产管理行业发展报告的出版，尽管尚有很多不足之处，但它仍是我们努力朝着最初的目标迈出的又一步。在漫漫长路之中，我们仍然愿意坚持下去，愿意相信初心，愿意在将这份研究习惯延续的过程中，为观察资产管理行业发展提供真实和鲜活的行业素材。

湛庐，与思想有关……

如何阅读商业图书

商业图书与其他类型的图书，由于阅读目的和方式的不同，因此有其特定的阅读原则和阅读方法，先从一本书开始尝试，再熟练应用。

阅读原则1 二八原则

对商业图书来说，80%的精华价值可能仅占20%的页码。要根据自己的阅读能力，进行阅读时间的分配。

阅读原则2 集中优势精力原则

在一个特定的时间段内，集中突破20%的精华内容。也可以在一个时间段内，集中攻克一个主题的阅读。

阅读原则3 递进原则

高效率的阅读并不一定要按照页码顺序展开，可以挑选自己感兴趣的部分阅读，再从兴趣点扩展到其他部分。阅读商业图书切忌贪多，从一个小主题开始，先培养自己的阅读能力，了解文字风格、观点阐述以及案例描述的方法，目的在于对方法的掌握，这才是最重要的。

阅读原则4 好为人师原则

在朋友圈中主导、控制话题，引导话题向自己设计的方向去发展，可以让读书收获更加扎实、实用、有效。

阅读方法与阅读习惯的养成

（1）回想。阅读商业图书常常不会一口气读完，第二次拿起书时，至少用15分钟回想上次阅读的内容，不要翻看，实在想不起来再翻看。严格训练自己，一定要回想，坚持50次，会逐渐养成习惯。

（2）做笔记。不要试图让笔记具有很强的逻辑性和系统性，不需要有深刻的见解和思想，只要是文字，就是对大脑的锻炼。在空白处多写多画，随笔、符号、涂色、书签、便签、折页，甚至拆书都可以。

（3）读后感和PPT。坚持写读后感可以大幅度提高阅读能力，做PPT可以提高逻辑分析能力。从写读后感开始，写上5篇以后，再尝试做PPT。连续做上5个PPT，再重复写三次读后感。如此坚持，阅读能力将会大幅度提高。

（4）思想的超越。要养成上述阅读习惯，通常需要6个月的严格训练，至少完成4本书的阅读。你会慢慢发现，自己的思想开始跳脱出来，开始有了超越作者的感觉。比拟作者、超越作者、试图凌驾于作者之上思考问题，是阅读能力提高的必然结果。

好的方法其实很简单，难就难在执行。需要毅力、执著、长期的坚持，从而养成习惯。用心学习，就会得到心的改变、思想的改变。阅读，与思想有关。

[特别感谢：营销及销售行为专家 孙路弘 智慧支持！]

❦ 我们出版的所有图书，封底和前勒口都有"湛庐文化"的标志

并归于两个品牌

❦ 找"小红帽"

为了便于读者在浩如烟海的书架陈列中清楚地找到湛庐，我们在每本图书的封面左上角，以及书脊上部47mm处，以红色作为标记——称之为**"小红帽"**。同时，封面左上角标记**"湛庐文化Slogan"**，书脊上标记**"湛庐文化Logo"**，且下方标注图书所属品牌。

湛庐文化主力打造两个品牌：**财富汇**，致力于为商界人士提供国内外优秀的经济管理类图书；**心视界**，旨在通过心理学大师、心灵导师的专业指导为读者提供改善生活和心境的通路。

❦ 阅读的最大成本

读者在选购图书的时候，往往把成本支出的焦点放在书价上，其实不然。

时间才是读者付出的最大阅读成本。

阅读的时间成本=选择花费的时间+阅读花费的时间+误读浪费的时间

湛庐希望成为一个"与思想有关"的组织，成为中国与世界思想交汇的聚集地。通过我们的工作和努力，潜移默化地改变中国人、商业组织的思维方式，与世界先进的理念接轨，帮助国内的企业和经理人，融入世界，这是我们的使命和价值。

我们知道，这项工作就像跑马拉松，是极其漫长和艰苦的。但是我们有决心和毅力去不断推动，在朝着我们目标前进的道路上，所有人都是同行者和推动者。希望更多的专家、学者、读者一起来加入我们的队伍，在当下改变未来。

湛庐文化获奖书目

《大数据时代》
国家图书馆"第九届文津奖"十本获奖图书之一
CCTV "2013中国好书" 25本获奖图书之一
《光明日报》2013年度《光明书榜》入选图书
《第一财经日报》2013年第一财经金融价值榜"推荐财经图书奖"
2013年度和讯华文财经图书大奖
2013亚马逊年度图书排行榜经济管理类图书榜首
《中国企业家》年度好书经管类TOP10
《创业家》"5年来最值得创业者读的10本书"
《商学院》"2013经理人阅读趣味年报·科技和社会发展趋势类最受关注图书"
《中国新闻出版报》2013年度好书20本之一
2013百道网·中国好书榜·财经类TOP100榜首
2013蓝狮子·腾讯文学十大最佳商业图书和最受欢迎的数字阅读出版物
2013京东经管图书年度畅销榜上榜图书，综合排名第一，经济类榜榜首

《牛奶可乐经济学》
国家图书馆"第四届文津奖"十本获奖图书之一
搜狐、《第一财经日报》2008年十本最佳商业图书

《影响力》（经典版）
《商学院》"2013经理人阅读趣味年报·心理学和行为科学类最受关注图书"
2013亚马逊年度图书分类榜心理励志图书第八名
《财富》鼎力推荐的75本商业必读书之一

《人人时代》（原名《未来是湿的》）
CCTV《子午书简》·《中国图书商报》2009年度最值得一读的30本好书之"年度最佳财经图书"
《第一财经周刊》·蓝狮子读书会·新浪网2009年度十佳商业图书TOP5

《认知盈余》
《商学院》"2013经理人阅读趣味年报·科技和社会发展趋势类最受关注图书"
2011年度和讯华文财经图书大奖

《大而不倒》
《金融时报》·高盛2010年度最佳商业图书入选作品
美国《外交政策》杂志评选的全球思想家正在阅读的20本书之一
蓝狮子·新浪2010年度十大最佳商业图书，《智囊悦读》2010年度十大最具价值经管图书

《第一大亨》
普利策传记奖，美国国家图书奖
2013中国好书榜·财经类TOP100

《真实的幸福》
《第一财经周刊》2014年度商业图书TOP10
《职场》2010年度最具阅读价值的10本职场书籍

《星际穿越》
2015年全国优秀科普作品三等奖

《翻转课堂的可汗学院》
《中国教师报》2014年度"影响教师的100本书"TOP10
《第一财经周刊》2014年度商业图书TOP10

湛庐文化获奖书目

《爱哭鬼小隼》
国家图书馆"第九届文津奖"十本获奖图书之一
《新京报》2013年度童书
《中国教育报》2013年度教师推荐的10大童书
新阅读研究所"2013年度最佳童书"

《群体性孤独》
国家图书馆"第十届文津奖"十本获奖图书之一
2014"腾讯网·啖书局"TMT十大最佳图书

《用心教养》
国家新闻出版广电总局2014年度"大众喜爱的50种图书"生活与科普类TOP6

《正能量》
《新智囊》2012年经管类十大图书，京东2012好书榜年度新书

《正义之心》
《第一财经周刊》2014年度商业图书TOP10

《神话的力量》
《心理月刊》2011年度最佳图书奖

《当音乐停止之后》
《中欧商业评论》2014年度经管好书榜·经济金融类

《富足》
《哈佛商业评论》2015年最值得读的八本好书
2014"腾讯网·啖书局"TMT十大最佳图书

《稀缺》
《第一财经周刊》2014年度商业图书TOP10
《中欧商业评论》2014年度经管好书榜·企业管理类

《大爆炸式创新》
《中欧商业评论》2014年度经管好书榜·企业管理类

《技术的本质》
2014"腾讯网·啖书局"TMT十大最佳图书

《社交网络改变世界》
新华网、中国出版传媒2013年度中国影响力图书

《孵化Twitter》
2013年11月亚马逊（美国）月度最佳图书
《第一财经周刊》2014年度商业图书TOP10

《谁是谷歌想要的人才？》
《出版商务周刊》2013年度风云图书·励志类上榜书籍

《卡普新生儿安抚法》（最快乐的宝宝1·0~1岁）
2013新浪"养育有道"年度论坛养育类图书推荐奖

延伸阅读

《2014 年中国资产管理行业发展报告》

扫码直达本书购买链接

◎ 继续延续研究团队 9 年来的研究线索，并强调宏观视角和中观视角的整体分析结构。

◎ 从中国资产管理行业的宏观环境出发，以传统金融理论和客观行业数据为基础，对资产管理行业发展的新趋势进行阐述，尝试勾勒出立体的行业横向版图。

◎ 立足于细分行业的中观视角，重点对 2014 年表现抢眼的资产管理子行业进行深入刻画。

◎ 本书是了解、研究中国资产管理行业发展进程的不二之选。

《2015 年中国资产管理行业发展报告》

扫码直达本书购买链接

◎ 香港交易及结算所首席中国经济学家巴曙松带领团队，继续延续将产业发展的宏观理论分析和金融机构实务经验有机结合的研究框架，分析了新的一年中国资产管理行业的发展态势和资产管理机构的创新之举。本书对资产管理行业的从业者、研究者、机构与投资者而言，都极具指导意义。

◎ 针对 2015 年 6 月底、7 月初发生的股市大幅波动，首次从资产管理行业的视角进行了解释和探讨。新增了"全球资产管理篇"，首次全面分析全球资产管理行业的发展动态与趋势。

《当音乐停止之后》

扫码直达本书购买链接

◎ 美国著名经济学家、美联储前副主席、普林斯顿大学经济学教授艾伦·布林德最新力作。

◎ 国务院发展研究中心金融研究所副所长、研究员、博士生导师、中国银行业协会首席经济学家巴曙松领衔翻译。

◎ 被《纽约时报》评选为 2013 年度十大好书，并荣获《金融时报》·高盛年度图书入选作品。

延伸阅读

《炼金术士》

◎ 《炼金术士》以清晰且富有启发性的方式描述了中央银行的前世今生。

◎ 与《大而不倒》《金融之王》《当音乐停止之后》并称"洞察金融危机必读书"。

◎ 将全球最有权势的三大央行行长置于"炼金术士"的历史隐喻之下，该书的视野已远远超越了单纯的金融市场范畴。

◎ 中国银行业协会首席经济学家巴曙松领衔翻译。广发基金总经理林传辉作序推荐。畅销书《当音乐停止之后》作者艾伦·布林德倾情推荐。

扫码直达本书购买链接

《资本之王》

◎ 全球私募之王黑石集团成长史。

◎ 唯一一部透视黑石集团运作内幕的权威巨著。

◎ 首度展现黑石创始人史蒂夫·施瓦茨曼叱咤风云的私募传奇。

扫码直达本书购买链接

《金融之王》

◎ 描述自世界大战后到大萧条时期国际金融史的权威著作，是一部视野宏大、极具震撼力的作品。

◎ 《经济学人》评价这本书对当今世界依然具有参考价值，而且开创了深入系统地研究中央银行家的先河。

◎ 《纽约时报》评价这本书充满了对历史的精准预言，是一本非常有价值的世界金融史著作。

扫码直达本书购买链接

《巴塞尔资本协议III的实施》

◎ 巴塞尔资本协议III是金融监管框架调整的代表性成果，因此这一课题是包括中国金融界和美国金融界在内的全球金融市场共同关注的重要课题。

◎ 本书既对巴塞尔III的政策修订进行了跟踪和解读，又从金融结构的视角对巴塞尔III的国际实施进展进行比较分析，提出在中国实施巴塞尔III的建议。

扫码直达本书购买链接

图书在版编目（CIP）数据

2016年中国资产管理行业发展报告 /巴曙松等著.—北京：中国人民大学出版社，2016.9

ISBN 978-7-300-23350-5

Ⅰ.① 2⋯　Ⅱ.①巴⋯　Ⅲ.①证券投资—基金—研究—报告—中国—2016　Ⅳ.① F832.51

中国版本图书馆 CIP 数据核字（2016）第 212959 号

上架指导：资产管理 / 金融投资

2016 年中国资产管理行业发展报告

巴曙松　杨　倞　等　著

2016 Nian Zhongguo Zichan Guanli Hangye Fazhan Baogao

出版发行	中国人民大学出版社		
社　　址	北京中关村大街 31 号	邮政编码	100080
电　　话	010-62511242（总编室）	010-62511770（质管部）	
	010-82501766（邮购部）	010-62514148（门市部）	
	010-62515195（发行公司）	010-62515275（盗版举报）	
网　　址	http://www.crup.com.cn		
	http://www.ttrnet.com（人大教研网）		
经　　销	新华书店		
印　　刷	北京中印联印务有限公司		
规　　格	170 mm×230 mm　16 开本	版　次	2016 年 9 月第 1 版
印　　张	31　插页 1	印　次	2016 年 9 月第 1 次印刷
字　　数	435 000	定　价	99.90 元

版权所有　　侵权必究　　印装差错　　负责调换